의료사회복지론

김연수 김경희 김진숙 최명민 공저

신정

| 머리말 |

건강은 우리가 살아가는 이 시대에서 관리되어야 할 대상으로 인식되곤 한다. 다시 말해 우리들은 각자 자신의 건강을 관리해야 할 책임 있는 주체로 살아가야 한다는 것이다. 이런 개념에서 보면 건강은 개인의 문제이자 의무인 것 같다. 그러나 조금만 더 생각해 보면 건강은 개인의 차원을 넘어서는 문제임을 알 수 있다. 최근 전 세계를 휩쓴 Covid-19와 같은 전염병, 각종 환경문제와 기후변화, 빈부격차, 사회가 요구하는 생활방식, 사회적 스트레스, 각종 사회정책들에 이르기까지 우리의 건강에 영향을 미치는 요인들의 상당수는 사회문화적 요소이기 때문이다. 따라서 건강은 개인뿐 아니라 사회적 측면이 복합적으로 고려될 때 달성될 수 있는 대상이자 목표라고 할 수 있다.

사회복지사는 의료현장에서 오래전부터 이러한 건강문제를 다룸에 있어서 함께 일해야 할 전문직으로 인정받아 왔지만, 최근 들어 건강의 사회적 측면이 강조되면서 그 역할의 중요성은 더욱 커지고 있다. 이러한 흐름에 따라 사회복지교육이나 사회복지사의 위상에 있어서 의료사회복지가 갖는 의미도 더욱 확대되고 있다. 의료사회복지 영역이 전문사회복지사제도로 전환된 최근의 흐름도 이러한 현상의 반영이라고 할 수 있겠다.

이 책은 이런 시대적 변화와 그에 따른 의료사회복지에 대한 기대에 좀더 부응해 보고자 기획되었다. 따라서 전통적인 의료사회복지의 내용에 충실성을 기하는 동시에 시대적 변화를 반영한 새로운 내용들을 포함시켜 보고자 노력하였다. 기존 내용의 충실성을 더 하고자 하는 시도로는 현장성 있는 사례들을 통해 의료사회복지사의 역할을 보다 쉽게 이해하도록 돕는 데에 주안점을 두었다. 그리고 차별화된 시도로는 건강개념을 이해하는 틀로서 건강불평등의 개념, 생애주기에 따른 의료현장의 클라이언트 이해, 의료사회복지사에게 새롭게 요구되고 있는 공공의료 부문이나 지역사회통합돌봄과 관련된 내용, 의료사회복지사의 국가자격제도화에 따른 위상 변화 등을 다루었다. 이러한 시도를 통해 가장 주안점을 둔 것은 기존에 병원 공간에 한정되었던 사회복지사의 역할을 지역사회로 확장하여 통합적으로 이해하도록 한 것과 의료사회복지사로 진로를 모색하는 학생들에게 도움이 되는 구체적인 정보를 제공하고자 한 것이다. 또한 이 책의 저자들은 연대세브란스병원, 서울대병원, 삼성서울병원 등 우리나라를 대표하는 종합병원과 우리 사회의 대표적인 민간 의료자원이라 할 수 있는 한국백혈병어린이재단에서 사회복지사로 활동한 경험들을 갖고 있다. 부족하나마 이러한 저자들의 다양한 경험들을 본 교재에 담아보고자 최선을 다 하였다. 그러나 이 책의 집필을 마무리하는 시점에서 이러한 처음 의도들이 잘 반영되었는지 돌아보면 여전히 미진함을 느끼게 되는 것이 사실이다. 향후 더 발전적인 내용을 위해 본 교재를 사용해주시는 분들의 고언(苦言)과 조언을 기다린다.

마지막으로 이 책이 나오기까지 도움을 주신 분들에게 고마운 마음을 전하고 싶다. 저자들을 믿고 물심양면으로 지원을 아끼지 않으신 신정출판사 최용구 사장님과 장만동 전문님 그리고 귀중한 사례와 관련 자료들을 기꺼이 공유해 주신 의료사회복지 실무자들에게 감사드린다. 이 책이 미래의 한국 의료사회복지를 이끌어갈 후배들에게 실질적인 도움이 될 수 있길 소망한다.

2022년 8월 저자 일동

| 차례 |

CHAPTER 02 | 의료사회복지의 발달과정

CHAPTER 03 | 의료사회복지의 대상

CHAPTER 04 | 의료사회복지제도와 체계

PART 02 의료사회복지 이론과 실천

CHAPTER 05 | 의료사회복지 실천모델

CHAPTER 06 | 의료사회복지 임상업무

CHAPTER 07 | 의료사회복지 행정업무

CHAPTER 08 | 의료사회복지실천 가치와 윤리

PART 03 분야별 의료사회복지실천

CHAPTER 09 | 분야별 의료사회복지실천 I

CHAPTER 10 | 분야별 의료사회복지실천 Ⅱ

CHAPTER 11 | 지역사회중심 의료사회복지실천

PART 04 의료사회복지의 전문성과 과제

CHAPTER 12 | 의료사회복지사의 역량강화

CHAPTER 13 | 의료사회복지의 전망과 과제

PART 01

의료사회복지의 이해

CHAPTER 01

의료사회복지의 배경과 개념

학습목표

01 의료사회복지의 배경이 되는 생심리사회모델과 건강의 개념 및 관련 요인, 그리고 건강불평등의 개념을 이해한다.
02 의료사회복지의 개념과 의료사회복지사의 주요 직무를 숙지한다.
03 의료사회복지가 이루어지는 실천현장을 파악한다.

1. 의료사회복지의 배경

건강한 삶을 영위하는 것은 동서고금을 막론하고 모든 인간에게 매우 중요하다. 그러나 인간의 삶은 생로병사(生老病死)의 과정 속에서 예기치 않은 질병에 직면하기도 하며, 노화의 과정을 거치면서 건강을 유지하려고 노력하는 것이 매우 중요한 삶의 과제가 되고 있다. 질병과 건강의 문제를 다루는 의료영역은 초기에는 의사나 의료인이 활동하는 전문영역으로서 발달해 왔으나 이에 영향을 미치는 심리적 및 환경적 요인에 대한 사회적 관심이 커지면서 의료영역에 점차 사회복지적 개입의 필요성이 대두되기 시작하였다.

의료영역에 사회복지적 개입이 이루어지게 된 중요한 학문적 및 사회적 변화로는 다음의 세 가지 배경요인을 대표적으로 제시할 수 있다. 첫째, 서양의학의 기본을 이루는 생의학모델이 환자의 신체적 측면만을 강조한다는 비판이 제기되면서 환자의 심리적 측면과 사회적 측면을 함께 고려하는 생심리사회모델로 변화하게 된 것이다. 둘째, 병원 위주의 질병 치료를 강조하던 의료의 패러다임이 지역사회를 중심으로 질병의 예방 및 관리에 이르기까지 보다 폭 넓은 새로운 패러다임으로 등장하게 되었다. 셋째, 건강에 대한 개념이 단순히 질병이 없는 상태에서 신체적, 정신적, 사회적 측면을 고려하는 것으로 까지 확대되면서 개인적 요인뿐만 아니라 사회환경적 요인에 이르기까지 건강에 영향을 미치는 다양한 요인들에 대한 사회적 관심이 증가하게 되었다. 특히 의료사회복지에서는 건강에 영향을 미치는 심리사회적 요인들에 대한 고려가 매우 중요한데 이와 관련하여 최근에는 건강불평등의 개념 또한 사회적 이슈가 되고 있어 건강에 대한 보다 폭넓은 관점과 이해가 요청된다.

이상과 같은 의료영역에서 사회복지적 개입이 대두되게 된 세 가지 주요 요인들에 관해 구체적으로 살펴보면 다음과 같다.

1) 생의학모델에서 생심리사회모델로의 변화

일반적으로 의학이란 신체적 및 정신적 질병을 진단하고, 원인을 찾아 치료를 제공함으로써 환자를 질병 발생 이전의 상태로 회복시키는 것을 목적으로 하는 과학체계이다. 현대 의학의 기본이 되는 서양의학의 기저는 생의학모델(biomedical model)에 근거를 두고 있다.

생의학모델이란 다음과 같은 다섯 가지 가정에 기반을 둔다. 첫째, 마음과 몸은 별도로 취급될 수 있다. 이는 의학의 심신이원론(mind-body dualism)이라 한다. 둘째, 몸도 기계처럼 수리 가능한 것으로 간주한다. 따라서 의학은 기술자가 고장수리를 하듯 의사가 치료를 행한다는 식의 기계적 비유법(mechanical metaphor)을 택한다. 셋째, 기술적 개입의 장점이 과대평가되기 쉬우며 의학이 기술만능주의에 빠지는 결과를 낳는다. 넷째, 생의학은 질환을 설명할 때 사회적, 심리적 요인을 상대적으로 무시하고 생물학적 변화에만 초점을 맞춤으로써 환원주의(reductionism)가

된다. 마지막으로, 이러한 환원주의는 19세기의 질환해석인 '병원균 이론(germ theory)'의 발전으로 더욱 심화되었는데, 이 이론에 따르면 모든 질환은 검출 가능한 특정 질환체(disease entity), 즉 기생충, 바이러스 또는 박테리아로 인해 발생하기 때문에 특정 병인론의 원칙(doctrine of specific aetiology)이라 불릴 수 있다(조효제, 1997: 27).

즉, 생의학모델은 질환을 신체적 증상을 통해 나타나는 분명한 실체가 있으며, 신체적으로 이상이 발생한 상태로서 이해한다. 그러나 이와 같은 생의학모델은 질병 발생에 영향을 미치는 심리적 · 사회적 및 환경적 요인을 간과한 것으로 질병을 단순히 몸속의 신체적 상태 변화로만 이해하며 치료에 있어서도 신체적 측면만을 다루는 한정된 개입을 하는 오류를 범하였다. 특히 현대사회의 질병의 양태가 만성적 질환으로 변화함에 따라 특정 병원균의 침입 이외에 질병에 영향을 미치는 행동요인들의 상대적 중요성이 더욱 강조되고 있다. 이에 따라 건강과 질병에 대한 올바른 이해를 위해서는 위계적으로 연계되어 있는 신체의 생물학적이고 병리적인 과정, 이에 대한 개인의 심리적인 반응과 대응, 그리고 사회적 차원의 다양한 변수들이 어떻게 상호 영향을 미치는가를 폭 넓게 고려해야 한다는 주장이 점차 설득력을 얻고 있다(김정선, 2002: 6). Atkinson은 생의학모델은 사회, 문화 및 인생과정에 관한 설명을 배제하고 생물학적 구조와 과정에 발생하는 장해만을 강조하고 있다고 비판하였다(Atkinson, 1988: 180; 조효제, 1997: 28 재인용).

이러한 생의학모델에 대응하여 George Engel은 신체적 차원뿐만 아니라 인간을 구성하는 다른 모든 차원들을 포함할 수 있는 생심리사회모델(Biopsychosocial Model)을 발전시켰다. 이 모델이 나오게 된 실제적인 계기는 생의학 자체의 비판에서 나왔으며 이는 효과적인 의학적 치료를 제공하기 위해서는 심리사회적인 요인들이 반드시 고려되어야 한다는 인식에서 출발한 것이다(김정선, 2002: 229). Engel의 모델은 원래 모든 생의학적 교육에 '심리적'인 시각을 통합하고자 하는 궁극적인 목적이 있었으며, 체계이론에 입각하여 생심리사회모델을 구성하였다. 이는 생의학모델에서 서로 분리된 것으로 간주되었던 생물학적, 심리적, 사회적 차원의 건강에 대해 이들의 관계를 찾아내 통합적이고 위계적인 틀을 제공하고자 한 것이다. Engel은 사회적 요인들이 질병의 존재와 인식에 영향을 미칠 수 있음을 인식하였으며, 질병의 심리사회적 영역을 '아주 과학적인 원칙에 기초하여' 고려할 것을 강조하였다(김정선, 2002: 230).

이와 같은 생심리사회모델의 등장은 질병에 영향을 미치는 요인으로서 신체적, 심리적 및 사회적 요인들의 관련성을 인식하며, 치료에 있어서도 신체적 요인뿐만 아니라 환자의 심리상태, 가족적 및 사회적 환경 등에 함께 개입해야 한다는 사실에 힘을 부여해 준다. 또한 질병의 문제를 가진 환자와 가족에 대한 사회복지적 개입과 실천의 필요성을 사회적으로 인식시키는 기제로서 의의를 갖는다.

2) 지역사회 중심 보건의료 패러다임

현대사회의 의료정책은 환자의 질병을 치료하는 것에 초점을 둔 병원 중심의 의료에서 지역사회를 중심으로 한 질병의 예방과 건강증진, 지역사회 내 보호로 특징 지워질 수 있는 보건의료의 새로운 패러다임을 구축하는 것으로 이동하였다. 이는 20세기 후반에 이르러 현대 의학의 중요한 변화 중 하나인 만성질환이 증가하였다는 사실과 밀접한 관련성이 있는데, 주로 급성 · 전염성 질환이 주요 의학적 관심이 되었던 데서 이제는 암이나 순환계 질환, 심장문제, 당뇨병과 같은 만성질환이 더욱 증가하게 되었다는 것이다.

일반적으로 급성질환은 시작과 끝이 되는 지점이 있으며 치료가 가능하기도 하다. 그러나 만성질환은 종종 시작이 잠행성이며, 거의 치료가 되지 않고, 수년 동안 또는 전 생애에 걸쳐 지속되는 특성을 갖는다(Taylor et al., 2003: 147). 만성질환에 대한 의학의 기능은 단지 증상을 완화시키는 것에 한정되는 경우가 많다. 따라서 급성

질환의 관리는 질환의 원인을 찾고 치료를 제공하는 것에 초점을 두지만 만성질환은 치료보다는 질환의 진전을 늦추거나 현재 상태를 유지할 수 있도록 관리하며, 질환에 따른 손상과 장애를 최소화하고, 환자의 잠재적인 삶의 질을 극대화하는 것에 초점을 두게 된다(Taylor et al., 2003: 46).

이러한 만성질환에 대한 관리는 지역사회 내 보호를 원칙으로 한다. 특별히 집중적 치료가 요구되는 시기에는 병원에 입원하여 치료를 받지만 대개 환자는 지역사회 내에서 생활하고, 정기적인 외래치료를 받으며, 질병으로 인하여 발생한 기능상의 장애나 일상생활기능 저하 문제를 극복하기 위해 필요한 재가보호서비스를 받기도 한다. 또한 의학기술의 발달과 함께 일반인들의 평균수명이 증가하면서 만성질환이 고령인구에 더욱 많이 발생하고 있어, 치료보다는 질병에 대한 관리가, 병원을 중심으로 한 집중적 치료보다는 지역사회를 중심으로 한 보호의 필요성이 더욱 높아지고 있다. 보건과 의료 영역에서 이상과 같은 주요한 변화는 다음의 [그림 1-1]과 같이 간단히 요약할 수 있다. 학자에 따라서는 이런 변화가 전체적으로 생의학 모형을 대체할 보건의료의 새로운 패러다임을 나타낸다고 보기도 한다.

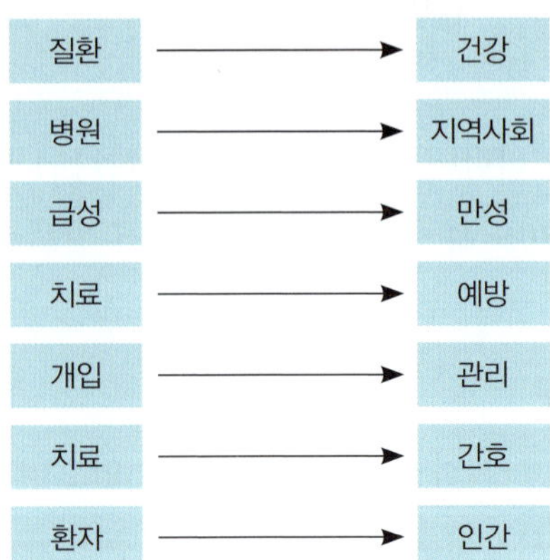

그림 1-1 보건과 의료의 현대적 변천

출처: 조효제(1997). 건강과 질병의 사회학. p. 38.

3) 건강의 개념과 관련 요인

(1) 건강의 개념

일반적으로 건강의 의미는 살아있는 유기체의 대사기능 혹은 기능수준을 뜻하는 것으로 건강이라는 개념이 인간에게 적용될 때는 일반적으로 한 개인이 정신적, 신체적으로 질병, 부상, 고통으로부터 자유로운 상태를 의미한다(Mirriam-Webster Dic, 2011). 현대사회에서 건강이란 단순히 신체적으로 질병이 없는 상태만을 의미하는 것이 아니라 심리적 · 정신적 · 사회적으로도 안녕한 상태를 포괄하는 개념으로 정상적인 사회적 역할을 수행할 수 있는 능력을 포함하는 것으로 개념이 확대되었다. 건강에 대한 가장 대표적인 정의는 세계보건기구(World Health Organization: WHO)의 정의를 들 수 있다. WHO(1948)는 건강의 개념을 '질병이나 질환이 없는 신체, 사회, 정신적으로 안녕한 상태'로 정의하였다. 건강증진 측면에서 건강이란 인간이 개인적, 사회적, 그리고 경제적으로 생산적인 활동을 가능하게 하는 기능적인 용어로 사용되었다. 이는 신체적인 능력으로서뿐 아니라 개인적이고 사회적인 자원으로 강조되는 매우 긍정적인 개념이라 할 수 있다(WHO, 1986).

생심리사회적 관점에 기반을 두고 건강의 개념을 정의해 보면 건강이란 생리학적 관점에서는 신체의 구조나 기능에 어떤 이상이나 증상이 나타나지 않은 상태로서 질병이 없는 상태를 말한다. 심리학적 관점에서는 생활상의 스트레스가 없고 불안, 두려움, 걱정, 우울 등 부정적인 정서가 없는 상태로 규정할 수 있다. 또한 사회학적 관점에서 건강이란 개인이 사회에서 맡은 역할과 과업을 잘 수행하며, 이를 위한 사회적 기능수행에 문제가 없는 상태를 의미한다.

Collier와 동료들은 건강의 정의를 다음과 같이 세 가지로 제시하였다. 첫째, 건강은 질병이 없는 상태이다. 둘째, 건강은 신체적, 정신적, 사회적으로 안녕한 상태이다. 셋째, 건강은 변화하는 환경, 성장과 노화, 상처와 회복, 그리고 죽음에 대한 준비 등에 적응하는 과정을 지칭하는 것으로서, 고통과 그에 대응하는 내적 자원을 포함한다고 하였다(Collier et al., 1991; Taylor et al., 2003: 37). 건강에 대한 이러한 개념정의에 따르면 건강이란 신체적으로 질병이 없는 상태에서, 정신적, 사회적으로 안녕한 상태, 그리고 인생의 전 과정에서 환경에 적응하고 고통과 상처로부터 회복하며, 궁극적으로는 노화와 죽음에 이르기까지 건강한 대처를 할 수 있는 내적 및 외적 자질을 포함하는 것으로 개념이 확대되었음을 볼 수 있다. 이는 개인의 건강증진과 유지에 신체적 측면뿐만 아니라 심리사회적 측면이 반드시 고려되어야 함을 강조하는 사회적 추세를 반영하는 것으로 의료영역에서 인간의 환경과 심리사회적 측면에 개입하는 의료사회복지실천의 필요성을 더욱 확고히 하는 기제가 된다.

한편, 근본적인 인간의 권리라는 측면에서 건강 개념에 반드시 포함되어야 할 요소들은 다음과 같다. 평화, 충분한 경제적 자원들, 음식, 안식처, 그리고 안정된 생태체계와 지속적으로 사용가능한 필요 자원들이 그것이다. 이러한 요소들은 사회와 경제적 상태, 물리적 환경, 개인의 라이프스타일, 그리고 건강과 매우 중요하게 서로 연결되어 있다. 이러한 상호 관련성을 이해하는 것이 결과적으로 건강 증진이라는 개념에서 강조하는 건강의 개념을 전체적으로(holistic) 이해하는 것이다. 또한 건강개념을 논할 때 오늘날 새롭게 인식되고 있는 영역이 '영적인 영역(spiritual dimension)'이다.

WHO는 건강을 인간의 기본권으로 정의하고, 모든 인간은 건강을 위한 기본적인 자원에 접근할 수 있어야 한다고 선언한 바 있다. 이는 건강을 포괄적으로 이해할 때, 사회경제적 시스템이나 구조, 그리고 안전, 위생 등을 보장하는 물리적인 환경이 개인의 건강과 복지에 영향을 미치는 중요한 요소로 작용하게 되며, 국가나 지역사회는 이러한 개인의 건강에 영향을 미치는 요소에 책임을 지니고 있음을 강조하는 것이다.

반면, 질병(disease)은 이러한 건강을 보장하는 요소들이 상실되거나 침해되어 결과적으로 한 개인의 최적의 신체 및 심리 상태를 저해하고, 기능상의 문제를 초래하는 전반적인 상태를 의미한다. 그러나 의료사회복지에서 질병과 관련하여 다루는 개념과 영역은 좀 더 포괄적이다. 단순히 생의학적(biomedical)으로 진단되어진 신체적 손상은 물론 이로 인해 파생될 수 있는 신체적, 정신적 장애나 트라우마, 경제적인 어려움, 가족 및 사회관계의 변화, 클라이언트가 의미 있게 수행해 온 역할의 상실 등이 의료사회복지에서는 중요한 개입의 대상이 된다. 이는 의료사회복지가 단순히 신체적 건강만을 지향하는 것이 아니라 WHO의 정의와 같이 질병, 고통 등으로부터 신체, 정신, 사회, 영적인 모든 면에서의 안녕을 추구하는 것과 관련성이 깊다.

이상에서 살펴본 바와 같이 현대사회에서 건강의 개념은 신체, 심리, 사회, 영적인 측면을 모두 포함하는 것으로 폭넓게 정의되고 있다. 이와 맥을 같이 하여 의료사회복지에서도 이러한 건강과 관련된 다차원적인 측면들을 모두 고려할 수 있는 전문적인 실천을 수행하는 것이 중요하다.

(2) 건강 관련 요인들

건강에 영향을 미치는 다양한 요인에는 개인의 심리적 요인과 사회적 성(gender), 사회경제적 상태, 인종, 생활양식을 포함하는 사회적 요인, 경제적 및 정치적 요인, 그리고 생물학적, 물리적, 화학적 요인들을 포함하는 환경적 요인 등 다차원적인 요인들이 모두 포함된다(Taylor et al., 2003: 57). 뿐만 아니라 개인의 연령이나 가족관계 및 사회적 관계 등도 개인의 건강상태에 영향을 미치는 중요한 요인이 될 수 있다. 일반적으로는 영유아기, 아동기, 청소년기, 성인기 및 노년기 등 연령으로 구분될 수 있는 생애주기에 따라 발생할 수 있는 질병의 가능성과 위험도가 달라지며, 빈곤한 사람, 비위생적인 환경이나 열악한 조건에서 생활하는 사람일수록 질병의 문제가 발생할 가능성이 더 높은 것으로 알려져 있다. 우리나라에서 서울시 인구를 대상으로 한 만성질환 유병에 대한 조사연구에서 교육수준과 소득수준이 낮아질수록 만성질환 유병에 대한 위험성이 높아지는 것으로 나타난 연구결과는 이러한 사실을 뒷받침해 주는 근거가 된다(김혜련 · 김윤신, 2003).

특히 현대사회에서는 심리사회적 요인에 기인하여 발생하는 질병이 더욱 많아지고 있는 추세이다. 발병한 질병의 특성에 따라 때로 개인에게 만성적인 영향을 주거나 장애를 유발하여 개인과 가족에게 심리적 충격이나 부적응, 사회적 기능 저하 등의 문제를 초래하는 일들도 더욱 빈번해지고 있다. 이러한 요인들은 건강에 영향을 미치는 요인으로 이미 사회적인 주목을 받고 있으며, 넓게는 한국 사회의 의료와 관련된 정책, 그리고 질병을 해석하고 의미를 부여하는 사회문화적 태도 등도 건강에 영향을 미치는 요인으로 작용하게 된다.

즉, 건강과 질병에 영향을 미치는 다양한 요인에는 신체이상을 초래하는 원인균이나 다른 이상 병원균과 같은 생물학적 요인뿐만 아니라 심리적 요인, 그리고 사회, 경제, 문화 등 다체계적인 환경요인들이 모두 포함된다고 할 수 있다. 또한 건강에 영향을 미치는 다양한 요인들을 이해하는 데에는 이를 단순한 인과관계로 이해하기보다는 생심리사회적 요인들이 개인과 가족, 지역사회, 그리고 이를 포괄하는 더 큰 사회체계와 생태체계적으로 어떻게 상호작용하는지를 이해하는 관점이 필요하다. 이에 따라 개인체계와 관련된 건강관련 요인들을 생리(bio)−심리(psycho)−사회적(social) 영역으로 구분하여 살펴보고, 이 가운데 사회적 영역을 생태체계적으로 범주를 나누어 '가족−지역사회−사회'로 체계화하여 건강에 영향을 미치는 각각의 관련 요인들을 살펴보고자 한다.

① 생리적 요인

건강에 영향을 미치는 생리적 요인에는 개인의 체질, 노화, 면역체계, 그리고 위생이나 영양 상태의 변화 등이 포함된다. 이러한 생리적 요인으로 인한 신체적 변화는 인간의 발달단계, 혹은 성별 등 생물학적 특성에 따라 각각 다른 건강 문제를 초래할 수 있다. 예를 들어 아동, 청소년기를 지나 성인기, 중년기, 노년기를 경험하는 과정에서 우리 몸은 세포노화와 함께 면역기능이 쇠퇴하게 되고, 면역기능의 저하는 질병이나 외부 스트레스에 대한 저항력을 감소시켜 만성 성인병 질환의 발생 가능성을 증가시킨다(Bosworth et al., 2001; 장혜경, 2012). 또한 건강과 관련하여 성별 차이를 고려해야 하는데 그 이유는 여성의 경우 임신, 출산, 폐경 등과 관련하여 호르몬의 변화 등 여러 생리적 변화를 경험하게 되고, 이러한 과정에서 남성의 건강문제와는 차별화된 건강상의 문제나 질병을 경험하게 될 수 있기 때문이다.

② 심리적 요인

현대인들은 일상생활과 업무 등에서 만성 피로감과 지속적인 스트레스를 흔히 경험하며, 삶에 대한 불만족과 직면한 문제, 미래에 대한 불안감 등으로 인해 우울감, 불안감, 두려움, 무기력감 등과 같은 부정적인 정서를 경험하게 될 가능성이 매우 높다. 개인이 경험하는 이러한 부정적 정서는 일상생활에 대한 흥미와 동기를 상실하게 하고, 불규칙한 수면이나 식사, 과도한 음주, 흡연 등 일상생활에 부정적인 습관을 갖게 한다. 그 결과 소화기관, 호흡기관, 신경장애 등 다양한 질병을 초래하여 건강과 관련된 개인의 삶의 많은 영역에 부정적 영향을 미치게 된다. 이와 같이 개인이 경험하는 여러 신체적 증상은 우울과 불안 등과 같은 정신 · 심리적 요인에 의해 많은 영향을 받을 수 있다.

③ 사회적 요인

가. 가족체계

가족은 건강 및 질병과 관련하여 의료적 접근을 할 때 매우 중요한 환경체계가 된다. 이는 가족체계 내의 심리사회적 및 경제적 상태가 가족구성원 개개인과 가족 전체 건강을 좌우하기 때문이다. 가족체계가 가족구성원의 건강에 영향을 미치는 요인에는 빈곤, 식습관, 생활습관과 같이 생물학적 건강에 영향을 미치는 요인과 적절한 보호와 양육기능, 학대, 방임, 폭력 등과 같이 신체적 건강뿐 아니라 심리사회적 건강에 영향을 미치는 요인, 그리고 건강에 대한 부적절한 인식이나 관리방법과 같이 건강행위관련 요인 등이 모두 포함된다.

또한 가족은 환자의 질병 회복을 돕고 필요한 보호와 간호를 제공하는 중요한 일차적 사회체계로서의 기능을 수행한다. 가족 내 질병의 문제가 발생하면 문제는 환자 개인의 문제가 아니라 그가 속한 가족 전체의 문제가 되어 가족구성원 모두에게 영향을 미치게 된다. 따라서 건강과 질병의 문제에 개입할 때는 환자에게 필요한 치료를 제공하는 것뿐만 아니라 가족이 환자의 회복을 돕고 보호를 제공하는 지지적인 체계로 기능할 수 있도록 도움을 주는 개입이 언제나 필요한 것이다. 대개 생의학에서는 가족과 환자 사이의 관계가 최소화되고, 치료는 개인의 신체에 국한되는 것으로 여기지만 일부 생의학 전문가들도 이제는 가족 내에서 어떤 일이 일어나고 있는지가 개인의 질환에 영향을 주고받는다는 사실을 인정하고 있어(김정선, 2002: 48), 개인의 건강에 대한 가족체계의 영향력은 더욱 중요한 요소로 고려되고 있다.

나. 지역사회체계

지역사회는 개인 및 가족체계와 일상생활에서 밀접하게 상호작용하는 체계이다. 개인과 가족체계가 비록 건강한 상태를 유지하고 있다 하더라도 한 지역사회의 주요 산업이 변하거나 폭우, 냉해, 지진 등 자연재해가 발생할 경우 해당 지역에 거주하는 개인이나 가족은 이러한 환경변화와 관련된 영향을 받을 수밖에 없으며, 건강과 질병의 문제는 이와 매우 직접적으로 관련되어 나타나게 된다.

지역사회체계가 갖는 건강에 영향을 미치는 요인에는 지역사회의 주요 산업, 자연환경, 건강을 지원할 수 있는 의료 및 보건자원체계, 오염, 공해, 자연재해 발생 여부, 그리고 지역주민들이 건강관리를 할 수 있는 운동장, 공원 등과 같은 건강증진 관련 물리적 여건 조성 여부 등이 모두 포함된다. 또한 지역사회가 지니고 있는 어떤 특정 질병에 대한 편견이나 낙인 등도 건강에 영향을 미치는 요인으로 작용하게 된다. 특정질환에 대한 편견과 낙인 등은 이러한 질환을 앓고 있는 개인과 가족이 적극적인 치료를 받기보다 오히려 질병을 은폐하거나 치료를 거부하는 결과를 초래하여 개인과 가족의 건강을 악화시키는 요인이 될 수 있다.

또한 지역사회 내 만성질환자가 발생한 경우 이들을 돌보는 데는 가족뿐만 아니라 지역사회 내의 이웃, 친구, 친척, 그리고 사회적 서비스 기관 등이 모두 함께 관여된다. 이는 건강과 질병관리의 문제가 지역사회차원과도 밀접한 관련성을 갖는다는 것을 보여주는 것이다. 일반적으로 만성질환자가 지역사회에서 생활하며 다양한 서비스를 받을 수 있도록 잘 조직화된 지역사회는 환자가 건강을 유지하는 데 필요한 일상생활 지원 서비스, 교통편의 제공 등과 같은 일에 적극적인 도움을 제공한다. 그러나 상대적으로 이러한 활동에 지지적이지 못한 지역사회는 만성질환이 있는 개인을 고립시키고 전체적인 건강과 안녕을 악화시키기도 한다(Taylor et al., 2003: 152). 이러한 예들은 건강과 질병문제와 관련하여 지역사회가 미치는 영향력이 큼을 보여주는 것이다.

다. 사회체계

건강과 질병에 영향을 미치는 사회적 요인에는 우선적으로 국가와 사회가 제공하고 있는 의료 및 보건정책이 포함될 수 있다. 의료와 보건정책에는 국민이 필요로 하는 의료와 보건서비스를 이용할 수 있도록 하는 전달체계의 구축 여부, 건강과 질병으로 인한 위기 시 지원받을 수 있는 의료서비스나 자원의 확보 수준, 건강보험 및 의료비 지원정책 수준 등이 포함될 수 있다. 건강지원은 사회적 차원에서 그 사회가 유지되고 발전하기 위해 구성원을 보호하는 가장 기본적인 책임 중 하나라 할 수 있으므로 국가는 사회적 수준에서 건강관련 정책과 전달체계를 마련하고 활성화하고, 이를 제공할 수 있는 자원을 확보하고 지원할 수 있어야 한다.

또한 사회적 차원에서 국민의 건강을 보호할 수 있는 정책에는 환경정책과 환경보호 전략이 포함될 수 있다. 예를 들면, 우리나라의 경우 황사와 미세먼지가 국민들의 호흡기 질환에 유해한 영향을 미칠 수 있는 요인이 되고 있는데, 이러한 문제는 의료적인 문제인 동시에 사회적인 차원에서 대책마련을 필요로 하는 과제가 된다. 즉, 국민의 건강보호를 위해 깨끗한 공기와 수질을 유지할 수 있는 정책, 빈민가나 경제구조가 취약한 지역에 대한 공중보건 방안, 재난이나 국가적 차원의 사고 등에 대한 신속하고 정확한 대응과 이를 위한 정책 마련 등이 사회적 차원에서 요구되는 건강관련 요인이라 할 수 있다.

이상에서 살펴본 건강에 영향을 미치는 다양한 관련 요인들은 [그림 1-2]에 제시하였다.

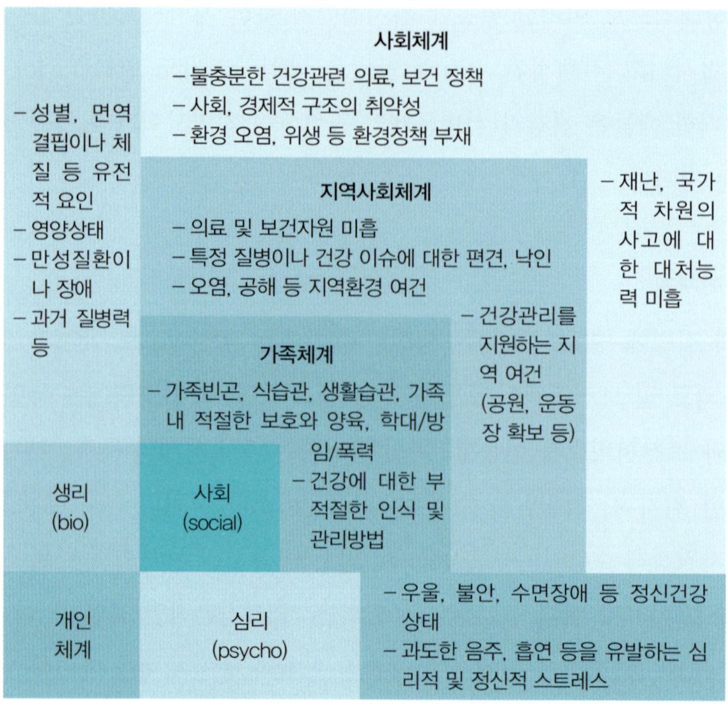

그림 1-2 건강 관련 요인 체계도

(3) 건강 불평등

건강의 개념과 관련 요인에 대한 이해에 이어 한 사회 안에서 특정 집단의 건강상태가 다른 집단의 건강상태보다 왜 특별히 더 좋거나 나쁜가와 관련된 건강불평등의 개념을 살펴보고자 한다. 건강불평등의 개념을 이해하는 것은 의료사회복지실천에 있어 건강에 영향을 미치는 사회구조적 차원의 요인들과 이와 관련된 심리사회적 요인들을 보다 면밀하게 들여다볼 수 있게 해주는 의미를 지닌다.

건강불평등이란 사회집단들 사이에 나타나는 건강상태의 차이 또는 격차를 의미하는 개념이다(Marmot, 2015; 김승진, 2017: 73). 이는 한 사회 내에서 소득수준, 교육수준, 직업의 종류 등에 따라 사회계층이 나뉘게 되고 이러한 사회계층의 상위에 있는 집단과 하위에 있는 집단 간에 건강상태, 질병에 걸릴 확률, 사망률 등에 뚜렷한 차이가 존재한다는 것을 뜻하는 용어이다.

건강불평등이 나타나는 주요 원인은 소득격차에 따른 사회적 불평등이라 할 수 있으며, 최근에는 한 사회 내 계급 간 건강 수준과 기대 수명의 격차가 더욱 커지고 있는 추세이다. 이는 현대 사회가 물질적 및 경제적으로 많은 성장을 하였고 과거보다 풍요로운 삶을 구성원들에게 안겨주었지만 이러한 성장과정에서 빈부의 격차가 더욱 심해지고 소득 상위계층과 하위계층의 소득격차가 더 크게 나타나면서 이에 따른 사회적 불평등이 더욱 심화된 것과 관련성이 깊다. 일반적으로 사회구성원의 건강수준은 보통 사회 계층이 높을수록 좋아지며, 기대수명이나 장애, 사망률 등도 소득, 교육, 직업을 기준으로 한 사회적 피라미드 상층으로 갈수록 건강수준이 높게 나타나고 하층으로 내려올수록 낮게 나타나는 것으로 알려져 있다.

그러나 한 사회구성원들의 건강이나 기대수명을 국가 간 또는 지역 간으로 비교해 본다면 건강이나 기대수명이 소득과 정비례하는 것이라기보다는 그 사회 내 불평등 수준과 밀접한 관련성이 있는 것을 볼 수 있다. 각 국가 간의 기대수명과 소득과의 관계에 대한 연구결과를 살펴보면 기대수명은 한 사회나 국가의 전반적인 소득수준과 비례한다기보다 그 사회의 내부 성원들 사이에 존재하는 불평등 수준인 소득불평등과 반비례하는 것으로 나타났다(김기태, 2017: 231). 즉, 소득불평등 수준이 낮은 지역에 거주할수록 그 사회구성원의 기대수명이 높게 나타나고, 반대로 소득불평등 수준이 높은 지역일수록 기대수명이 낮게 나타나는 것을 볼 수 있어 평등한 사회일수록 사회구성원의 기대수명이 높게 나타나는 것을 확인할 수 있었다.

건강불평등을 야기하는 근본원인이 되는 소득불평등은 일차적으로 사회구조적 차원의 불평등과 깊은 관련성을 가지며, 다양한 심리사회적 경로를 통하여 개인의 건강에 영향을 미친다. 심리사회적 요인들은 생물학적 스트레스 반응을 일으키면서 건강을 간접적으로 악화시키는 역할을 한다. 건강불평등과 관련하여 건강에 영향을 미치는 심리사회적 요인들로 Wilkinson(2005)은 사회적 지위, 빈약한 사회적 관계, 그리고 초기 아동기 경험을 제시하였다. 구체적으로 설명하자면, 첫째, 낮은 사회적 지위란 물질적 생활수준만을 의미하는 것이 아니라 멸시당한다는 느낌, 사회의 위계서열에서 열등한 위치에 놓여있다는 느낌, 종속감과 낮은 통제력 등 사회적 지위가 낮아서 생기는 모든 사회적 감정을 포함한다. 둘째, 빈약한 사회적 관계란 친구가 없고, 사회적 연결망이 허술하고, 참여하는 공동체가 없는 상황을 말한다. 셋째, 초기 아동기의 경험이란 전체 생애에 걸쳐서 스트레스와 건강에 영향을 미치게 되는 출생전후의 스트레스 경험을 말한다. 특히 임신 기간에 산모가 받은 스트레스도 초기 아동기의 경험에 포함될 수 있는데, 이는 애착관계의 결핍이나 가정불화 때문에 아이가 받는 스트레스와 밀접한 관련이 있다(Wilkinson, 2005; 김홍수영, 2008: 39).

즉, 물질적 요인만이 아니라 이러한 심리사회적 요인들이 질병의 이환율(일정 기간에 특정 인구집단에서 특정한 병에 걸린 환자의 비율)이나 사망률의 격차를 설명해 준다. 자기통제력의 부족, 우울증, 절망감, 적대감, 신뢰의 부족, 사회적 지지의 부족, 취약한 사회적 관계, 커다란 스트레스를 받았던 경험, 가정불화, 업무 스트레스, 노동강도에 미치지 못하는 사회적 · 물질적 대가, 고용 · 주거 불안정 등 모두가 건강에 문제를 일으키는 원인이 된다(Wilkinson, 2005; 김홍수영, 2008: 76).

건강에 영향을 미치는 이와 같은 심리사회적 요인들은 사회적 불평등과 밀접한 연관성을 지니고 있으며, 사회적 불평등이 개인의 스트레스를 야기 시키고 스트레스가 다시 건강을 악화시켜 궁극적으로 사회적 불평등이 건강불평등의 결과를 가져오게 되는 것으로 설명할 수 있다. 또한 불평등이 높은 사회일수록 사회구성원 모두의 건강수준이 낮으며, 불평등 수준이 낮은 사회, 즉 평등한 사회일수록 그 사회 구성원들의 건강수준이 좋아진다고 할 수 있다.

이제 사회적 불평등이 건강 및 사망률에 격차를 가져오는 것을 실제적으로 입증한 몇몇 연구결과들을 살펴보고자 한다. 먼저 사회적 고립과 사망률의 관련성에 관해서는 1995년 시카고 폭염 사망자 339명에 대한 연구 결과를 예로 들 수 있다. 이 연구에서는 질병으로 인해 침대에 누워 있어야 했던 사람들, 에어컨 없이 지냈던 사람들이 일반인들에 비해 폭염으로 사망할 위험이 3배 이상 높았던 것으로 나타나 폭염으로 인한 사망 위험을 높이는 원인으로 사회적 고립이 더욱 주목받게 되었다. 즉 혼자 사는 사람들, 폭염에도 집을 떠나지 않은 사람들, 사회활동을 하지 않는 사람들이 더 많이 혹독한 폭염상황에서 사망하게 되는 결과가 나타난 것이다(김승섭, 2017: 26).

태아기 및 유아기의 경험과 건강과의 관련성에 관하여는 제2차 세계대전 중 발생한 1944~1945년 네델란드 기근 시기에 어머니 배 속에 있던 태아가 훗날 성인이 되었을 때 다양한 성인병에 걸릴 가능성이 높게 나타난 연구를 예로 들 수 있다. 연구결과 네덜란드 기근 시기에 어머니 배속에 있던 태아는 성인이 된 후 심장병에 걸릴 위험이 3배, 조현병에 걸릴 위험이 2.6배였을 뿐만 아니라 당뇨병에 걸릴 위험도 유의미하게 높게 나타난 것으로 보고되었다(김승섭, 2017: 42-43). 이후 태아기의 영양결핍이 성인 만성병의 원인이 될 수 있다는 주장이 설득력을 얻게 되었으며, 여러 연구들을 통해 태아시기의 환경을 성인기 질병원인으로 고려하는 관점들도 등장하게 되었다. 즉, 인간은 모두 특정한 시대, 특정한 공동체 안에서 특정한 사람들과 관계를 맺으며 살아가고 그 속에서 희로애락을 경험하게 되는데 그 경험들은 우리가 인지하고 기억하지 못할지라도 몸에 새겨져 때로는 당뇨병의 원인이 되고 때로는 우울증의 원인이 되어 우리 삶에 끊임없이 영향을 준다는 것이다(김승섭, 2017: 45).

이러한 건강불평등에 대한 사례들은 한국 사회에서 이루어진 연구들을 통해서도 다양하게 제시되고 있다. 이에 관해 먼저 암과 건강불평등의 관련성에 관해 살펴보면, 2008년 보건복지부에 제출된 보고서에 따르면 소득 상위 19%와 비교 시 극빈층인 의료급여 대상 집단의 경우 암사망위험비가 1.55배 높은 것으로 나타났다. 이는 소득 상위 19% 집단에서 암으로 100명이 사망할 때 의료급여 대상자는 155명이 사망한다는 것을 의미한다(김기태, 2012: 28). 이러한 결과는 상류층의 경우 꾸준한 건강검진 등을 통해 암을 발견하고, 초기에 수술을 받는 등 치료를 하지만 반대로 최하위층은 암을 뒤늦게 발견해서 치료할 시기를 놓치는 경우가 많으며, 노인이나 실업자, 빈민 등이 검진을 받는 비율이 낮아 암사망 불평등의 원인이 되고 있는 것으로 해석해볼 수 있다(김기태, 2012: 69).

또한 서울의 한 외곽지역에서 빈민과 노숙인들을 대상으로 무료병원으로 운영되고 있는 성가복지병원에서 2010년 11월 한 달간 호스피스 병동에 입원한 15명의 환자를 대상으로 이들의 가족력 및 사회경제적 상황에 대한 비교분석을 한 결과를 살펴보면 '평생 빈곤층'으로 살았던 사람들이 10년 일찍 말기암에 이르렀다. 그리고 호스피스에 온 나이는 저학력층이 3살 낮았으며, 가족관계의 경우 절반이 가족과 결별 상태로 가족이 없거나 있더라도 연이 끊어진 경우가 대부분인 것으로 나타났다(김기태, 2012: 56-59). 이는 빈곤과 사회적 관계 단절이 암발병과 진행에 미치는 영향력이 있음을 보여주는 것으로 의미를 지닌다.

한편, 교통사고, 자살, 산재 등으로 생기는 외상도 사회경제적으로 낮은 계층에게 더 많이 생기는 것을 볼 수 있다. 보건복지부와 질병관리본부가 함께 서울대병원 등 전국 주요 8개 병원 응급실을 찾은 외상환자의 정보를 분석한 '2009년 표본병원 손상유형 및 원인통계' 자료 분석 결과 노동직이 외상을 입을 확률이 사무직보다 약 25% 높은 것으로 나타났다(김기태, 2012: 96-97). '사회 경제적 사망 불평등에 대한 사망 원인별 기여도' 연구(최경희, 2008)에서는 1~4세 남자 어린이의 사망위험 수준을 아버지의 학력에 따라 나누어 분석한 결과 아버지가 중졸 이하 학력인 어린이는 대졸 이상 아버지를 둔 어린이보다 사망위험비가 2.59배 높았으며, 여자 어린이의 경우는 사망위험비가 2.41배로 높게 나타났다. 그 원인으로는 교통사고를 포함한 사고가 남자 어린이의 경우 49.4%, 여자 어린이의 경우 53.3%로 절반 또는 그 이상을 차지하는 것으로 나타났다(김기태, 2012: 114). 동일 연구에서 25세~44세 성인들의 경우 초등학교 졸업 학력을 가진 남성들의 사망위험비가 대학졸업 이상 학력을 가진 이들보다 약 9.5배 높았는데 사망 원인은 교통사고를 포함한 사고 18.3%, 간질환 16.2%, 자살 11.9%, 뇌혈관질환 5.2% 등이었다(김기태, 2012: 116). 이와 같은 연구 결과들은 질병이나 사고 또는 이로 인한 사망 가능성이 사회계층에 따라 큰 격차가 있는 것을 보여주는 것으로 우리 사회의 사회적 불평등과 건강불평등의 관계를 입증하는 자료라 할 수 있다.

또한 실직이나 해고로 인한 갑작스러운 사회적 지위 하락과 심리사회적 스트레스가 건강에 얼마나 큰 위해를 끼치는가에 관해서는 쌍용자동차 해고 노동자를 대상으로 한 연구를 예시로 들 수 있다. 2009년 쌍용자동차 정리해고 반대 파업에 참가한 208명을 대상으로 한 연구에서 연구대상자의 50.5%가 외상후스트레스 장애를 경험하고 있었고, 2009년 정리해고 이후 2013년까지 쌍용자동차 해고자, 희망퇴직자, 가족 등 관련자들 가운데 뇌출혈, 심근경색, 당뇨합병증, 자살 등으로 사망에 이른 자들이 총 29명으로 집계되었는데 이들의 연령은 모두 30대~50대였다(김승섭, 2017: 88-90). 이는 실직이나 해고로 인한 소득하락과 사회적 지위 하락이 한 개인과 그 가족의 건강 및 생명에 미치는 영향력이 얼마나 큰지를 여실히 보여주는 자료이다.

이상과 같은 여러 연구들을 종합해 보면 빈곤층의 경우 사고나 잦은 부상의 위험, 이로 인한 합병증 등에 노출될 확률이 더 높고, 정기적인 건강검진으로 자신의 건강을 관리할 수 있는 형편이 되지 못하며, 건강이 악화된 이후 병원을 찾을 가능성이 높아 건강상태의 취약성을 지닌다고 볼 수 있다. 반면, 경제적으로 여유가 있는 집단의 사람들은 정기적인 건강검진과 운동 등으로 자신의 건강관리를 하고, 질병의 초기 단계에 이를 발견하거나 적절한 치료를 받기 때문에 상대적으로 더 좋은 건강 상태를 유지할 수 있다.

그러므로 이와 같은 소득격차에 기인한 사회계층의 차이, 즉 사회적 불평등이 집단 간 건강격차를 가져오게 되는데 이것이 바로 건강불평등의 개념임을 이해하고, 이러한 건강불평등의 문제를 빈곤 및 사회적 불평등과 관련된 사회문제로 사회구조적 차원에서 인식할 수 있는 견해를 가져야 한다. 또한 이러한 건강격차 및 사회적 불평등의 문제를 해결하기 위해서는 사회적, 국가적, 그리고 공동체적 차원의 노력이 필요함을 인지해야 한다. 의료사회복지사는 실천 현장에서 클라이언트와 가족들을 만날 때 이상에서 살펴본 건강 및 건강불평등과 관련된 다양한 심리사회적 요인들과 이에 영향을 미치는 사회구조적 차원의 요인들을 인식하고 이를 고려한 전문적 개입을 할 수 있어야 한다.

2. 의료사회복지의 개념

1) 의료사회복지의 정의

의료사회복지는 전문적 사회복지실천의 한 분야로서 질병과 건강의 문제를 다루는 병원이나 의료기관 등을 비롯하여 지역사회 내의 보건과 건강 관련 서비스를 제공하는 다양한 현장에서 수행되는 사회복지 활동으로 정의할 수 있다.

의료사회복지는 질병에 관한 다각적 접근을 바탕으로 질병을 가진 개인과 환경과의 상호관계에 초점을 두고 의료팀의 일원으로 환자 및 가족의 사회기능 향상을 위해 전문적 실천방법을 활용하여 질병의 예방, 치료 및 재활에 이르는 다양한 활동을 수행하는 사회복지의 한 전문분야이다(한인영 외, 2006). 대한의료사회복지사협회에서는 의료사회복지사의 정의를 질병을 가진 환자와 그 가족, 지역사회를 대상으로 의료진과 함께 협의하여 클라이언트의 심리적, 사회적, 정서적, 환경적 문제를 해결하도록 돕고, 입원 시뿐만 아니라 입원 전과 퇴원 후에도 사회적 기능을 원활히 수행할 수 있도록 질병의 예방과 회복, 사후관리에 이르는 연속적 과정에서 개인에 대한 접근뿐 아니라 의료제도와 정책 차원의 접근을 통하여 의료사회복지실천의 목적을 달성하도록 돕는 보건의료 영역의 전문사회복지사로 규정하고 있다(www.kamsw.or.kr).

미국 병원에서 사회복지사를 채용하여 의료사회복지실천의 기반이 다져질 수 있도록 공헌한 Dr. Cabot이 기대한 의료사회복지사의 역할은 다음과 같다. 그는 첫째, 환자의 가정상태와 사회생활에 관한 정보를 의사와 간호사들에게 제공하고, 둘째, 환자의 퇴원과 퇴원 후의 적응을 돕고, 셋째, 환자와 가족들을 지역사회의 자원과 연결시키는 것을 의료사회복지사의 주요 역할로 규정하였다(Cowles, 2000: 7-8). 또한 Cabot은 의료사회복지사를 환자와 가족에게 의료적인 정보를 이해시키는 통역자로 생각하였는데, 그는 환자에게 질병과 관련하여 진행되고 있는 상황과 앞으로의 상황에 대해 이해시키고, 설명을 제공하는 것이 병원에서 사회복지사가 담당해야하는 일차적인 중요한 역할이라 하였으며, 동시에 환자와 그 가족에 관한 정보를 의사에게 제공하는 전달자로서 의료사회복지사의 역할을 규정하였다(Cabot, 1912: 50; Gehlert, 2006: 10).

이와 같은 역할규정에 따르면, 의료사회복지란 환자의 심리적, 사회적, 경제적 문제에 대한 정보를 수집하고 이를 의료진에게 전달하며, 해결하도록 도와주고, 질병으로 인해 손상된 사회적 기능을 증진하여 사회에 복귀할 수 있도록 도움을 제공하는 전문적 활동으로 정의될 수 있다. 또한 의료사회복지사는 질병의 문제를 가진 환자와 가족을 대상으로 질병으로 말미암아 발생한 심리적 적응의 문제, 치료에 대한 동기화 및 선택의 문제, 가족문제, 간병문제, 치료비와 관련한 경제적 문제, 퇴원 후

사회복귀 문제 등을 사정하고, 환자와 가족의 내적 및 외적 자원과 지역사회의 자원을 동원하여 환자와 가족이 이러한 문제들을 해결하고 대처해 나갈 수 있도록 전문적인 도움을 주는 실천활동을 수행한다.

한편, 의료사회복지는 지역사회를 대상으로 건강 증진과 질병 예방사업, 그리고 이를 위한 사회정책 및 프로그램을 입안하고 실행하는 활동에 참여하는 측면까지 포함하는 보다 거시적인 차원의 개념을 포괄하는 것으로도 정의할 수 있다. 이러한 정의는 '질병'보다는 '건강'에 '병원'보다는 '지역사회'에 초점을 맞춘 것으로 보건의 개념으로까지 확장된 '보건사회복지(public health social work)'의 개념으로 의료사회복지를 이해할 수 있게 한다.

일반적으로 보건(public health)이란 환경위생, 지역사회 내 감염 통제, 개인교육을 위해 지역사회의 조직화된 노력을 통해 질병을 예방하고, 삶을 연장시키며, 신체적 건강과 효율성을 증진시키는 과학이다. 이는 조기 진단과 개인위생, 의료와 간호서비스의 조직화, 질병의 예방적 치료, 그리고 지역사회 내의 모든 개인들이 건강 유지를 위한 적절한 생활의 기준을 지킬 수 있도록 하는 사회적 기제를 개발하는 것을 원칙으로 한다(Institute of Medicine, 1988: 39; Schild & Sable, 2006: 70 재인용). 이러한 보건의 순기능에 부합하여 보건사회복지(public health social work)는 공적 또는 사적 기관에서 보건의 기능을 일차적으로 수행하는 전문성을 갖춘 사회복지사에 의해 수행되는 활동이다. 보건사회복지사의 실천업무는 개인, 가족, 지역사회를 대상으로 건강과 안녕, 그리고 기능을 증진하고 장애와 시설화를 최소화하기 위해 이들을 강화시키는 개입에 초점을 두는 것으로 정의된다(Schild & Sable, 2006: 75).

보건사회복지실천은 임상사회복지실천과 크게 두 가지 점에서 차이가 있는데, 첫째, 보건실천은 건강 증진과 환경적 위험으로부터의 보호, 그리고 질병예방을 강조한다는 것이며, 둘째, 보건 실천은 개인이나 집단보다는 특정 인구집단을 주요 목표로 삼는다는 것이다(Watkins, 1985; Schild & Sable, 2006: 75). 다시 말해, 보건사회복지는 지역사회의 모든 인구를 대상으로 하지만 일차적으로는 취약한 계층이나 위기에 직면한 인구집단을 대상으로 건강증진 및 질병예방을 위한 전문적이고 체계적인 활동을 전개한다는 것이다(Wilkinson, Rounds, & Copeland, 2002; Schild & Sable, 2006: 71). 대개 한 사회에는 인종 또는 민족, 성별, 사회계층, 교육, 그리고 고용이나 보험 상태 등에 의해서 규정되는 건강불평등이 인구집단 간에 존재한다. 일반적으로 소수집단, 빈곤자, 교육 수준이 낮은 자, 시골거주자, 실업자, 보험이 없는 자들은 상대적으로 건강 상태가 더욱 취약한 집단에 속하는 자들이 될 수 있다(Berkman & Kawachi, 2000; Schild & Sable, 2006: 77).

미국에서 보건사회복지사는 연방, 지역, 주, 그리고 지방 차원에서 사례관리자, 건강교육사, 프로그램 기획 및 평가자, 기금마련을 위한 제안서 작성자(grant writer), 행정가, 그리고 프로그램 관리자 등 매우 다양한 역할을 수행하고, 비영리기관의 행정 감독관으로 일하기도 하는 등 다양한 활동을 전개하며 사회적 입지를 굳히고 있다(Schild & Sable, 2006: 74). 그러나 아직 한국에서는 지역사회 수준에서 취약 계층이나 주민들의 건강증진과 안녕 및 기능 향상을 위해 일하는 보건사회복지사의 입지가 확보된 상태는 아니다. 이보다는 전통적으로 병원이나 의료세팅을 중심으로 질병의 문제가 있는 클라이언트와 그 가족을 대상으로 직접적 서비스를 제공하는 활동을 의료사회복지사의 대표적 활동으로 정의하는 경향이 지배적이다.

보건사회복지로 정의되는 이와 같은 의료사회복지의 확장된 개념은 새롭게 등장한 신개념이라기보다는 기존의 의료사회복지에 대한 정의의 틀 속에서 주로 거시적 차원 또는 정책적 차원의 개념으로 함께 다루어져온 부분이라 할 수 있다. 의료사회복지의 개념정의에서 강흥구(2007: 46)는 거시적 차원에서의 의료사회복지란 건강 차원의 접근으로 단지 질병으로부터의 치유와 회복뿐 아니라, 예방과 추후관리를 포함한 일련의 과정을 의미하며, 접근단위도 병원 내의 활동에 국한하는 것이 아니라 지역사회를 망라하는 접근으로 제도와 정책적 차원을 포함하는 개념이라 하였다. 또한 김규수(1999; 29)는 이러한 측면의 의료사회복지를 정책적 차원에서 질병의 예방과 건강증진 및 향상을 목적으로 사회복지조사, 사회복지정책, 행정 등의 방법을 통하여 보건의료에 대한 욕구를 측정하고, 의료서비스 전달체계를 평가하며, 의료의 질 향상과 의료보호의 확대 및 질적 향상을 도모하는 데 참여하는 사회복지실천의 한 과정으로 정의하였다. 최근 의료사회복지사의 활동 영역은 병원이나 의료세팅 등 전통적인 활동 영역을 넘어 지역사회를 대상으로 한 보건증진 활동으로까지 그 범위가 더욱 확대되고 있는 추세이다. 이에 따라 지역사회 내의 건강관련 업무를 추진하는 다양한 기관에서 의료사회복지사의 활동이 더욱 활발히 요청되고 있다.

이상과 같은 의료사회복지의 개념을 병원이나 의료세팅을 중심으로 환자의 치유와 회복을 위해 서비스를 제공하는 전통적 의료사회복지(medical social work)와 지역사회 중심의 건강증진과 질병예방을 목적으로 활동하는 보건사회복지(public health social work)의 개념으로 나누어 살펴보면 다음의 〈표 1-1〉과 같이 정리될 수 있다.

표 1-1 전통적 의료사회복지와 보건사회복지의 개념 비교

구 분	전통적 의료사회복지 개념	보건사회복지 개념
목적	질병치료 및 사회적 기능 회복	지역사회의 건강증진과 질병 예방
용어	medical social work	public health social work
서비스 대상	환자, 가족, 의료진	지역사회 주민, 지역사회 내 건강 취약집단, 의료 환경(의료제도 및 정책)
사회복지사의 소속 기관	병원이나 진료소, 요양병원 등 의료세팅	지역사회 내의 건강관리 업무를 수행하는 기관이나 단체, 중앙 및 지방 행정부서
주요 활동 내용	• 환자의 심리사회적 특성 사정 및 의료진과 정보공유 • 환자와 가족을 대상으로 질병으로 인한 심리 · 사회적 및 경제적 문제의 사정과 해결지원 • 환자의 사회적 기능회복 및 재활 지원 지역사회자원 연결	• 질병예방과 건강증진을 위한 활동 • 환경개선 • 지역주민 대상 보건교육 • 지역사회 내 건강 불평등 및 취약집단 발견과 건강지원서비스 제공 • 보건정책과 프로그램 개발, 수행 및 평가
주로 사용하는 실천방법	개별상담, 집단상담, 가족상담 및 교육, 퇴원계획, 사례관리 등	지역사회사정(community assessment), 사회조사, 프로그램 개발 및 행정

결론적으로 의료사회복지의 개념을 종합해 보면, 의료사회복지란 사회복지의 전문적 실천방법을 활용하여 질병을 가진 개인과 환경과의 상호관계에 초점을 두고 환자와 그 가족의 사회기능 향상을 위해 질병의 치료 및 재활은 물론 지역사회 주민과 취약집단의 건강증진과 질병예방에 기여하는 다양한 활동을 수행하는 사회복지의 한 전문분야로 정의할 수 있다.

2) 의료사회복지의 기능

의료사회복지의 기능은 환자와 가족, 그리고 지역사회를 대상으로 질병에 대한 예방과 치료 및 재활기능을 수행하는 것이다. 의료사회복지는 전통적으로 병원이나 의료 기관에서 치료팀의 일원으로 환자에 대한 치료와 사회복귀 및 재활을 돕는 중요한 기능을 담당해 왔다. 그러나 최근 의료사회복지의 개념이 점차 병원이나 의료 기관에서의 활동에 국한되는 것에서 벗어나 지역사회를 대상으로 한 다양한 건강증진 활동에 참여하는 것을 포함하는 보건사회복지의 개념으로 확대되면서 예방과 관련된 기능이 의료사회복지의 중요한 기능으로 새롭게 부각되고 있다.

의료사회복지가 예방, 치료 및 재활의 기능을 담당하기 위해 수행하는 구체적인 기능들을 살펴보면, 일차적으로 환자와 가족을 대상으로 심리사회적 사정을 실시하고, 질병의 치료와 재활 및 사회복귀를 위한 심리사회적 개입, 상담 및 교육, 자원연결 등의 기능을 수행한다. 또한 의료사회복지사가 소속된 병원이나 의료 기관에 대해서 병원서비스 이용 만족도 조사를 실시하여 병원서비스의 질을 향상시키는 데 기여하기도 하며, 인근 지역 주민이나 병원이용 고객을 대상으로 실시하는 병원 프로그램을 기획하는 활동에 참여하는 기능을 수행하기도 한다.

지역사회와 관련해서는 지역주민 및 취약인구집단을 대상으로 질병예방과 건강증진 프로그램에 참여하거나 지역 내 자원을 동원하고 개발하는 등의 기능을 수행한다. 일반적으로 질병 예방은 세 단계로 나눌 수 있는데(Schneider, 2000), 1차적 예방은 질병과 상해로부터 보호하는 것이며, 2차적 예방은 질병에 대한 조기 진단과 치료로서 질병의 진행과정을 지체시키는 것이다. 그리고 3차적 예방은 질병의 결과를 최소화하고 추가적인 장애를 방지하기 위한 행동들을 포함한다. 지역사회를 대상으로 질병 예방 활동에 참여하는 사회복지사는 1차, 2차 및 3차적 수준에서의 예방을 모두 관리할 수 있어야 한다.

즉, 의료사회복지사는 환자와 가족을 대상으로 임상적 개입을 실시할 뿐만 아니라 병원과 지역사회를 대상으로 프로그램을 기획하고 자원을 동원하며, 건강증진과 질병예방을 위한 사업을 실시하는 등 다양한 기능을 수행한다. 궁극적으로 의료사회복지사는 지역사회 내의 질병 예방, 치료 및 재활의 목적을 달성하는 데 중요한 기여를 하고 있다.

3) 의료사회복지사 직무와 주요 활동

환자와 가족, 소속된 병원이나 의료 기관, 그리고 지역사회를 대상으로 예방, 치료 및 재활의 기능 수행을 위해 실제로 의료사회복지사는 임상영역, 행정영역, 그리고 교육 및 조사영역에서 다양한 직무들을 수행하고 있다. 의료사회복지사가 수행하는 직무들을 구체적으로 살펴보면, 첫째, 임상과 관련된 직무로서 사회복지의 전문적인 지식과 기술을 활용하여 환자와 가족들을 대상으로 직접적인 서비스를 제공하는 업무들이 대표적이다. 임상관련 직무에 속하는 하위차원의 직무에는 환자와 가족을 대상으로 심리사회적 사정을 하거나 개별치료 및 상담, 가족치료 및 상담, 집단치료 및 집단활동지도, 교육제공 등의 활동을 수행하는 심리 · 사회 · 정신적 문제해결 직무, 환자에 대한 진료비 지원과 이를 위한 자원을 동원하는 경제적 문제해결 직무, 지역사회 내의 다양한 자원체계에 환자와 가족을 연결하는 지역사회 자원연결 직무, 재활과 사회복귀를 돕기 위한 직무, 그리고 이러한 활동수행을 위해 의료팀의 일원이 되어 함께 회진이나 회의 등에 참여하는 팀접근 직무가 포함된다. 이러한 임상관련 직무는 매우 핵심적인 직무들로서 의료사회복지사 활동의 가장 중요한 부분을 차지한다.

둘째, 의료사회복지사는 행정적 차원의 직무를 수행하는데 보고서나 업무일지를 기록하고, 부서의 회의나 병원의 회의 등에 참여하는 일들을 한다.

셋째, 의료사회복지사가 수행하는 교육 및 연구조사 차원의 직무에는 학부 및 대학원의 사회복지 전공생들에 대한 실습지도, 직원 교육, 그리고 의료사회복지와 관련된 조사 및 연구 활동 등이 포함된다.

이상과 같은 직무내용은 '의료사회복지사 직무 표준화 작업' 결과를 통해 선정된 것으로 3개 영역, 7개 직무 하위차원, 그리고 총 33개의 세부항목들로 구성되어 있다(김기환 외, 1997: 9). 이에 대한 구체적 내용은 〈표 1-2〉와 같다.

표 1-2 의료사회복지사 직무차원

직무차원	직무하위차원	직무내용	
사회사업 임상	심리 · 사회 · 정신적 문제해결 직무차원	1	심리 · 사회적 문제의 원인조사 및 사정
		2	치료계획에 의한 환자의 개별치료
		3	내원객의 욕구에 의한 환자의 개별상담
		4	치료계획에 의한 환자의 가족치료
		5	내원객의 요구에 의한 환자의 가족상담
		6	집단치료
		7	집단활동지도
		8	환자와 환자가족의 교육
		9	환자와 환자가족에게 질병에 관한 정보제공

사회사업 임상	경제적 문제해결 직무차원	10	사회보장 및 법적 제도에 대한 정보제공과 지원
		11	병원의 자원을 이용한 진료비 지원
		12	후원자, 후원단체 연결을 통한 병원 외적 자원과의 연결
	지역사회자원 연결 직무차원	13	지역사회의 새로운 자원 개발 및 정보망 조성
		14	수집된 기존 지역사회의 자원체계에 대한 정보 제공
		15	지역사회자원과 연결
	사회복귀 및 재활 문제해결 직무차원	16	퇴원계획 상담
		17	추가치료 및 자가치료 지원(가정방문, 외래상담 등)
		18	직업재활 상담지도
		19	회복상태 및 사회적응도 평가
		20	사회생활 훈련지도
	팀 접근 직무차원	21	회진 참여
		22	타 부서와의 사례회의
		23	병원경영에 어려움을 줄 수 있는 고위험 환자의 조기 발견
		24	질병에 의한 고위험 환자의 조기 발견
		25	사례분석 평가
행정	사회사업 부서의 순수행정 직무차원	26	보고서 및 업무일지의 기록
		27	사회사업 부서의 운영에 관한 회의
		28	부서 직원의 지휘 및 감독
		29	병원(기관)의 행정 및 경영에 관계된 회의
교육 및 연구조사	교육 및 연구 조사 직무차원	30	실습생 지도
		31	신규직원 교육
		32	전문성 제고를 위한 교육참여(임상연구 회의, 저널클럽)
		33	의료사회사업 연구 및 조사활동

출처: 김기환 외(1997). 의료사회사업가의 직무표준화를 위한 연구. 한국사회복지학, 33, 9.

이 연구에서 의료사회복지사들이 수행하는 직무로 가장 빈번하게 나타난 직무들은 ① 심리 · 사회 · 정신적 문제해결 직무, ② 사회사업부서의 순수행정 직무, ③ 사회복귀 및 재활 문제해결 직무, ④ 팀접근 직무, ⑤ 지역사회자원 연결직무, ⑥ 경제적 문제해결 직무, ⑦ 교육 및 연구조사 직무였으며, 이는 핵심직무로 선정되었다. 핵심직무는 다시 11개의 세부항목으로 구체화되었는데, 이는 대학부속병원이나 종합병원 · 의원 등에서 공통적으로 수행하는 직무로 정의되었다. 여기에는 심리 · 사회적 문제의 원인 조사 및 사정, 치료계획에 의한 환자의 개별치료, 환자와 환자가족의 교육, 환자와 환자가족에게 질병에 대한 정보제공, 후원자(단체) 연결 등을 통한 병원 외적 자원과 연결, 지역사회자원과 연결, 퇴원계획 상담, 사례분석 평가, 보고서 및 업무일지의 기록, 사회복지부서의 운영에 관한 회의, 그리고 전문성 제고를 위한 교육 참여가 포함되었다(김기환 외, 1997).

3. 의료사회복지 실천현장

1) 의료사회복지 실천현장의 다양화

사회복지사들은 거의 1세기가 넘는 동안 의료현장에 소속되어 활동해 왔고, 의료 및 건강서비스에서 생심리사회모델을 적용한 서비스를 제공하는 데 중추적 역할을 해왔다.

의료사회복지사가 활동하는 실천 현장은 병원이나 지역사회를 기반으로 의료와 건강관련 서비스를 제공하는 다양한 기관이나 단체가 될 수 있다. 특히 인간의 건강문제는 출생순간부터 죽음에 이르기까지 삶의 전 과정에서 중요한 부분이 되므로 이러한 건강문제를 다루는 기관이나 단체는 지역사회 내의 병 · 의원, 종합병원, 대학병원 등에서부터 보건소나 요양원, 주간보호소, 재활센터 및 호스피스기관 등에 이르기까지 그 범위가 매우 넓다.

일반적으로 의료 및 보건서비스전달체계는 건강상태에 따른 개입 수준과 내용에 따라 1차 관리기관(Primary care), 2차 관리기관(Secondary care), 그리고 3차 관리기관(Tertiary care)으로 나눌 수 있다(Cowles, 2000: 14). 1차 관리란 질병에 대한 예방과 건강 유지에 초점을 두는 것으로 예방과 조기 개입이 중요한 기능이 된다. 이러한 기능을 수행하는 기관으로는 지역사회 내의 1차 의료기관, 보건소, 건강증진센터 등이 포함될 수 있다. 2차 관리란 이미 발생된 질병이 더 악화되지 않도록 치료, 관리하는 것으로 주로 병원의 외래나 입원병동, 치료센터 등에서 이루어진다(한인영 외, 2006: 58). 3차 관리는 의료서비스의 마지막 단계로 치료될 수 없는 질환이나 만성질환을 가진 클라이언트가 편안함을 느끼고 돌봄과 보호를 받으며 남아있는 기능이 최대화될 수 있도록 지원하는 것을 목적으로 한다. 이러한 역할을 하는 기관으로는 지역사회내의 재활센터, 요양원, 호스피스 기관, 재가보호시설 등이 포함될 수 있다.

이와 같이 지역사회 내에서 의료서비스를 제공하는 세팅이 점차 다양해지고 있는 것은 의료사회복지의 실천현장이 다양해지고 있다는 것을 의미한다. Adkins(1994)는 의료사회복지의 다양한 실천현장을 다음과 같이 제시하기도 하였다(강흥구, 2004: 33-34 재인용).

① 일반 병원 및 응급병원(general and specialized acute-care hospital)과 종합병원(medical center)
② 정신병원(psychiatric hospital)
③ 재활센터(rehabilitation center)
④ 요양원(skilled-nursing facilities), 호스피스, 성인주간보호 프로그램 등과 같은 장기보호시설(long-term care facilities)
⑤ 건강유지기관, 응급보호센터, 개원의(physicians' office) 같은 일차 보호 분야
⑥ 재가건강보호 프로그램(home health care program)

또한 Dhooper(1997)는 건강보호와 관련된 현장을 다음과 같은 네 가지 세팅으로 구분하기도 하였는데, 이러한 현장들은 의료사회복지사의 활동이 이루어지는 실천 현장이 된다.

① 급성환자치료 세팅(acute care settings)
② 외래진료세팅(ambulatory care settings)
③ 질병예방과 건강증진 기관(illness prevention and health promotion agencies)
④ 장기보호세팅(long-term care settings): 요양원(nursing homes), 지역사회 내 거주보호시설(community residential care settings), 재가보호시설(home-based/near home-based care srttings)

2) 다양한 현장의 의료사회복지실천

Cowles(2000)는 의료사회복지실천현장을 서비스가 제공되는 장소의 특성에 따라 1차 건강보호 기관, 병원, 재가보호기관 및 요양원, 그리고 호스피스 기관으로 구분하여 각 현장에서 이루어지는 사회복지실천의 특성을 기술하였다. 이는 보호관점에 따른 것으로, 예방을 포함한 1차 의료, 병원에서의 치료, 치료 종결 후 재가서비스 혹은 요양원에서의 연속적 보호, 임종으로 이어지는 질병의 진행 경로를 반영한 개념이다(강흥구, 2004: 225).

(1) 1차 건강보호기관

의료현장을 1차 관리-예방, 2차관리-치료, 그리고 3차 관리-재활 및 요양기관으로 나눌 때 질병에 대한 예방과 조기 개입을 담당하는 기관들이 1차 건강보호기관이 된다. 여기에는 병원의 외래, 응급실, 건강증진센터, 가정의학과, 내과, 소아과 등 1

차 의료기관과 보건소 및 예방서비스 제공 기관 등이 포함될 수 있다.

1차 건강보호는 건강보호체계에 환자가 처음 진입하는 것으로, 1차 건강보호체계는 지역사회에서 수용 가능하고, 비용이 적당하며, 실제 활용 가능해야 한다. 또한 건강보호체계를 유지시킬 수 있는 관문역할을 수행해야 한다. WHO(1978)는 1차 건강보호가 건강증진, 질병 예방, 신체적 · 정신적 건강서비스의 통합을 위한 것으로 건강의 신체적 · 정신적 · 사회적 측면을 포괄하는 전인적 접근을 실시해야함을 강조하고 있다(Oktay, 1995: 1887; 강흥구, 2004: 226 재인용).

1차 건강보호 현장에서 사회복지사의 주요 역할은 첫째, 개인의 건강증진 및 질병 예방을 위한 지역사회 프로그램 계획에 참여, 둘째, 사회적 요인과 질병 간의 관계에 대한 역학조사 실시, 셋째, 특정 질병의 예방과 조기 개입 및 장애 예방사업, 넷째, 사회적 지지체계를 활용한 건강 및 복지증진, 다섯째, 건강보호와 사회복지서비스가 필요한 위험 집단에 대한 아웃리치 서비스의 실시 등이다. 즉, 사회복지사는 1차 건강보호 현장에서 보건프로그램 계획과 정책개발, 건강문제와 관련된 지역사회의 욕구분석, 위험집단에 대한 아웃리치, 개인과 집단에 대한 건강교육 실시, 자조집단의 구성과 운영, 그리고 질병과 건강문제에 관련된 역학조사 등에 참여하는 역할을 수행하게 된다(Cowles, 2000: 110; 강흥구, 2004: 229 재인용).

(2) 병원

종합병원이나 대학병원 등 지역사회 내의 병원이나 의료기관은 의료사회복지실천이 이루어지는 핵심적인 현장이다. 특히 병원은 질병이나 상해를 입은 사람의 치료를 위한 전인적인 접근이 강조되는 곳이므로 의사, 간호사, 심리치료사, 물리치료사, 작업치료사 등 타전문직과 의료사회복지사와의 협력과 팀접근(team approach)이 가장 강조되는 현장이며, 현재 우리나라에서 의료사회복지사들이 활동하고 있는 가장 중추적인 실천현장이다.

병원에서 환자와 가족을 대상으로 사회복지서비스를 제공하는 의료사회복지사는 기본적으로 질병에 걸린 환자의 불안과 의존심, 회복에 대한 의지 등 환자의 심리상태에 대해 이해하는 능력을 갖추고 있어야한다. 뿐만 아니라 환자의 가족환경 및 사회적 환경과 경제적 상태 등을 정확하게 사정하는 능력, 그리고 이에 개입할 수 있는 지식과 기술 및 타전문직과 협력할 수 있는 팀접근 능력을 구비하고 있어야 한다. 또한 환자와 가족에게 필요한 자원체계를 개발하고 연결하는 능력, 재활 및 사회복귀를 위한 계획을 세우고 이를 위한 개별, 집단 및 가족 상담과 교육 등의 전문적 서비스를 제공할 수 있는 능력이 있어야 한다.

최근 의료사회복지실천은 임상 각과의 질환별로 더욱 세분화되고 전문화되는 경향이 있다. 이에 부합하여 의료사회복지사는 특정 질환에 대한 지식체계로 질병의 특성, 예후와 치료방법, 질병에 따른 주요 심리사회적 문제, 그리고 이에 대한 개입방법과 필요한 지역사회 자원에 대한 정보 등에 관해서 잘 알고 있어야 한다.

특히 자원연계를 위해서는 지역사회자원에 대한 최신 정보가 필요하다. 의료사회복지사는 요양원, 가정간호기관, 지역 내 타 의료기관, 경제적 지원 단체, 공공서비스 등 다양한 지역사회자원에 대한 정보를 지니고 있어야 한다. 또한 지역사회자원의 목록을 최신으로 업데이트하는 노력을 항시 기울여야 하고, 기존의 지역사회 자원이 여전히 활용가능한지 점검해야 한다(Dobrof, 1991: 51; 한인영 외, 2006: 60 재인용).

한편, 조직 내에서 선임 사회복지사나 부서장의 역할을 담당하는 의료사회복지사는 직원교육 및 슈퍼비전을 제공할 수 있는 능력, 부서를 운영하는 조직력과 리더십 등 행정적 능력을 구비해야 한다. 이 외에도 병원에서 활동하는 의료사회복지사는 자원봉사자를 모집하고 관리하는 능력, 병원서비스에 대한 만족도나 서비스 질 향상을 위해 필요한 조사를 실시하고 프로그램을 개발하는 능력 등을 갖추고 있어야 한다.

(3) 요양원 및 요양병원

요양원이나 요양병원은 지속적인 보호와 의료적 처치 및 관리의 필요성으로 인해 병원에서 퇴원한 환자가 가정으로 돌아가지 못할 때 선택하는 기관이다. 요양원에는 정신장애인 및 장애인을 위한 시설이 있으며, 최근 평균수명의 연장으로 우리 사회가 점차 고령화되어 감에 따라 다양한 종류의 노인요양시설이 늘어나고 있는 추세이다. 요양병원에는 정신장애인, 산재장애인, 노인 등을 위한 요양병원을 비롯하여 암과 같은 질병으로 인해 투병생활을 지속해야 하는 환자를 위한 요양병원 등이 있다.

이러한 요양시설의 종류에는 경제적 능력이 없거나 돌볼 가족이 없는 자들을 대상으로 국가가 무료로 운영하는 시설과 종교단체나 민간단체에서 운영하는 실비 또는 유료시설 등이 있다. 2007년 사회보험의 일환으로 노인장기요양보험제도가 실시되면서 현재 지역사회를 중심으로 노인요양시설이 더욱 늘어나고 있으며, 이에 따라 요양시설에서의 의료사회복지사의 활동과 역할이 점차 중요해지고 있다.

요양원이나 요양병원에 입소하는 클라이언트는 가정이 아닌 시설에서 생활하는 것에 대한 적응, 가족과의 정서적 유대관계 유지, 요양원이나 요양병원 입원에 따른 경제적 문제 등과 같은 여러 문제를 경험할 수 있다. 가족원의 경우에는 요양원이나 요양병원에 입원한 환자와의 정서적 관계가 얼마나 친밀했는지에 따라 정서적 반응이 달라질 수 있으며, 이에 따라 방문 여부나 횟수 등에도 차이가 발생하게 된다. 또한 요양원이나 요양병원 입소에 따른 치료비를 가족이 부담하게 되는 경우 입원기간이 장기화됨에 따라 가족 내 경제적 어려움이 발생할 수도 있다. 이와 같은 클라이언트와 가족의 심리사회적 욕구에 대응하여 요양원 및 요양병원에서 일하는 의료사회복지사는 개별상담, 집단상담, 가족상담 및 교육 등을 제공하고, 필요한 지역사회자원을 연결하며, 퇴원계획을 수립하는 등의 역할을 수행하게 된다.

(4) 호스피스 기관

호스피스란 회복할 수 없는 질환으로 임종을 앞둔 환자가 육체적 및 정신적 고통을 경감하며, 편안하게 죽음을 맞이할 수 있도록 도움을 제공하는 총체적인 활동을 뜻한다. 호스피스는 죽음을 삶의 자연스러운 과정으로 받아들이도록 하고, 질병의 말기단계에서 오는 육체적 · 정신적 고통이 완화되도록 돕기 위해 신체적, 심리적, 사회적 및 영적 측면에서 포괄적이고 전인적인 접근을 하는 것을 기본원칙으로 하고 있다.

일반적으로 호스피스란 ① 임종 환자 및 그 가족에 대한 전인적 보호(care), ② 인위적으로 수명을 연장시키거나 단축시킴 없이 자연스런 임종 환경을 제공하는 것, ③ 육체적, 영적, 그리고 심리적 보호(care)를 통하여 환자로 하여금 자신의 죽음을 인간답게 수용할 수 있도록 하는 것, ④ 한계수명을 가진 환자에 대해 병원과 가정의 보호(care)를 병행하게 하는 활동을 포함하는 것으로 구체화할 수 있다(강흥구, 2004: 243).

일반적으로 호스피스 서비스의 제공을 위해서는 의사, 간호사, 사회복지사, 성직자 및 자원봉사자 등이 팀으로 함께 일하며, 환자와 그 가족이 임박한 죽음을 받아들이고 남은 시간을 의미 있게 잘 사용할 수 있도록 도와주는 역할을 수행하는 것이 중요하다. 이를 위해서는 호스피스 서비스를 받는 환자와 가족이 경험하는 어려움이 무엇인지 이해해야 하는데, 환자의 경우에는 죽음에 대해 수용하고, 호스피스 시설에 적응하며, 앞으로 남아있는 시간을 가능한 한 의미 있게 보낼 수 있도록 도와주는 것이 중요하다. 가족의 경우에는 환자에 대한 돌봄 제공으로 심신이 지칠 수 있으며, 가족원 중의 한 명이 죽음을 앞두고 있다는 것을 수용하는데 어려움을 겪을 수도 있다. 또한 환자의 사망에 대한 상실감과 애도반응을 느끼며, 그 가족원이 없는 가족체계에 새롭게 적응하는 데 심리사회적 어려움을 겪을 수도 있다. 그러므로 호스피스 기관에서 일하는 의료사회복지사는 이와 같은 환자와 가족이 직면한 어려움을 이해하고, 이들을 정서적으로 지지하며, 환자와 가족 간의 정서적 갈등이 있다면 이를 해결할 수 있도록 도움을 제공해야 한다. 또한 가족들이 간병으로 인해 신체적 및 정신적 에너지가 고갈되지 않도록 지역사회 자원을 활용한 도움을 제공하고, 필요시 경제적 지원을 하는 등 다양한 역할을 수행해야 한다.

CHAPTER 02

의료사회복지의 발달과정

학습목표

01 영국과 미국의 의료사회복지 시작과 확대 및 발달과정을 이해한다.
02 한국의 의료사회복지 시작과 확대 및 발달과정에 대한 지식을 습득한다.

1. 영국 의료사회복지 발달과정

1) 전문직으로 발돋움

영국에서는 19세기부터 정신병원에서 퇴원한 환자들을 대상으로 사후보호의 일환으로 가정방문이 행해졌으며, 1880년에는 정신질환자 사후지도협회가 설립되기도 하였다. 그러나 의료사회복지가 전문적인 직업의 형태를 갖추고 자리 잡기 시작한 것은 1895년 메리 스튜어트(Mary Stewart)가 영국 왕실시료병원(Royal Free Hospital)의 사회복지사로 최초로 채용되면서부터라고 할 수 있다. 이 당시는 사회복지사라는 공식 명칭이 없었으며, 메리 스튜어트는 병원의 의료사회복지사(hospital almoner)로 환자들의 가정환경 및 경제적 상태를 조사하고 무료로 의료서비스를 받을 자격이 있는지에 관한 적격성 여부를 판단하는 일을 담당하였다.

메리 스튜어트가 왕실시료병원에서 환자의 사회경제적 상태를 평가하는 일을 담당하게 된 데는 찰스 로크(Charles S. Loch, 1849~1923)의 활약이 있었다. 1875년 찰스 로크는 런던 자선조직협회의 사무총장으로 임명되었으며, 건강의 사회적 측면에 상당한 관심을 보였다. 자선조직협회의 의료위원회에서 그는 환자들이 무료 진료를 받기 위해 자신의 상황을 거짓으로 전하는 현상에 대한 우려를 강력하게 표명하였다. 1874년에 왕실시료병원은 자선조직협회에 얼마나 많은 환자들이 실제로 빈곤한 상태에 있는지 선별해 줄 것을 요청하였으며, 조사결과 단지 36%의 환자만이 실제로 서비스를 받을 자격이 있는 것으로 판명되었다. 이에 찰스 로크는 병원에 오는 환자를 어떻게 사정하고, 누가 치료비를 지불하고 누가 치료를 받을 적격자인가를 판정하는 데 개혁이 필요함을 거듭 주장하였으며, 무료 의료서비스를 받는 자는 환자의 상황과 환경을 평가하는 교육과 훈련을 받은 유능한 사람에 의해 선별되어야 한다고 생각하였다. 그는 병원에 이러한 직무를 전적으로 담당하는 의료사회복지사를 두기 위해 수년 동안 노력하였으며, 그 결과 1895년에 메리 스튜어트가 왕실시료병원의 첫 번째 의료사회복지사로 채용되었다(Gehlert, 2006: 6-7).

메리 스튜어트는 런던 자선조직협회에서 수년간 일한 경력이 있었으며, 그녀가 병원에서 담당했던 역할은 첫째, 병원 진료소에 입원하기 위한 신청서를 검토하는 것이었다. 이는 무료 의료 서비스를 받기에 적절한 자를 선별하기 위한 과정이었다. 둘째, 그녀는 환자를 서비스에 연계하고 누가 진료소에서 서비스를 받을 것인지를 결정하는 일을 담당하였다(Cannon, 1952). 그녀는 의료비를 부담할 수 있는 자에게는 무료진료가 아니라 진료비를 일부 부담하도록 하고, 구제가 필요한 자는 구빈법의 적용을 받도록 하였으며, 실비진료를 받을 수 있는 사람을 소개해 주는 일 등을 진행하였다.

메리 스튜어트가 병원에서 일한 첫 3개월 동안은 런던 자선조직협회가 인건비를 지불하였다. 이후 왕실시료병원의 2명의 내과의가 메리 스튜어트의 급여의 절반을 병원에서 부담하는 것에 동의하였으며, 나머지 절반은 자선조직협회에서 부담하기로 하였다. 이때부터 의료사회복지사는 영국에서 병원의 정식 직원이 되었다(Gehlert, 2006: 7).

메리 스튜어트의 병원에서의 활동이 점차 의료관계자와 병원으로부터 인정을 받게 되면서 1897년 병동에서도 의료사회복지 서비스 확장의 필요성이 대두되어 프린멜과 다빗손이 채용되었으며, 많은 봉사자들이 함께 의료사회복지활동에 참여해 팀을 이루게 되었다. 이들은 또한 환자에 대한 체계적인 기록을 하는 데도 선구적인 역할을 하였다(김규수, 2004: 52).

2) 의료사회복지사 활동영역 확대 및 조직화

1905년에는 왕실시료병원 외에 7개의 타 병원에서도 의료사회복지사가 채용되어 일하였으며(Gehlert, 2006: 7), 새로운 의료사회복지사들은 왕실시료병원에서 실습을 하였다. 이 당시 성 조지(St. Geoge) 병원의 의료사회복지사로 일하였던 머드(Mudd)의 제안으로 의료사회복자사들은 월 1회씩 왕실시료병원에 모여 집담회를 가졌으며, 자선조직협회의 의료회의에도 대표자로 참석하였다. 이들은 이러한 모임을 통해 의료사회복지사로 활동하는데 많은 힘과 용기를 얻었으며, 의료사회복지사의 능력에 따라 서서히 상담업무를 실시하기도 하여 영국의 의료사회사업은 성장과 발전을 이루게 되었다(김규수, 2004: 52-53).

1906년에는 병원의료사회복지사협회(the Hospital Almoner's Council, 후에 the Institute of Hospital Almoners로 명칭 변경)가 창설되어 의료사회복지사들을 훈련시키는 역할을 전적으로 담당하기 시작하였다(Cannon, 1952).

의료사회복지의 이 같은 발전과정에 더하여 앤 커민스(Aune Cummins)는 의료사회복지활동에서 교육의 중요성과 더불어 지역사회 사람들과 연대하여 일하는 것의 중요성을 인식시키는 데 공헌하였다. 그녀가 성 토마스(St. Thomas) 병원에서 일할 당시 많은 사람들은 무지와 빈곤, 그리고 불결한 환경 가운데서 생활하고 있었으며, 질병이 계속 유행하고 결핵이 만연해 있었다. 이에 그녀는 불결한 환경을 개선할 수 있는 위생교육의 중요성을 강조하였으며, 지역사회의 교회봉사자, 인보관 및 자선조직협회의 사람들과 관계를 맺고 일하였고, 1909년에는 5,000파운드의 기부금을 가지고 병원의 모든 결핵환자를 위한 사회복지서비스를 전개하기도 하였다(김규수, 2004: 54).

2. 미국 의료사회복지 발달과정

1) 전문직으로 발돋움

미국에서 의료사회복지의 등장과 발달은 정치 및 경제적 요인에 근거를 둔 19세기와 20세기 유럽 각국으로부터의 거대한 인구유입으로 특징지어질 수 있는 미국의 인구학적 특성, 병자를 어떻게 처우할 것인가에 대한 사회적 태도, 그리고 건강에 영향을 미치는 사회적 및 심리적인 요인들에 관한 고려, 이 세 가지가 서로 밀접하게 관련된 현상이라고 볼 수 있다(Gehlert, 2006: 4).

의료사회복지의 일차적 실천현장이라고 할 수 있는 병원이 미국사회에 등장하게 된 배경을 먼저 알아보면, 1600년대 후반과 1700년대 초반에는 병이 있는 자들은 집에서 보호를 받았다. 그러나 인구가 많아짐에 따라 미국의 지역사회는 신체적 또는 정신적으로 병이 있는 자, 늙고 병든 자, 고아, 그리고 유랑자 들을 수용하고 보호하기 위한 목적으로 빈민구호소(almshouses)를 발전시켰다. 1700년대 중반까지 빈민구호소에서 환자들은 다른 거주자들로부터 분리되어 다른 층이나 건물 등에 수용되었고, 이러한 수가 증가함에 따라 빈민구호소와는 독립적으로 공중 병원(public hospital)이 탄생하게 되었다. 이후 1751년부터 1840년 사이에 공적 기금과 개인 기금의 다양한 조합 아래 많은 병원들이 미국의 지역사회 내에 자발적으로 설립되었다

(Gehlert, 2006: 5).

1700년대 후반에는 의료시설의 한 형태로 진료소(dispensary)가 등장하였으며, 19세기 후반에는 병원(hospital)과 진료소(dispensary)를 개혁하려는 움직임이 일어나 진료소에서 환자에 대한 가정방문을 실시하기도 하였다. 환자에 대한 가정방문을 실시하기 위해 위생 방문자(sanitary visitor)로 불리는 의사가 채용되기도 하였는데, 이들은 환자의 가정을 방문하여 위생 상태와 음식선택 및 조리방법 등에 관해 논의하였고, 교육을 제공하였다. 또한 가족의 크기, 수입, 생활비 등 사회복지사와 같은 양식의 기록을 남겼다. 이후 환자의 가정을 방문하여 위생 상태나 먹는 음식 등 처한 상황을 알아보고 교육을 제공하는 것은 수년 동안 간호사와 의사들의 교육훈련의 한 과정으로 자리 잡게 되었다. 한편, 환자의 사회적 상황을 파악하는 데 보다 관심을 두고 가정 방문을 실시한 기관은 뉴욕 여성 · 아동진료소(New York Dispensary for women and children), 뉴잉글랜드 여성 · 아동병원(New England Hospital for women and children) 등과 같은 취약계층의 여성과 아동을 대상으로 하는 병원이었다. 1890년에 의사인 헨리 드와트(Dr. Henry Dwight Chapin)는 자원봉사자들이 어린이 환자들의 가정을 방문하여 상태를 보고하고 의료적 처방을 이해하고 따르도록 돕는 역할을 담당하는 프로그램을 마련하였으며, 1894년에는 내과의를 지명하여 그 일을 행하도록 하였으나 곧 이 일은 간호사에 의해 대체되었다(Romanofsky, 1976; Gehlert, 2006: 6).

의료사회사업이 미국에서 전문직으로 처음 인정받기 시작한 것은 1905년 보스톤에 있는 메사추세츠 종합병원(Massachusetts General Hospital)의 의사인 리차드 캐봇(Dr. Richard C. Cabot)이 병원 진료소에 의료사회복지사 가넷 펠튼(Garnet I. Pelton)을 채용한 것이 시초라 할 수 있다. 이는 1895년 런던에서 메리 스튜어트가 왕실시료병원에 채용되고 나서 10년 후였으며, 가넷 펠튼은 미국 병원에서 사회복지사로 일한 최초의 여성이었다. 그러나 그녀는 6개월 뒤 병으로 병원을 사임하게 되었으며, 후임으로 온 이다 캐논(Ida Cannon)은 그후 40년 동안 일하면서 병원 내 사회복지팀의 부서장을 역임하고, 의료사회사업에 관한 2권의 저서와 여러 보고서들을 출판하기도 하는 등 환자를 대상으로 심리사회적 서비스를 제공하는 의료사회복지 영역의 전문성을 확립하는 데 크게 공헌하였다.

가넷 펠튼, 이다 캐논, 그리고 의사인 리차드 캐봇은 메사추세츠 종합병원에 사회사업부서를 설립하는 데 중추적인 역할을 한 자들이다. 이다 캐논은 성 바울 시립병원(City and County Hospital of St. Paul)에서 간호사로서 훈련받았고, 2년 동안 간호사로서 일했다. 그후 그녀는 미네소타 대학(University of Minnesota)에서 사회학을 공부하였고, 그곳에서 제인 아담스(Jane Addams)의 강의를 듣고 사회사업에 흥미를 갖게 되었다. 그녀는 성 바울(St. Paul)병원에서 3년간 방문간호사로 일했으며, 그후 시몬대학 사회복지학과(Simmons College of Social Work)에서 수학하였다. 그녀는 지인을 통해 당시 메사추세츠 병원에서 사회사업 서비스 체제를 만들고 있던 캐봇(Dr. Cabot)을 알게 되었으며, 1906년에 펠튼의 후임으로 일하게 되었다. 1907년 대학을 졸업하고 나서 캐논은 전임 사회복지사로 일하였으며, 1914년에는 사회사업과(social service department)의 첫 번째 부서장이 되었고, 1945년에 메사추세츠 병원을 은퇴하기까지 그녀는 의료사회사업의 초석을 확립하는 데 큰 공헌을 하였다(Gehlert, 2006: 7-8).

한편 하버드 대학교(Harvard University)에서 수학한 의사인 캐봇(Dr. Cabot)은 발병의 원인과 환자의 기능회복은 사회 환경적 요인에 의해 많은 영향을 받는다고 생각하였으며, 질병의 배후에 있는 사회 환경적 요소에 많은 관심을 가졌다. 캐봇은 사회적이거나 정신적인 문제가 신체적 문제 아래에 깔려있다고 생각하였으며, 단순히 신체적 원인에 기인한 고통은 드물다고 생각하였다. 그는 생활 상태와 같은 비신체적 요인에 대한 고려 없이 환자를 건강상태로 회복시키는 것은 불가능하다고 생각하였다.

캐봇의 사회사업에 대한 인식은 제인 아담스(Jane Addams)와의 관계에 의해 출발하였다. 1896년 캐봇은 보스톤 아동지원협회(Boston Children's Aid Society)에서 과

장으로 일하였으며, 그 곳에서 사례회의(case conference)를 경험하게 되었다. 캐봇은 의학과 사회사업은 관계가 있다고 생각하였으며, 각 전문 직종은 상대 직종이 필요로 하는 요소들을 지니고 있다고 생각하였다. 캐봇은 의학은 건강에 있어 사회적이고 심리적인 요소를 간과하는 좁은 경험주의적 치료에 집중되어 있고, 반면에 사회복지사들은 의사들에게는 결여된 폭넓은 식견이 있으나 과학적이고 체계적인 방법론이 부족한 단점이 있어 각 전문직은 서로 협력함으로써 이득을 얻을 수 있다고 생각하였다. 이에 캐봇은 외래 진료소의 치료과정에 개혁을 단행하였으며, 펠튼을 채용하여 의료진과 환자, 그리고 가족 사이에서 중간 역할을 하도록 하였고, 환자의 사회적 및 정신적 요인에 대한 정보를 제공하도록 하였다. 펠튼은 모든 사례에 대한 기록을 보관하였는데, 이는 메사추세츠 병원의 외래병동 환자에 대한 최초의 사회사업 기록이었다(Gehlert, 2006: 10).

이후 이다 캐논(Ida Cannon)은 최초의 사회사업과 부서장이 되었으며, 메사추세츠 병원에 사회복지사 교육 프로그램을 발전시켰다. 캐논과 캐봇은 함께 사회사업개입의 효과성을 평가하는 체계를 개발하기도 하였으며, 사회사업 개입에 대한 정보를 의료기록에 포함시키도록 하였다. 1919년 캐봇이 하버드 대학교 사회윤리학과(Harvard's Department of Social Ethics)로 자리를 옮길 때까지 그는 13명에 이르는 사회복지사의 채용비용을 그의 개인 기금에서 부담하였다. 이 후 병원에서는 부서장 회의를 열어 사회사업과를 병원의 부속 기관으로 영속화시킬지와 그 비용을 전액 부담할 것인지에 대한 투표를 실시하였다. 이 안건이 통과되어 1919년 이다 캐논은 새롭게 탄생한 사회사업과의 부서장으로 취임하였다(Gehlert, 2006: 11-12).

2) 의료사회복지사 활동영역 확대 및 조직화

병원에 사회복지사가 정식으로 채용되어 활동하기 시작하면서 초기 30년 동안 병원에서의 사회복지는 급격히 성장하여 많은 병원들에서 사회사업부서를 두게 되었다. 메사추세츠 병원에서의 성공은 미국병원협회와 미국의료협회의 관심을 불러일으켰고, 존스 홉킨스 병원(Jones Hopkins Hospital)을 비롯하여 미국 내 대표적인 여러 병원들에서 사회복지사를 채용하게 되었다. 이후 1913년까지 미국 내 약 200여 개의 병원에서 사회복지사를 채용하게 되었다. 또한 이러한 의료사회복지의 확대에 힘입어 대학에서도 사회복지학과가 창설되었는데, 1918년에 메사추세츠 병원에서 일하였던 루스 에머슨(Ruth Emerson)은 병원을 떠나 시카고 대학에 사회복지학과(Social Service Department)를 창설하였고, 1923년에 베이커(Edith M. Baker)는 세인트 루이스(St. Louis)의 워싱턴 대학에 사회복지학과를 설립하였다(Gehlert, 2006: 12).

병원에서 활동하는 의료사회복지사에 대한 교육 및 훈련프로그램은 1912년부터 시작되었으나 이때에는 교육 과정에 대한 협의나 발전 등이 부족하였다. 1918년에 병원사회복지사협회(American Association of Hospital Social Workers: AAHSW)가 창설되면서 의료사회복지사에 대한 교육 및 훈련과정은 더욱 체계화되었다. 이는 1915년 미국에서 의료사회사업 부서가 생긴지 10년째 되는 해, 10주년 행사에서 사회복지사협회의 필요성에 관해 의료사회복지사들이 논의한 결과물로서 미국에서 만들어진 최초의 전문 사회복지사협회이다.

미국 병원사회복지사협회(American Association of Hospital Social Workers)의 2가지 주요 목적은 첫째, 병원에 있는 사회복지사의 훈련을 강화하고 조정하는 것과 둘째, 대학의 사회복지학과와 실천가들 사이의 의사소통을 향상시키는 것이었다. 이 협회는 1928년에 60개 병원의 사회사업부서로부터 1,000개의 사례연구를 출간하였다. 1929년에 발간된 조사 자료에 의하면 시카고, 워싱턴, 뉴욕 등 10개의 주요 대학에서 의료사회복지를 정규과정으로 교육하고 있었으며, 18개의 대학은 의료사회복지를 교육과정에 포함시키는 것을 계획하고 있었다. 1934년에 병원사회복지사협회는 명칭을 의료사회복지사협회(American Association of Medical Social Workers)로 변경하였다. 한편, 정신의료사회복지사들은 1926년 의료사회복지사협회에서 분리되어 미국정신의료사회사업가협회(The American Association of Psychiatric Social Work: AAPSW)'를 결성하였으며, 1936년에는 미국집단사회사업가협회(The American Association of Group Workers)가 조직되었다(Gehlert, 2006: 14).

1954년에는 미국 의료사회복지사협회의 연례 회의에 무려 2,500여명의 사회복지사들이 참여하였으며, 이 협회는 여러 종류의 사회복지사협회들 가운데 가장 규모가 큰 협회가 되었다. 이후 의료사회복지사협회는 전문적 임상개입 영역에 따라 보다 세분화되어 발전하였다. 전국 단위의 사회복사협회로는 재가건강보호사회복지사협회(the American Network of Home Health care Social Workers), 암사회복지사협회(the Association of Oncology Social Work), 신장사회복지사협회(the Council of Nephrology Social Workers), 출산전후사회복지사협회(the National Association of Perinatal Social Workers), 그리고 이식사회복지사협회(the Society for Transplant Social Workers) 등이 대표적이다(Gehlert, 2006: 14).

3) 의료사회복지서비스의 발전

1930년대는 세계적으로 대공황이 일어나면서 미국도 경제 불황으로 인해 많은 사람들이 일상생활에서 심각한 걱정과 불안을 느끼며 생활한 시기였다. 이러한 사회환경의 영향으로 사람들의 정신상태나 감정이 신체적인 기능에 장애를 일으킬 수도 있다는 것이 사회적으로 인식되기 시작하였다. 이에 신체와 정신의 상호관련성에 대한 연구가 이루어지게 되면서 의료사회복지서비스에서도 좀 더 환자의 내면적인 문제에 관심을 갖게 되는 변화가 초래되었으며, 의료사회복지의 대상자도 단지 빈곤의 문제를 가진 환자에 한정되는 것이 아니라 심리적 및 사회적 문제를 갖고 있는 환자로 저변이 확대되었다.

제2차 세계대전 이후에는 전쟁에 참여했던 군인들을 대상으로 재활(rehabilitation)

의 중요성이 강조되기 시작하면서 국가 및 주 단위에서 재활정책이 마련되었고, 사회복귀시설에 처음으로 사회복지사가 채용되기도 하였다(한인영 외, 2006: 43). 특히 중도장애인이 된 절단환자, 척수손상환자 등을 대상으로 이들의 회복과 사회복귀를 돕는 재활서비스 영역이 사회복지의 한 분야로 대두되기 시작하였다.

1940년에는 의료사회복지 학술지가 발간되었으며, 정신건강사회복지사협회에서도 전문학술지를 출간하는 등 의료세팅에서 사회복지실천활동에 대한 연구가 더욱 체계화되기 시작하였다. 또한 1966년 미국에서는 65세 이상의 노인들에게 의료보험의 일종인 메디케어(medicare)를 제공하고, 의료적 혜택을 받지 못하는 빈곤자나 장애인들을 위한 의료보호인 메디케이드(medicaid)를 제공하도록 사회보장법을 확대하였다. 이러한 사회보장법의 변화는 의료현장에서 사회복지서비스에 대한 수요를 확산시켰는데, 병원의 사회복지사는 메디케어를 받는 노인 환자들과 메디케이드의 적용을 받는 환자들을 대상으로 심리사회적 평가 및 지지서비스를 제공하는 데 중추적인 역할을 담당하게 되었다.

1970년과 1980년대에는 병원에서 사회사업이 다양한 이론과 치료적 기술들을 활용하여 다각적인 접근을 함으로써 전문성이 더욱 확립되었다. 이 시기에 의료사회복지 분야에 활용된 대표적인 이론과 모델은 행동수정, 분석치료, 자아심리이론, 위기개입, 그리고 가족치료 등이다. 또한 가족계획, 태교, 성 상담 등 병원에 오기 전 예방적 프로그램이 강조되었고, 병원에서는 응급실 프로그램, 임종 전이나 심한 정서적 장애가 수반되는 환자와 가족에 대한 사회복지사의 역할이 강조되기 시작하였다(김규수, 2004: 62).

1984년 미국에서는 새로운 의료비 지불체계인 포괄수가제(Diagnosis Related Group: DRG)가 도입되었다. 이 제도는 유사한 요인들을 가진 질병들을 범주화하고 동일한 범주에 속하는 질병들에 대해서는 모두 같은 입원기간과 진료비를 책정하도록 하는 것으로 보험사나 정부는 실제 환자의 입원기간에 관계없이 책정된 만큼만 지불하게 된다. 이 제도의 실시로 병원사회사업에서는 환자의 입원 시점에서부터 퇴원에 대한 계획을 세우고, 퇴원에 대한 장애요인을 사정하여 이에 개입하는 퇴원계획이 의료사회복지사의 중요한 역할 중 하나로 등장하게 되었다.

3. 한국 의료사회복지 발달과정

1) 근대이전의 의료시혜 활동

우리나라의 구빈에 관한 역사를 살펴보면 과거 유럽의 구빈원과 같이 빈민들이 질병에 걸렸을 때 무상으로 치료해 주고 약제를 제공하는 의료적 시혜를 베푼 기록이 있다. 고려시대 제11대 문종(1046~1083년)은 빈곤한 병자를 구호하고 요양하기 위한 의료구제사업기관으로 동 · 서대비원을 개경과 서경에 창설하였고, 제16대 예종(1105~1122년)은 혜민국을 창설하여 일반 서민에 대한 의료혜택을 주면서 빈곤한 환자에게는 의약품과 의복 등을 내주고 무료로 치료해 주는 등 구호를 베풀었다(김덕준, 1970: 54-55).

이와 같은 역사적 사실은 전통적으로 한국사회는 빈민을 구제하고 가난한 병자들이 치료받을 수 있도록 도움을 주는 사회제도를 일정 부분 갖추고 있었으며, 빈곤의 문제가 있는 자들이 의료적 혜택과 필요한 보호를 받을 수 있도록 보장해 주는 것을 국가의 사회적 책임 중 하나로 여겼음을 알 수 있게 해준다.

2) 의료사회복지실천의 시작과 확대

한국에서 근대적 의미의 의료사회사업이 시작된 것은 1883년 세브란스병원에서 여전도회 회원으로 구성된 자원봉사자들이 의료사회복지사의 역할을 한 것으로 전해지고 있다. 개화기(1876~1910년)에 이루어진 의료사회복지 활동은 조선후기 정부, 대한제국 등 공공이 주체가 된 활동과 선교사 단체나 한의사 단체가 주체가 된 민간영역에서의 활동을 찾아볼 수 있다. 이는 주로 빈곤한 환자나 전염병환자를 대상으로 사회적 소외계층이었던 여성과 고아를 포함한 어린이, 한센병 환자, 행려병자, 무의무탁한 자, 그리고 농촌 지역주민을 대상으로 한 복지활동이었으며, 활동의 형태는 무료 진료, 무료 치료, 약제비 무료, 혹은 저가 치료와 순회 진료가 제공된 것으로 보고되고 있다(이희진 외, 2012). 그러나 그후 본격적인 의료사회복지의 발달은 1950년대에 이르러서야 시작되었으며, 일제시대 등에 의료사회복지 실천에 관한 역사적 기록 등은 찾아보기 어렵다.

우리나라에서 사회복지사가 의료시설에서 처음으로 일하기 시작한 것은 1958년 한노병원에서 부터이다. 이 곳에서 사회복지사 레케보(Diakon Gotfred Rekkebo)의 지도하에 캐나다 유니테리안 봉사회가 결핵환자와 그 가정을 돕기 위해 인적, 물적 지원을 제공하였다. 같은 해인 1958년 12월에는 세브란스병원 흉곽내과에서 감리교단에서 파견된 김성분 사회복지사가 의료사회복지사로서 결핵환자를 돕기 위해 일하기 시작하였다. 1959년에는 국립중앙의료원, 원주기독병원, 1962년에는 국립정신병원에서 각각 의료사회사업이 시작되었다(한인영 외, 2006: 47). 원주기독병원에서는 1959년 극빈환자의 입원치료를 경제적으로 원조하기 시작하여 나환자촌 진료, 간질환자 순회진료 등 지역사회주민을 위한 의료복지사업을 전개하였다(송자경, 1997). 가톨릭대학교 부속 성모병원에서는 1962년 신경정신과 과장의 요청으로 사회복지사가 정신질환자의 진단과 치료 및 사후지도를 위해 팀의 일원으로 일하기 시작하였으며, 그후 계속적인 노력으로 1966년 사회복지사를 병원의 정식 직원으로 채용하게 되었는데, 초기에는 주로 신경정신과 소속으로 일하였으나 1968년에는 의료사회복지가 하나의 독립된 부서로 자리 잡게 되었다.

이후 병원 내에서 사회사업과나 사회사업실 또는 사회복지과가 정식 부서로 편성되면서 1964년 연세의대 부속 세브란스병원, 1966년 계명의대 부속 동산의료원, 1968년 전주예수병원, 고려병원, 중앙대부속 성심병원 등에서 의료사회복지업무가 부서의 형태를 갖추고 시작되었는데, 이 시기가 우리나라 의료사회복지의 초창기에 해당한다고 볼 수 있다. 1971년에는 한강성심병원, 안양정신병원, 혜동의원 정신과 등에서도 사회복지활동이 전개되었으며, 1974년 이화여대의료원 부속병원, 서울기독병원, 안양정신병원, 고려대의대 부속병원, 1975년 성분도병원, 1976년 카돌릭의대 부속 산업재해병원, 서울백제병원, 1977년 대구 파티마병원, 국립보훈병원 등에서도 사회사업과가 편성되어 운영되었다(김규수, 2004: 63-65). 이시기 의료사회복지사들은 환자와 가족의 경제적, 심리적, 사회적 문제해결을 위해 노력하였고, 지역사회를 대상으로 의료사회복지 활동을 전개하였다. 이후로도 의료사회복지를 실시하는 병원들이 계속 늘어났지만 초창기 의료사회복지 활동은 병원측의 이해부족 등으로 인해 전문직으로 성장하기까지 어려움을 경험하였다.

3) 의료사회복지실천의 법적 근거 마련

의료사회복지가 의료현장에서 하나의 독립된 부서로서 더욱 확대되기 시작한 것은 1973년 의료법시행령이 공포되면서부터라 할 수 있다. 이 시행령에 따르면 "종합병원에 사회복지사업법 규정에 의한 사회복지사업 종사자 자격을 가진 자 중에서 환자의 갱생 · 재활과 사회복귀를 위한 상담 및 지도업무를 담당하는 요원을 1인 이상 둔다"고 되어 있다. 이 규정으로 종합병원급 이상의 의료시설에서 사회복지사의 활동에 대한 법적 근거가 마련되었으며, 더 많은 의료 기관에서 사회복지사들이 활동하는 계기가 마련되었다. 이러한 움직임에 힘입어 같은 해인 1973년 의료사회복지사들이 모여 '대한의료사회복지사협회'를 창설함으로서 의료사회복지는 하나의 전문직으로 법적 근거뿐만 아니라 조직적 체계를 갖추게 되어 더욱 성장하게 되었다.

또한 1977년에는 의료보험제도의 확대실시로 정신의학적 사회사업 부문에서 사회복지사의 개입 및 치료활동에 대한 보험수가를 청구할 수 있는 법적근거가 마련되어 병원 내 의료사회복지 부서가 더욱 확대되었다. 이에 1979년 부산 메리놀병원, 1980년 부산 아동병원, 1982년 인제대부속 부산백병원, 1983년 서울적십자병원, 연세대의대부속 영동세브란스병원(현 강남세브란스병원) 등에서 의료사회복지 활동이 시작되어 현재까지 이어지고 있다(김규수, 2004: 65).

4) 의료사회복지실천 분야의 확장과 전문성 확립

초창기 의료사회복지는 주로 빈곤한 환자를 대상으로 치료받을 수 있도록 경제적 문제를 해결해 주고, 심리사회적 지지를 제공하는 일에 활동의 주안점을 두었다. 그러나 지역사회 내의 다양한 의료 기관을 중심으로 의료사회복지활동의 저변이 확대되면서부터 의료사회복지는 더욱 전문화된 서비스를 제공하기 시작하였다.

특히 정신건강 영역에서의 사회복지사의 활동은 정신의료사회복지의 영역으로 세분화되어 전문화된 형태로 발전해 나갔다. 정신의료사회복지는 1977년 정신의료사회사업활동이 공식적으로 수가를 책정할 수 있는 영역으로 지정되면서 급속히 확산되기 시작하였다. 1993년에는 정신의료사회복지사들이 대한의료사회사업가협회에서 분리되어 한국정신의료사회사업학회(현 한국정신건강사회복지학회)를 창설하였다. 1995년「정신보건법」제정 이후에는 병원 등 의료세팅뿐만 아니라 지역사회를 중심으로 정신건강복지센터와 사회복귀시설 등에서 사회복지사들이 더욱 활발한 활동을 하고 있다.

현재 의료사회복지사의 활동은 정신건강 영역뿐만 아니라 병원의 임상 각과에서 다양한 질환과 여러 가지 문제를 지닌 환자와 가족들을 대상으로 심리사회적 평가 및 상담, 자원연계, 그리고 여러 전문직들과의 팀접근을 바탕으로 전문적인 활동을 수행하고 있다. 1999년 제정된 장기 등 이식에 관한 법률에서 장기이식 의료기관으로 지정받기 위한 인력 조건에 사회복지사를 두도록 하는 규정이 생기면서 의료사회복지사는 병원 내에서 장기이식과 관련된 상담과 지원활동에도 참여하게 되었다.

뿐만 아니라 의료사회복지사는 병원 내 호스피스팀 또는 호스피스 전문병원에서 말기암 환자와 가족을 위한 상담과 지원활동을 전문적으로 수행하고 있다. 또한 당뇨환자와 가족들에 대한 당뇨교육과 당뇨캠프, 뇌졸중 환자와 가족에 대한 상담과 교육, 치매환자와 가족에 대한 상담과 교육, 척수손상환자, 절단환자에 대한 상담과 재활지원, 알코올중독 환자에 대한 상담과 교육 등 다양한 영역에서 전문적인 사회사업상담을 실시하고 환자와 가족의 심리사회적 환경을 평가하며, 경제적 지원 및 퇴원 후의 사회복귀를 위한 자원연결 업무 등을 담당하고 있다.

이와 같은 여러 임상 영역에서 전문적 활동을 수행하기 위해 의료사회복지사는 사회복지의 기본 관점인 생태체계관점과 강점관점에 기반을 두고 인지행동이론, 해결중심이론, 가족치료 이론, 증거기반이론 등 다양한 임상이론들을 실천에 접목시키고 있다. 이러한 노력에 힘입어 현재 의료사회복지는 병원을 중심으로 그 전문성이 더욱 확대되고 다양한 임상영역에서 더욱 세분화된 역할을 수행하고 있으며, 그 활동영역이 지역사회로까지 확장되고 있다. 특히 최근에는 지역사회통합돌봄(커뮤니티케어) 제도가 도입되면서 의료사회복지사의 병원과 지역사회를 잇는 가교역할이 더욱 중요해지고 있다. 또한 2018년 전문사회복지사제도가 도입되면서 2020년부터 의료사회복지사 자격이 국가자격으로 전환되기 시작했다. 이는 의료사회복지사의 전문적 활동에 대한 사회적 승인으로서 앞으로도 의료사회복지는 사회적 책임성을 지니고 질병과 건강 문제에 기인한 심리사회적 문제에 개입하는 전문직으로서 활동영역을 계속 확대해 나갈 것이다.

이상에서 살펴본 한국에서의 의료사회복지의 시작과 전문직으로서의 성장과정에 관해 연세의료원 산하 세브란스병원 사회사업팀의 연혁을 개입 영역 확대를 중심으로 살펴본다면 [그림 2-1]과 같다.

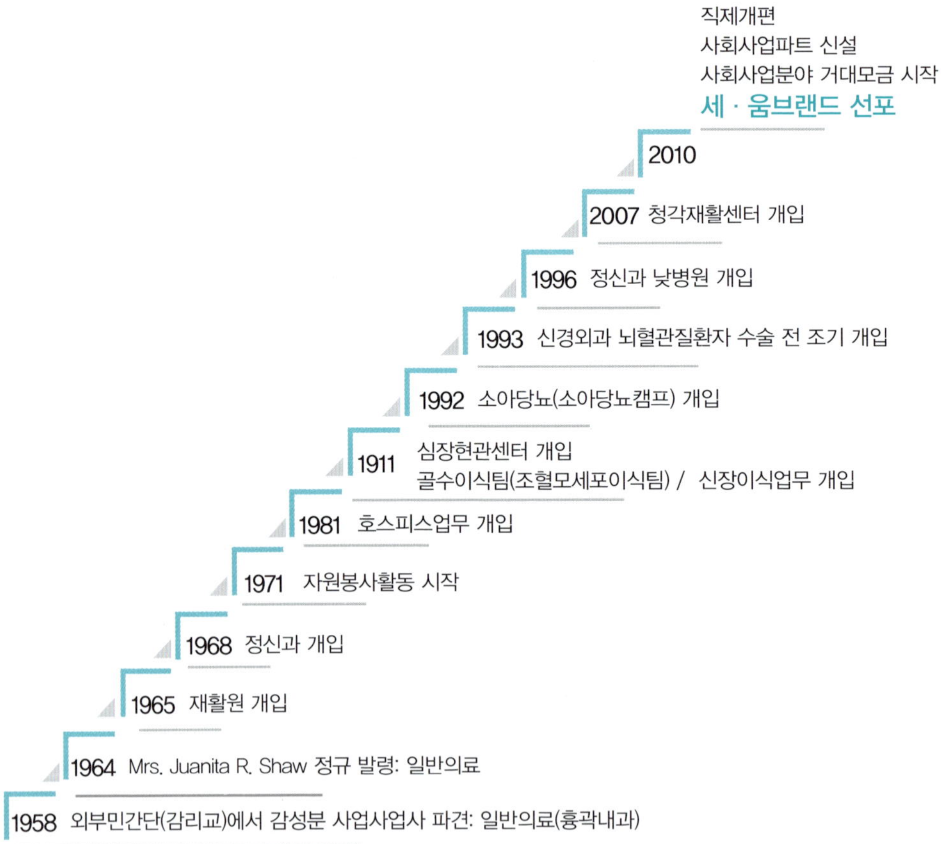

그림 2-1 **세브란스병원 사회사업활동 연혁**

출처: 세브란스(2018). 세브란스 사회사업 심포지엄: 의료사회사업 60년, 새로운 도전과 미래. p. 4.

세브란스 병원에서 사회사업활동의 시작은 1958년 일반의료 분야(흉곽내과)에서 감리교 재단에서 파견된 김성분 사회사업사의 활동이라 할 수 있으며, 1964년에는 Mrs. Juanita R. Shaw가 정규 사회복지사로 발령을 받아 사회사업부서가 운영되기 시작하였다. 이후 사회복지사의 활동은 1965년 재활원 개입, 1968년 정신과 개입, 1971년 병원 내 자원봉사활동 관리, 1981년 호스피스 업무 개입, 1991년 심장혈관센터 개입과 골수이식팀 및 신장이식업무 개입, 1992년 소아당뇨캠프 등 소아당뇨

개입, 1993년 신경외과 뇌혈관질환자 수술 전 조기 개입, 1996년 정신과 낮병원 개입, 2007년 청각재활센터 개입 등으로 지속적으로 다양한 임상영역에서 전문적 활동이 확대되었다. 뿐만 아니라 2010년에는 세 · 움 브랜드 선포식을 갖고 사회사업 분야에서 거대 모금활동을 시작하는 등 후원금 및 자원개발과 연계 측면에서도 눈부신 발전을 이어나가고 있다(세브란스, 2018).

CHAPTER 03

의료사회복지의 대상

학습목표

01 생애주기별 주요 건강문제와 이에 따른 의료사회복지사의 역할을 이해한다.
02 환자의 심리와 질병반응을 이해하고 공감한다.
03 의료현장의 소수자들의 어려움을 이해하고 그에 대한 지원방안을 모색한다.
04 만성질환 관리가 중요해지는 시점에서 가족과 지역사회의 역할을 이해한다.

1. 생애주기와 건강문제

우리나라 보건복지부의 정책방향은 생명이 시작되는 임신부터 출생, 성장, 노년 및 임종에 이르기까지 국민의 전 생애에 걸친 맞춤형 복지를 표방하고 있다. 건강증진 전략은 출생에서 죽음에 이르기까지 삶의 질 유지와 밀접하게 관련된다. 가령, 필수 예방접종과 좋은 영양섭취 등은 유년기와 아동기, 청소년기에 이르기까지의 성장발달에 좋은 영향을 줄 것이며, 노인의 적절한 영양섭취와 사회활동은 면역체계 및 신체 · 정신건강 유지에 도움을 주게 될 것이다. 미래에 보건복지 영역에서 핵심적인 역할을 수행하게 될 사회복지전공 학생들은 인간의 전 생애에 걸친 변화와 이를 바탕으로 수립된 복지정책에 대해 이해하는 것이 필요하다. 이에 따라 사회복지전공에서는 인간행동과 사회환경 과목 안에서 생애주기별 발달의 특성과 과업을 전반적으로 다루어 왔으며, 이 책에서는 특히 생애주기 특성별 주요 건강문제, 건강증진을 위한 고려사항에 대해 소개하면서 인간의 발달 특성을 고려한 최적의 건강상태를 유지 및 증진하기 위한 의료사회복지 실천과제를 다루고자 한다.

1) 생애주기별 심리사회적 특성과 건강문제

생애주기는 대개 연령에 따라 구분되므로 여기에서는 태아기 · 영아기, 유아기, 아동기, 청소년기, 성인기, 노년기로 나누어 각 생애주기별 특성과 과제, 주요 건강문제와 대처전략에 대해 소개하고자 한다.

(1) 태아기 · 영아기

태아기는 임신 시기를 의미하고, 영아기는 출산 후 생후 1년까지를 의미한다. 이 시기의 주요 과제는 건강한 임신 유지와 출산, 출산 후 영아의 주요 신체발달, 양육자와의 정서적인 유대감인 애착을 형성하는 것이다.

산모의 건강한 출산을 위해서는 적절한 교육과 주변의 지원이 필요한데, 임산부 지원을 위한 지역 내 인프라 구축, 임산부가 직장에 다니는 경우에는 직장인 산모를 위한 직장 내 분위기 조성과 교육을 고려해야 한다. 출산 후 양육자가 아기의 안전과 보호에 대한 욕구를 충족시키고, 필수 예방접종과 정기적인 건강검진을 받도록 교육하고 지원하는 것도 중요한 이슈이다. 그러나 지역별, 소득수준별, 산모의 교육수준별로 임산부 및 영유아의 건강문제에 차이가 있고, 지역별로 의료자원과 교육기회 접근성의 차이가 큰 것으로 나타나(임준 외, 2013) 의료기관과 지역별 보건소를 중심으로 산모와 영유아 특화 건강관리사업에 대한 고민이 필요하다.

한편, 아기의 출생은 가족에게 큰 축복인 동시에 돌봄 부담과 역할 변화로 인한 스트레스를 야기할 수 있는 중요한 사건이므로, 양육 과정에서 아동학대와 유기 등의 문제가 나타날 수 있음에 유의해야 한다. 의료사회복지사는 생애초기의 건강한 성장을 위하여 문제의 예방과 조기발견을 위한 적극적인 노력을 기울여야 한다.

(2) 유아기

유아기는 대개 만 1세부터 만 6세까지를 의미한다. 영아기의 급격한 빠른 성장 후 유아의 성장속도는 이전에 비해 느려지고 일정해진다. 이 시기의 유아는 옷 입기, 밥 먹기, 화장실 가기 등의 많은 새로운 기술을 습득하고, 언어가 발달하며, 이러한 기술 획득으로 자율성이 증가하게 된다.

이 시기의 주요 건강문제는 안전과 관련되는데, 유아의 호기심과 탐험행위로 인해 사고가 나기 쉬우며 이는 이 연령대의 주된 사망요인이자 아동이 병원을 찾는 이유가 된다. 그러므로 이에 대한 예방을 위해 카시트 사용, 창문 높이와 안전장치 확인, 화상 예방, 안전한 놀이 공간의 선택 등 부모 대상 안전교육이 필요하다.

이 시기의 아기가 질병에 걸리는 경우, 근래에 배운 말이나 걷기를 잃어버리거나 대소변을 다시 못 가리는 등 퇴행행동이 나타나기 쉽고, 떼쓰고 심술부리며 말을 듣지 않고 공격적인 행동을 보이는 경우들이 나타난다. 부모들은 이로 인한 심리적 어려움과 양육 혼돈, 경제적 문제, 확대가족과의 갈등을 경험하게 되므로 의료사회복지사는 부모에 대한 심리적 지원과 양육에 대한 조언, 자원연결 등 적극적인 역할을 수행해야 한다. 또한 이 시기의 아기는 자기방어능력이 현저히 떨어지므로 학대로 인해 치명적인 결과와 후유증을 겪게 될 수 있어, 아이의 위생문제, 계절에 맞지 않는 옷, 어둡거나 무감각한 정서, 멍이나 상처, 과도한 분노나 공격성 등 아동학대 징후로 인식할 수 있는 것에 대해 적극적인 관심과 개입이 필요하다.

(3) 아동기

아동기는 대개 초등학교 연령인 만 6~12세를 의미한다. 아동의 관계는 가족관계 중심에서 점차 동료들과의 관계 중심으로 나아간다. 아동기는 생애 전반에 영향을 주는 건강한 생활습관과 건강 행동이 결정되는 중요한 시기로서, 이 시기의 주요 과제는 영양, 운동, 비만, 흡연 등에 대해 확고한 개념을 심어주고 아동이 건강하고 안정적인 생활 습관을 형성할 수 있도록 돕는 것이다.

아동이 이 시기에 질병에 걸리게 되면 미숙한 행동이 많이 나온다. 예컨대, 부모에 대한 의존이 심해지고, 떼쓰고, 공격적이 되며, 동기간 시샘이 늘고, 정신집중을 못해 공부를 하지 못하는 모습들이 나타나기도 한다(조두영, 2001). 또한 병으로 인해 기존 가족 환경과 다른 병원 생활을 해야 하거나, 어른들로부터 '조심해라', '하지 마라'라는 제한을 많이 받고, 신체 변화나 행동 제한이 따르므로 우울해지기 쉽다. 아동의 우울한 감정은 행동을 통해서도 표현되는데 식사량이 줄어들고, 잠을 잘 자지 못하며, 대인접촉을 회피하는 모습을 보이거나 과호흡, 설사 등을 보일 수 있다.

그러므로 의료사회복지사는 질병에 걸린 아동의 치료뿐 아니라 건강한 심리사회적 발달을 위해 노력해야 하며, 이를 위한 부모상담과 교육을 실시하게 된다. 아동이 장기간 병원에 입원한 경우에 의료사회복지사는 병원 학교 프로그램 등을 활용하여 아동의 교우관계나 학습 단절을 최소화하고 즐거움을 찾을 수 있는 환경을 조성할 수 있다.

(4) 청소년기

청소년기는 사회통념적으로 중 · 고등학교의 시기를 지칭한다. 사춘기 시작에 영향을 미칠 수 있는 요인은 유전, 영양, 성별, 사회경제적 수준 등이며, 이 시기에는 빠른 신체 성장과 1차, 2차 성징의 발달이 특징적으로 나타난다. 이 시기의 주요 과제는 건강한 신체의 성장과 발달, 학교 적응과 미래에 대한 진로, 자아의 정립 등 신체발달과 심리사회적 건강의 균형을 유지하는 것이다.

그러나 이 시기의 청소년들은 부모에 대한 독립과 의존 안에서 양가감정을 일으켜 자신의 문제를 부모 탓으로 돌리는 경향도 있으므로 청소년과 가족 모두 힘든 시기이다(Polan & Taylor, 2019). 또한 청소년들은 스트레스 인지율이 높고 스마트폰, 인터넷 과의존 위험군 비율이 다른 연령대에 비해 가장 높게 나타나므로(전진아 · 최지희, 2017) 주의가 필요하다.

이 시기 질병의 발현은 청소년의 신체적 발달뿐 아니라 정체성 형성에 영향을 주며, 심각한 우울과 좌절, 분노, 치료에 대한 저항 등이 나타날 수 있으므로 의료사회복지사는 이 시기의 특성을 잘 이해하고 해당 청소년에 대한 세심한 배려와 지지, 부모 교육, 또래 집단과 학교체계를 활용한 접근을 고안할 필요가 있다.

(5) 성인기

성인 초기에는 신체 체계가 완전히 발달하고 성숙해지나 점차로 피부의 노화, 시력과 청력의 감퇴 등이 나타나며, 여성의 경우 골질량은 35세 최고점에 다다른 이후 천천히 떨어지다가 폐경 이후 가속화된다(Polan & Taylor, 2019).

이 시기의 주요 사망원인은 심장질환, 암, 뇌졸중, 만성폐질환 등이며, 갱년기 여성의 경우 골다공증 문제가 나타난다. 이 시기의 조기사망을 유발하는 대부분의 질병 발생 원인은 건강행동으로 어느 정도 예방 가능하므로, 이 시기에는 적절한 운동과 균형잡힌 식사, 비음주와 비흡연 등의 건강한 생활습관을 유지하는 것이 주요한 과제가 된다.

또한 이 시기는 가족생활주기에서 대개 자녀의 취업과 결혼, 출가의 이슈와 맞물리고 가족구성원의 수와 역할 변화가 나타나므로 상실감을 크게 느끼지 않도록 유연한 적응이 필요하다. 한편, 전진아와 최지희의 연구(2017)에서는 다른 연령대에 비해 30대와 40대에 알콜중독과 도박중독 유병률이 높게 나타난다고 보고하고 있어 이 시기의 중독 문제에 대한 대응책 마련에도 관심이 필요하다.

(6) 노년기

노년기는 65세 이상의 모든 사람들로 정의된다. 노화로 인해 신체기능이 떨어지고 청력과 시력 감소, 변화된 걸음걸이와 신경계 질환이 낙상 위험을 증가시킨다.

노인들은 적어도 하나 이상의 만성질환을 갖게 되는데, 흔한 만성질환으로는 고혈압, 관절염, 심장질환, 암, 당뇨 등이 있다(Polan & Taylor, 2019).

이 시기는 각종 사회생활로부터 은퇴하게 되므로 신체적 변화뿐 아니라 노년의 생활대책과 가족구성원의 역할과 관계, 어떤 상실이 있었는지에 대한 파악이 필요하다. 특히 만성질환, 퇴행성 변화와 질환에 대해서는 지속적인 의료관리가 필요하므로 의료사회복지사는 질병을 가진 사람의 의료접근성과 비용, 돌봄 제공자를 파악하여 건강증진과 삶의 질 향상을 위해 노력해야 한다.

노인의 특별한 건강문제로는 치매, 우울과 자살 등을 들 수 있는데, 여러 번의 상실이나 질병, 계속된 약물복용이나 통증은 노인들의 우울증으로 이어질 수 있으므로 세심한 관심과 돌봄이 필요하다. 또한 의료사회복지사는 돌봄의 연속성과 삶의 질 향상을 위해 지역사회 통합돌봄, 노인장기요양, 호스피스 완화의료 지원에도 관심을 가져야 한다.

2) 생애주기별 건강증진을 위한 고려사항

생애주기별 건강증진을 위한 고려사항을 파악하기 위해 각 인구집단의 건강 특성과 요구에 대한 조사들을 소개하고자 한다. 관련 연구(임준 외, 2013)에 따르면, 임산부 및 영유아의 경우 산모와 어린이 특화 건강관리사업에 대한 요구도가 높고, 학생의 경우 높은 스트레스 인지율과 우울감 경험에 따른 정신건강 서비스 사업에 대한 요구도가 큰 것으로 나타났다. 직장인의 경우 운동에 대한 요구도가 높았는데 농어촌의 경우 운동할 수 있는 인프라가 부족한 것으로 나타났다. 노인의 경우 심뇌혈관질환뿐 아니라 치매검진 및 예방사업에 대한 시행과 홍보가 필요한 것으로 나타났다. 이와 같은 인구집단의 생애주기별 요구를 고려하여 2021년 기준 지역사회 통합건강증진사업 모형이 [그림 3-1]과 같이 제시되고 있다(보건복지부 · 한국건강증진

개발원, 2021). 이 모형을 통해 생애주기 대상별로 주요 건강문제를 파악한 후 건강증진을 위한 전략, 건강취약계층에 대한 맞춤형 전략을 수립하는 것을 알 수 있다.

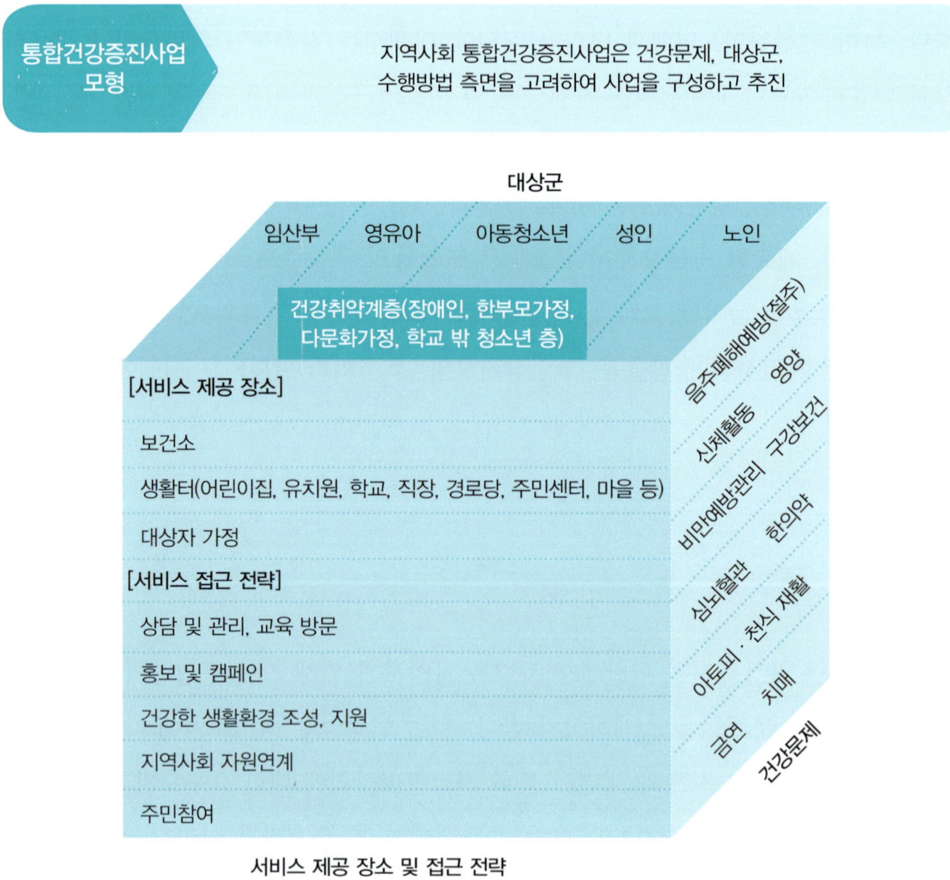

그림 3-1 통합건강증진사업 모형

출처: 보건복지부 · 한국건강증진개발원(2021). 2021년 지역사회 통합건강증진사업 안내. p. 12.

그런데 생애주기별 건강문제를 고려함에 있어, 여성의 생물학적 특성에 따른 생애주기별 건강문제와 사회에서 구조화된 젠더 역할 차이를 고려해야 한다는 주장도 제기된다. 이유미 외(2017)는 우리나라 여성의 생애주기 단계를 청소녀기, 가임기, 임신 · 출산기, 갱년 · 폐경기, 노년기로 구분하고, 각 연령대별 표집을 통해 그들의 건강인식을 조사하고 그 결과를 제시하였다.

연구결과, 본인의 연령대 건강을 위협하는 요인으로 청소년 연령대의 여성은 '왕따 · 집단따돌림'을 꼽았고, 가임기, 임신 · 출산기, 갱년 · 폐경기 연령대의 여성은 '암'으로 응답했다. 또한 모든 생애주기 여성이 심각한 건강 위험 요인으로 신체활동의 부족을 공통적으로 꼽았다. 여성의 생애주기별 식생활문제 연구결과도 젠더를 고려한 정책의 필요성을 뒷받침한다. 식생활의 문제점으로 여자 청소년은 신체 이미지 왜곡과 편의식 섭취로 인한 영양 불균형, 청년층 여성은 식생활 관리의 어려움, 성인 여성은 영양 불균형, 노인 여성은 낮은 식사의 질이 두드러지게 나타났다. 이에 대한 대응책으로, 가임기 여성에게 모체와 태아의 건강에 필수적인 엽산, 철 등의 영양소 섭취 강화 등 임신 · 출산 준비를 위한 영양지원의 확대, 고령층 여성에게 소화 기능을 고려한 단백질 섭취증가 방안을 고려하는 것이 제안되었다.

종합하면, 생애주기별 건강문제를 고려하여 통합적인 건강증진모형을 수립하되, 건강행동 양상과 그 원인은 성별에 따라 차이가 있음을 고려하여, 향후에는 젠더 영향을 고려한 더 정교화된 건강정책 수립이 필요할 것으로 보인다.

2. 환자

1) 환자의 심리와 질병반응

환자는 아프거나 몸을 다친 상태의 사람을 지칭한다. 사람들은 병에 걸렸거나 몸을 다치게 되었을 때 병원을 찾는다. 그리고 대부분 짧은 시간에 완치되기를 기대하지만, 기대와 달리 어떤 경우에는 의사로부터 생각보다 상태가 위중하여 장기간 입원 및 수술치료가 필요하다는 말을 듣게 되고, 어떤 경우에는 이 병은 완치가 어려워서 앞으로 평생 동안 질병을 관리하면서 살아갈 수밖에 없다는 말을 듣게 될 것이다. 만약 우리가 갑자기 병에 걸려 진단과 치료를 앞에 둔 상태라면 어떤 기분이 들 것 같은가? 이 사실이 잘 믿어지지 않을 수도 있고 슬픔과 두려움에 압도될 수도 있을 것이다. 또한 돈, 가족, 나의 미래에 대해 여러 가지 생각이 들 수 있고 당장 내일 예정되어 있던 일들에 대해서도 이전까지와 다른 시선으로 바라보고 결정하게 될 수 있을 것이다. 개인의 질병은 자신뿐 아니라 가족, 사회 체계와 밀접하게 연관된다. 이 절에서는 환자의 심리와 환자의 심리에 영향을 주는 여러 가지 특성에 대해 살펴볼 것이다.

(1) 환자의 심리반응

사람이 몸이 아프면 보통 보이는 심리적 반응은 대개 부정, 퇴행, 불안, 우울, 분노, 지성화로 정리될 수 있다.

첫째, 병에 걸린 환자들이 흔하게 보이는 심리적 반응은 '부정(denial)'이다. 흔히 무서운 장면을 보면 눈을 감아버리듯이, 인간은 감당하기 힘든 일을 겪게 되면 이를 부인하고 싶은 마음을 갖는다. 환자들이 병이 있다는 객관적 증거가 자꾸 나오는데도 '별거 아니다'는 식으로 가볍게 받아 넘기거나, 오히려 "멀쩡한데 왜들 이러시오!"

라는 진지한 태도를 취하는 것은 대개 최초의 심리반응이므로, 정도가 심하지 않다면 병적으로 바라볼 필요는 없다(조두영, 2001). 이러한 상황에서 의료사회복지사는 부정하고 싶은 환자의 마음을 헤아리되, 부정이 지속되어 치료에 부정적인 영향을 주지 않도록 살피면서, 환자를 지지해야 한다.

둘째, '퇴행(regression)' 반응은 질병으로 인해 그동안의 적응기제가 무너지고, 억압해 오던 본능과 정서 욕구가 더 강하게 나타나면서 환자의 감정, 사고, 행동이 현재보다 미숙했던 과거로 뒷걸음질 치는 현상이 발생하는 것을 의미한다. 환자가 어린아이처럼 떼를 쓰거나 울거나 이전에 잘해 왔던 것을 잘하지 못하는 것이 그 예가 될 수 있다. 의료사회복지사는 환자가 보일 수 있는 이러한 퇴행 행동을 미성숙한 행위로 바라보기보다 자연스러운 하나의 심리 현상으로 이해할 수 있어야 한다.

셋째, 환자들은 대개 '불안(anxiety)'을 경험한다. 불안은 신체손상으로 인한 두려움, 낯선 병원 환경으로부터 오는 불안, 사랑하는 사람과 떨어져 지내야 하는 것과 죽음에 대한 걱정, 신체적 매력과 기능의 상실로 사랑하는 사람들로부터 버림받을 것에 대한 염려 등을 포함한다. 또한 병으로 인해 발생하는 온갖 문제들, 즉 휴직이나 실직, 치료비 부담, 가족 부양 등의 현실적인 문제들은 환자의 불안을 가중시키는 요인이 된다. 병이 장기화될 우려가 있고 가족 간에 갈등이 있었을 경우에는 불안이 심각한 불화로 나타나며 부정적인 영향이 커지게 된다.

넷째, 환자들은 '우울(depression)'을 경험하는데, 병에 걸린 사람은 "왜 나에게 이런 일이 일어났을까?"부터 시작하여, 자신의 신체 상태와 주변의 상황을 생각하면서 점차 우울감에 빠지기 쉽다. 특히 신체 일부가 손상되어 외모와 기능의 변화가 생긴 경우에 '잃음' 때문에 우울을 경험할 확률이 더 높다. 당뇨와 만성신부전 등 일상생활에서 엄격한 관리가 필요한 질환인 경우에도 부담감과 절망감으로 인하여 우울을 경험하기 쉽다.

다섯째, 환자들은 아픈 상황에 대한 실망감, 병으로 인한 두려움과 불안을 '분노(anger)'의 방식으로 표현하는 모습을 보인다. 분노는 두려움, 걱정과 같은 실제 자신의 감정을 감추기 위해 표출되는 경우도 많으므로 의료사회복지사는 환자들의 분노 안에 숨겨진 다양한 감정들을 함께 읽어 나가려는 노력을 해야 한다.

여섯째, '지성화(intellectualization)' 반응은 어떤 불편한 감정을 피하기 위해 지적인 행위를 과도하게 하는 것으로, 환자들이 병에 대한 불안으로 종일 인터넷을 뒤지며 자기 병에 관한 정보를 수집하고 지식을 쌓는 모습 등이 그 예가 될 수 있다. 이 방법은 자기 불안을 다루고 통제감을 얻는 데 도움이 될 수 있지만, 감정 회피와 무분별한 정보수집이 계속되면 치료에 방해가 될 수 있으므로 주의해서 살펴야 한다. 의료사회복지사는 환자를 지지하고 격려하며 정보수집이 올바른 방향으로 진행되고 있는지를 모니터링할 필요가 있다.

(2) 질병반응에 영향을 주는 요인

환자의 질병에 대한 심리적 반응은 환자의 개인적 특성뿐 아니라 환자의 가족 및 사회적인 상황과도 밀접하게 관련된다. 환자가 현재 심리적, 경제적 측면에서 갈등과 어려움이 많을 때 질병 발생으로 인한 좌절과 불안은 더욱 커질 수밖에 없을 것이다. 또한 가족이나 친구가 질병에 걸렸을 때 그 사람이 어떤 경험을 했었는지, 질병치료나 관리가 어떤 결과로 이어졌는지, 그 과정에서 어떤 일들이 있었는지에 대한 다양한 경험이 자신의 심리반응에 큰 영향을 주게 된다. 그러므로 환자가 평상시에 아픈 것에 대해 어떤 생각과 경험을 했는지에 대해서 알아보는 것도 환자의 심리반응을 이해하는 데 도움이 될 수 있다.

구체적으로, 의료사회복지사는 혹시 가족 중에 이와 같은, 혹은 유사한 질병을 앓았던 사람이 있는지, 그 사람의 경험은 어떠했는지에 대해 알아볼 필요가 있다. 예를 들어 어떤 사람이 당뇨병 진단을 받았는데, 질병에 대한 가족력이 있어서 가족 중에도 이미 당뇨병을 앓고 있는 사람이 여럿 있는 상황이라면, 당뇨병을 앓는 가족들이 그동안 질병을 어떻게 받아들이고 관리했으며 그로 인해 어떤 삶의 변화를 경험했는지가 새롭게 진단받은 사람에게 많은 영향을 줄 수밖에 없을 것이다.

2) 의료현장의 소수자들

이 절에서는 의료현장에서 일반적인 질병을 가진 환자라는 속성 외에 또 다른 특성으로 인하여 의료 체계 내에서도 소수자로서 편견이나 낙인을 경험하게 되기 쉬운 대상들을 소개하고 이들이 경험하는 어려움과 그에 대한 지원 방안들을 살펴보고자 한다.

(1) 다문화인[01]

이민이나 취업을 위하여 낯선 환경에 처하게 된 사람들에게는 건강 서비스를 이용하는 일도 하나의 도전이 될 수 있다. 첫째, 불안정한 지위와 제한적 자원에 대한 문제이다. 만약 불법적인 입국자라면 지위 발각과 건강보험의 부재, 경제적 제약 등으로 인해 건강 관련 서비스를 이용하는 데에 어려움을 겪을 수 있다. 설혹 합법적인 입국이라고 해도 아직 사회에서 안정적으로 자리를 잡지 못 한 경우라면 의료체계에 대한 이해부족이나 정보의 제한 등으로 어려움을 겪을 가능성이 높다. 둘째, 인종적, 문화적 차이의 문제이다. 인종이나 문화적 요소는 건강 문제에 대해 도움을 구하는 방식과 치료에 대한 반응으로서, 환자 역할, 질병에 대한 의사소통, 환자에 대한 가족의 간호와 결정, 그리고 질병과 관련된 의례 등에 차이를 가져오는 것으로 알려져 있다(Rolland, 1994: 158). 의료서비스 제공자가 이러한 차이를 충분히 이해하지 못하고 주류 문화의 기준으로만 판단할 경우 타 문화의 질병에 대한 이해나 치료 방

01 이 절은 최명민 외(2015). 『다문화사회복지론』 중 pp. 402-411을 참조한 것이므로 더 자세한 내용은 이 책을 참고하시기 바란다.

식을 선불리 비정상적인 것으로 판단함으로써 상호 불신을 야기할 수도 있다. 셋째, 언어적 장벽이다. 언어는 개인이 알고 느끼고 있는 실체를 이해할 수 있는 가장 용이한 도구이기 때문에(Green, 1999) 언어적 장벽이 있는 경우 자신의 불편한 증상을 정확히 전달하거나 진단이나 처방과 같은 의료정보와 지시사항 등을 제대로 이해하는 데 어려움이 따를 수밖에 없다는 점에서 다문화인에게 있어서 보건서비스 이용은 하나의 도전이 된다. 넷째, 앞에서 살펴본 요인들이 복합적으로 작용할 때 심리적으로 자존감 저하, 문제 해결 능력 제한, 통제감 부족 등과 같은 스트레스와 불신을 경험할 가능성이 높다. 이러한 문제로 정신적 자원이 고갈될 경우 극단적일 경우에는 기본적인 적응 체계에 어려움이 야기될 수 있으며, 주류 문화에 속한 치료자를 가해자로 투사함으로써 치료에도 부정적인 영향을 미칠 수 있다(Diller, 2007). 단, 그렇다고 해서 외부적 환경조건을 고려하지 않은 채 선불리 이들이 정신건강에 취약하다거나 정신건강에 문제가 있을 것이라는 편견을 갖지 않는 것도 중요하다(최명민 외, 2015).

이러한 어려움들을 이해하고 이를 효과적으로 다루기 위해서 의료현장에서 사회복지사가 다문화인을 만날 때는 다음과 같은 사항들을 갖추도록 유념하여야 한다. 첫째, 인종적 정체성에 대한 이해가 필요하다. 인종적 정체성이란, 어떤 인종 집단의 구성원으로서 자신의 이미지에 관한 개인 정체성의 일부분이라고 할 수 있는데, 이는 다양한 인종적 경험을 통합함으로써 형성된다. 그런데 자신의 인종과 관련된 경험이 자신이 속한 인종에 대해 적대적이거나 차별적인 것일 때 내면의 갈등과 혼란이 야기되고 이는 부정적 또는 양가적인 정체성으로 이어질 수 있다(Diller, 2007). 따라서 의료현장에서 다문화인을 만나게 되는 사회복지사는 인종 및 문화에 대한 자신의 태도를 점검하고 이들이 긍정적인 인종적 정체성을 형성해 가도록 도와야 한다.

둘째, 이중 차별에 대한 민감성이 요구된다. 다문화인이 질병으로 보건서비스를 이용할 경우 질병이나 장애로 인하여 받게 되는 차별에 더하여 인종적 차별이 가중될 수 있다는 점을 기억해야 한다. Ahmad(2000: 1–3)는 장애인의 인권을 주장하는 사람들이 인종에 대해서는 차별적 태도를 보이는 경우가 있다고 하였다. 그만큼 보건 현장에서 다문화 이슈는 인권에 기반을 두고 보다 세심하게 다루어져야 한다.

셋째, 문화적 요인과 상호작용하는 다른 요인들을 고려해야 한다. 의료와 문화적 요인이 만날 때, 연령이나 성별과 같은 요인들에 따라 그 양상이 달라지기도 한다. 예를 들어서 연령대가 높을수록 언어학습이나 새로운 문화에 적응이 어려우므로 질병에 대해여 더 소극적으로 대처하는 경향이 있다. 따라서 의료사회복지사는 다문화 환자들을 대할 경우 환자의 문화적, 종교적 신념을 더 잘 이해하기 위해 노력해야 하며 의료 서비스가 이민자 지위가 아니라 의료적 욕구에 기반해서 이뤄질 수 있도록 옹호 차원에서 접근해야 한다(Smith, 2009).

(2) 감염성 질환자

감염성[02] 질환자의 경우 사람들의 기피대상이 되곤 한다. 이들은 누구보다도 의료 서비스를 필요로 하지만 의료현장에서조차 환영받지 못하는 대상이 된다. 코로나 환자의 경우 다른 질병의 치료조차 받기 어려웠던 현실이 그 한 예라고 하겠다. 그러므로 여기서는 감염성 질환자를 보건현장의 소수자로 보고 이를 급성적인 전염성 질환과 만성적인 감염성 질환으로 분류하여 그 중 대표적인 질환을 중심으로 살펴보고자 한다.

먼저 급성 전염성 질환의 대표적인 예로는 최근 우리가 경험했던 메르스나 코로나를 들 수 있다. 특히 2020년 초 전세계를 강타하여 2022년 현재도 계속되고 있는 코로나 사태에서 보듯이 전염성 질환의 영향력은 파괴적이라고 할 수 있다. 사람들 간 접촉이 잦고 이동 범위가 넓은 현대사회에서 전염성 질환의 전파력은 우리 삶의 그

02 감염과 유사하게 사용되는 개념으로 전염이 있다. 감염이란, 병원성 미생물이 생물의 조직, 체액, 표면에 정착하여 증식하는 것을 의미하며, 전염이란 병을 다른 생물체에 옮기는 것을 의미한다. 일반적으로 이 둘은 유사한 의미로 쓰이지만 감염은 전염성과 비전염성으로 구분할 수 있기 때문에 감염이 전염보다 더 큰 개념이라고 할 수 있겠다.

기반을 흔들 정도로 막강하다는 것을 경험하고 있다. 문제는 향후에도 지구온난화, 도시와, 이동성 증가로 인한 급성적인 전염병의 확산은 언제든 재현될 수 있다는 점에서 사회적 차원에서 체계적인 보건정책의 마련이 반드시 필요하다고 하겠다(최병두, 2015).

이와 관련하여 보건현장에서 일하는 사회복지사들은 이러한 전염성 질환의 발생 시, 강제 격리로 인하여 환자와 가족들이 경험하게 되는 심한 불안과 공포, 우울감 그리고 이후 삶의 과정에서 경험하는 편견이나 낙인에 관심을 기울여야 한다. 또한 이렇게 격리된 상태에서 환자가 유명을 달리하는 경우 임종이나 장례의식까지 영향을 미쳐서 일반적인 상실 경험이 박탈되는 고통을 받을 수 있다는 점에도 유의해야 한다. 전염성 질환에 대한 경계와 거리유지는 전염병의 확산을 막는 필요불가결한 기제지만 이로 인하여 환자와 그 가족이 경험하는 사회적 배제와 거부, 낙인(stigma)은 트라우마로 남을 수 있기 때문이다. 특히 전염성 질환으로 인한 격리는 환자 뿐 아니라 감염 의심환자를 대상으로도 이루어지는데 이들은 경제적 활동을 중단해야 하고 외부와의 접촉도 차단된다. 따라서 보건소와 같은 지역사회보건체계는 격리 대상에 대한 지원을 통해 개인뿐 아니라 지역사회의 안전이 확보될 수 있도록 해야 한다. 또한 격리로 인한 피해발생 이후의 보상조치에 대한 제도적, 법적 안내 역시 사회복지사가 숙지하고 있어야 할 내용이다.

한편 코로나와 같이 급성적인 전염병이 아님에도 불구하고 감염성 질환자들은 편견과 낙인의 대상이 되는 경우가 많다. 사회적 낙인이 강한 감염성 질환을 대표하는 질환으로는 HIV/AIDS를 들 수 있다. '현대의 흑사병'으로 불릴 정도로 대규모 유행병으로 인식되어 온 HIV/AIDS는 전 세계적으로도 그 수가 급증해 왔을 뿐 아니라 그동안 비교적 발병률이 낮은 것으로 알려져 왔던 우리나라에서도 점차 증가해온 것으로 파악되고 있다. AIDS는 대중에게 알려진 초창기에 조기 사망을 가져오는 불치의 병이자 부도덕한 행위가 질병의 원인이라는 인식이 대중에게 깊이 각인되었다. 이로 인하여 HIV/AIDS 감염인들은 신체적 고통, 치료적 불확실성과 죽음에 대한 공포, 우울과 불안, 경제적 위협 등으로 어려움을 경험하지만 사회에 뿌리 깊이 자리 잡은 편견과 낙인이 이들의 삶에 가장 큰 영향을 주고 있다고 한다. 따라서 감염사실 인지와 더불어 사회적으로 고립되기 쉬우며 이것이 다시 검사 회피나 치료 지연으로 이어져 더 큰 문제를 야기하기도 한다(이인정 · 이명선, 2013).

그러나 AIDS도 고혈압이나 당뇨 등 만성질환처럼 약물을 통해 적절히 관리가 가능해짐에 따라 치명적 합병증 발병의 위험에서 벗어나고 있다. 실제로 초기에 에이즈 환자로 확인된 환자들 중 상당수가 이후 30년 이상 건강한 상태를 유지하고 있다고 한다. 따라서 이와 같은 감염성 질환자에 대한 접근 시 사회복지사는 정확한 정보제공에 힘써야 한다. 감염성 질환에 관련된 과도한 불안이나 공포, 그리고 사회적 낙인은 정확한 정보제공을 통해 접근하는 것이 가장 바람직하다. 따라서 의료사회복지사는 무엇보다도 질병에 대한 정확한 정보를 숙지하는 것이 필요하며, 환자나 가족뿐 아니라 일반 대중을 상대로 한 의사소통과 교육에 있어서 이를 제대로 전달해야 한다.

더불어 이들을 위한 사회적 지지체계를 조성하는 과업이 요구된다. 실제로 HIV/AIDS 감염인에 대한 여러 연구들에서 가족이나 친구들의 변함없는 지지, 즉 사회적 지지가 투병의 의지나 삶의 질에 긍정적인 영향을 주는 것으로 보고되어 왔다(김경미 · 김민정, 2010; 이인정 · 이영선, 2013). 따라서 의료사회복지사는 가족이나 친지 등을 대상으로 질병과 돕는 방법 등에 대한 교육을 제공할 수 있으며 같은 질병을 가진 사람들 간에 정보 공유나 심리적 지지를 위한 지지집단을 촉진할 수 있다. 지지체계가 부족할 경우에는 의료사회복지사가 심리적 지원을 제공하는 지지체계로서 역할을 할 수 있지만 보다 바람직한 것은 삶의 현장에서 지속적으로 격려, 이해, 위로, 그리고 돌봄을 받을 수 있도록 자연적인 지지체계를 활성화하는 것이 우선시 되어야 할 것이다.

또한 만성 감염성 질환의 경우에는 장기적인 치료비 발생으로 인한 경제적 어려움이 발생할 수 있다. 치료에 필요한 희귀약품의 사용, 수술 중 비급여항목 부분의 부담이 크기 때문이다. 앞에서 살펴본 바와 같이 HIV/AIDS는 적절한 치료를 받을 경우 만성질환으로서 관리될 수 있지만, 투약을 중단할 경우 급격히 상태가 악화되는 것으로 알려져 있다. 따라서 이들에 대한 의료비 충당 등 경제적 상태는 치료 지속에 있어서 중요한 요인이다. 그러므로 의료사회복지사는 의료비 등 경제적 지원과 관련된 자원을 잘 파악하고 연계하여 과업을 수행해야 한다.

(3) 장애를 가진 사람

장애를 갖고 있는 사람, 즉 장애인은 우리 사회의 대표적인 소수자 집단이다. 장애인의 경우 반드시 장애 판정을 받은 부분과 관련된 의료 서비스만 이용하는 것은 아니며 다른 질병과 관련된 서비스를 이용하는 경우도 많다. 이때 장애는 서비스 이용의 장애로 작용할 수 있다. 특히 보건의료현장에서는 의사소통을 통해 진단과 치료가 이뤄지고 전문적 용어사용이 많으며 이를 잘 숙지하는 능력을 필요로 하는 경우가 많기 때문에 신체적, 정신적 기능상의 어려움이 있는 사람에게는 서비스 이용에 제약이 따르게 된다. 이처럼 장애가 무엇이든지 의사소통에 있어서 일정 정도 어려움을 야기하기 때문에 중요한 정보가 누락되지 않고 제대로 전달되고 전달받고 있는지를 신중히 확인하고 대화를 진행하는 것이 필요하다. 다음은 각 장애유형별로 구체적인 접근방법을 제시한 것이다(오혜경, 2005: 225-272).

먼저, 청각 장애가 있는 사람에 대한 접근방법에 대해 알아보자. 만약 일정 정도의 손상이 있다고 해도 청각 기능이 남아있는 경우가 있다. 그리고 양쪽 귀 중에 한쪽 귀가 더 기능이 좋은 경우도 있다. 따라서 사회복지사는 먼저 기능의 정도를 파악하여 어느 방향의 귀 쪽에서 대화를 할지, 그리고 대화 내용이 어느 정도 들리는지에 따라 어느 정도의 소리 크기로 대화를 할지 등을 정한 후 대화를 시작하는 것이 좋다. 그리고 대화 시에는 설명은 되도록 간단히 하고 표정이나 몸짓을 통해 비언어적 메시지가 주는 의미를 이해하도록 노력해야 한다. 그러나 만약 전혀 소리를 들을 수 없는 경우라면 구화나 수화 사용을 고려해야 한다. 구화의 경우에는 입술모양을 잘 관찰할 수 있도록 적절한 조명의 조건을 갖춘 공간을 마련해야 한다. 수화의 경우에는 사회복지사가 수화를 사용할 수 있다면 가장 좋겠지만 그렇지 못 한 경우에는 수화통역사의 도움을 받을 수도 있을 것이다.

다음으로는 시각 장애가 있는 사람에 대한 접근방법이다. 이들과 관련하여 우선 파악할 것은 시각 손상이 어느 정도이며 어떤 종류의 시각손상이 있는지에 대한 것이다. 시각손상에는 시력뿐 아니라 시야 등이 대상이 될 수 있기 때문이다. 그리고 시각 손상의 여부나 종류에 따라 조명의 밝기, 앉는 위치, 소리가 전달될 수 있는 여건 등을 고려하여 면담 공간을 배치한다. 예를 들어 시야에 장애가 있는 경우에는 클라이언트가 볼 수 있는 각도에 사회복지사가 자리를 잡는 것이 좋다. 전반적으로 시각장애인의 경우에는 의사소통에 큰 문제는 없지만 비언어적 의사소통에 제약이 따를 수 있기 때문에 비언어적 소통에 의존하는 정도를 줄이고 보다 더 많은 언어적 의사소통을 통하여 클라이언트가 대화내용을 잘 이해하고 있는지를 계속 확인하려는 자세가 요구된다.

언어표현이 어려운 클라이언트와 소통이 필요한 경우에는 대안적인 방법을 활용하는 것이 필요하다. 우선, 클라이언트가 최근까지 언어를 구사했고 입을 움직일 수 있다면 클라이언트가 잘 보이는 밝은 장소에서 입술의 움직임을 읽고 이렇게 이해한 내용이 맞는지를 다시 클라이언트에게 확인받는 방식으로 대화를 할 수도 있다. 그러나 구화가 가능하지 않다면 필담이나 비언어적 동작 등을 통해 대화를 시도해 볼 수 있겠다. 또한 가능하다면 수화통역사의 도움을 받는 방법도 고려해 볼 수 있다.

마지막으로 발달 장애가 있는 클라이언트의 경우 지적 능력과 표현력, 이해력 등을 고려하여 의사소통은 가능한 간단명료하게 하는 것이 좋다. 복잡하고 어려운 단어를 피하고 기본적인 단어를 사용하며 전달하고자 하는 바를 명확하게 소개한다. 특히 추상적이거나 상징적인 개념들을 사용하지 않도록 유의하며 비언어적인 표현의 의미를 놓치지 않도록 해야 한다. 발달장애 클라이언트의 메시지를 들을 때는 인내심을 갖고 중간에 포기하지 말고 이야기를 경청하며 그 의미를 이해하기 위해 집중한다. 또한 발달장애인은 대부분의 질문에 "예"라고 하는 경우가 많으므로 한 번의 질문과 답변으로는 진의를 충분히 파악하기 어렵기 때문에 중요한 사안인 경우에는 상황을 달리하거나 다른 표현방식으로 여러 번 확인하는 것이 좋다.

3. 가족

한 개인의 건강증진과 질병 예방을 위한 요인으로 중요하게 고려되어야 할 것은 가족이다. 개인은 가족 안에서 양육되고, 가족 상호작용과 역할 모델을 통해 건강의 중요성을 교육받으며, 건강증진과 관련된 여러 활동을 하게 된다. 가족은 유전적 측면, 식습관, 운동습관, 가족 관계 등의 요인에 따라 환자 발병에 영향을 주는 체계일 수도 있고, 환자의 발병으로 인해 여러 가지 심리사회적 영향을 받게 되는 체계일 수도 있다. 이와 같이 가족은 환자의 질환 발생과 관리에 영향을 주고받는 중요한 사회적 체계로서 의료사회복지사와 긴밀한 관계를 맺게 된다.

가족들은 질병으로 인한 가족 균형과 기능의 변화 때문에 환자의 치료 기간 동안 많은 어려움과 고통을 경험한다(Grapsa et al., 2014). 하지만 이러한 가족의 반응은 가족 성원 중 환자의 위치, 질병 유형, 장애 정도, 질병의 발생 사유, 질병 치료 기간, 경제적 부담 정도 등에 따라 다르게 나타날 수 있다. 환자가 누구인가, 예를 들어 가장인가 아니면 자녀인가에 따라 가족의 역동과 심리가 달라지며, 기존의 가족관계가 발병 후 가족관계에도 여러 가지 영향을 주게 된다. 또한 이 질병이 일시적인 것인지, 장기적인 요양이 필요한지, 아니면 위험 정도가 높은 질환인지 등에 따라 가족이 보이는 반응은 다양하다(강흥구, 2007).

이에 따라 지금까지 환자의 가족들이 어떤 심리사회적인 어려움을 갖는가에 대한 연구와 더불어 가족들이 환자의 질병관리에 어떠한 영향을 미치는가에 대한 많은 연구들이 수행되어 왔다. 먼저 가족들의 심리사회적 어려움에 관한 연구들을 보면, 가족구성원 중에 암, 당뇨, 뇌졸중 장애, 관절염. 천식, 치매, 정신장애와 같은 만성질환을 가진 식구들이 있을 경우에는 질병이 없는 다른 가족들의 심리적 안녕과 가족기능에도 영향을 주게 되며(Homles & Deb, 2003), 만성질환아동 가족들이 스트레스를 높게 인식하는 경우에는 가족 간 문제해결을 위한 의사소통이 적어지는 경향을 나타냈다(기화 · 정남운, 2004) 또 다른 측면에서, 가족들이 환자의 질병관리에 중대한 영향력을 미친다는 연구결과들이 제시되고 있다. 중년기에 당뇨를 앓는 환자의 경우, 가족지지가 높을수록 환자의 당뇨관리 순응도와 삶의 질이 높게 나타났다(최영옥, 2001). 또한 가족 내에서 갈등이 발생할 때 소아당뇨 아동은 혈당관리 악화의 위험에 처하게 되지만(이채원, 2004), 가족 속에서 아버지가 적극적인 역할을 수행할수록 소아당뇨 아동의 당뇨관리 순응도는 높아진다는 결과(김진숙, 1997)도 발표되었다. 이와 같이 가족환경은 만성질환의 관리뿐 아니라 질환을 가진 가족원의 심리사회적 적응에도 중요한 영향력을 미치는 것을 확인할 수 있다.

이와 같이 가족들은 직접적으로 질병을 앓는 당사자가 아님에도 불구하고 환자의 질병으로 인한 불안과 스트레스를 경험하며 제한된 자원 안에서 가족체계의 균열과 붕괴를 종종 경험하게 된다. 따라서 의료사회복지사들은 일차적으로 환자에 초점을 두지만 항상 가족역동을 고려하고, 사정과 개입의 단위로서 '가족'을 중요하게 바라보고 이해해야 한다.

특별히 의료사회복지사가 가족 개입을 필수적으로 고려해야 할 때는 질병 관리에 가족의 협력이 반드시 필요한 경우이거나, 가족의 문제가 질병의 발생이나 증상 악화에 직접적으로 영향을 미치는 경우이다. 물론 대부분의 질병 관리에는 가족의 협력이 반드시 필요하지만 특히 만성질환의 경우에는 가족의 영향력이 더욱 크다. 예를 들어, 소아당뇨로 일컬어지는 제1형 당뇨병은 심한 인슐린 결핍 때문에 환자들이 일상생활에서 인슐린 치료, 영양관리, 운동관리 등을 엄격하게 시행해야 하므로, 질병관리를 위해서는 가족의 협조와 지원이 필수적이다. 또한 정신건강의학과에서 진단하게 되는 품행장애나 틱장애 등은 가족의 관계, 즉 의사소통이나 상호작용의 영향을 많이 받는 질환으로 알려져 있으므로 증상 호전을 위해서는 가족에 대한 이해와 개입이 필수적이라고 하겠다.

4. 지역사회

만성질환을 가진 사람들이 늘어나고 점점 치료보다는 관리의 개념이 대두되면서 개인의 삶의 공간인 지역사회 이해에 대한 필요성이 더 높아지고 있다. 특히 환자가 어느 지역사회에 속해 있느냐에 따라 제공되는 사회복지서비스가 차이를 보일 수 있다. 지역사회 사정에 따라 특정 프로그램이 제공될 수도 있고 특정 질병을 가진 환자를 옹호할 수도 있는 반면 반대로 지역사회가 환자의 독립성을 방해하고 사회로의 재진입 가능성을 방해하거나 제한할 수도 있다(Ross, 1995: 1369; 강흥구, 2007 재인용).

이러한 상황에서 의료사회복지사는 지역사회에 대한 이해와 체계적인 연계 역량을 갖는 것이 중요하다. 입원치료 후 장애와 후유증을 갖고 퇴원하는 사람들이 지역사회에서 독립적으로 잘 생활하고 적응하기 위해서는 자원발굴과 연계를 통한 사례관리 실천이 필요하다. 예를 들어, 척수손상으로 하반신 마비가 와서 휠체어 생활을 해야 하는 장애인으로 퇴원하는 환자에게는 주거 지원, 상담, 재활치료를 돕는 장애인복지관이나 지역사회복지관, 구청의 장애인복지과 등을 통한 연계가 필요할 것이다. 또한 지역사회에서 질환관리에 어려움을 겪거나 증상이 악화되는 경우에는 빠른 의료기관 연계와 입원치료 등의 적절한 개입이 필요할 것이다. 현재 지역사회통합돌봄에 대한 논의와 실천이 구체적으로 확장되고 있는 만큼, 지역사회를 기반으로 한 의료사회복지사의 활동은 앞으로 더욱 커질 것으로 기대된다.

최근에는 지역 보건소 및 지역 병원에서 질병에 대한 공개강좌, 질병교실, 캠프 운영 등의 만성질환자 지원 프로그램들이 다양하게 시도되고 있다. 이러한 질환들은 암, 당뇨, 고혈압, 신부전, 알레르기 질환 등을 다양하게 포함하고 있다. 한 예로서, 경기도 내의 한 보건소에서 실시되고 있는 '고혈압, 당뇨병, 고지혈증 교실' 운영을 들 수 있다. 이 프로그램은 고혈압, 당뇨병, 고지혈증 질환을 가진 주민이나 가족을 대상으로 만성질환의 예방, 올바른 치료, 적절한 관리방법을 교육하기 위한 목적으로 수행된다. 관내 유능한 전문의를 초빙해 만성질환에 대한 궁금증을 해소시켜 주는 것으로서 주로 질병의 예방과 치료, 만성질환의 식사관리, 운동교육 등 질병의 조절과 관리에 초점을 두고 있다. 경기도 내의 다른 보건소에서도 심뇌혈관질환 예방관리를 위한 '고혈압, 당뇨, 고지혈증 주민공개강좌'를 운영 중에 있다. 심뇌혈관 전문의를 초빙해 보건소 내에서 뿐만 아니라 노인대학, 종교단체, 노인일자리센터 등에 주민공개강좌를 확대 실시해 나감으로써 지역주민의 호응을 얻고 있다(일간경기, 2014. 6. 17.). 한 지역의 보건소에서는 환자와 가족들이 질병에 대한 올바른 이해와 치료 및 생활환경 관리를 하는 것이 중요하다는 인식에서 출발하여 알레르기질환자 및 가족을 대상으로 캠프를 운영하였다(경남도민신문, 2014. 8. 10.).

이와 같이 지역사회 내에서 다양한 프로그램들이 시도되고 있지만 이용률과 효과성 측면에서는 아직 만족스럽지 않은 수준으로 지역 내 만성질환자와 그 가족들이 이러한 프로그램들을 더 활발히 이용할 수 있도록 홍보와 노력이 필요하다. 또한 의료사회복지사가 환자와 가족들이 '질환을 갖고 살아가도록' 돕기 위해서는 특히 취약계층이나 만성질환자 가족을 단위로 한 지역사례관리의 적용에 대한 논의가 더 활발해질 필요가 있다.

CHAPTER 04

의료사회복지제도와 체계

학습목표

01 우리나라 의료보장체계의 근간인 국민건강보험제도와 의료급여제도, 노인장기요양제도의 목적, 대상, 주요 내용을 파악한다.

02 빈곤, 위기 등 취약한 상황의 건강증진을 위한 사회보장제도인 긴급복지지원제도, 암환자의료비지원사업, 긴급복지지원제도, 재난적의료비지원사업, 암환자의료비지원사업, 희귀질환의료비지원사업의 주요 대상과 내용을 파악한다.

03 의료사회복지실천의 근거법과 주요 내용을 이해하고 설명할 수 있다.

04 의료사회복지 수가산정체계 현황과 문제점을 이해한다.

의료사회복지사는 급성 혹은 만성질환으로 인해 여러 가지 어려움을 겪고 있는 환자와 가족들에게 국가가 보장해 줄 수 있는 다양한 복지제도에 대한 정보를 전달하고 이를 잘 이용할 수 있도록 적극 지원하는 역할을 수행해야 한다. 따라서 건강 문제의 사회적 해결을 돕기 위해(박지용, 2013) 의료보장 제도의 구성과 체계에 관한 지식을 갖추고 실천 현장에서 이를 적극 활용하여야 한다.

1. 의료보장제도

의료보장제도란 질병으로 인해 발생된 의학적 · 경제적 어려움으로부터 국민을 보호하기 위한 목적으로 국가가 주체가 되어 실시하는 제도적 및 정책적 시책을 말한다. 의료보장은 질병으로 인한 수입의 중단이나 치료비 지출로 인한 재정적 위협을 사회적으로 대처하는 데 목적을 두고 있다. 그러나 최근에는 의료보장이 질병의 치료라는 좁은 의미의 개념에서 벗어나 질병을 사전에 예방하고 건강을 증진시키는 일련의 활동을 포괄하는 '건강보장'의 개념으로 확대되고 있다(유승흠 · 박은철, 2009).

우리나라의 공적의료보장제도는 크게 두 가지로 나눌 수 있는데 첫째, 국민의 대다수를 보장하는 사회보험 성격의 건강보험제도가 있고, 둘째, 저소득층 등 취약계층을 보장하는 공공부조 성격의 의료급여제도를 갖추고 있다. 이와 같은 의료보장제도는 기본적으로 사회보험인 「국민건강보험법」과 공적부조 형태인 「의료급여법」에 근거하고 있다. 이 이외에도 부분적으로 「긴급복지지원법」, 「장애인복지법」, 「노인복지법」, 「노인장기요양보험법」 등에 따라 요양 · 의료보장제도가 운영되고 있다. 이에 본 장에서는 국민건강보험제도와 의료급여제도, 노인장기요양보험제도, 긴급복지지원제도를 중심으로 정리하고, 그밖에 의료사회복지사가 환자의 삶의 질 제고를 위해 활용하게 되는 몇 가지 질환별 국가사업에 대해 알아보려 한다.

1) 국민건강보험제도

「국민건강보험법」은 과거 의료보험법의 제정과 개정을 통해 시행된 기존 의료보험제도의 약점 해소의 필요성에 따라 제정 · 공포되었다. 기존의 상병을 치료하기 위해 소용되는 비용 및 의료서비스 제공을 중심으로 하는 의료보험제도뿐만 아니라 건강진단과 재활 및 예방의 범위까지 포함한 적극적이고 포괄적인 성격의 「국민건강보험법」은 1999년 2월 제정 · 공포되었고, 2000년 7월 1일부터 국민건강보험제도가 시행되었다. 국민건강보험제도는 질병이나 부상으로 인해 발생한 고액의 진료비로 가계에 과도한 부담이 되는 것을 방지하기 위하여, 국민들이 평소에 보험료를 내고 보험자인 국민건강보험공단이 이를 관리 · 운영하다가 필요시 보험급여를 제공함으로써 국민 상호간 위험을 분담하고 필요한 의료서비스를 받을 수 있도록 하는 사회보장제도이다.

(1) 목적

「국민건강보험법」은 국민의 질병 · 부상에 대한 예방 · 진단 · 치료 · 재활과 출산 · 사망 및 건강증진에 대하여 보험급여를 실시함으로써 국민보건 향상과 사회보장 증진에 이바지함을 목적으로 한다(법 제1조).

(2) 대상

「국민건강보험법」의 적용대상은 국내에 거주하는 국민으로서 적용 대상자가 아닌 모든 사람이 일단 자격 요건을 갖는다. 적용대상은 가입자와 피부양자로 나뉘는데, 가입자는 임금소득자인 직장근로자와 공무원 및 교직원을 직장가입자로, 그리고 비임금소득자인 농어촌 주민 및 도시자영업자를 지역가입자로 한다. 피부양자는 그의 배우자 및 직계존속과 비속, 형제자매 등 주로 생계를 유지하는 사람으로서, 소득 및 재산이 보건복지부령으로 정하는 기준 이하에 해당하는 사람을 말한다.

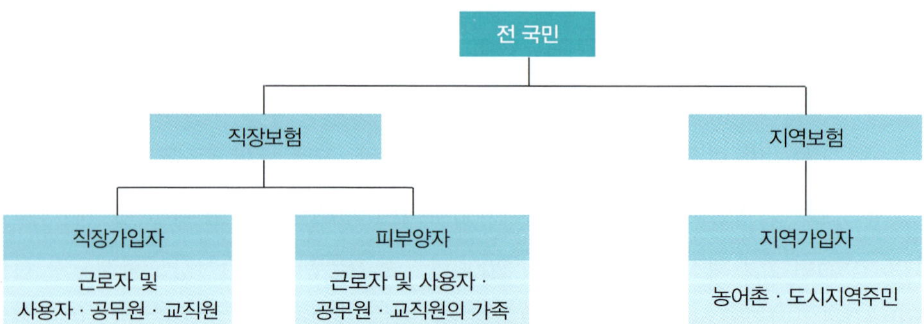

그림 4-1 건강보험 체계도

출처: 국민건강보험공단(2020). 2021 사업장업무편람. p. 4.

(3) 주요 내용

보험급여의 내용은 요양급여, 건강검진, 부가급여로 나뉜다.

첫째, 요양급여는 가입자 및 피부양자의 질병 · 부상 · 출산 등에 대하여 진찰 · 검사, 약제 · 치료재료의 지급, 처치 · 수술 및 그밖의 치료 · 예방, 재활, 입원, 간호, 이송을 제공하는 급여이다(법 제41조). 요양급여는 국민건강보험법의 급여 중 가장 기본적인 내용으로 대통령령에 따라 비용의 일부(본인일부부담금)를 본인이 부담한다(법 제44조). 요양급여 비용으로 인한 가계부담을 덜어주기 위해 본인 부담금이 가입자의 소득수준 등에 따라 정해지며, 상한액을 초과한 경우에는 공단이 그 초과금액을 부담하도록 하고 있다. 보험가입자에 대한 의료비 신청사업으로 재난적의료비지원사업, 요양비, 장애인보조기기 급여비, 호스피스완화의료 건강보험 지원 등이 이루어지고 있다.

둘째, 건강검진은 일반건강검진, 암검진 및 영유아건강검진으로 구분되어 실시된다. 공단은 가입자 및 피부양자에 대하여 질병의 조기발견과 그에 따른 요양급여를 하기 위해 건강검진을 실시한다(법 제52조).

셋째, 공단은 이 법에 규정한 요양급여 외에 대통령령이 정하는 바에 따라 임신 · 출산 진료비, 장제비, 상병수당, 그밖의 급여를 실시할 수 있으며, 이러한 부가급여는 현재 임신 · 출산 진료비로 한다.

이상과 같은 내용을 〈표 4-1〉에 정리하였으며, 국민건강보험제도에 대한 상세한 내용은 국민건강보험 홈페이지를 통해 확인할 수 있다. 대개 의료기관에서 진료를 받는 환자들은 국민건강보험 수급권자들이나, 경제적인 어려움으로 건강보험료를 체납한 경우, 병원 이용 시에 국민건강보험의 적용을 받는데 제한이 따를 수 있다. 의료사회복지사는 이러한 경우 적절한 정보 제공을 통해 건강보험 혜택을 재개하거나 의료급여제도, 긴급복지지원제도 적용 가능성에 대해 안내할 수 있다.

표 4-1 건강보험 급여 종류와 대상

급여종류		수급권자
현물급여	요양급여	가입자 및 피부양자
	건강검진	가입자 및 피부양자
현금급여	요양비 본인부담액상한제 장애인보조기기 급여비	가입자 및 피부양자 가입자 및 피부양자 장애인복지법에 따라 등록한 장애인

2) 의료급여제도

「의료급여법」에 근거를 둔 의료급여제도는 빈곤계층에게 소득보장과 함께 의료보장을 제공하는 공공부조제도의 하나이다. 즉, 질병이 발생하여 치료를 받아야 하지만 이를 위한 경제적 능력이 일시적 또는 영구적으로 손상되어 개인의 능력으로 치료를 받을 수 없는 사람들을 대상으로 국가가 진료비를 부담해주는 공적부조제도이다. 관력 연혁을 간략하게 살펴보면, 1961년 생활보호법이 제정되어 법 제5조에 의료보호에 관한 규정을 둠으로써 의료보호가 처음으로 법제화되었고, 1977년 의료보호법(법률 제3076호)이 제정되면서 의료보호사업이 공공부조제도로 정착할 수 있는 기틀이 마련되었다. 이후에도 수차례 개정이 이루어졌고, 2001년 의료급여법(법률 제6474호)으로 명칭과 내용이 전부 개정되어 시행되고 있다. 2011년과 2013년에 일부 개정을 통해 각각 의료급여 수급권자에 대한 사례관리 실시, 이재민과 노숙인 등 의료급여 수급권자 자격기준에 대한 보완이 이루어졌다. 의료급여제도를 통해 자격 요건에 해당하는 사람에게는 약국, 병원 등 의료기관을 이용한 비용의 전액 또는 일정 부분이 지원된다.

(1) 목적

「의료급여법」의 목적은 생활이 어려운 자에게 의료급여를 실시함으로써 국민보건의 향상과 사회복지의 증진에 이바지하는 것이다(법 제1조).

(2) 대상

의료급여법의 목적에 따르면 생활이 어려운 사람을 그 대상으로 한다고 되어 있으나, 수급권자는 국민기초생활보장법 대상자보다 적용범위가 더욱 넓다. 법 제3조 1항에 따른 수급권자는 「국민기초생활보장법」에 따른 의료급여 수급권자, 「재해구호법」에 따른 이재민으로서 보건복지부장관이 의료급여가 필요하다고 인정한 사람, 「의사상자 등 예우 및 지원에 관한 법률」에 따라 의료급여를 받는 사람, 「입양특례법」에 따라 국내에 입양된 18세 미만의 아동 등을 포함한다. 수급권자는 법 3조 3항의 규정에 따라 1종 수급권자와 2종 수급권자로 구분한다. 구체적인 의료수급권자 대상을 〈표 4-2〉에 제시하였다.

표 4-2 의료급여 수급권자 구분

구분	대상
의료급여 1종 수급권자	• 국민기초생활보장수급자 – 근로무능력가구, 희귀질환자, 중증난치질환자, 시설수급자 • 타법적용자 이재민, 의상자 및 의사자의 유족, 입양아동(18세 미만), 국가유공자, 중요무형문화재 보유자, 북한이탈주민, 5 · 18민주화운동 관련자, 노숙인 • 행려환자
의료급여 2종 수급권자	국민기초생활보장 수급권자 중 의료급여 1종 수급권자 기준에 해당되지 않는 자

(3) 주요 내용

① 의료급여 내용

의료급여의 주요 내용은 수급권자의 질병 · 부상 · 출산 등에 대하여 진찰 · 검사, 약제 · 치료재료의 지급, 처치 · 수술과 그 밖의 치료, 예방 재활, 입원, 간호, 이송과 그 밖의 의료목적의 달성을 위한 조치 등으로 구성되어 있다(법 제7조).

의료급여의 비용부담은 대통령령이 정하는 바에 따라 그 전부 또는 일부를 의료급여기금에서 부담하되, 의료급여기금에서 일부를 부담하는 경우 그 나머지의 비용은 본인이 부담하도록 하고 있다(법 제 10조). 의료급여 1종의 경우에는 진료비의 전액을 정부에서 부담하며, 의료급여 2종의 경우에는 진료의 종류에 따라 본인부담금의 비율이 조금씩 달라지고, 일정 부분을 본인이 부담하도록 하고 있다.

이상과 같은 의료급여제도의 주요 법령 내용은 「의료급여법」(국가법령정보센터, 2022)을 통해 확인할 수 있다.

② 의료급여 절차

의료급여 절차는 3단계를 거치게 된다. 수급권자가 의료급여를 받고자 하는 경우에는 우선적으로 제1차 의료급여기관(30인 미만 병상 수를 보유한 의원, 보건소 등 의료기관)에 신청을 해야 하고, 제1차 의료급여기관 진료 중 제2차(30인 이상 병상 수를 보유한 병원, 종합병원 등의 의료기관) 또는 제3차 의료기관(모든 진료 과목 전문의를 보유한 500 병상 이상 급의 상급종합병원) 진료가 필요한 경우에는 진료담당의사가 발급한 의료급여의뢰서를 7일 이내에 해당 의료기관에 제출하여야 한다.

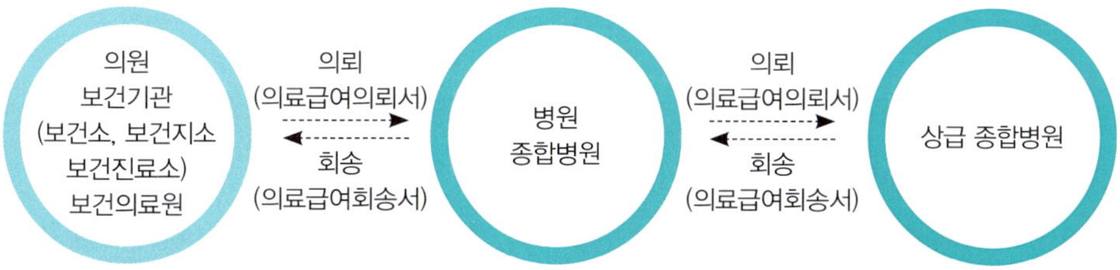

그림 4-2 의료급여 절차

3) 노인장기요양보험제도

노인장기요양보험제도는 고령이나 노인성 질병 등으로 일상생활을 혼자서 수행하기 어려운 이들에게 신체활동 및 일상생활 지원 등의 서비스를 제공하여 노후 생활의 안정과 그 가족의 부담을 덜어주기 위한 사회보험제도로서 「노인장기요양보험법」에 그 근거를 두고 있다. 기존 「노인복지법」상의 노인요양이 주로 국민기초생활보장 수급자 등 특정 저소득층을 대상으로, 국가나 지방자치단체가 공적부조방식으로 제공하는 서비스 위주로 운영되어 온 것과 다르게 「노인장기요양보험법」상 서비스는 소득에 관계없이 심신 기능 상태를 고려한 요양 필요도에 따라 장기요양인정을 받은 자에게 서비스가 제공되는, 보다 보편적인 체계로 운영되는 점이 특징적이다.

(1) 목적

「노인장기요양보험법」은 고령이나 노인성 질병 등의 사유로 일상생활을 혼자서 수행하기 어려운 노인 등에게 제공하는 신체활동 또는 가사활동 지원 등의 장기요양급여에 관한 사항을 규정하여 노후의 건강증진 및 생활안정을 도모하고 그 가족의 부담을 덜어줌으로써 국민의 삶의 질을 향상시키는 것을 목적으로 한다(법 제1조).

(2) 대상

노인장기요양보험 가입자는 소득수준과 상관없이 「국민건강보험법」 제5조 및 제109조에 따른 건강보험의 가입자이다(법 제7조 제3항).

노인장기요양보험 수급자가 되기 위해서는 신청자격을 갖추어야 한다. 장기요양인정을 신청할 수 있는 자는 노인 등으로서 장기요양보험가입자 및 그 피부양자, 또는 의료급여법에 따른 수급권자의 자격을 갖추어야 한다. 그 다음 장기요양등급판정위원회에서 신청자격 요건을 충족하고 6개월 이상 혼자서 일상생활을 수행하기 어렵다고 인정하는 경우에 심신상태 및 장기요양이 필요한 정도 등 대통령령으로 정하는 등급 판정기준에 따라 장기요양급여를 받을 자(수급자)로 판정하게 된다. 시행령에 제시된 등급판정기준은 장기요양인정 점수에 따라 1등급에서 5등급으로 나뉜다.

(3) 주요 내용

장기요양급여 제공의 기본원칙은 첫째, 노인 등의 심신 상태, 생활환경과 노인과 가족의 욕구와 선택을 종합적으로 고려하여 필요한 범위 안에서 이를 적정하게 제공하는 것, 둘째, 노인 등이 가족과 함께 생활하면서 가정에서 장기요양을 받는 재가급여를 우선적으로 제공하는 것, 셋째, 노인 등의 심신 상태나 건강 등이 악화되지 않도록 의료서비스와 연계하여 이를 제공하는 것으로 요약된다(법 제3조). 장기요양급여의 종류는 크게 시설급여, 재가급여 그리고 특별현금급여로 구성된다. 급여종류에 따른 지원 내용은 〈표 4-3〉으로 제시하였다.

표 4-3 노인장기요양보험제도 급여 내용

급여 종류	지원 내용
시설급여	장기요양기관에 장기간 입소한 수급자에게 신체활동 지원 및 심신기능의 유지 · 향상을 위한 교육 · 훈련 등을 제공
재가급여	방문요양(가정을 방문하여 신체활동 및 가사활동 등 지원), 방문목욕, 방문간호, 주 · 야간 보호, 단기보호, 기타 재가급여
특별현금급여	가족요양비, 특례요양비, 요양병원간병비 제공

4) 긴급복지지원제도

「긴급복지지원법」에 근거를 둔 긴급복지지원제도는 갑작스러운 위기 상황으로 생계유지가 곤란한 저소득층에게 생계 · 의료 · 주거지원 등 필요한 복지서비스를 신속하게 지원하여 위기상황에서 벗어날 수 있도록 돕는 사회보장제도이다.

(1) 목적

「긴급복지지원법」의 목적은 개인이나 가족이 급작스러운 재해, 사고, 질병 등으로 말미암아 위기상황에 처하여 도움이 필요할 경우 국가와 지방자치단체가 중심이 되어 필요한 생계비, 의료비 등을 일정 기간 지급함으로써 위기에서 벗어나 인간다운 생활을 할 수 있도록 지원하는 것이다(법 제1조).

(2) 대상

긴급복지지원제도의 대상은 위기 상황에 처한 사람들로서, 구체적으로는 특정 사유로 인하여 가구의 소득이 최저생계비 이하로 떨어진 경우, 중한 질병이 발생하거나 부상을 당한 경우, 가정폭력이나 성폭력, 화재 등으로 인하여 가구 구성원과 함께 생활하기 힘든 경우, 이혼으로 인한 소득 상실 등의 다양한 상황을 규정하고 있다(법 제2조). 지원 대상을 위기사유, 소득 및 재산 참고 기준에 따라 구체적으로 살펴보면 〈표 4-4〉와 같다.

표 4-4 긴급복지지원제도 지원 대상

<table>
<tr><td>지원 대상</td><td colspan="2">갑작스러운 위기사유 발생으로 생계유지 등이 곤란한 가구 = 위기상황에 처한 가구</td></tr>
<tr><td>위기사유</td><td colspan="2">1. 주소득자 사망, 가출, 행방불명, 구금시설에 수용되는 등의 사유로 소득을 상실한 경우
2. 중한 질병 또는 부상을 당한 경우
3. 가구구성원으로부터 방임(放任)또는 유기(遺棄)되거나 학대 등을 당한 경우
4. 가정폭력 또는 가구구성원으로부터 성폭력을 당한 경우
5. 화재 또는 자연재해 등으로 인해 거주하는 주택 또는 건물에서 생활하기 곤란한 경우
6. 주소득자 또는 부소득자의 휴업, 폐업 또는 사업장의 화재 등으로 인하여 실질적인 영업이 곤란하게 된 경우
7. 주소득자 또는 부소득자의 실직으로 소득을 상실한 경우
8. 보건복지부령으로 정하는 기준에 따라 지방자치단체의 조례로 정한 사유가 발생한 경우
9. 그 밖에 보건복지부 장관이 정하여 고시하는 경우
① 주소득자와 이혼한 때
② 단전된 경우(전류 제한기를 부설한 경우 포함)
③ 교정시설에서 출소한 자가 생계가 곤란한 경우
④ 가족으로부터 방임(放任) · 유기(遺棄) 또는 생계 곤란 등으로 노숙을 하는 경우
⑤ 복지사각지대 발굴대상자, 통합사례관리 대상자 또는 자살고위험군으로서 관련 부서(기관)로부터 생계가 어렵다고 추천을 받은 경우
⑥ (한시) 코로나19로 인하여 주소득자 또는 부소득자가 무급휴직 등으로 소득을 상실한 경우
⑦ (한시) 코로나19로 인하여 자영업자, 특수형태근로종사자 또는 프리랜서인 주소득자 또는 부소득자의 소득</td></tr>
<tr><td rowspan="3">소득 · 재산 참고 기준</td><td>소득기준</td><td>기준 중위소득 75%(1인 기준 1,459천 원, 4인 기준 3,841천 원) 이하</td></tr>
<tr><td>재산기준</td><td>대도시 241백만 원 이하, 중소도시 152백만 원 이하, 농어촌 130백만 원 이하
* (재산의 의미) 일반재산 + 금융재산 + 보험, 주택청약 종합저축 − 부채</td></tr>
<tr><td>금융재산</td><td>600만 원 이하(단, 주거지원은 800만 원 이하)</td></tr>
</table>

* 위 기준은 매해 달라질 수 있음. 제시한 내용은 2022년 보건복지부 고시 내용을 근거로 함.

(3) 주요 내용

① 지원 원칙

긴급복지지원은 선지원 후처리 원칙, 단기지원 원칙, 타법률 중복 금지 원칙, 가구단위 지원 원칙을 갖고 있다. 이에 대한 구체적 설명을 〈표 4-5〉에 제시하였다.

표 4-5 긴급복지지원의 기본 원칙

주요 원칙	
선지원 후처리 원칙	– 위기상황에 처한 사람의 지원요청이나 신고 시, 긴급지원담당공무원 등의 현장 확인(접수 후 1일 이내)을 통해 긴급지원 필요성을 포괄적으로 판단하여 우선 지원(지원 결정 1일, 지원 1일 등 추가 2일 이내: 총 72시간 이내) – 추후 소득, 재산 등을 조사하여 지원 적정성 심사
단기지원 원칙	– 위기상황에 처한 사람에게 일시적으로 신속하게 지원 – 지원이 종료되면 동일한 위기사유로 인하여는 다시 지원할 수 없음 – 다른 위기사유가 발생하였더라도 긴급지원이 종료된 때로부터 3개월 이내에는 지원 불가
타법류 중복 금지의 원칙	「재해구호법」·「국민기초생활 보장법」·「의료급여법」·「사회복지사업법」·「가정폭력 방지 및 피해자보호 등에 관한 법률」· 성폭력방지 및 피해자보호 등에 관한 법률」·「사회복지공동모금회법」 등 다른 법률에 의하여 긴급지원과 동일한 내용의 구호·보호나 지원을 받고 있는 경우에는 긴급지원 제외
가구단위 지원 원칙	– 가구단위로 산정하여 지원하는 것을 원칙으로 함(가정폭력·성폭력 또는 학대 등으로 인하여 위기상황에 처한 자에 대하여는 폭력 또는 학대를 당한 자 및 그와 함께 보호를 받아야 하는 자를 하나의 가구로 봄) – 의료·교육지원 등의 경우 필요한 가구구성원에 한하여 지원함(개인단위 지원)

출처: 보건복지부 (2022). 긴급복지지원사업 안내. pp. 2-4.

② 지원 내용

긴급복지지원의 내용으로는 생계지원, 의료지원, 주거지원, 사회복지시설이용지원, 교육지원 등이 있다(법 제9조). 특히 급작스러운 사고나 실직 등으로 경제적으로 궁핍한 가운데 질병의 문제가 발생하여 자신이나 가족의 능력으로 치료비를 감당할 수 없는 경우에 이 법에 의거하여 의료지원이 가능하다. 위기상황에서의 주요 지원은 생계, 의료, 주거, 복지시설 이용의 영역을 포괄하며, 이 중 의료 영역에서는 300만 원 이내(본인부담금 및 비급여 항목), 최대 횟수 2회 안에서 각종 검사, 치료 등 의료서비스 지원이 가능하다(2022년 기준).

③ 지원 절차

긴급복지지원 의료비 지원절차를 [그림 4-3]으로 제시하였다.

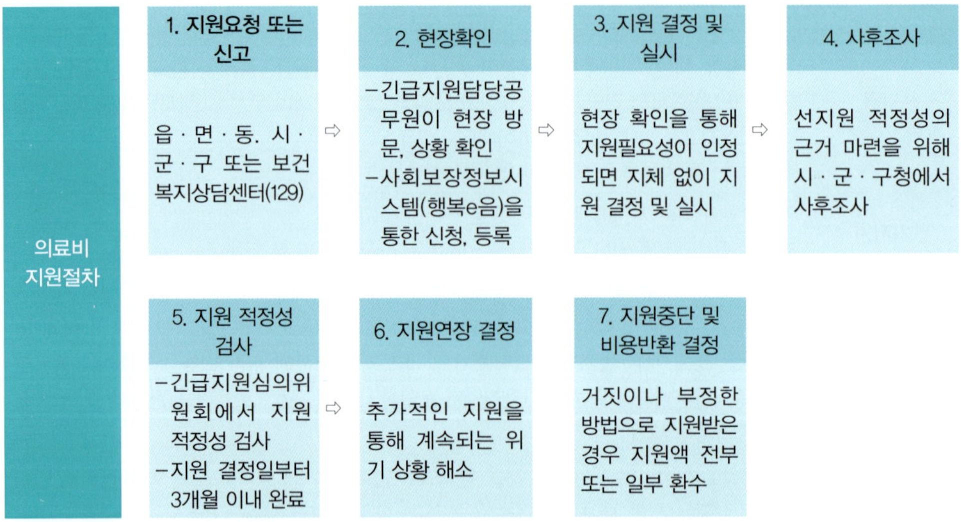

그림 4-3 긴급복지지원 의료비 지원절차(2022년 기준)

출처: 보건복지부 (2022a). 긴급복지지원사업 안내. pp. 14–19 재구성.

5) 기타 의료비 지원 제도

주요 의료보장제도 외에 현장에서 활용 가능한 의료비지원제도로 암환자 의료비 지원사업, 재난적 의료비 지원사업, 희귀질환자 의료비 지원사업 등이 있다.

(1) 암환자 의료비 지원사업

암환자 의료비 지원사업은 저소득층 암환자를 대상으로 정부가 암으로 인한 의료비를 지원하는 사업이다. 암환자 의료비 지원사업의 목적은 저소득층 암환자에게 의료비를 지원하여 경제적 부담을 줄이고, 의료이용 장벽을 낮추어서 암환자들의 암치료 접근성을 향상시키는 것이다.

① 주요 내용

암환자 의료비 지원사업의 대상은 크게 소아 암환자와 성인 암환자로 구분된다. 이 중 성인 암환자를 다시 의료급여수급권자, 건강보험가입자(국가암검진 수검자), 그리고 폐암 환자로 구분하여 지원하고 있다. 〈표 4-6〉을 통해 암환자 의료비 지원사업 대상자 및 지원내용에 대해 간략하게 제시하였다(국립암센터 홈페이지, 2021).

표 4-6 암환자 의료비 지원사업 대상자 및 지원내용

구분	소아암환자	성인암환자		
		의료급여수급권자	건강보험가입자	폐암환자
지원 암종	전체 암종	전체 암종	5대암 (위암, 대장암, 간암, 유방암, 자궁경부암)	원발성 폐암
선정기준	• 건강보험가입자: 소득 · 재산 조사 • 의료급여수급권: 당연 선정	당연 선정	국가암검진을 통해 확인된 암환자	• 건강보험가입자: 1월 건강보험료 고지액 • 의료급여수급권자: 당연 선정
지원금액	• 백혈병: 3,000만 원 • 기타: 2,000만 원 (조혈모세포 이식 시 3,000만 원) *본인일부부담금 · 비급여 본인부담금 구분 없음	• 본인일부부담금 120만 원 • 비급여본인부담금 100만 원	본인일부부담금 200만 원	• 건강보험가입자: 본인일부부담금 200만 원 • 의료급여수급자: 본인일부부담금 120만 원, 비급여 본인부담금 100만 원
지원기간	만 18세까지 (신청기준 만 18세 미만)	3년간(연속)	3년간(연속)	3년간(연속)

암환자 의료비 지원사업은 2022년부터 지방자치단체 전환사업으로 선정되어 표에 제시된 대상 및 지원 수준 외에도 지역별 암환자 현황 등을 고려하여 지자체별로 추가 지원이 가능하다(보건복지부b, 2022).

② 신청 방법

암환자 의료비 지원을 받고자 하는 환자 또는 보호자는 암환자의 주민등록지 관할 보건소에 접수하여 신청할 수 있다. 자세한 지원 관련 기준과 내용은 주소지 관할 보건소를 방문하여 사업 담당자를 통해 안내받을 수 있다.

(2) 재난적 의료비 지원사업

재난적 의료비 지원사업은 「재난적 의료비 지원에 관한 법률」을 근거로 하며, 이 사업의 목적은 질병, 부상 등으로 가구의 부담 능력을 넘어서는 의료비가 발생하였을 때, 경제적으로 충분한 치료를 받지 못하는 문제가 발생하지 않도록 비급여를 포함한 의료비의 일부를 지원하여 국민의 의료접근성을 보장하고 건강보호에 기여하는 것이다.

① 주요 내용

가. 지원대상

국내 거주하는 국민으로서 질환기준, 소득 · 재산기준 및 의료비 부담 수준 등을 고려하여 일정 지원기준을 충족하는 사람을 대상으로 한다. 다만, 지원기준에 다소 못 미치거나 초과하더라도 질환 특성, 가구 여건 및 의료비 규모 등을 종합적으로 고려하여 '지역별 실무위원회'에서 개별심사를 거쳐 지원이 필요한 것으로 인정한 사람도 그 대상에 포함된다.

표 4-7 **재난적 의료비 지원사업 대상**

대상	내용
입원의 경우	모든 질환자 중 지원기준에 해당하는 자
외래의 경우	중증질환(암, 뇌혈관질환, 심장질환, 희귀질환, 중증난치질환, 중증화상, 중증외상)으로 외래진료를 받은 자 중 지원기준에 해당하는 자

나. 지원범위

재난적 의료비 지원의 범위는 연간 180일 이내, 3천만 원 한도 내에서 본인부담상한제 적용을 받지 않는 본인부담금의 50%~80%를 지원한다. 민간보험 수령금이 있는 경우, 그 수령금을 제외하고 지원금액을 산정한다.

② 신청 방법

최종 진료일(입원진료의 경우 퇴원일)의 다음 날부터 180일 이내에 환자, 대리인(환자의 가족 및 의료기관 종사자 등) 등이 지급신청을 하고 공단은 소득 · 재산, 의료비 부담 수준 등을 고려하여 지급한다. 다만, 입원 중인 상태에서 그 입원한 의료기관 등이 직접 지원 금액을 지급받게 하려는 경우에는 퇴원 3일 전까지 지원대상자 확인 신청 후 공단의 지원대상자 결정통보에 따라 의료기관 등에서 재난적 의료비를 지급 요청하는 것이 가능하다.

(3) 희귀질환자 의료비 지원사업

희귀질환이란 유병(有病)인구가 2만 명 이하이거나 진단이 어려워 유병인구를 알 수 없는 질환으로 조기진단이 어렵고 적절한 치료방법과 치료의약품이 개발되지 않았기 때문에 환자와 그 가족들에게 경제적 · 정신적 부담을 가중시키는 질환이다. 조로증, 휘플병 등 상당수의 희귀난치성 질환은 10만 명당 1명 내지 9명 정도로 드물게 발생하나, 개별 질환별 환자 수가 매우 적음에도 불구하고, 희귀질환의 종류 자체가 5,000~6,000여 종으로 알려져, 전체 희귀난치성질환자 수는 결코 적지 않다고 보고되고 있다(질병관리본부 국립보건연구원 생명의과학센터 심혈관 · 희귀질환팀, 2009). 희귀질환자 의료비 지원사업은 「희귀질환관리법」에 근거를 두고 있으며, 희귀질환자에 대한 의료비 지원을 통하여 대상자와 그 가족의 사회경제적 · 심리적 안녕과 복지수준 제고를 도모하기 위한 목적으로 수행된다.

① 주요 내용

희귀질환 의료비 지원사업에서의 대상질환 상병코드 및 질환명은 통계청 한국표준질병사인분류(KCD: 질병코드)에 따르며, 보건복지부에서 고시한 산정특례질환 중 의료비지원 적합성 및 예산사정을 고려하여 2022년 기준 1,147개 질환을 지원하고 있다. 대상 질환은 질병관리청 희귀질환헬프라인(helpline.kdca.go.kr)을 통해 확인 가능하며, 이 중 환자 및 부양의무자 가구의 소득(기준중위소득) 및 재산 기준을 만족하는 사람을 대상으로 지원하게 된다. 희귀질환자 의료비 지원사업은 저소득층지원사업이므로 환자가구와 부양의무자가구기준이 모두 만족하는 경우에 지원이 가능하다. 2022년 기준으로, 희귀질환 의료비 지원사업을 통한 지원에는 요양급여 중 본인부담금 10%, 간병비(월 30만 원 지급), 보조기기 구입비(근육병 등 93개 질환자에 한함), 그리고 특수식이구입비(28개 질환자에 한함. 특수조제분유: 연간 360만 원 이내, 저단백햇반: 연간 168만 원 이내)가 포함된다. 희귀질환 및 의료비 지원사업에 대한 보다 구체적인 정보는 희귀난치성질환헬프라인 웹사이트(www.kord.or.kr)나 한국희귀난치성질환연합회(helpline.kdca.go.kr) 등을 통해 확인할 수 있다.

② 신청 방법

희귀질환 의료비 지원사업의 신청은 희귀질환자 본인, 보호자, 친족, 기타 관계인이 희귀질환자 주민등록지 관할 보건소에 직접 해야 하며, 연중 수시 접수가 가능하다. 별지로 마련된 희귀질환자 의료비 지원 신청서, 환자가구 및 부양의무자 가구

소득 재산 신고서 등의 서식을 작성해야 하며, 가족관계증명서(환자 중심, 최근 3개월 이내 발급본), 환자 명의 통장사본, 주민등록등본, 진단서(최근 3개월 이내 발급본), 소득재산관계 서류, 자동차보험계약서(자동차 소유자), 금융재산관계 서류, 임대차계약서와 장애 정도 확인 서류(해당자에 한함) 등을 구비해야 한다.

2. 의료사회복지실천의 근거법

우리나라에서의 의료사회복지 실천은 제도적 승인에 근거한 활동이다. 제도적 승인이란 의료사회복지가 이루어질 수 있는 법적인 근거가 있다는 것을 의미하는데, 이는 사회적 승인으로서 의료사회복지가 전문직으로 기능할 수 있는 일련의 권한을 부여해준다. 구체적으로 사회복지사업법, 의료법, 장기 등 이식에 관한 법률, 정신건강증진 및 정신질환자 복지서비스 지원에 관한 법률, 연명의료결정법 시행규칙 등의 법적 근거와 국민건강보험 요양급여기준 및 진료수가 산정기준 등의 제도적 근거에 기초한 사회적 승인을 확보하고 있다. 이러한 법적, 제도적 근거에 대하여 살펴보면 다음과 같다.

1) 사회복지사업법

「사회복지사업법」은 모든 국민이 인간다운 생활을 할 권리를 규정한 헌법 제34조 1항과 국가의 사회보장 · 사회복지의 증진에 노력할 책임을 규정한 같은 조 제2항을 구체화하는 법률이며, 각종 사회복지서비스 분야에 관한 입법들의 일반법이자 기본법으로서의 의미를 갖는다. 1970년 입법 · 제정된 이 법에도 의료사회복지 영역이 명확히 나타난다. 「사회복지사업법」 제2조에서는 "사회복지사업이라 함은 다음의 법률에 의한 보호 · 선도 또는 복지에 관한 사업과 사회복지 상담, 직업지원, 무료 숙박, 지역사회복지, 의료복지, 재가복지(在家福祉), 사회복지관 운영, 정신질환자 및 한센병력자의 사회복귀에 관한 사업 등 각종 복지사업과 이와 관련된 자원봉사활동 및 복지시설의 운영 또는 지원을 목적으로 하는 사업을 말한다"고 명시하여, 사회복지사업에 있어 의료사회복지분야의 활동 근거를 명확히 하고 있다. 또한 다양화, 전문화되는 사회복지 욕구에 능동적으로 대응하기 위해 의료, 학교 등 직무영역별 사회복지사 제도를 신설하는 등의 내용으로 「사회복지사업법」이 개정되어, 2020년 12월부터 시행되고 있는데, 사회복지사업법 시행규칙에서는 의료사회복지사 등의 양성을 위한 수련기관 지정 및 수련지도자 자격, 수련과정 및 보수교육 기준이 명시되어 있다.

2) 의료법 시행규칙

병원을 기반으로 한 의료사회복지사의 활동이 법적인 근거를 갖게 된 것은 1973년 개정된 「의료법 시행규칙」에 의해서이다. 의료법 시행규칙 제38조(의료인 등의 정원) 6항에는 "종합병원에는 「사회복지사업법」에 따른 사회복지사 자격을 가진 자 중에서 환자의 갱생, 재활과 사회복귀를 위한 상담 및 지도업무를 담당하는 요원을 1인 이상 둔다"고 규정하고 있다. 이와 같은 법적 근거가 마련된 이후 종합병원, 대학병원 등에서는 의료사회복지사의 활동이 더욱 활발히 전개되었고, 의료사회복지사는 의사, 간호사 등과 함께 팀을 이루어 환자와 가족의 치료 및 재활 서비스를 제공하는데 중요한 역할을 담당해 왔다.

3) 장기 등 이식에 관한 법률

의료사회복지사의 전문적 활동 근거는 장기 등 이식에 관한 법률을 통해서도 찾아볼 수 있다. "장기 등 이식에 관한 법률 시행령 제25조(이식의료기관의 지정기준)에서는 장기이식의료기관으로 지정을 받고자 하는 의료기관이 갖추어야 하는 시설 · 장비 및 인력의 기준으로서 장기 등의 적출 · 이식을 위한 상담 · 연락업무 등을 담당하는 간호사와 사회복지사를 각각 1명 이상 두어야 한다"고 규정하고 있다. 이는 장기이식의료기관으로 승인을 받기 위해서는 이식을 위한 상담과 평가를 담당하는 사회복지사가 조직 구성에 포함되어야 함을 의미하는 것이다. 이러한 근거를 바탕으로 많은 의료사회복지사들이 장기이식 분야에서 활동하고 있다.

4) 정신건강증진 및 정신질환자 복지서비스 지원에 관한 법

정신보건법은 1995년 12월 30일에 제정되었고 여러 차례의 부분 개정 후, 「정신건강증진 및 정신질환자 복지서비스 지원에 관한 법률」로 명칭이 바뀌면서 전부 개정되어 2017년 5월 30일부터 시행되었다. 정신보건법 초기 제정부터 정신보건사회복지사의 전문적 역할은 정확하게 명시되었으며, 개정된 법률 제17조에서도 "정신건강전문요원은 그 전문분야에 따라 정신건강임상심리사, 정신건강간호사 및 정신건강사회복지사로 구분한다"는 조문 내용을 통해 정신건강사회복지사의 전문적 역할에 대한 근거를 명확히 제시하고 있다. 이와 같은 법적 근거에 따라 병 · 의원 및 종합병원, 대학병원 등의 정신건강의학과에서 일하는 의료사회복지사들은 정신건강사회복지사 수련을 통해 정신건강사회복지사의 자격을 반드시 갖추고 있어야 한다.

5) 연명의료결정법 시행규칙

연명의료결정법 시행규칙에서는 호스피스전문기관의 지정기준을 제시하고 있는데 여기에는 사회복지사를 두도록 하는 규정이 포함되어 있다. 입원형 호스피스전문기관에서는 호스피스 병동 당 1급 사회복지사(「사회복지사업법」 제11조에 따른 사회복지사) 1명 이상이 필요하고, 가정형 호스피스전문기관과 자문형 호스피스전문기관에 1급 이상 사회복지사 1명을 반드시 두도록 하고 있다. 호스피스에 대한 관심 증가와 법적근거 마련에 따라 최근 들어 호스피스완화의료 영역에서 의료사회복지사의 채용과 역할 확대가 점점 커지고 있다.

3. 의료사회복지 수가 산정체계

병원 및 의료기관에서 사회복지사는 환자와 가족을 대상으로 다양한 활동을 전개하고 있다. 그러나 의료사회복지사의 심리사회적 평가나 조사 및 상담, 집단활동 지도 등 다양한 개입 활동들이 모두 진료비 수가 산정체계에 포함되어 있는 것은 아니다. 현행 의료법과 관련하여 국민건강보험의 요양급여기준에 입각하여 진료수가를 산정할 수 있는 부문은 정신의학적 사회사업과 재활의학적 사회사업 분야이다. 이외 장기이식 상담이나 당뇨병, 암환자 등 기타 다른 임상과에 대한 개입은 부분적으로 비급여 수가의 형식을 통해 활동에 대한 진료비를 청구하기도 하는데, 이는 각 의료세팅에 따라 활용도가 서로 다르게 나타나고 있다.

이 절에서는 법적인 근거에 기반하여 공식적으로 진료수가를 산정할 수 있는 정신의학적 사회사업과 재활의학적 사회사업 분야의 수가 산정체계에 관해 알아보도록 한다.

1) 정신의학적 사회사업

정신건강의학과 영역에서 의료사회복지사는 정신건강의학과 치료팀의 일환으로서 집단정신치료, 작업 및 오락요법, 정신과적 재활요법 등을 정신과 전문의의 지도하에 실시할 수 있으며, 정신의학적 사회사업을 실시하고, 그 활동에 대한 수가를 산정할 수 있도록 되어있다. 국민건강보험 요양급여기준, 진료수가 및 약제비 산정기준 제8장에 따르면 정신의료분야에서 산정할 수 있는 정신요법료로서 사회복지사의 활동에 관해 산정할 수 있는 수가체계는 다음의 〈표 4-8〉과 같이 구성되어 있다.

이 가운데 일반집단치료(아-2-가), 정신치료극(아-2-다), 작업 및 오락요법(아-4), 정신과적 재활요법(아-9), 정신과적 응급처치(아-10)의 항목에 대해서는 정신과 전문의의 지도하에 정신과 전공의 또는 상근하는 전문가(정신간호사, 사회복지사 등)가 실시한 경우에만 수가를 산정할 수 있도록 한다.

또한 정신의학적 사회사업(아-11)의 항목은 사회복지사가 직접 이 요법을 실시한 경우에 한해서만 수가를 산정할 수 있도록 규정되어 있다. 여기에는 개인력 조사, 사회사업지도, 사회조사, 가정방문이 속한다.

표 4-8 사회복지사가 산정할 수 있는 정신요법료

분류번호	분류
아-2	집단정신치료 - 가. 일반집단치료 다. 정신치료극
아-4	작업 및 오락요법 - 주3회
아-9	정신과적 재활요법 - 2, 3개월 이상 장기 입원치료 후 퇴원 전 10회 정도 산정
아-10	정신과적 응급처치
아-11	정신의학적 사회사업 가. 개인력조사, 나. 사회사업지도, 다. 사회조사, 라. 가정방문

정신의학적 사회사업의 수가는 치료기간 중 산정할 수 있는 횟수가 제한되어 있다. 구체적으로 개인력 조사(Individual History Taking)는 치료기간 중 1회만 인정되고, 사회사업지도(Social Work Guidance)는 주 1회, 치료기간 중 2회 이내에 한해서, 사회조사(Social Investigation for Psychiatric Social Work)는 주 1회, 치료기간 중 2회 이내, 그리고 가정방문(Home Visiting)은 주 1회, 치료기간 중 2회 이내로 산정할 수 있도록 규정되어 있다.

이러한 정신의학적 사회사업의 수가 체계는 1977년 7월 1일 의료보험 도입과 함께 시작되어, 정신의학 영역에서 사회복지사의 전문적 활동이 활발해지는데 계기를 마련했다는 점에서 그 의의를 찾을 수 있다. 그럼에도 불구하고 전반적으로 수가가 낮게 책정되어 있다는 점과, 도입 후 40여 년이 지나는 동안 정신건강사회복지사의 활동의 전문성과 다양성 측면에서 양적 및 질적으로 큰 변화가 있었음에도 불구하고 이를 반영하지 못하고 있다는 점에서 개선의 필요성이 있다.

2) 재활사회사업

의료사회복지사의 전문적 개입활동이 의료비 수가산정체계에서 인정받을 수 있도록 된 또 다른 분야는 재활의료 영역이다. 재활의료사회사업 영역에서의 수가는 1994년부터 인정되기 시작하였다. 국민건강보험 요양급여기준, 진료수가 및 약제비 산정기준 제7장, 제3절 전문재활치료료(再活治療料) 사-128 재활사회사업 영역에서는 다음의 경우에 한해서 의료사회복지사의 활동에 수가를 산정하도록 하고 있다.

① 개인력 조사(Individual History Taking): 치료기간 중 1회만 인정

② 사회사업상담(Social Work Counseling): 주 1회, 치료기간 중 2회 이내

③ 가정방문(Home Visiting): 주 1회, 치료기간 중 2회 이내만 인정

그런데 이와 같은 현행 의료사회복지 수가제도는 오랫동안 개선되지 못함으로써 몇 가지 문제점을 갖고 있다. 첫째, 정신건강의학과와 재활의학과를 제외한 타 임상과 환자에 대한 의료사회복지사의 개입활동에 대해서 정당한 보험수가를 인정받지 못한다는 점이다. 이는 다양한 임상과의 환자에 대한 의료사회복지사의 전문적 개입활동에 장애요인으로 작용할 수 있다. 둘째, 각 수가 항목들에 해당되는 활동 내용을 설명하는 기술이 간략하여 해석의 오류가 발생할 수 있으므로 이에 대한 설명이 좀 더 상세하게 보완되어야 할 필요성이 있다. 셋째, 가정방문의 경우 병원 내 의료사회복지사의 제한된 인력과 부족한 시간 등 현실적 문제로 인해 실제로 시행하기가 어렵기 때문에 현재 사회복지실천의 변화를 반영하여 '지역사회자원연결' 등으로 수가 항목을 변경하여 책정하도록 하는 전환이 필요하다고 본다.

PART
02

의료사회복지 이론과 실천

CHAPTER 05

의료사회복지 실천모델

학습목표

01 다양한 모델들이 의료사회복지실천에서 어떻게 활용될 수 있는지 설명할 수 있다.

02 사회생태학적 모델, 건강신념모델, 변화단계모델, 스트레스 평가-대처모델, 가족레질리언스 모델의 주요개념을 설명하고 의료사회복지실천에 적용할 수 있다.

이론은 사건이나 상황을 설명하고 예측하기 위해 변수들 간의 관계를 설명하는 것이다. 이론은 사회복지사가 개입을 기획하고 수행하고 평가하는 단계에 도움을 주고, 환자와 가족, 그리고 그들의 환경체계에 어떻게 영향을 줄 수 있는지에 관한 통찰력을 얻을 수 있게 한다. 모델은 이러한 다수의 이론을 경험적으로 검증한 연구결과를 기반으로 특정한 맥락이나 환경에서 구체적인 문제를 이해할 수 있는 틀을 제공하여 개입에 도움을 준다(Glanz et al., 2015). 본 장에서는 사회복지실천의 기본관점인 생태체계관점과 맥을 같이 하는 모델로서 사회생태학적 모델, 건강과 관련된 개인의 인식이나 행동을 변화시키는 데에 초점을 둔 건강신념모델과 변화단계모델, 질병이라는 스트레스 상황에 대처할 수 있는 지점을 제시해 주는 스트레스-대처모델, 그리고 가족에 개입할 수 있는 모델로서 강점관점에 기반한 가족레질리언스 모델을 소개하고자 한다.

1. 사회생태학적 모델

사회복지실천의 기본 관점으로 널리 활용되고 있는 생태체계관점은 보건의료현장에서도 유용하게 사용될 수 있다. 생태체계관점이란 체계이론과 생태학 이론이 합성된 것으로서(엄명용 외, 2015) 체계 간의 공유영역과 적응 및 상호작용의 개념을 강조한다. 이러한 관점은 질병을 가진 개인과 그 개인을 둘러싼 환경체계들 간의 상호작용 형태와 공유영역을 분석할 때 유용하게 활용될 수 있다. 생태체계적 관점으로 질병을 가진 개인의 적응을 바라볼 때, 환자 개인뿐만 아니라 그 사람이 상호작용하는 가족, 학교, 직장, 지역사회, 그 사회의 문화나 법률과 같은 외적 체계들과 그 체계들과의 상호작용을 필수적으로 고려하게 된다.

사회생태학적 모델(Social Ecological Model)은 이러한 생태체계 관점과 상호작용이론, 심리학 관련 이론 등이 보건과 건강행동에 적용된 것으로 개인의 질병경험이나 건강과 관련된 행동들을 여러 사회체계들과의 관련성 속에서 이해하도록 한다. 그 주요 개념과 적용에 관해 살펴보면 다음과 같다.

1) 주요 개념

전통적으로 보건 영역에서 건강행태를 설명할 때에는 개인의 지식과 태도에 초점을 맞추어왔다. 그러다 1950~1960년대 사회학자들이 환경적 요인과 행동 사이의 관계를 설명하기 위해 사회생태학적 모형을 도입하였고, 1970~1980년대에는 개입에 활용 가능한 개념적 모델로 만들어졌다. Bronfenbrenner(1979)는 인간발달을 설명함에 있어 생태학적 관점을 도입하여 개인의 발달을 여러 차원의 환경들과의 상호작용 속에서 파악하였다. 이때의 환경은 서로 연결되고 상호작용하는 다중적 체계로 이해된다.

사회생태학적 모델의 핵심적 개념은 [그림 5-1]에 제시된 바와 같이 "행동은 개인(생물학적, 심리학적), 소집단(대인관계적, 사회적, 문화적), 조직, 지역사회, 제도/정책 차원 등 다중적 체계의 영향을 받아 형성된다"는 것이다

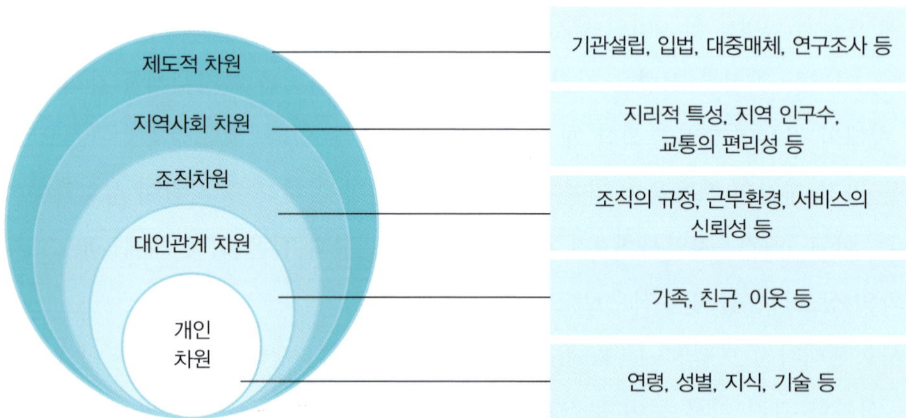

그림 5-1 사회생태학적 모델의 차원

(1) 개인 차원

건강행동과 관련된 개인수준은 개인의 질병관련 지식이나 기술과 관련이 있다. 개인의 질병에 대한 지식은 질병에 대한 취약성, 질병의 심각성, 질병으로부터의 위협 등을 이해하는 데 도움이 된다. 즉, 개인의 질병에 대한 지식이 질병에 대한 개인의 태도와 의사결정에 영향을 미치기 때문에 중요하다. 예를 들어 질병의 심각성에 대해 잘 알고 있다면, 예방행동이나 치료를 따르는 행동에 적극적일 것이라고 예상할 수 있다.

(2) 대인관계 차원

대인관계 수준은 가족이나 친구 등 다른 사람들과의 관계와 관련이 있다. 이는 개인을 둘러싼 일차적 환경을 구성하며, 개인의 건강행위에 많은 영향을 미친다. 예를 들어, 부모가 자녀를 설득하거나 대화를 하여 병원에 데려감으로써 건강행위에 영향을 미칠 수 있다(이채원, 2021).

(3) 조직 차원

조직 수준은 커뮤니티를 구성하는 많은 사람들과 접촉할 수 있는 기회와 관련이 있다. 예를 들어 학교 및 직장과 같은 조직은 직원과 학생에게 마스크나 손소독제를 제공함으로써 코로나바이러스 감염증(COVID-19)으로 인한 팬데믹 상황에서 개인을 보호할 수 있다. 그 외에도 조직은 직원을 위한 건강보험이나 건강검진의 기회, 체력단련실 제공 등과 같은 서비스를 제공하여 개인의 건강행위에 영향을 미칠 수 있다.

(4) 지역사회 차원

지역사회 차원의 수준은 지역사회 내 공공서비스가 분배되는 정도와 관련이 있다. 특정 지역사회 내 여러 조직이 연합하여 자원이나 아이디어를 공유하여 지역사회 건강증진에 기여할 수 있다. 여기에는 지역의 지리적 특성, 기초자치단체의 인구수, 교통의 편리성 등과 같은 지역적 특성과 건강 및 사회서비스 제공기관에 대한 지리적 접근성이 중요하다.

(5) 정책 차원

정책 차원에서는 정부주도의 예방적 노력이 대표적인 예시이며, 의료기관의 설립, 건강관련 입법, 연구조사 등이 정책관련 변수에 포함될 수 있다. 사회생태학적 모델에서 정책 차원은 다른 차원보다 더 많은 사람들에게 영향을 미치기 때문에 중요한 차원으로 다루어진다. 예를 들어, 학생들에 대한 무료건강검진 제도가 실시되면, 부모 개인의 결정이나 상황에 따라 검진을 받게 되는 학생 개인(개인 차원)이나 학교의 운영위원회 규정에 따라 해당 학교 재학생만 검진을 받게 되는 학생들(조직 차원)보다 훨씬 광범위한 지역과 많은 수의 학생에게 영향을 미칠 수 있는 효과적이고 효율적인 접근이 가능한 것이 정책차원이다.

그러나 건강과 관련된 행동들의 변화를 일으키기 위하여 사회생태학적 모델을 채택할 경우, 반드시 유념해야 할 점은 개인적 수준과 환경적/정책 수준들이 적절하게 조합되었을 때 바라는 목적을 성취할 수 있다는 점이다. 건강은 다양한 차원의 결정요인들이 있기 때문에, 모델의 모든 차원에서 예방, 조절, 개입이 효과적으로 이루어져야 한다. 특히 공공보건 영역과 질병에 대한 예방은 사회생태학적 모델의 여러 차원에서 조치가 동시에 취해져야 효과적이라는 점이 입증되었다(Sallis & Owen, 2015)

이처럼 사회생태학적 모델은 건강 행동을 구성하는 복합적이고 상호작용하는 결정요인들을 이해할 수 있는 포괄적인 개념틀을 제공한다. 더 중요한 것은 이 모델에 입각하여 각 차원의 변화를 목표로 하여 체계적이고 포괄적인 개입 방식을 개발할 수 있다는 것이다. 이 모델은 사회심리적 영향을 포함하여 행동이 발생하는 환경 및 정책적인 맥락을 강조한다. 사회복지실천의 '환경 속의 인간'이라는 전통적 관점과 유사한 맥락인 사회생태학적 모델은 개인의 건강행위를 둘러싼 다양한 차원의 체계를 사정하게 하며, 자원연결이나 정책제언 등 환경적 개입에 대한 의료사회복지사 활동의 의의를 설명해 준다. 그러나 사회생태학적 모델은 개입의 지점은 확인할 수 있지만, 개입의 구체적인 방법을 제시해 주지는 못한다는 한계가 있다(이채원, 2021).

2) 적용

Sallis와 Owen(2015)은 사회생태학적 모델을 건강 행동에 적용할 수 있는 다섯 가지 원칙을 제시하였다.

① 다양한 차원의 요인들이 건강 행동에 영향을 미친다.

사회생태학적 모델은 다양한 차원(개인, 대인관계, 조직, 지역사회 및 정책)의 요인들이 건강행동에 영향을 미친다고 본다. 여기에는 사회문화적 요인과 물리적 환경을 포함하는데, 이는 다른 이론이나 모델이 하나 혹은 둘 정도의 차원에 초점을 맞추는 것과 다른 점이다.

② 환경적 맥락은 건강 행동의 중요한 결정 요인이다.

행동에 대한 예측은 개인의 특성보다 개인이 처한 상황으로 더 정확하게 예측된다고 본다. 환경적 맥락은 건강행동의 개인적 차원 혹은 대인관계적 차원의 결정요인을 형성하거나 제한할 수 있다. 따라서 행동이 발생하는 환경에 개입할 여지를 만들어준다.

③ 행동에 대한 영향력은 차원을 넘어서 상호작용한다.

영향력이 상호작용한다는 것은 여러 요인이 함께 작용한다는 것을 의미한다. 예를 들어, 금연 교육은 의사의 상담과 병행되거나, 흡연구역을 제한하거나 담배값을 올리는 정책과 함께 실시될 때 효과가 더 높아질 수 있다.

④ 사회생태학적 모델은 구체적인 행동을 지향해야 한다.

사회생태학적 모델은 특정 건강행동에 맞게 조정될 때 유용하다. 교외 지역에 자전거 도로가 있는 것은 알코올 섭취에 영향을 미칠 가능성이 낮고 아동에 대한 급식

카드 지원은 위생 행동과는 거의 관련이 없다. 즉 알코올섭취나 위생 행동에 영향을 줄 조건이 차원별로 관련 있는 것으로 조정되어야 한다는 것이다.

⑤ 다양한 차원을 아우르는 개입이 행동변화에 가장 효과적이다.

하나의 차원에만 개입하는 것은 전체 인구에 대해 강력하거나 지속적인 영향을 미치기 어렵다. 개인만을 대상으로 한 개입은 효과가 단기적일 수 있으며, 신념이나 행동을 변화시키기 위한 교육 프로그램들은 정책과 환경이 뒷받침 되었을 때 더 좋은 결과를 가져온다. 그러나 환경변화 자체만으로 개인의 행동 변화를 가져오지는 않는다. 예를 들어 마트에 채소와 과일이 많이 있다고 해서(환경) 사람들이 바로 건강을 위해 사서 먹는 것(행동)은 아니라는 것이다. 사람들이 건강을 위해 채소와 과일을 많이 먹도록 교육하거나, 여러 매체 등을 통해 정보를 얻고 동기가 생겨야 비로소 채소를 사서 먹는 행동을 하게 된다는 것이다.

정리하면 건강행동의 변화를 위해서는 여러 차원의 요인을 고려해야 하고, 환경적 맥락, 서로 다른 차원의 요인이 함께 작용하는 것, 표적 행동에 따라 다른 개입, 다양한 차원을 아우르는 개입을 고려해야 한다.

사회생태학적 모델을 당뇨환자의 건강관리에 적용시켜 보자. 의료사회복지사가 당뇨환자의 자기관리에 개입할 경우 개인적인 동기, 가능한 목표설정, 당뇨관리에 필요한 기술(혈당 측정이나 주사 등) 등을 교육할 필요가 있으며, 환자의 자기관리에 방해가 되는 부정적 감정이나 도전에 대한 대처를 돕고 가족들로부터 지속적으로 지원을 받을 수 있도록 상담할 필요가 있다. 또한 병원 내 당뇨 환자모임이나 집단프로그램과 같은 지속적인 지원이 가능한 조직 차원의 자원을 마련하고 환자들이 활용할 수 있는 지지체계를 마련해야 한다. [그림 5-2]는 당뇨환자의 자기관리에 사회생태학적 모델을 적용한 예시이다.

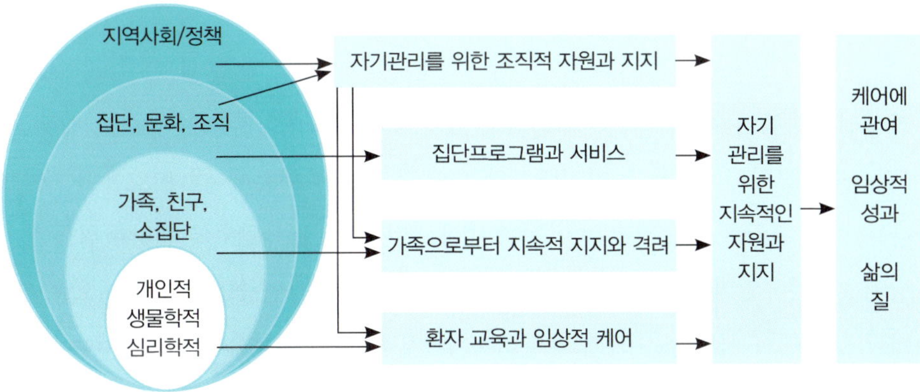

그림 5-2 당뇨환자의 자기관리에 대한 사회생태학적 모델 적용

출처 : Sallis, J. F., Owen, N., & Fisher, E. B. (2008). Ecological Models of Health Behavior. In K. Glanz, B. K. Rimer, & K. Viswanath (Eds.), *Health Behavior and Health Education: Theory, Research, and Practice*(5th). p. 477.

2. 건강신념모델

건강신념모델(Health Belief Model)은 사람들의 건강행위를 신념에 따른 결정이라고 보는 모델이다. 건강신념모델은 1950년대에 미국 공중보건국의 사회심리학자들이 질병을 예방하고 감지하는 프로그램에 사람들이 참여하지 않는 이유를 설명하기 위해 개발되었다(Skinner et al., 2015). 당시 이동식 엑스레이 차량이 지역을 순회하는데 검사를 받는 사람들이 거의 없었다. 그 이유를 알아보기 위해 시작된 연구가 나중에는 사람들의 건강행동을 예측할 수 있는 방안으로 개발된 것이다. 이 모델은 처음에는 사람들의 건강을 추구하고 질병을 예방하고자 하는 필요에 의해 개발되었지만, 점차 위험에 대한 민감성, 이득에 대한 감지 등 여러 가지 개념들이 포함되어 개발되었고, 각 개념은 척도를 통해 측정되고 확인될 수 있도록 발전하였다.

1) 주요 개념

건강신념모델의 기본 전제는 사람들이 효용가치를 극대화하는 방향으로 행동한다는 것이다. 질병의 예방, 조기진단, 치료와 같은 건강행동에 대해 효용을 극대화한다는 것은 건강행동에 따르는 이득이 비용보다 크게 인식될수록 건강행위를 할 가능성이 크다는 의미이다. 예를 들어, 코로나바이러스 감염증(COVID-19)으로 인한 팬데믹 상황에서 사람들은 과거와 달리 손을 자주 씻는 행동을 보였다. 이는 과거에 손을 씻지 않아 발생하는 질병이 크게 위중하지 않다고 생각했던 반면, 코로나바이러스 감염증(COVID-19)은 생명에 큰 위협이 된다고 인식했기 때문이다. 이렇듯 사람들이 감염가능성, 위중도에 대한 인식과 이에 대비하기 위한 행동의 이득을 비교했을 때 행동의 계기가 마련된다고 설명하는 것이다.

건강신념모델을 설명하는 주요 개념들은 크게 6가지로 취약성에 대한 인식, 심각성에 대한 인식, 이득에 대한 인식, 장애요인 인식, 행동의 계기와 자기효능감이다. 각 개념에 대한 정의와 취할 수 있는 전략은 〈표 5-1〉과 같으며 [그림 5-3]은 구성요소 간의 관계를 보여준다.

표 5-1 건강신념모델의 주요 개념과 전략

개념	개념 정의	개념에 영향을 줄 수 있는 전략
취약성에 대한 인식 (Perceived Susceptibility)	질병에 걸릴 가능성에 대한 믿음	• 위험집단, 위험, 위험수준을 정의할 것. • 개인의 특성이나 행동에 따라 위험을 개별화할 것 • 개인의 인식이 실제 위험과 더 일치하도록 할 것
심각성에 대한 인식 (Perceived Severity)	질병의 결과, 질병이나 상태의 심각성에 대한 믿음	• 위험과 상태에 대한 결과를 구체화할 것 • 이미지를 통해 디스트레스와 후회와 같은 감정을 촉발할 것
이득에 대한 인식 (Perceived Benefits)	건강 행동을 취했을 때의 긍정적 측면에 대한 믿음(예: 위험 감소 또는 심각한 상태를 완화하는 행동의 효과)	• 행동과 그 영향에 대한 다른 사람의 신념을 강조함으로써 개인의 관점을 바꿀 것 • 건강 행동에 도움이 되는 지식과 의견을 제시할 것

장애요인에 대한 인식 (Perceived Barriers)	행동 수행의 장애요인과 건강 행동을 취했을 때의 부정적인 측면(실질적 비용 및 심리적 비용 모두)에 대한 믿음	• 안심시키기, 정보의 오류 바로잡기, 보상과 지원을 통해 인식된 장애요인을 확인하고 감소시킬 것
행동의 계기 (Cues to Action)	건강 행동을 촉발할 수 있는 내적/외적 요인	• 의식을 촉진할 것 • 적절한 알림과 리콜 시스템을 사용할 것
자기효능감 (Self-efficacy)	권장되는 건강행동을 수행할 수 있다는 믿음(자신감)	• 권고된 행동을 수행하는 데에 교육과 지침을 제공할 것 • 점진적인 목표를 설정할 것 • 언어적 강화를 제공할 것 • 원하는 행동을 보여주거나 모델링할 것 • 행동에 대한 불안감을 감소시킬 것

출처: Glanz, K., Rimer, B. K., & Viswanath, K. (2015). *Health Behavior: Theory, Research, and Practice*(5th ed.). p. 101.

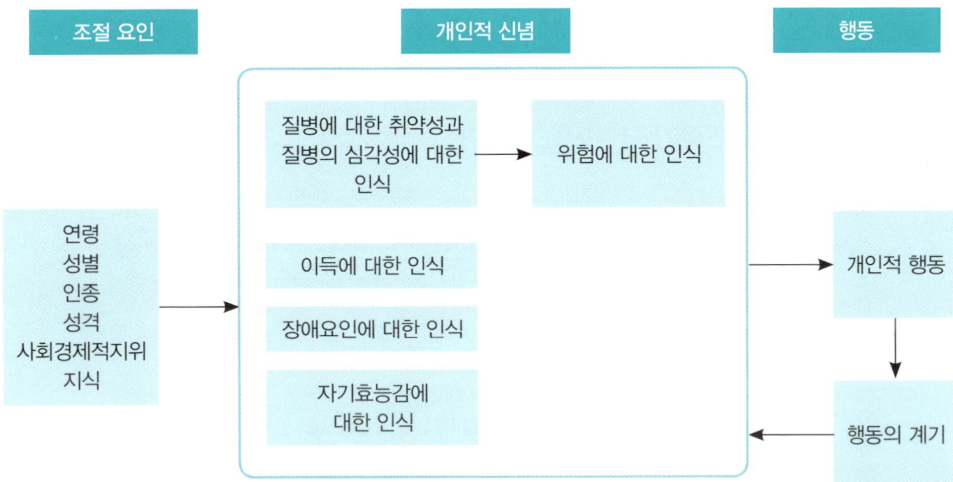

그림 5-3 건강신념모델의 구성요소

출처: Skinner, C. S., Tiro, J., & Champion, V. L.(2015). In Glanz, K., Rimer, B. K., & Viswanath, K. (2015). *Health Behavior: Theory, Research, and Practice*(5th ed.). p. 102.

이러한 건강신념모델의 개념과 구성요소는 인간의 동기를 설명하는 원칙으로 널리 받아들여지고 있다(배상수, 2020). 이 모델은 이해하기가 쉽고 변화가 가능한 믿음이나 태도를 건강행위의 결정요인으로 보기 때문에 판별된 요인에 대해 변화를 가져올 수 있는 개입의 여지를 제공한다.

2) 적용

건강신념모델은 금연, 고혈압, 당뇨와 같은 다양한 생활습관병 환자들의 건강을 위한 신체활동 등 다양한 분야에 적용되고 있다. 이 모델의 핵심은 두 가지 구조가 건강행동에 영향을 미친다는 것이다. 첫 번째는 위험에 대한 인식이며, 두 번째는 건강행동을 함으로써 예상되는 이득 혹은 위협 감소에 대한 인식이다. 위험에 대한 인식에는 일반적인 건강의 가치, 특정 질병에 대한 취약성에 대한 인식, 질병의 결과(심각성)에 대한 인식이다. 건강행동의 이득에 대한 인식은 이익이 대가보다 크다고 느껴질 때 변화로 전환된다. 위협을 감소시키는 방법이 효과적이고 비용이나 노력보다 이익이 커야 변화가 나타나는 것이다.

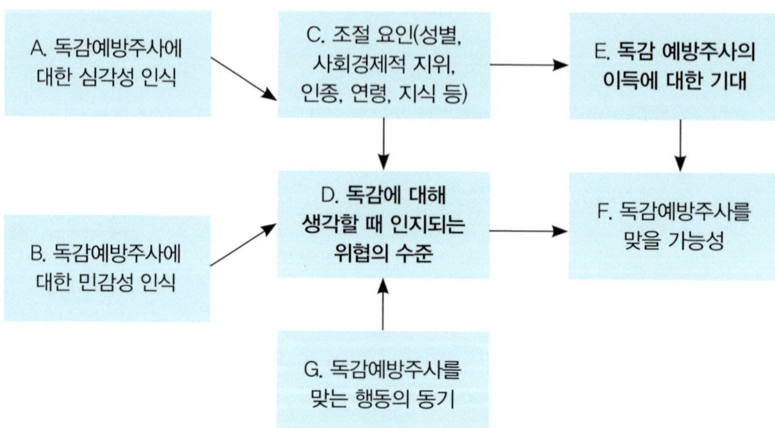

그림 5-4 **건강신념모델의 예시: 예방접종**

출처: DiClemente et al. (2019). *Health Behavior Theory for Public Health: Principles, Foundations, and Applications*(2th ed.). p. 77.

[그림 5-4]는 독감예방접종이라는 건강행동에 건강신념모델을 어떻게 적용할 수 있는지를 보여주는 예시이다(DiClemente et al., 2019).

3. 변화단계모델

변화단계모델(Stages of Change Model)은 이름 그대로 사람들의 행동이나 행위의 변화에는 단계가 있다는 것을 전제로 개발된 모델이다. 이 모델은 Prochaska(1979)가 심리치료에 적용하던 범이론적 모델(Transtheoretical Model)을 동료인 DiClement와 함께 행동에 대한 변화단계모델로 정리한 것(Prochaska & DiClemente, 1983)이다. 그는 사람들의 행동변화 과정을 하나의 이론으로 설명할 수 없다는 가정하에 여러 심리치료 방법과 기존의 행동이론을 통합하여 행동변화를 설명했다. 변화단계모델을 통해 클라이언트의 행동이 어떤 단계를 거쳐 변화하는지 이해할 수 있고 개개인의 행동변화에 대한 준비 수준에 따라 접근방법을 달리할 수 있다. 그런 점 때문에, 공공보건, 심리학, 사회복지학, 간호학 등에서 활용되고 있다. 구체적으로는 스트레스 관리, 혈압강하제 복용, 우울증 예방, 체중관리, 금연, 건강을 위한 운동 등에 적용되어 효과적인 결과를 얻고 있다.

1) 주요 개념

변화단계모델은 사람들로 하여금 행동을 변하게 하는 과정인 동시에 행동변화과정을 이해하도록 하는 모델이다. 이 모델을 구성하는 주요 개념은 행동변화의 6단계와 변화를 이끄는 10가지 활동 등이다.

이 모델에서 강조하는 개념은 변화단계모델은 행동 변화를 하나의 사건이라기보다는 과정임을 강조하고 있고, 이러한 과정은 일정 기간에 걸쳐 꾸준히 단계를 거쳐 나타나며, 변화를 유지하도록 하는 것이 중요하다는 것이다. 이때 특정한 개입이 없다면 행동 변화는 초기 단계에서 더 나아가지 못할 수 있으며, 환자와 같이 위험집단에 속한 사람들은 행동 변화에 대해 본질적인 동기가 없거나 행동할 준비가 되어 있지 않은 경우가 많다는 것을 전제한다. 따라서 이들을 변화시키기 위해서는 특정 단계에 필요한 과정과 원칙이 적용되어야 다음 단계로 나아갈 수 있으며, 행동은 생물학적, 사회적, 심리적 사항의 조합을 통해 발생하고 변화한다고 본다. 특히 각 변화단계에 필요한 개입은 주로 자기통제를 강화하는 것이다. 이 모델의 구성요소는 크게 행동변화의 단계, 변화의 과정, 균형적인 결정, 자아효능감으로 구체적으로 살펴보면 다음과 같다.

(1) 행동변화의 단계

이 모델은 크게 단계(Stage)와 과정(Process)의 두 가지 차원으로 행동변화를 설명한다. 행동변화의 단계는 고려전단계(precontemplation), 고려단계(contemplation), 준비단계(preparation), 행동단계(action), 유지단계(maintenance)의 5단계로 구성된다. 거기에 종결단계(termination)을 포함하여 6단계로 설명하기도 한다. 각 단계를 구체적으로 살펴보면 다음과 같다(Prochaska et al., 2019).

① 고려전단계

이 단계는 6개월 이내에 행동할 의향이 없는 단계이다. 변화하고자 하는 의도가 없고, 자신이 문제를 갖고 있다고 생각하지도 않으며, 변화할 필요성이나 위험에 대한 인식이 없는 단계이다. 이 시기의 사람들은 저항하는 사람, 동기화되지 않은 사람, 준비가 안 된 사람 등으로 간주된다. 이들에게는 문제에 대한 인식을 증가시키고, 행동변화를 위한 동기를 유발해야 하는데, 즉각적인 행동 변화가 어렵고 동기화하기에 충분한 시간이 없기 때문에 개입하지 않는 경우가 많다.

② 고려단계

이 단계는 앞으로 6개월 이내에 행동을 취하고자 하는 단계이다. 문제에 대해 인식하기 시작하였고 변화의 필요성은 느끼지만 아직 구체적인 계획은 없는 단계이다. 이 시기의 사람들은 변화에 대해 양가감정을 지니고 있고, 그로 인해 이 단계는 오랫동안 지속된다. 변화에 대해 구체적으로 계획하기보다 막연하게 생각만 하고 실천은 지연되기 때문이다. 이들에게는 행동을 위한 결단을 내리도록 하는 자극이 필요하다.

③ 준비단계

준비단계는 30일 이내에 행동을 취할 의도가 있거나 지난 1년 동안 여러 차례 행동변화를 위한 시도를 해본 경험이 있는 단계이다. 이 단계의 사람들은 건강교육에 참여하거나 관련 도서를 구입해 읽어보는 등 행동변화를 위해 약간의 행동적 시도를 해본다. 따라서 이들에게는 행동지향적인 프로그램 등에 참여하도록 독려해야 한다.

④ 행동단계

행동단계는 최근 6개월 이내에 행동을 변화시킨 단계이다. 변화단계모델에서는 행동변화 모두를 의미 있다고 보지 않는다. 질병위험을 충분히 감소시킬 수 있다고 판단되는 기준을 달성했을 때에만 이를 행동변화로 간주한다. 따라서 이 단계의 사람들에게는 행동기준을 달성할 수 있도록 기회를 제공하고 돕는 전략이 필요하다.

⑤ 유지단계

유지단계는 과거의 행동으로 돌아가지 않고 변화된 행동을 6개월 이상 지속하는 단계이다. 이 단계에서는 재발의 유혹을 덜 받고 새로운 행동을 지속할 수 있다는 자신감이 증가한다. 그러나 이 단계에서 예전의 상황으로 되돌아가는 재발의 경우도 적지 않다. 이 기간은 최소 6개월에서 행동에 따라 기간이 더 길어질 수 있으며, 행동변화의 어려움을 경험하는 시기이기도 하다. 따라서 이 단계에 있는 사람들에게는 재발방지를 위한 노력이 필요하다.

⑥ 종결단계

종결단계는 행동을 중단하고픈 유혹을 느끼지 않고, 자기효능감이 큰 시기이다. 확실하게 변화이전으로 돌아가지 않는다. 그러나 행동의 종류(예를 들어, 지속적으로 해야 하는 암검진 등)에 따라 종결단계가 나타나지 않을 수도 있다.

(2) 행동변화의 과정

Prochaska 등의 연구(2019)에 따르면 행동변화의 과정은 각 단계에 걸쳐 잘 드러나지 않거나 명시적인 활동을 통해 진행되곤 한다. 이때 개입을 위해 중요한 10가지 과정의 정의와 예시는 〈표 5-2〉와 같다.

표 5-2 변화단계모델에서 제시하는 변화과정의 정의 및 예시

과정	정의	예시
1. 의식 제고 (Consciousness-Raising)	정확한 정보를 접하고 행동변화의 필요성을 인지한다.	흡연에 대한 정확한 정보를 찾는다.
2. 극적인 사고전환 (Dramatic Relief)	행동과 관련하여 근심이나 두려움과 같은 부정적 감정이나 느낌 등을 경험한다.	간접흡연으로 인한 폐암환자 사망소식을 접하고 화, 실망 등을 경험하지만 금연을 통해 이 문제를 해결할 수 있다고 느낀다.

3. 환경 재평가 (Environmental Re-evaluation)	건강문제를 주위환경과 연결하여 재조명한다.	흡연으로 인해 집안에 냄새가 배고 지저분해지고 있다.
4. 자기 재평가 (Self Re-evaluation)	문제를 자기 자신과 연결하여 감정적 혹은 인지적 측면에서 재조명한다.	'나의 흡연은 가족들의 건강도 해칠 수 있는 나쁘고 무책임한 행동이다', '나는 금연가'라는 이미지를 인지적으로 평가한다.
5. 자기 선언 (Self Liberation)	스스로가 변화할 수 있다는 믿음을 갖고 그 믿음을 실행해 나간다.	'회식자리에서 흡연을 촉발하는 과음을 하지 않겠다', '담배가 피고 싶을 때는 껌을 씹겠다'라는 신념을 실행한다.
6. 지지적 조력 관계 (Helping Relationships)	신뢰할 수 있고, 터놓고 이야기를 할 수 있으며 도움을 받을 수 있는 관계를 정립한다.	나의 금연에 대해 터놓고 말할 수 있는 대상이 있다. 상담자의 전화를 받는다. Buddy-System 등을 활용한다.
7. 사회적 해방 (Social Liberation)	개인의 변화에 도움을 주는 사회적 변화를 위해 노력한다.	직장에서의 금연구역 확대, 담배자판기 설치 금지 등을 도모한다.
8. 행동 치환 (Counter-Conditioning)	건강에 위해한 행동대신 다른 행동들로 대체한다.	스트레스를 풀기 위해 흡연대신 산책을 한다.
9. 강화 관리 (Contingency Management)	긍정적이고 건강에 유익한 행동은 강화하고, 건강에 위해한 행동들에는 제재(punishment)를 가한다.	금연해서 모은 돈으로 평소 갖고 싶었던 것을 사거나(강화), 흡연을 계속함으로써 가족들로부터 잔소리를 듣는다(제재)
10. 자극 통제 (Stimulus Control)	주위 환경 및 일상생활 등을 조정하고 준비하여 문제 유발의 가능성을 줄인다.	흡연을 촉발하는 술자리를 피하거나, 담배피우는 친구를 만나지 않거나 흡연이 가능하지 않도록 담배, 라이터 등을 없앤다.

출처: 배상수(2020). 건강증진의 이론과 접근방법. p. 204; 이채원(2021). 건강행위이론과 모델. 2021년 대한의료사회복지사협회 의료사회복지자격특례과정 자료집. 수정 인용.

이와 같은 변화과정은 단계별로 나타난다. [그림 5-5]는 이 모델의 단계별 행동변화 과정을 나타낸 것이다.

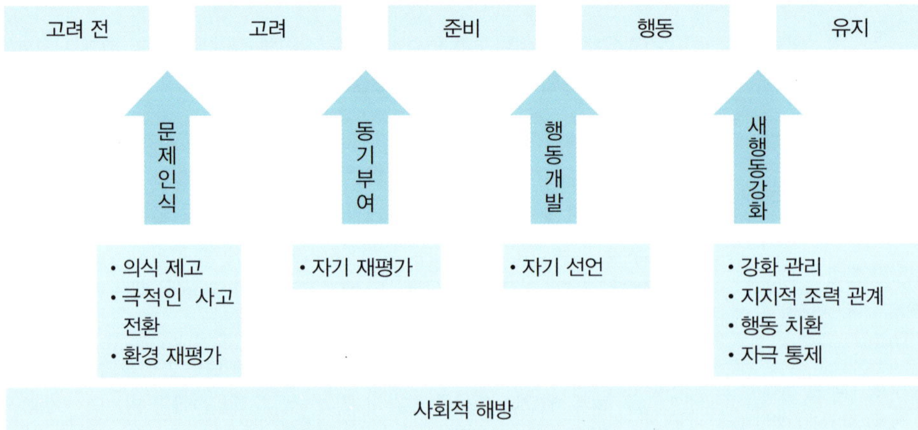

그림 5-5 행동변화단계와 변화과정의 연관성

출처: 배상수(2020). 건강증진의 이론과 접근방법. p. 211.

이러한 변화과정 가운데 행동변화를 유지하기 위해서는 변화의 이득과 손실 사이의 균형적인 결정이 중요하다. 사람들은 행동변화의 이득이 손실보다 크다면 변화하려고 하겠지만, 손실이 더 크다면 문제행동에 그대로 머무를 것이다. 행동변화의 이득이 될 수 있는 것은 실질적인 이익이나 자신과 타인으로부터의 인정 등이 포함될 수 있고, 손실에는 비용, 자신과 타인으로부터의 불인정 등이 포함될 수 있다. 행동변화에는 이 외에도 건강에 해가 되는 행위를 다시 하지 않을 자신감, 건강에 이로운 특정 행위를 지속할 수 있다는 자신감, 고위험 상황에서도 잘 대처할 수 있다는 자신감이나 여러 가지 도전적인 상황에서 불건전한 행동에 참여하고 싶은 강한 충동 또는 욕구를 통제할 수 있는 자기효능감(self-efficacy)이 필요하다.

2) 적용

고혈압환자의 운동을 위해 변화단계모델을 적용하여 프로그램을 계획한다면 〈표

5-3〉과 같이 계획해 볼 수 있다(송미순 · 김선호, 2011 재구성). 각 단계별 주요전략으로 변화과정 요소를 포함하여 계획하고, 전략을 사용할 때에는 의사결정에 있어 긍정적인 이득이 크다고 판단할 수 있도록 정보를 제공하고, 운동을 지속할 수 있다는 자기효능감을 증진시킬 수 있도록 개입해야 한다.

표 5-3 변화단계모델을 적용한 고혈압 환자의 운동프로그램 예시

단계	주차	집단교육	개별상담	TTM의 주요전략
고려전	1회차	• 고혈압에 대한 정보 제공 • 고혈압 조절에 있어 운동의 필요성 강조	• 운동에 대한 필요성 나누기 • 변화할 수 있다는 자신감 증진시키기	• 의식제고 • 극적인 사고 전환
고려	2회차	• 고혈압의 합병증 정보 제공 • 합병증으로 인한 가족과 주변에 미치는 영향 평가 및 발표	• 개별 운동 목표 설정	• 의식제고 • 환경 재평가
	3회차	• 고혈압관리에서 운동의 장점 교육 • 고혈압조절을 위해 꾸준히 운동하고 있는 사례 발표 • 운동을 하고자는 결심을 선언	• 운동실천여부 확인하고 피드백	• 의식제고 • 자기재평가
준비	4회차	• 운동에 대한 정보 제공 • 운동을 할 때 자신과 하지 않을 때의 자신을 비교하고 표현	• 운동 실천 여부를 확인하고 피드백 제공 • 운동실천 장애요인을 파악	• 자기선언
행동	5회차	• 스트레칭 운동 실시 • 운동을 할때의 느낌과 감정, 경험 표현	• 지속적 운동실천 여부 확인하고 운동실천 장애 요인 제거	• 자극통제 • 행동치환
	6회차	• 스트레칭 운동 실시 • 꾸준히 운동을 실천하는 동료환자의 경험 나누기	• 지속적 운동실천 여부 확인하고 운동실천 장애 요인 제거 • 칭찬과 격려 제공, 지지적 관계형성 • 운동실천에 대한 자신감 고취	• 자극통제 • 강화관리 • 행동치환

행동 |	7회차	• 운동에 대한 개별적인 조언 • 운동경험을 나누기 • 집단구성원끼리 칭찬과 격려 제공	• 지속적 운동실천 여부 확인하고 운동실천 장애 요인 제거 • 칭찬과 격려 제공 지지적 관계형성 • 운동실천에 대한 자신감 고취	• 자극통제 • 강화관리 • 행동치환 • 지지적 조력관계
행동과 유지	8회차	• 운동의 장점과 주의사항 반복 교육 • 꾸준한 실천에 대한 칭찬과 격려 제공	• 지속적 운동실천 의지를 표현하게 함 • 칭찬과 격려 제공	• 자극통제 • 강화관리 • 행동치환 • 지지적 조력관계

출처: 송미순, 김선호 (2011). 범이론모형 기반의 운동행위강화 프로그램이 고혈압 노인의 혈압 및 신체활동량에 미치는 효과. 한국콘텐츠학회 논문지, 11(12), 367를 토대로 수정.

4. 스트레스 평가-대처모델

건강과 스트레스, 대처와 관련된 개념은 심리학, 사회학, 의학 등 다양한 건강과 행동과학 분야에서 연구되어 왔다. 스트레스에 대한 초기 연구는 주로 생리적 반응에 초점이 맞춰졌으나, 1960년대에 이르러서는 잠재적인 스트레스 요인이 될 수 있는 생활 사건들을 식별하고 계량화(Holmes & Rahe, 1967)하였고, 스트레스에 대해 스트레스원과 개인, 환경의 상호작용으로 개념화하면서 스트레스의 영향은 개인의 평가에 따라 커지거나 작아질 수 있는 것으로 인식되기 시작했다. 즉, 위기가 될 수 있는 사건이나 상황이 개인의 행동이나 건강에 미치는 영향은 사건과 상황의 객관적인 특성보다는 그것을 경험하는 개인의 평가가 더 핵심적이라는 개인의 인지적 과정을 중요하게 본 것이다. 스트레스와 대처에 관한 연구는 대처 스타일, 낙관주의, 이익추구, 정보추구와 같은 개인의 성향, 그리고 사회적 지지에 대한 것으로 범위가 점점 확장되었다. 여기에서는 개인이나 가족이 스트레스원에 대해 어떻게 대처하게 되는지 Lazarus와 Folkman(1984)의 스트레스 평가–대처모델(Stress, Appraisal and Coping model)을 중심으로 살펴보도록 한다.

1) 주요 개념

스트레스 평가–대처모델은 환경상의 자극이나 어려움, 기타 생활사건 등의 요구에 적응해 가는 과정을 인간과 환경 간 상호작용의 결과로 보고 여러 가지 상황에 대응하기 위해 개인이 동원하는 자원들, 그러한 자원과 상황에 대한 인지적 평가와 반응, 해결하기 위한 대처과정, 이 모든 요인들의 상호작용의 결과를 중요시 여긴다(Lazarus & Folkman, 1984). 여기에서 핵심 개념은 스트레스, 평가, 대처로 스트레스를 경험하는 개인의 인지적 평가와 개인이 활용하는 대처전략이다.

스트레스 경험은 '외부 스트레스 요인의 영향에 대한 개인과 환경 간의 상호작용으로 스트레스 요인과 심리적 · 사회적 · 물질적 자원에 대한 평가에 의해 달라지는 것'으로 해석된다(Lazarus& Folkman, 1984). 이때 자원은 개인이나 외부 환경의 강점으로써 스트레스에 대처하기 위해 사용되는 모든 것이 이에 속한다(김연수, 2005). 예를 들어, 신체적 건강, 소득, 교육, 직업상태, 사회적 지지, 개인의 통제감, 긍정적 신념, 문제해결 및 사회적 기술 등이 자원에 포함된다(Lazarus& Folkman, 1984).

평가는 스트레스를 일으키는 위험에 대해 1차 평가와 2차 평가 과정을 거치게 되는데 사람들의 반응 정도와 종류에 있어서 개인차와 집단차가 있다. 1차 평가는 스트레스로 인한 손실과 위험 정도를 평가하여 이 상황이 위협인지 도전인지 평가하는 것이다. 2차 평가는 스트레스에 직면했을 때 무엇을 어떻게 극복할 수 있는지에 대한 평가이다. 자신의 능력이나 전략으로 극복이 어렵다고 생각하면 스트레스 수준이 높아지고, 극복할 자원이나 방안을 가지고 있다고 평가하면 스트레스가 크지 않을 수 있다.

대처전략은 개인이 직면한 사건이 스트레스가 된다고 여길 때 그것을 효과적으로 다루는 수단을 말한다. 이런 전략에는 스트레스가 되는 상황을 해결하거나 변화시키는 문제집중적 전략과 이 상황에 대한 정서적 반응을 조절하는 정서집중적 전략으로 나누어 설명할 수 있다(윤현숙 외, 2011). 예를 들어, 당뇨라는 질병을 진단받았을 때 질병 자체를 완치시킬 수 없다고 판단하고 증상조절을 위해 식단조절과 운동 등으로 건강위협에 대해 대처하는 것은 문제집중적 전략을 사용하는 것이라고 할 수 있고, 질병이 완치될 수 없다는 것으로 인해 건강에 대한 두려움이나 좌절감을 '더 건강한 생활을 할 수 있는 기회'로 의미를 다르게 부여하는 것은 정서집중적 전략이라고 할 수 있다. 대개 생명을 위협하는 질병이나 죽음의 문제는 개인이 통제하기 어려운 사건으로 문제집중전략보다는 질병과 죽음의 의미전환을 사용하는 정서집중적 전략을 사용하게 된다.

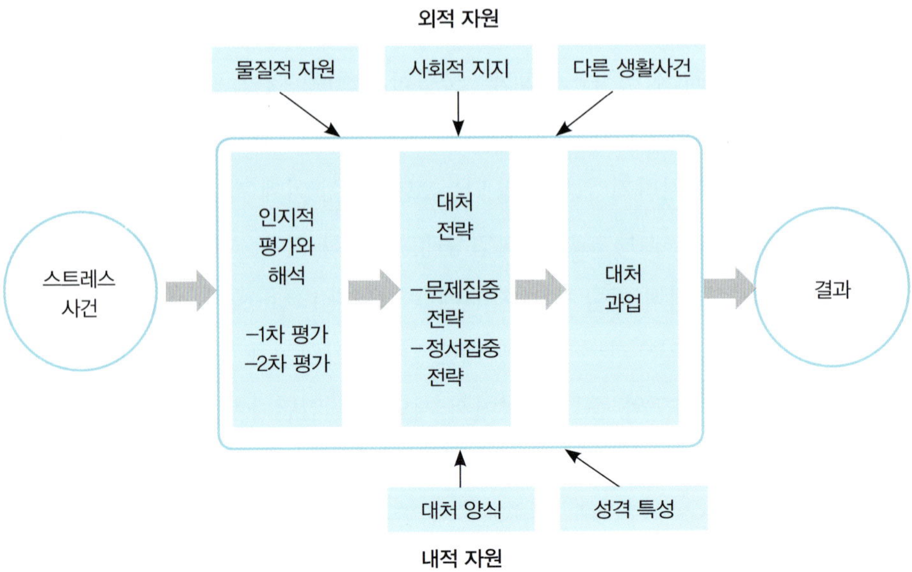

그림 5-6 **스트레스-대처 과정**

출처: Taylor et al. (2006). *Social Psychology*. p. 454를 재구성.

이러한 내용을 종합하여 스트레스-대처 과정을 그림으로 나타내면 [그림 5-6]과 같다(Taylor et al., 2006).

2) 적용

스트레스 평가-대처 모델은 질병이라는 스트레스상황에 처했을 때 개인의 대처과정을 포괄적으로 이해하고 사정하는 데에 매우 유용하다. 건강 위협에 대한 개인의 반응은 개인의 주관적 해석에 영향을 받기 때문에 1차 평가(재발위험에 대한 인식 등), 2차평가(권장되는 행동을 따르는 자기효능감), 구체적인 대처전략(문제중심전략, 정서중심전략)에 대해 사정할 수 있는 틀을 제공한다. 이러한 사정은 건강행동을 촉진할 수도 있고 방해할 수도 있는 개인의 평가에 대한 유용한 정보를 얻을 수 있고 어떤 단계에서 개입이 필요한지 개입 지점을 확인할 수 있다.

또한, 스트레스 평가-대처 모델은 개인에 대한 사정뿐 아니라, 행동변화를 위한 개입이나 프로그램을 구성하는 근거가 될 수 있다. 처음으로 유방암 진단을 받은 환자들의 직계가족(암 발생 가능성이 높은 사람들)의 적응과 치료순응을 향상시키기 위한 프로그램을 계획하거나(Wethington et al., 2015), 임신 중 우울을 경험하는 사람들(김영란 · 정재원, 2014), 조현병 환자들을 위한 입원스트레스 관리 프로그램 등에도 이론적 기반으로 사용할 수 있다. 스트레스-대처모델에 기반한 조현병 환자들을 위한 입원스트레스 관리 프로그램을 예로 들어보면, 각 단계별로 (1단계) 가족의 지지, 의사소통 능력, 문제해결 능력 등 조현병 환자에게 부족한 대처자원을 확인하는 단계, (2단계) 입원스트레스원에 대한 비합리적 사고를 점검하고 합리적인 사고로 전환하고 연습하는 단계, (3단계) 가족의 지지, 치료진의 지지, 대인관계 등 대처자원을 강화하는 단계, (4단계) 사회적 자원 찾기, 자기주장훈련, 낙인감 극복 등 입원스트레스 요인별 대처기술을 강화하는 단계로 각 단계에 세부목표달성을 위한 활동으로 구성해 볼 수 있다(박순아 · 성경미, 2016).

또한, 프로그램이 효과가 있는지 검토할 때도 이 모델의 구성요소별로 영향을 평가할 수 있다. 미국 전역의 6개 암센터에서 이루어진 실험연구에서 암과 관련한 문제해결프로그램(실험집단)과 일반건강상담(통제집단)이 ① 위험 인식, 자신과 가족에 대한 위험 인식 등을 포함한 1차 평가, ② 상황 통제능력 인식, 부정적인 정서 상태에 대한 관리능력 인식, 대처자원 인식 등을 포함한 2차 평가, ③ 적극적 대처, 회피 대처, 대처에 대한 정신적 수용 등을 포함하는 대처 행동, ④ 암에 관한 근심, 기분, 스트레스 영향, 근본적인 건강상태 등을 포함하는 삶의 질 결과, ⑤ 유방 엑스선 검사 이용, 유방 자가검사 등을 포함한 준수 행동 등에 미치는 영향을 평가하였다. 그 결과, 문제해결프로그램에 참여한 사람이 참여하지 않은 사람이나 일반건강상담에 참여한 사람보다 암과 관련한 디스트레스의 감소가 훨씬 컸으며, 문제해결프로그램 참여자 중 디스트레스 수준이 높았던 사람들이 낮았던 사람들보다 유방 자가검사 권고를 따를 가능성이 두 배 이상 향상됨을 보여준 바 있다(Glanz et al., 2002). 이와 같이 이 모델의 각 구성요소는 의료사회복지사의 실천을 평가할 때 참고할 수 있는 변인이 된다.

5. 가족레질리언스 모델

레질리언스 모델은 강점관점에 기반 한 모델로서 스트레스-대응 이론에서 파생된 모델이다. 스트레스 이론들이 스트레스는 그 자체로 문제가 아니고 스트레스 사건을 어떻게 지각하고 대응하느냐가 중요하다는 점을 확인하면서 그 대응과정에서 긍정적으로 영향을 미치는 요인들에 주목하게 되었다. 재난과 같은 극심한 스트레스에 노출이 되었더라도 대부분의 사람들은 회복을 촉진하는 특성이나 자원을 소유하고 있다(Luthar, Cicchetti, & Becker, 2000). 이것이 바로 레질리언스 관점이다.

레질리언스(resilience)는 탄력성, 회복력, 복원력, 적응유연성, 회복탄력성 등으로 번역되어 사용되는 개념으로 다시 제자리로 돌아오려는 경향을 말한다. 이는 위기나 역경 등 파괴적인 삶의 도전을 견디고 회복하는 능력(Walsh, 2012)으로 심각한 위기 상황에서도 긍정적 적응을 촉진하는 역동적 과정이 포함되며(Bonanno, 2004; Luthar, 1991), 대처와 적응을 넘어 회복과 긍정적인 성장(Walsh, 2012)을 포함하는 개념이다. 레질리언스 개념은 환자 개인뿐 아니라, 그 가족에게도 적용가능하며, 가족을 대상으로 하는 임상적 개입에 유용한 실천틀이 될 수 있다(Walsh, 1998). 여기서는 Walsh(2012)가 제시한 가족레질리언스에 초점을 두고 설명하고자 한다.

1) 주요 개념

가족레질리언스는 신념체계(Belief System), 조직유형(Organizational Pattern), 의사소통과정(Communication Process)의 3가지 요소로 구성된다. 먼저, 신념체계는 가족의 가치, 확신, 태도, 편견 등을 뜻하는 것으로 가족구성원들이 위기상황에 대해 해석하고 행동을 결정하는 데 영향을 미치는 것이다. 신념체계에는 역경에 대한 의미부여, 긍정적인 시각, 초월성과 영성 등이 포함된다. '역경에 대한 의미부여'란 가족의 위기상황에 대한 이해와 해석을 의미하며, '긍정적 시각'이란 역경이나 어려움이 있는 상황에서 가족이 인내심을 가지고, 상호간에 용기와 격려를 주고, 희망을 유지하며, 삶에 대해 낙관적인 태도를 취하는 능력을 말한다.

둘째, 조직유형이란 가족이 하나의 단위체계로서 통합되어 있는 정도를 뜻하며, 자원을 동원하고, 스트레스를 중재하며, 변화하는 가족의 상황에 적합하도록 가족의 구조를 재조직하는 능력을 말한다. 여기에는 융통성, 연결성, 그리고 사회 및 경제적 자원이 포함된다. '융통성'은 가족이 삶의 변화와 도전에 적합하도록 가족의 조직을 변경하고 적응하는 능력으로서 가족 내 규칙과 역할 변화와 연결되는 개념이다.

'연결성'은 가족원 상호간의 연합, 지지, 협력하는 능력을 의미하고, '사회 및 경제적 자원'은 가족이 외부의 자원을 동원하고 활용하는 것으로 확대가족과 친지의 지지 및 지역사회 내에서 지지망을 확립하는 것을 뜻한다.

셋째, 의사소통과정이란 가족구성원들 상호 간의 건강하고 기능적인 의사소통 능력으로서 명료성, 개방적인 정서표현, 그리고 상호협력적 문제해결과정으로 구성되어있다. '명료성'이란 명확하고 일관성 있는 말과 행동들을 하는 것이며, '개방적인 정서표현'이란 가족원들이 기쁨과 고통뿐만 아니라 희망과 두려움의 감정까지도 함께 공유하며, 상호 간에 사랑, 감사, 존중 등의 긍정적인 감정의 개방적 표현이 활발히 이루어지는 것을 말한다. '상호 협력적 문제해결'이란 당면한 문제에 대해 가족이 브레인스토밍을 함께 하며, 의사결정 과정을 공유함으로써 함께 문제와 갈등을 해결해 나가는 것이다.

〈표 5-4〉은 가족레질리언스의 주요 개념과 요소들을 역경을 통해 얻을 수 있는 강점을 중심으로 설명한 것이다.

표 5-4 가족레질리언스의 핵심적 과정

신념체계
1. 역경에 대한 의미 부여 • 레질리언스에 대한 관계적 관점 • 스트레스(distress)를 정상화하고 맥락화 • 일관성: 위기를 의미 있고, 이해할 수 있으며, 조절할 수 있는 도전으로 인식 • 촉진적 평가: 원인/설명적 속성, 향후 기대되는 것
2. 긍정적 전망 • 희망, 낙관적 편견, 역경 극복에 대한 자신감 • 용기/격려, 강점 확인, 잠재력에 집중 • 적극적인 주도와 끈기(할 수 있다는 마음가짐) • 가능한 것들은 숙달, 변할 수 없는 것은 수용, 불확실한 것은 용인
3. 초월성과 영성 • 큰 가치, 목적 • 영성: 신앙, 사색적 실천, 공동체, 자연과 관계 • 영감: 가능성을 상상, 인생의 꿈, 창조적인 표현, 사회적 행동 • 변환: 배움, 변화, 역경으로부터의 성장

조직유형
4. 융통성 • 변화의 가능성: 새로운 상황에 대한 만회, 재편성, 적응 • 혼란에 대한 안정성: 연속성, 신뢰성, 예측가능성 • 강력한 권위적 리더십: 육성, 지도, 보호 • 다양한 가족 형태: 공동육아/돌봄 팀 • 부부/이혼 후 공동 양육하는 부모의 관계 :상호 존중, 동등한 파트너
5. 유대감 • 상호지지, 협력과 헌신(commitment) • 개인의 욕구와 차이를 존중 • 재결합, 단절의 복구, 불만사항을 확인
6. 사회 · 경제적 자원 • 친척, 사회적 연결망, 지역사회 연결망(모델과 멘토)의 동원 • 재정적 안정성 구축: 일과 가정 부담의 균형 • 거대 시스템: 제도적, 구조적 지원
의사소통/문제 해결
7. 명확하고 일관된 메시지 • 애매모호한 정보를 명확화: 진실 추구
8. 개방적 감정 표현 • 괴로운 감정 공유: 공감적 반응, 차이에 대한 용인 • 즐거운 상호작용, 유머: 한숨돌리기
9. 공동의 문제해결 • 창조적인 브레인스토밍, 자원이 풍부함 • 의사결정의 공유, 갈등 바로잡기, 조율, 공정성 • 목표에 집중, 단계를 따르기: 성공을 기반으로 구축, 실패로부터 배우기 • 상황에 주도적인 자세: 준비, 계획, 예방

출처: Walsh, F.(2012). Family resilience: Strengths forged through adversity(4th ed.). p. 406.

2) 적용

질병은 신체적 고통, 장애, 심리적 위축, 경제적 어려움과 가족 및 사회적 관계의 변화 등 개인과 가족의 삶에서 쉽게 극복하기 어려운 역경들을 초래한다. 그러나 레질리언스적인 요소를 지니고 있는 가족은 질병으로 인해 야기된 역경의 상황들에도 잘 대처해 나갈 수 있고, 그 과정을 통해 더욱 굳건한 가족 간의 애정과 신뢰를 확인해나갈 수 있다. [그림 5-7]은 레질리언스의 힘을 지닌 환자 및 그 가족과 그렇지 않은 환자와 그 가족 간에 어떤 차이가 있는지를 보여준다.

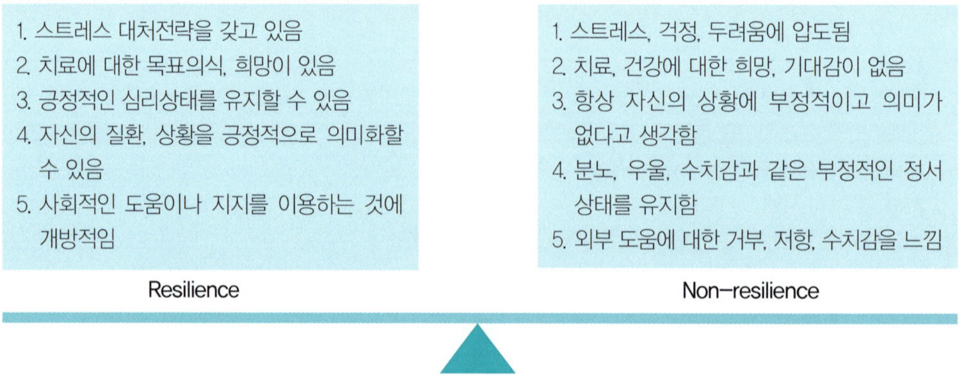

그림 5-7 레질리언스 여부에 따른 가족의 특징

의료사회복지사는 가족레질리언스의 개념을 활용한 실천을 할 수 있다. 첫째, 신념체계에 대한 개입으로는 환자와 그 가족이 자신들이 경험하고 있는 위기를 단순히 고통스럽고 해결해야할 과업으로 인식하기보다는 자신들에게 어떠한 인생의 의미가 있는 것이며, 이 역경에 압도되지 않고 도전하는 것이 자신들에게 어떤 경험이 될 수 있는가를 스스로 의미화하도록 도울 수 있다. 가족 내 발생한 질병에 대해 가족구성원들이 위기를 바라보는 관점을 이렇게 변화시킬 수 있다면 이는 가족원들로 하여금 미래에 대한 긍정적인 조망을 가능하게 함으로써 희망을 갖게 하는 요인으로도 작용할 수 있다. 의료사회복지사는 환자와 가족이 질병으로 인해 상실할 수 있는 건강, 경제, 사회적 관계에 대한 절망과 두려움을 극복하고, 오히려 질병과정을 통해 자신에게서 어떠한 성장과 극복의 힘이 있는가를 발견할 수 있도록 도와야 한다. 또한 의료사회복지사는 환자와 그 가족이 질병의 과정에 잘 대처해 나갈 수 있다는 신념을 갖도록 격려하고 미래에 대해 긍정적인 희망을 가질 수 있도록 지지해야 한다.

둘째, 조직유형에 대한 개입은 환자와 가족이 질병으로 인해 초래된 새로운 상황, 즉 변화된 상황에 적응하기 위하여 가족 내 필요한 역할과 규칙들을 융통성 있게 변화시키도록 돕고, 서로 간의 유대감을 더욱 강화하여 서로에게 힘이 될 수 있도록 지지하는 것이다. 또한 환자와 가족이 친족, 지역사회, 그리고 그 밖의 경제적 자원이 될 수 있는 체계들로부터 필요한 자원을 확보하고 이들과 연계되며, 이러한 자원과 개방적이고 안정적인 관계를 맺고 상호작용할 수 있도록 필요한 지원을 해야 한다. 의료사회복지사는 환자와 가족들을 자원체계에 연계하고, 이들이 자원을 안정적으로 활용할 수 있도록 충분한 정보와 실제적인 지원을 제공해야 한다. 이러한 개입의 목적은 환자와 가족들이 고립되지 않고 자신들을 지원하는 자원들과 연결되어 있다는 연결감과 상호지지, 협력할 수 있다는 확신을 갖도록 하는 것이다.

셋째, 의사소통 과정에 대한 개입은 환자와 가족이 경험하는 감정을 서로 공유하도록 돕고, 가족 내에서 문제해결을 위해 상호 협력할 수 있는 힘을 갖도록 돕는 것이다. 즉, 환자와 가족이 다양한 감정들, 예를 들면, 불안, 우울, 두려움, 기쁨, 좌절, 희망, 후회 등을 상호 간에 개방적으로 이야기하고 공유하도록 함으로써 서로가 느끼는 감정에 대해 이해하고 서로 지지하며, 질병으로 인해 야기된 직면한 문제들을 해결하기 위해 가족원들이 상호 협력하도록 도움을 제공해야 한다.

이상과 같은 내용을 반영하여, 의료사회복지사가 자녀의 만성질환으로 어려움을 겪는 가족들이 레질리언스를 증진할 수 있도록 프로그램을 개발하여 실시한다면 〈표 5-5〉와 같이 구성해 볼 수 있다.

표 5-5 가족레질리언스 증진을 위한 프로그램 예시

구성요소	활동
신념체계에 대한 개입	• 가족 역사를 통한 우리 가족의 강점 찾기 • 질병과 투병과정을 긍정적 시각으로 바꿔보기 • 자녀의 발달단계와 질병으로 인한 행동 이해하기
가족구조 패턴에 대한 개입	• 변화되어야 할 가족 내 규칙과 역할 탐색 및 적용하기 • 가족유대감을 증진할 수 있는 가족모임이나 행사계획 하여 실행하기 • 부모의 리더십 강화하기 • 부모자신 돌보기 • 확대가족과 사회적지지 활용하기
의사소통 과정에 대한 개입	• 가족 내에서 서로 명확한 의사소통하기 • 개방적인 대화하기 • 가족원들이 모두 함께 문제해결하기

출처: 양옥경, 김연수(2003). 가족탄력성 증진을 위한 부모역할 프로그램 개발연구. 사회과학연구논총(11), 115-147.

06 의료사회복지 임상업무

학습목표

01 의료사회복지실천이 어떤 과정으로 진행되며 각 단계별로 수행해야 할 주요 과업이 무엇인지 이해한다.

02 의료사회복지사가 임상현장에서 수행하는 다양한 역할과 그 내용을 이해한다.

1. 의료사회복지 실천과정

의료사회복지실천과정은 일반적인 사회복지실천과정과 마찬가지로 의뢰 및 접수단계, 초기면접 및 사정단계, 계획수립단계, 실행단계, 평가 및 종결 단계로 구성된다. 다만 의료기관이라는 특수성에 의해 병원 내 의뢰과정이 다양하고 개입과정에서 진료부서와의 협력 등이 더 많이 요구된다고 할 수 있다. 이를 그림으로 나타내면 다음 [그림 6-1]과 같다.

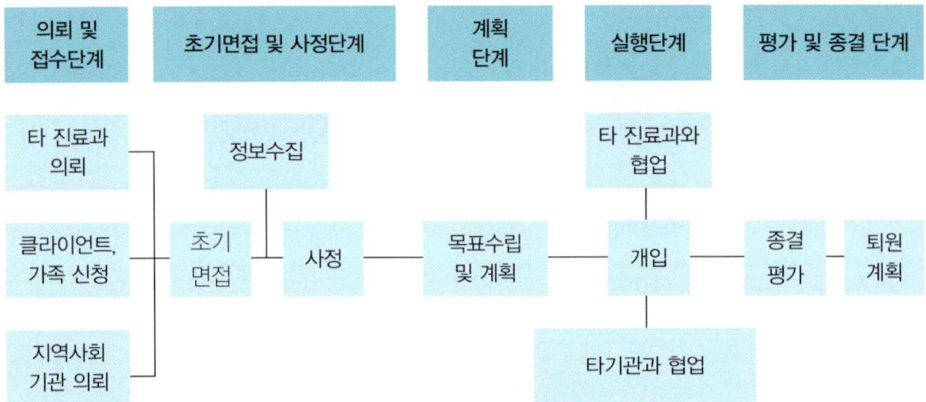

그림 6-1 의료사회복지실천과정

1) 의뢰 및 접수

의료사회복지사가 클라이언트를 의뢰받는 경로는 다음 몇 가지로 구분할 수 있다. 첫째, 타 진료과로부터 사회복지서비스를 의뢰(consultation request)받는 것이다. 클라이언트를 의뢰하는 시점은 환자의 상태나 욕구 상황에 따라 다양할 수 있다. 예를 들어 클라이언트가 치료에 대한 동기가 없거나, 혹은 경제적인 문제 등으로 인해 치료를 시작하지 못하는 상황에서 의료진은 진료 이전이나 진료시작 시점에서 이러한 치료의 장애요인을 해결하기 위해 클라이언트를 의뢰할 수 있다(예: 입원계획, 치료동기상담). 치료 중에도 가족갈등이나 비협조 문제가 발생하거나 경제적 부담 등으로 인해 치료유지가 어려운 상황이 초래될 경우 이러한 문제를 해결하기 위해 의뢰가 이뤄질 수도 있다(예: 가족상담, 경제적 지원). 한편 클라이언트가 치료과정을 잘 마쳤으나 질병의 결과 장애를 갖게 된 경우, 퇴원 이후 시설입소가 필요한 경우, 치료종결 이후 지속적인 지역사회 보호가 필요한 경우 등 퇴원 준비나 퇴원 이후의 문제를 해결해야 하는 상황에서는 퇴원을 앞둔 시점에서 의뢰할 수도 있다(예: 퇴원계획). 이와 같은 의료진에 의한 의뢰는 클라이언트의 심리사회적인 상황이나 상태에 따라 그 의뢰시점과 내용이 다양하기 때문에 의료진이 의료사회복지의 역할과 기능을 정확하게 숙지하고 의뢰할 수 있도록 시스템을 구축해야 한다.

둘째, 클라이언트 혹은 가족이 직접 의료사회복지사를 찾아 도움을 요청하는 경우이다. 이 경우 클라이언트 혹은 가족은 의료사회복지서비스에 대해 자발적이고 협조적일 가능성이 높다. 따라서 의료사회복지사는 이들이 도움을 요청한 욕구를 정확하게 파악한 후 이들의 욕구가 의료사회복지 부서의 지원으로 해결가능하다 판단될 경우 해당 진료과 혹은 타 기관과 협업하여 지원활동을 수행하게 된다.

셋째, 지역사회 기관에서 의뢰되는 경우도 있다. 지역사회에서 클라이언트를 의뢰하는 경우는 대부분 의료기관 이용 정보, 의료비 지원, 입원계획 등에 관한 것이다. 의료사회복지사는 지역사회 기관에서 의뢰하는 내용에 대해 정확한 정보와 자문을 제공할 수 있으며, 자신이 속한 병원 및 부서에서 해결할 수 있는 문제인지 그 여부를 파악하여 지원여부를 결정한다.

이와 같이 다양한 경로로 클라이언트가 의뢰되면 접수과정을 통해 의료사회복지 부서에서 공식적으로 지원 대상으로 파악하고 이에 대해 부서의 지원 대상으로 적합한지 여부를 일차적으로 판단하게 된다. 이때 의료사회복지사는 의뢰된 클라이언트에 대해 의뢰경위, 의뢰된 내용 등에 대해 일차적인 정보를 수집하여 클라이언트 욕구의 심각성과 지원여부 가능성을 평가한다. 이 과정을 통해 의료사회복지사는 의뢰된 클라이언트에 대한 기본적인 이해를 갖고, 다음 단계인 사정면접에서 구체적으로 확인해야 할 주요 욕구 혹은 클라이언트의 상황 등을 명확하게 정리할 수 있다. 이때 의료사회복지사가 고려하여 준비해야 할 내용은 다음과 같다.

- 의뢰서에 제시된 지원요청 목록과 클라이언트 욕구 확인
- 클라이언트에 대한 의료기록 및 의뢰 시 제공된 각종 기록들의 점검
- 의뢰된 클라이언트 욕구의 심각성, 위급성 등 파악

- 의뢰내용에 개입할 수 있는 사회복지사의 역량과 준비상태 점검

2) 초기면접 및 사정

초기면접은 클라이언트와 의료사회복지사가 대면하여 서로 필요한 정보를 교환하고 전문적인 신뢰 관계(rapport)를 형성하는 과정이다. 이에 초기면접의 주요 기능은 세 가지로 요약할 수 있는데, 첫째는 클라이언트의 주요 욕구 파악, 둘째, 클라이언트와 신뢰 및 협력관계 형성, 셋째, 치료동기의 향상이다. 의료사회복지사는 클라이언트에 대한 주요 정보를 수집하여 클라이언트가 인지하는 주요 욕구를 파악하고, 이들이 치료에 협조할 수 있도록 심리적 불안과 두려움을 해소하고 치료 동기를 증진할 수 있도록 지지를 제공해야 한다.

초기면접을 통해 이뤄지는 사정(assessment)은 클라이언트의 문제가 무엇인지 이해하고 문제의 원인을 규명하여 그것을 해결하거나 감소시킬 수 있는 방법에 대해 전문적인 판단을 하는 작업이다(Kirst-Ashman & Hull, Jr., 1993: 148; 윤현숙 외, 2003: 204). 또한 클라이언트에 대해 수집된 자료들을 종합적으로 분석하여 클라이언트의 주된 욕구가 무엇인지, 클라이언트의 욕구를 촉발하게 된 원인과 이를 극복할 수 있는 강점과 자원, 그리고 문제해결에 방해요소가 되는 장애물은 무엇인지 등을 파악함으로써 클라이언트에게 적합한 서비스 목표와 계획을 세우기 위한 근거를 마련하는 과정이다. 사정을 위한 클라이언트의 자료를 수집하는 데 있어 중요한 것은 정확하고 신뢰할만한 정보를 제공할 수 있는 정보원을 확보하는 것이다. 의료사회복지사는 정확한 사정을 위해 〈표 6-1〉에서와 같이 다양한 정보원을 통해 자료를 수집할 수 있다.

표 6-1 의료사회복지에서 정보원에 따른 자료수집방법

정보원	자료수집방법
클라이언트와 가족	• 인터뷰, 상담 등을 통한 언어적, 비언어적 정보 • 치료과정에서의 태도, 반응, 협조 정도 등에 관한 관찰 등 • 가정방문
기록	• 타진료 부서나 타 기관의 의뢰서 • 병원진료 및 병동에서의 의무기록 • 각종 신체, 심리 검사 기록 등
협력 전문가	• 담당의, 담당간호사 등 치료자들과의 회진, 사례회의 등 • 지역사회 기관의 사례회의나 의료사회복지 관련 자료 등

의료사회복지영역에서 사정은 주로 통합적 관점으로서 생심리사회적 모델(biopsychosocial model)에 근거하여 수행되며, 이러한 포괄적 사정을 통해 클라이언트의 욕구와 강점을 파악하고, 클라이언트를 돕기 위한 목표의 우선순위를 정하게 된다. 의료사회복지사가 파악해야 하는 사정의 주요 내용들을 종합해 보면 〈표 6-2〉와 같이 정리할 수 있다.

표 6-2 주요 사정 내용

항목구분	사정내용
환자 개인정보	• 의뢰사유 • 개인 정보: 연령, 성별, 학력, 종교, 주거, 경제상태, 사회활동 등 • 개인력: 발달단계별 과업 수행능력 및 성취수준 • 신체적 상태 및 특징: 환자의 질병, 사고 혹은 장애력, 의료적 상태, 기동능력 및 일상생활 수행능력(ADL/IADL) • 심리적 상태 및 특징: 병전후의 성격, 질병 및 치료 수용정도, 태도, 동기, 신체 이미지 변화에 따른 적응수준, 회복이나 예후에 대한 기대수준 • 대인관계 유형
가족 정보	• 가족 구성 및 환자의 가족 내 위치 • 가족 구성원 간 의사소통 방식과 관계 • 가족의 치료 협조 가능성 및 심리경제적인 지원수준

질병 정보		• 진단, 예후, 예상되는 후유증 및 장애, 사망 등 치명적인 결과 예측 • 입원 및 치료 기간, 치료방법 • 의료진이 기대하는 치료 수준과 예후
강점 및 장애물	개인 차원	• 질병, 증상, 치료에 대한 이해 및 수용력 • 치료진에 대한 협조수준과 치료의지 • 문제해결방식, 스트레스/위기 대처능력 등
	가족 차원	• 질병에 대한 이해와 수용정도 • 치료를 지원할 수 있는 경제적, 심리적 수준과 동기 • 치료에 대한 협력과 기대 수준
	사회 문화적 차원	• 환자, 가족의 치료에 영향을 미치는 규범, 가치, 특정 질병에 대한 편견이나 잘못된 정보, 종교, 직업으로부터 영향 • 종교, 문화, 인종 등 사회문화적인 특징 • 지역사회 내 환자를 지원할 수 있는 정책, 서비스, 자원 수준
전문가 의견		위 사정내용과 의료진의 진단, 치료계획을 반영한 전반적인 종합의견

3) 계획 수립

사정을 통해 의료사회복지사는 클라이언트가 인지하거나 필요로 하는 욕구, 강점과 취약점, 장애물 등을 포괄적으로 파악하게 되며, 이러한 내용과 의료진의 진단 및 치료계획 등을 근거로 하여 목표와 계획을 수립하게 된다. 목표와 계획은 클라이언트의 질병에 관여하는 다양한 의료팀과 상호협력적 과정을 통해 수립하며, 클라이언트와 가족, 친지 등 치료과정에 협조하고 참여하는 구성원들의 의견과 치료협조수준 등을 고려하여 현실적으로 수행가능하고, 치료에 긍정적인 영향을 미칠 수 있는 내용으로 구성한다. 목표수립과 개입계획은 사정내용에 근거한 논리적이고 실제적인 행동 방향과 방법을 제시할 수 있어야 하는데, 이를 위해 Kirst-Ashman과 Hull(1993: 189-217)이 7단계로 제시한 계획 과정을 5단계로 재구성하여 〈표 6-3〉과 같이 제시한다.

표 6-3 클라이언트와 함께 계획수립하기

구분	단계	내용
1	클라이언트 및 가족과 함께 협력하기	• 클라이언트와의 협력은 치료과정에 참여와 동기 증진에 도움이 되므로 모든 계획수립 및 개입과정에 클라이언트와 가족이 참여하여 함께 논의하고 계획을 세우도록 함
2	욕구 우선순위 정하기	• 질병, 장애, 그리고 치료과정에서 초래되는 다양한 심리사회경제적 문제들 중에 어떤 문제를 우선적으로 다룰 것인가를 결정함 • 우선순위 결정 시 고려사항: 현실적 해결가능성, 클라이언트의 동의 등 • 내용은 누구나 이해할 수 있는 쉽고 명료한 용어로 분명히 정의함
3	문제를 욕구로 전환하기	• 무엇이 잘못되어 있는가에 대한 문제를, 어떻게 수정하고 변화시켜나가야 할 것인가에 초점을 맞추어 욕구로 전환함
4	목표 수립하기	• 목표는 구체적이고, 분명하게 설정: 육하원칙(六河原則)에 맞게 '누가, 언제, 어디서, 무엇을, 어떻게, 할 것인가'를 명확하게 제시함
5	계획수립과 개입수준 평가하기	• 클라이언트의 문제 생황에 대해 미시적, 중범위적, 거시적 수준에서 목표달성을 위해 어떤 전략들이 가능한지 평가하고 확인함 • 각 계획내용은 목표와 논리적으로 연결되어 있어야 하며, 수행가능한 수준에서 결정해야 함 • 계획 수립 시 클라이언트의 문제에 초점을 두기보다는 강점을 강조하고 반영함

다음 〈표 6-4〉는 경제적 지원과 관련한 목표와 계획수립의 한 예시이다.

표 6-4 경제적 지원 계획(예시)

의뢰항목	목표	계획
경제적 지원	경제적 어려움에 처한 클라이언트에게 필요한 수술이 시행될 수 있도록 적정 수술비 확보 및 지원	• 수행기간: 2022년 12월 21일까지 • 수행내용: 수술비 500만 원 • 수행방법 – 2022. 11. 20: 백혈병어린이후원재단 지원신청 – 2022. 12. 10: 지원심사확정 – 2022. 12. 20: 지원금 입금 및 병원내 후원심사 – 2022. 12. 21: 원무과 수술비 지급

4) 실행

구체적인 문제해결을 위한 실행(implementation), 또는 개입(intervention) 과정에서 의료사회복지사는 클라이언트가 변화 동기를 상실하거나 기대와 다른 결과가 초래되었을 때 실망하지 않도록 심리적으로 지원하는 동시에, 치료가 원활하게 진행될 수 있도록 의료진과 긴밀하게 협력하면서 가장 적합한 의료사회복지서비스를 제공해야 한다. 실행과정의 구체적 개입내용에 대해 Germain(1984)은 치료결과 및 미래에 대한 희망적 태도유지, 환경적 장애물 극복을 위한 대처노력 유지, 질병으로 인한 생활환경 변화로 인해 초래되는 문제와 욕구에 집중하기, 클라이언트의 욕구, 목표, 해결 과업에 대한 대처방식 적절히 변화시키기 등을 제시하였고, 한인영 등(2000)은 클라이언트 동기부여, 상담, 교육, 사례관리, 자원연결, 중재, 조력, 촉진, 위기개입 등을 제시하였다. 실행단계에서 의료사회복지사의 실천과제를 좀 더 구체적으로 제시하면 다음과 같다(Germain, 1984; 윤현숙 외, 2003: 233 재구성).

- **저항을 다루고 동기화하기**: 클라이언트의 대처 노력에 대한 인센티브와 보상 제공을 통해 이들의 양가감정과 저항감을 다루며 이를 위해 클라이언트 가족 등 환경체계를 조성한다.
- **문제해결과정 지원**: 클라이언트가 질병이나 장애, 스트레스요인과 관련된 문제를 해결해야 하는 경우 사회복지사는 적절하게 대처할 수 있도록 대처기술에 대한 교육과 지도를 제공한다. 또한 주변 환경체계에도 클라이언트를 이해하고 격려하도록 지도함으로써 클라이언트의 노력이 지속될 수 있도록 돕는다.
- **정서적지지 제공**: 클라이언트가 질병, 치료과정에서 고통스러운 감정을 관리하고 자존감을 유지할 수 있도록 사회복지사는 정서적 지지를 제공하고, 회복, 장애관리 방법 등을 알려주는 동시에 클라이언트가 의존적인 태도를 갖지 않도록 유의한다.

- **자원 제공:** 클라이언트의 자율성 유지를 위해 사회복지사는 촉진자로서 필요한 정보와 공간, 시간 등을 제공함으로써 클라이언트가 스스로 결정하고 행동할 수 있는 기회를 제공한다.

Johnson(1992)은 실행과정에서 사회복지사가 취해야 할 태도를 제시하였는데, 첫째, 클라이언트가 치료자 및 가족 등과의 사회적 관계가 발전하도록 돕기, 둘째, '상황 속 인간에 대한 이해'라는 사회복지 고유의 모델을 발전시키기, 셋째, 모든 개입 계획과정 중 클라이언트가 참여하도록 독려하고 지원하기, 넷째, 클라이언트가 자원의 유용성을 알고 필요에 따라 자원을 적절하게 이용할 수 있도록 하기, 다섯째, 클라이언트를 임파워링 하기, 여섯째, 클라이언트의 위기상황에서 클라이언트 스스로 이에 관여함으로써 극복하도록 돕기, 일곱째, 문제해결 과정에서 클라이언트와 함께 하는 전략 세우기, 여덟째, 클라이언트와 환경체계 사이에 중재적 역할을 수행하며 상황에 따라 상담자, 교육자, 촉진자, 옹호자, 중재자 및 사례관리자 등과 같은 다양한 역할을 수행하기 등이다.

5) 평가 및 종결

종결은 클라이언트를 지원하는 과정의 마지막 단계로서 클라이언트와 의료사회복지사가 함께 치료 및 지원의 목표를 얼마나 달성했는지 평가하고 서비스 지원계약을 종료하는 과정이다. 그러나 종결은 클라이언트의 타 기관으로의 전원, 혹은 사망이나 클라이언트의 서비스 거부 등에 의해서도 일어날 수 있기 때문에 의료사회복지사는 종결의 다양한 상황에 따라 적절한 역할을 수행할 수 있어야 한다.

일반적으로 종결단계에서 의료사회복지사의 역할은 종결을 위한 평가를 실시하고, 그 평가 결과에 따라 완전종결을 하거나 혹은 퇴원이후 사후관리 여부를 결정해야 한다. 종결을 위한 평가는 클라이언트와 함께 해야 하는데, 그 내용에는 서비스 제공 과정을 통해 수립한 목표가 달성되었는지, 클라이언트와 그 가족에게 어떤 변화가 있었는지 등이 포함된다. 또한 종결 이후 클라이언트가 독립적인 자기관리 및 일상생활기능수행이 가능한지와 가족으로부터 필요한 보호와 지원을 제공받을 수 있는지에 대한 평가도 수행해야 하는데, 이는 종결 이후 타 기관으로의 전원이나 의뢰, 그리고 사후관리 서비스를 제공하는 것과 직결되는 과정이다. 이 부분은 퇴원계획에서 좀 더 살펴볼 것이다.

타 기관으로 전원을 위해 사례를 종결해야 하는 경우 의료사회복지사는 클라이언트에게 타 기관에 대한 정보를 제공하고 전원과정에서 클라이언트가 느낄 두려움이나 불편감, 염려 등을 다뤄줌으로써 클라이언트의 전원이 원활하게 이루어질 수 있도록 지원해야 한다. 한편, 클라이언트의 사망으로 인해 종결이 이루어질 경우에는 유가족의 상실감을 다룸으로써 유가족이 건강한 애도를 할 수 있도록 지원하고, 클라이언트 사망 이후 유가족이 대처해야할 장례절차나 유가족의 상황(예: 배우자 사망에 의한 한부모가족 생활)에 따라 필요한 정보를 제공해야 한다.

2. 상담 및 치료

의료현장에서 사회복지사의 핵심적 역할은 환자와 그 가족을 대상으로 심리사회적 사정을 실시하고, 정서적 지지를 제공하며, 문제해결을 위한 상담을 제공하는 상담자 및 치료자의 역할을 수행하는 것이다. 특히 갑작스런 질병에 직면하게 된 경우 환자와 가족은 정서적인 충격과 불안, 염려 등으로 강도 높은 스트레스를 경험하게 되는데, 이때 의료사회복지사는 환자와 가족이 질병의 문제를 수용하고, 치료와 회복을 위해 노력할 수 있도록 정서적 지지를 제공하는 역할을 수행해야 한다. 때로 만성적이거나 장기간의 투병을 요하는 질병의 경우 환자와 가족이 정서적으로 지치거나 투병에 대한 의지를 상실할 수도 있기 때문에 의료사회복지사는 환자와 가족이 경험하는 정서적 고통에 항상 귀를 기울이고, 치료를 지속할 수 있도록 동기화시키며, 가족이 지속적으로 환자에 대한 보호제공자로서의 역할을 수행할 수 있도록 지지해야 한다. 한편, 환자가 낮은 학력, 인지저하, 기타 여러 이유로 자신의 의료적 상황이나 치료과정에 대해 잘 이해하지 못할 때 의료사회복지사는 환자와 가족이 의료적 상황에 대해 이해할 수 있도록 의료진과 함께 충분한 설명을 제공해 주고, 환자가 의료적 지침에 따라 치료과정에 참여할 수 있도록 안내해 주는 역할을 담당해야 한다.

또한 질병이나 상해의 종류에 따라 환자의 신체적 기능 및 사회적 기능이 저하되거나 점진적 장애가 수반되는 문제가 발생하기도 하는데, 이러한 경우 의료사회복지사는 신체적 및 사회적 재활치료과정에 참여하도록 독려하고, 직접 사회적 기능 회복을 위한 치료 프로그램을 제공하기도 한다. 이러한 과정에서 환자의 투병기간이 길어지거나 신체적 및 사회적 기능이 저하되면 보호제공의 문제를 둘러싼 가족 간의 갈등이 유발될 수도 있으며, 가족원의 무관심이나 부적절한 대처행동이 환자의 증상이나 질병을 심화시킬 수도 있으므로 이러한 경우 의료사회복지사는 가족상담 및 가족치료 등을 수행하여 가족 내 문제가 해결될 수 있도록 도와야 한다.

환자의 상태가 호전이나 회복을 기대할 수 없는 영구적 장애를 수반하거나 또는 상태가 심각하여 임종을 앞두고 있는 경우 의료사회복지사는 환자와 가족이 이러한 상황을 수용하고 함께 정서적 고통을 나누며, 이를 잘 극복해 나갈 수 있도록 지지하고 상담해주는 치료자의 역할을 담당하게 된다. 또한 학대나 폭력, 사고나 재난 등으로 인해 신체적 손상을 입고 내원한 환자에 대해서 의료사회복지사는 위기개입을 통해 정서적 트라우마를 극복하고 필요한 의학적, 정서적, 사회적, 법적 지원을 받을 수 있도록 지원하는 상담자 및 치료자의 역할을 수행하게 된다.

의료현장에서 사회복지사가 환자와 가족을 대상으로 제공하는 상담 및 치료의 주요 내용은 다음과 같이 요약될 수 있다.

- 질병 및 장애에 대한 수용과 이해
- 질병과정에서 경험하는 정서적 고통에 대한 이해와 지지
- 치료에 대한 동기 증진
- 환자의 사회적 기능 증진을 위한 다양한 개입과 치료
- 가족원의 돌봄제공자로서의 역할 수행 지원
- 치료와 관련된 가족 내 갈등이나 문제해결
- 환자의 증상에 대한 가족의 대처방안 모색
- 퇴원 후 직업 및 생활계획 수립
- 장애에 대한 수용과 이 후 삶의 계획 수립
- 죽음에 대한 수용과 상실에 대한 슬픔 나누기

3. 교육

의료사회복지사는 환자와 가족이 질병의 증상과 대처방법이나 관련된 심리사회적 문제에 대해 이해할 필요가 있을 때, 교육자로서 역할을 담당하게 된다. 특히 질병이 만성적이어서 생활상의 관리가 필요한 경우 교육자로서의 역할은 더욱 중요해진다. 예를 들면 당뇨병 환자와 가족을 대상으로 '당뇨교실'이나 '당뇨캠프' 등의 프로그램을 통해 교육을 제공할 때 의료사회복지사는 의사, 간호사, 영양사 등과 함께 의료팀의 일원이 되어 일상생활 속에서 스트레스 관리, 질병으로 인해 야기되는 생

활문제 대처 및 가족의 역할 등에 관한 교육을 제공한다. 뇌졸중 환자와 그 가족을 대상으로도 질병의 예후에 관해 교육하며, 질병으로 인해 신체적 기능에 문제가 생긴 경우 환자가 재활치료의 중요성을 인식하고, 가족이 지속적으로 이를 지원해 주는 역할을 수행할 수 있도록 교육하는 역할을 수행하게 된다. 질병이나 사고 등으로 인해 환자에게 장애가 생기거나 퇴원 후에도 지역사회 내에서 지속적인 치료와 관리가 필요한 경우 의료사회복지사는 환자와 가족에 대한 교육 시 장애등록에 관한 정보 및 이용 가능한 지역사회 내의 자원에 관한 정보를 제공하는 역할도 함께 수행한다. 또한 정신과 영역에서는 정신질환으로 인해 사회적 기능이 저하된 환자들을 대상으로 일상생활기술 및 사회기술을 가르치기도 하며, 조현병이나 치매 등을 앓고 있는 환자의 가족이 보호제공자의 역할을 지속적으로 잘 수행해 나갈 수 있도록 질환에 대한 이해 및 증상에 대한 대처법, 증상과 관련하여 야기되는 환자와 가족 간의 갈등 및 문제해결 방법, 관계증진 방법 등에 관해 가족대상 교육을 제공한다. 이러한 교육은 환자와 가족을 대상으로 개별적으로 이루어지기도 하며, 동일한 질병을 진단받은 환자와 가족 집단을 대상으로 진행하기도 한다.

의료현장에서 사회복지사가 환자와 가족을 대상으로 제공하는 교육의 주요 내용은 다음과 같이 요약될 수 있다.

- 질병과 관련된 주요 증상에 대한 이해와 대처교육
- 스트레스관리교육
- 일상생활훈련
- 사회기술훈련
- 가족의 역할 및 환자 증상에 대한 대처교육
- 장애등록 및 지역사회자원에 대한 정보제공

4. 집단실천

의료사회복지사는 환자와 가족에게 정서적 지지를 제공하거나 환자의 사회적 기능 증진, 그리고 직면한 문제해결을 위한 도움을 제공하기 위한 방편으로 집단을 활용할 수 있다. 집단은 참여한 구성원들의 문제를 혼자만의 문제가 아니라 누구에게나 일어날 수 있는 문제로 일반화하고, 상호지지와 공감을 제공하며, 마음속의 갈등과 문제들을 함께 나눔으로써 정서적 고통을 경감시키고, 서로에게 도움이 되는 정보를 제공하고 공유하는 등의 강점을 지니고 있어(Malekoff, 1997), 의료현장에서 유용하게 활용될 수 있다.

의료현장에서 일하는 사회복지사는 동일한 질병이나 문제를 가진 환자와 가족원을 집단구성원으로 모집하고, 집단 목적을 설정하며, 집단 내용을 구성하여 이를 실시하는 등 집단지도자로서 역할을 수행한다. 의료현장에서 실시되는 집단의 종류는 지지집단, 치료집단, 교육집단 등으로 환자와 가족을 대상으로 다양한 집단들이 운영되고 있다. 예를 들면, 퇴원을 앞둔 화상 환자, 장기이식인, 유방암 환자 등을 위한 지지집단이나 자조모임, 알코올중독 환자, 우울증 환자를 위한 치료집단, 소아암 환자 및 뇌졸중 환자 가족 지지집단, 조현병 및 치매환자 가족을 위한 교육집단 등 다양한 형태가 있다.

집단을 운영하는 지도자로서의 역할을 수행하기 위해 의료사회복지사는 집단실천을 위한 지식과 기술을 갖추고 있어야 한다. 구체적으로 집단에 참여하는 환자와 가족들의 욕구를 파악하고, 공동의 목적을 설정하며, 이에 부합하는 내용으로 집단을 구성하는 능력이 있어야 한다. 또한 집단의 진행단계에서 집단성원들이 보이는 역동성을 이해하고 활용하며, 집단의 응집력과 구성원간의 친밀감을 증진시킬 수 있는 개입기술을 구비하고 있어야 한다. 이와 같은 집단지도의 기술을 갖춘 의료사회복지사는 집단을 통해 환자와 가족이 비슷한 상황에 있는 다른 성원들과 함께 질병으로 인해 야기된 정서적 고통과 불안, 염려, 우울 등의 감정을 나누고, 함께 직면한 문제들을 해결해나갈 수 있는 방법들을 찾도록 함으로써 환자와 가족들이 질병의 문제에 대처하는 과정에서 심리사회적 안녕감을 증진시킬 수 있도록 도울 수 있다.

의료현장에서 사회복지사가 환자와 가족을 대상으로 실시하는 집단의 종류는 다음과 같이 요약될 수 있다.

- **지지집단:** 동일한 질병과 문제를 지닌 환자와 가족을 대상으로 질병으로 야기된 정서적 고통을 경감하고 치료 및 재활에 대한 동기증진을 목적으로 실시됨
- **치료집단:** 주로 정신과 영역에서 환자의 증상 경감 및 사회기술증진을 목적으로 실시됨
- **교육집단:** 질병에 대한 이해 및 증상에 대한 대처방안을 교육하기 위한 목적으로 환자와 가족을 대상으로 실시됨
- **활동 및 상호작용 집단:** 정신과 영역의 주간보호 또는 입원병동 프로그램의 일환으로 음악, 미술, 레크리에이션 등과 같은 다양한 활동을 집단의 형태로 실시함

5. 자원개발 및 연계

의료사회복지사는 환자와 그 가족이 경제적 어려움으로 인해 적절한 치료를 받을 수 없을 때 병원 내 · 외 또는 지역사회의 자원을 개발하고 동원하여 경제적 지원을 해주는 역할을 수행한다. 또한 퇴원 후에도 환자와 가족에게 지속적인 의료 및 사회복지서비스가 필요한 경우 이를 제공해 줄 수 있는 지역사회 내의 자원체계에 환자와 가족을 연계해 주는 역할을 담당한다. 예를 들면, 환자의 상태와 기능에 따라 재

활병원, 요양병원, 호스피스기관 등에 연계하거나 지역사회복지관, 주간호보시설, 생활시설 등에 연계하여 필요한 의료 및 복지 서비스를 계속 제공받을 수 있도록 자원연계 및 중개자로서의 역할을 수행하게 된다.

이러한 역할을 수행하기 위해 의료사회복지사는 지역사회 내의 공공, 민간, 기업, 종교단체 등의 자원체계에 대해 잘 알고 있어야 하며, 자원체계에 관한 최신의 정보를 구비하고 있어야 한다. 또한 필요 시 자원체계를 개발하고 동원할 수 있는 능력을 갖추고 있어야 하는데, 이를 위해 의료사회복지사는 지역사회 내의 인적 · 물적 네트워크를 동원하여 후원자를 개발하고 관리하며, 특정 질병을 앓고 있거나 특정 집단에 속한 환자를 지원해 주는 공공 또는 민간단체에 대한 구체적 정보를 지니고 있어야 한다.

지역사회는 경제적 및 물질적 지원을 해줄 수 있는 종교단체, 민간단체, 기업, 국가 및 지방자치단체 등에서 운영하는 다양한 시설과 기관들이 존재하는 자원의 보고이므로 의료사회복지사는 지역사회에 이미 존재하고 있는 자원체계를 지속적으로 잘 활용해야 하고, 아직 개발되지 않은 인적 · 물적 자원을 개발하여 동원할 수 있는 능력을 구비하여야 한다. 또한 자원들 간 네트워킹 시스템을 구축하여 환자와 가족을 지원하는데 지역사회 자원들이 최대한 개발되고 활용될 수 있도록 역할을 담당해야 한다.

의료현장에서 사회복지사가 환자와 가족에게 제공하는 자원개발 및 연계 업무는 다음과 같이 요약될 수 있다.

- **경제적 지원을 위한 자원개발 및 연계:** 병원 내 · 외의 후원금 모금, 후원자 모집 및 관리, 후원단체 발굴 등
- **지역사회 내 의료기관 연계:** 재활병원, 요양병원, 호스피스기관 등
- **지역사회 내 복지기관 연계:** 사회복지관, 주간보호시설, 생활시설, 기타 환자와 가족의 욕구에 부합하는 다양한 지역 자원 연계

6. 사례관리

사례관리(Case Management)는 그 포괄적 특성 때문에 적용 분야나 전문직 군에 따라 다양하게 정의되어 온 경향이 있다. 사회복지에서는 사례관리를 '복합적이고 장기적인 욕구가 있는 클라이언트와 가족의 사회적 기능회복을 위해 서비스 운영체계를 확립하고 이를 기반으로 체계적 사정과 지역사회의 다양한 자원을 활용하여 지속적이고 효과적인 사회복지서비스를 제공하는 통합적 실천방법'(사례관리학회, 2014 :21)으로 규정하고 있다.

이러한 사례관리는 다음과 같은 특징들을 갖고 있다(사례관리학회, 2014: 21-22). 첫째, 사례관리의 주 대상은 복합적이고 장기적인 욕구를 가진 취약계층의 개인과 가족이다. 둘째, 사례관리의 궁극적 목적은 클라이언트의 자립과 자활을 위한 사회기능의 회복과 역량강화이다. 셋째, 사례관리는 생태체계사정인 임상적 접근과 자원의 개발 및 연계라는 행정적 접근이 모두 중시되는 방법이다. 넷째, 사례관리는 개입의 효과성과 책임성을 중시한다. 다섯째, 사례관리서비스 제공의 범위는 사례관리가 속한 기관의 범주를 넘어서서 지역사회의 인적, 물적 자원을 개발하고 활용하는 것까지 포괄한다. 여섯째, 서비스의 방법은 상담, 지원, 연계 등 직접서비스 제공과 프로그램 개발, 옹호, 자원개발 등 간접적인 서비스가 통합된 것이다. 일곱째, 사례관리는 체계화된 운영체계를 통하여 다양한 전문체계에 의해 종합적으로 점검되고 관리되는 책임 있는 실천방법이다.

이러한 사례관리가 의료사회복지 현장에서 필요한 이유는 다음과 같다. 첫째, 대상 측면이다. 사례관리는 복합적인 욕구와 장기적인 서비스를 필요로 하는 클라이언트를 대상으로 한다는 점에서 보건의료 현장의 클라이언트에 부합되는 방법론이라고 할 수 있다. 의료 현장에서는 당뇨, 화상, 척수손상, 알코올 중독, 치매, 조현병 등과 같이 만성적인 질환이나 장애를 가진 환자들이 주 대상이기 되기 때문이다. 이러한 만성질환을 경험하면서 지속적인 관리가 필요한 환자의 경우 질병의 진행과정 및 회복과정에서 야기되는 환자와 그 가족의 심리적 · 사회적 및 경제적 측면의 다양한 욕구를 충족시킬 수 있는 지속적이고 포괄적인 서비스를 제공하는 것이 사례관리의 핵심이 된다.

둘째, 서비스의 연속성 측면이다. 의료사회복지사는 환자와 가족이 입원 시점에서부터 퇴원 후 사회에 복귀할 때까지 지속적으로 환자와 가족의 욕구를 사정하고, 개별상담이나 가족상담을 실시하며, 필요 시 집단 상담이나 집단 활동 프로그램에 참여하도록 하고, 퇴원 후 이용할 수 있는 서비스에 환자와 가족을 연결해주는 역할을 수행한다. 그리고 퇴원 후에도 환자와 가족에 대한 사후관리를 통해 질병이 재발하거나 상태가 호전되지 않아 재입원한 경우에도 사례관리의 연속선상에서 환자와 가족에게 필요한 서비스를 제공한다. 물론 의료사회복지사는 이 역할들 중 일부를 과업별로 수행하기도 하지만 사례관리자로서 각각의 클라이언트에게 이러한 서비스들을 포괄적이고 연속적으로 조정하고 수행할 수 있다.

셋째, 서비스 포괄성 측면이다. 의료세팅에서 환자에 대한 사례관리 서비스를 제공하기 위해서는 일차적으로 보호제공의 첫 단계로서 욕구사정을 실시해야 하는데, 이는 환자의 심리사회적 욕구 및 환경체계에 대한 심리사회적 사정을 통해 이루어질 수 있다. 욕구사정의 결과에 따라 환자와 가족들에게 필요한 상담과 교육을 제공할 수도 있고, 자원체계에 연계시켜주거나 직업재활이나 사회복귀를 위한 지원서비스를 제공할 수도 있다. 특히 취약한 사회경제적 배경을 지닌 환자의 경우 의료 서비스를 이용하는데 여러 가지 제한이 따를 수 있으며, 여러 기관으로부터 식사서비스, 가사도우미 서비스, 물리치료 등 다양한 서비스를 필요로 할 수 있다. 그러나 지역사회 내에 산재된 이러한 서비스를 사회적, 심리적, 의료적 부담이 있는 환자가 이들을 직접 찾아다니는 것은 매우 혼란스럽고 어려운 일이다. 그러므로 사례관리자로서 사회복지사는 환자의 다양한 욕구에 부응하는 여러 서비스체계를 연계하고 관리하는 역할을 수행한다.

이처럼 의료현장에서 필요한 사례관리에는 다양한 형태가 있다. 사례관리자의 역할에 따라서 치료자로서의 역할에 초점을 둔 모델도 있고, 자원 중개자의 역할에 초점을 둔 모델도 있으며, 이들을 모두 통합적으로 수행하는 모델도 있다. 또한 한 명의 사례관리자가 모든 역할을 포괄적으로 담당하는 모델이 있는가 하면, 다양한 역할을 분담하여 수행하는 팀 접근 모델도 있다. 관점에 따라서는 클라이언트의 강점과 자원에 기반을 둔 강점관점의 사례관리모델도 있다. 또 사례관리의 한 종류로서 미국 의료영역에서 시행되는 '관리보호(Managed Care)'는 불필요한 고가의 치료비용을 줄이기 위하여 비용효과에 최우선을 두고 보험회사로부터 지불 가능한 비용을 결정하고 그에 맞게 서비스를 조정하는 접근방식이다.

이처럼 다양한 사례관리 모델이 있지만 의료사회복지사에게 더 많이 요구되는 사례관리 모델은 서비스 및 자원 연계나 네트워크에 초점을 둔 '사회적 지지망 강화 모델'과 '중개자 모델'이라고 할 수 있다. 자원연결자로서의 기능은 서비스 이용 과정에서 뿐 아니라 이용 전후, 특히 입원환자의 퇴원 이후 과정을 포괄하는 접근이라는 점에서 특히 통합적 관점이 요구되기 때문이다. 이 중 '사회적 지지망 강화 모델'은 가족을 비롯한 기존의 유대를 강화하고 서비스 연계에 중점을 두어 사회적 지지망을 구축하는 역할을 강조하는 데에 비해(정순둘, 2005), 중개자 모델에서는 클라이언트의 서비스 욕구를 파악하고 그에 부합하는 서비스를 찾아서 주선하며 필요하다면 서비스 이용을 위한 경제적 지원방안도 모색한다(권진숙 · 박지영, 2008).

7. 퇴원계획

퇴원계획(Discharge Planning)이란 환자가 병원으로부터 지역사회로 복귀하는 과정에서 양질의 서비스를 제공하고자 하는 전문직 간, 조직 상호 간의 활동이며 환자가 참여하는 활동이라고 할 수 있다(James, 1987: 49). 즉, 환경 속의 인간이라는 체계론적 관점에서 볼 때 여러 집단과 체계들 내에서 서비스의 연결 및 조정을 통해 환자가 지역사회로 무사히 이전할 수 있도록 돕는 복합적인 심리사회적 활동으로 이해될 수 있다.

1905년 미국 메사추세츠 종합병원에서 시작된 퇴원계획(Discharge Planning)은 환자의 퇴원 후 계획을 도와 회복된 건강을 계속해서 유지하도록 하는 것에 목적이 있었다. 그러나 1980년대에 미국에서 점차 증대하는 연방정부의 의료비용 부담을 억제하기 위하여 진단관련 군(Diagnostic Related Group: DRG)에 의해 진료비를 책정한 이후 도입된 퇴원계획은 재원일수의 단축과 병원의 재정 운영에 좀 더 초점을 둔 것이었다. 그러나 환자와 가족들이 이에 동의하지 않는 경우가 생기면서 수익률에 좌우되는 정책에 대한 비판이 제기되기도 하였다(Blumenfield & Rosenberg, 1988). 따라서 재정적 효율성의 강조와 환자보호라는 요소의 불일치를 줄이기 위하여 퇴원계획에 환자와 가족의 심리사회적 욕구를 반영한 인도적인 접근과 서비스의 지속을 위한 노력이 강조되어 왔다고 할 수 있다(황숙연, 1994: 15-16). 우리나라에서는 1990년대 이후 대기업이 운영하는 3차 진료기관의 증가, 의료시장 개방의 압력, 의료 서비스 이용자의 증가 및 종합병원의 선호로 인한 장기입원 현상 등의 영향으로 퇴원계획에 대한 관심이 높아졌다. 특히 정신건강 영역에서는 최근 정신건강복지법의 개정으로 탈시설화와 지역사회 서비스와의 연계가 더욱 강조되면서(김이영, 1997: 158-162; 김철권, 1997: 179-180) 퇴원계획의 중요성도 더 커지고 있다.

이와 같이 퇴원계획의 중요성이 커지게 된 배경은 첫째, 노령화, 만성질환의 증가, 가족구조의 변화로 인한 포괄적이고 지속적인 보호와 지지가 필요해진 사회적 변화, 둘째, 의료보험 시행에 따른 의료서비스 효율화와 불필요한 의료비 감소에 대한 요구, 셋째, 부적절한 입원이나 퇴원 방지와 퇴원 후 보호의 적절성 제고를 위한 역할 강조 등으로 요약될 수 있다. 이러한 의료적, 경제적, 사회적 요인과 제도적 요인에 따라 퇴원계획의 중요성은 더욱 커지고 있으며 이를 수행하는 의료사회복지사의 위상도 강화되고 있다(윤현숙 외, 2011).

이러한 퇴원계획의 진행과정은 다음과 같다(James, 1987; 강흥구, 2004; 윤현숙 외, 2011).

■ 퇴원계획 대상자 선별과 확인

퇴원계획은 퇴원과 관련된 문제가 있을 것이 예상되는 환자를 조기에 발견하는 사례발굴에서 시작된다. 모든 환자가 퇴원계획의 대상이 되는 것은 아니며 고위험군, 즉 퇴원과정이 원활하게 진행되지 않을 것으로 예상되는 환자가 일차적인 대상이 된다. 특히 원활한 입 · 퇴원을 중시하는 대형병원에서는 사전에 점검 리스트를 통해 고위험군을 선별하기도 한다. 예를 들어 고령의 노인, 만성질환자, 여러 가지 질병을 동시에 갖고 있는 환자, 진료비 납부 능력이 없는 환자, 영속적 장애를 갖게 된 환자 등이 여기에 포함될 수 있다.

■ 퇴원계획에 대한 동의와 정보수집

퇴원계획 대상에게 퇴원계획 서비스에 대해 동의를 받고 퇴원계획에 필요한 정보를 수집하는 단계이다. 정보는 환자와 가족, 그리고 관련된 치료진으로부터 수집하며 병력과 예후, 치료진과의 관계, 환자의 심리상태, 가족 지지체계, 활용 가능한 사회적 자원 등에 대하여 알아본다.

■ 사정을 통한 퇴원계획 수립과 실행

수집된 정보를 토대로 퇴원을 저해하는 요소, 즉 퇴원 후 거주지 부재, 진료비 문제, 환자나 가족의 퇴원 거부, 보호제공자 부재, 치료와 관련된 법률 소송, 병식 부족 등을 파악하고 이에 근거하여 퇴원계획을 세운다. 이때 누가 퇴원을 결정할지, 퇴원 후에는 어디로 가며 누가 돌봄을 제공할지, 의료비 지출 부담을 어떻게 감당할지, 환자와 가족들의 역할 변화에 어떻게 적응하도록 할지, 의료보장구의 확보나 주거환경의 변화가 필요한지 등을 살피고 필요한 도움을 연결하거나 제공하는 방식으로 개입한다.

■ 점검과 평가, 그리고 수정보완

퇴원계획 과정 전반을 점검하고 그 결과를 평가하며 만약 보완되어야 할 문제점이 발견된다면 이를 수정, 보완한다. 퇴원 후 사후관리는 퇴원계획의 적절성을 평가하는 기회가 될 뿐 아니라 재발이나 재입원을 방지하는 효과를 갖는다.

이러한 퇴원계획이 성공적으로 진행되기 위해서는 다음과 같은 사항에 유의한다.

■ 환자의 자기결정권 존중

환자는 심신이 취약한 상태이기 때문에 때때로 퇴원계획은 환자의 의사에 상관없이 진행되기도 한다. 그러나 환자 스스로 퇴원시점이나 퇴원 후 계획을 알고 이해할 경우에 치료나 재활의지가 높고 퇴원 후 적응도나 만족도가 높으며 반대로 퇴원계획에서 재원일수의 단축만을 중요한 기준으로 삼을 경우에는 무리한 진행으로 인하여 부작용이 따를 수 있다. 그러므로 최대한 환자 자신의 결정권을 존중하고 동의를 받을 수 있도록 끝까지 최선을 다해야 한다.

■ 가족에 대한 지원 강화

가족의 지원과 협조는 가장 영향력 있는 퇴원계획의 성공요인으로 보고되어 왔다(황숙연, 1994; Proctor et al., 1995; Cummings, 1999; 최명민, 2000). 현장에서 가족들은 오랜 간호나 막대한 의료비로 인하여 여러모로 지친 상태에 있을 가능성이 높기 때문에 그만큼 가족과의 소통에 보다 많은 노력을 기울여야 한다.

■ 지역사회 자원개발과 정보공유

지역사회에 이용 가능한 자원 여부는 환자의 증상개선 못지않게 퇴원계획에 상당한 영향을 주는 것으로 나타나고 있다(Cohen et al., 1997; Kelly et al., 1998). 따라서 퇴원계획을 시행하는 의료사회복지사는 환자들에게 맞는 지역사회자원을 개발하고 정확한 정보를 보유하며 이를 퇴원계획에서 환자나 가족과 충분히 공유하는 노력을 기울여야 한다.

■ 사례관리 차원에서 진행

퇴원계획은 환자, 가족, 기관과 함께 작업하며 지속적으로 사후관리를 해 가는 역동적인 작업인 만큼 환자를 다차원적 욕구를 지닌 개인으로 보고 공식적, 비공식적 자원과 활동을 조직, 조정함으로써 적응력을 높이는 데에 목적을 둔 사례관리의 맥락에서 이루어지는 것이 효과적일 수 있다.

■ 자기 점검

퇴원계획이나 사례관리는 클라이언트와 가족에게 더 좋은 서비스를 효과적이고 효율적으로 제공할 수 있는 수단이 되기도 하지만 자칫 클라이언트의 이익보다는 비용효과를 강조하는 조직의 입장을 대변하는 통제수단이 될 수도 있다(최명민, 2015). 따라서 의료사회복지사는 소속된 조직의 이해와 클라이언트의 이해라는 경계선 상에서 신중하게 행동해야 한다. 특히 약자의 입장에 있는 클라이언트의 상황을 잘 살펴서 비록 제한적인 현실 조건들이 존재하지만 그 속에서도 충분히 배려받고 최선의 서비스를 받는다는 느낌을 가질 수 있도록 전문성을 발휘해야 한다.

8. 의료현장에서 다양한 전문가들과의 팀워크

의료현장은 그 어느 분야보다도 다양한 전문직군이 활동하는 곳이다. 특히 종합병원의 경우에는 의사, 간호사, 사회복지사, 약사, 영양사, 임상병리사, 물리치료사, 작업치료사, 방사선사, 운동처방사뿐 아니라 다양한 연구직, 병원행정전문가, 의학정보를 담당하는 전문사서에 이르기까지 그 직종은 매우 다양하다. 이들은 각자 소속된 조직 내에서 담당 역할을 수행하기도 하지만 환자의 욕구나 직무의 성격에 따라서 소속 조직을 넘어서 협력적으로 일하기도 하고 때로는 이런 협력과정을 구조화하여 팀제로 활동하기도 한다. 어떤 경우든 환자와 가족의 다양한 욕구에 통합적으로 접근하는 의료사회복지사는 다른 직종과 협력적으로 일을 해야 하는 경우가 많기 때문에 팀워크에 대한 전문적 역량을 갖출 것이 요구된다.

팀워크(Teamwork)의 팀은 일종의 집단이다. Yank 등(1992)은 팀워크는 결국 집단으로서 팀이 얼마나 서로 응집하여 집단의 목적을 효과적으로 달성하느냐에 관한 것이라고 보았다. 따라서 목표와 관련된 활동뿐 아니라 팀 구성원들 간 관계를 포함하는 팀 생활의 효율성을 높이기 위해서 팀의 리더는 팀 과정과 그 역동을 이해하는 능력을 갖춰야 한다. 또 다른 관점으로는 팀을 체계적 관점으로 이해하는 것인데 여기서는 팀구성원들이 생산성과 관련된 투입과 산출, 피드백 과정, 권력구조, 역할 역동, 경계유지, 상호작용 유형 등을 중시한다. 이러한 이론적 기반 위에서 Carlton(1984: 129)은 팀워크를 '둘이나 그 이상의 학문영역 실천가들에 의한 다학문적 실천으로서, 서로 구분되는 역할을 통해 전문화된 과업 수행이 이뤄지며, 공동의 목표하에 상호의존적 관계 속에서 이뤄지는 활동'이라고 하였다. 또한 Yank 등(1992)은 팀접근이 '계획적이고 지향점이 있는 팀 활동으로, 그 활동은 클라이언트에게 질 높은 서비스를 제공하려는 치료적, 행정적 목표를 성취하기 위한 것'이라고 하였다. 팀워크의 개념을 클라이언트와 관련시켜서 설명하기도 하는데, Lee(1995: 104)는 팀워크는 클라이언트를 위한 협력이라는 점을 강조하고, 팀 활동을 위해 팀을 구성할 때, 각 구성원들은 팀 내에서 기여할 수 있는 자신의 전문성을 갖고 와야 한다고 하였다.

팀이 긍정적으로 기능할 때 구성원의 만족과 학습에 도움을 주고 개인적 부담이나 소진을 예방하는 효과를 가지며(최명민 외, 2005), 전문직 간의 경계를 허무는 기능을 수행한다(윤현숙 외, 2011). 또한 클라이언트 측면에서도 다양한 서비스의 통합, 기관들 간의 연계, 그리고 사례관리의 효과를 가져온다(Sands & Angell, 2002). 그러나 실제 의료현장에서 사회복지사들이 다른 전문직과 좋은 팀워크를 형성하는 것은 하나의 도전이 되곤 한다. 의료 영역에서 팀워크는 역사적으로나 이론적으로나 클라이언트를 위해 선택이 아니라 의무라고 할 수 있지만, 일반적으로 팀의 리더는 의사이므로, 팀워크뿐 아니라 그 안에서 사회복지사가 어떤 역할을 할 수 있느냐 하는 것은 리더의 의지에 달린 경우가 많다. 그러나 팀구성원들이 팀워크를 위해 준비할 수 있는 기회는 충분하지 않다.

따라서 팀워크는 사회복지사들에게 결코 쉽지 않은 과업으로 보고되고 있다. Carpenter 등(2000)은 사회복지사의 배경이 되는 가치나 이론들이 사회적인 데에 초점을 두고 있는 반면, 의료 세팅은 의료적인 가치와 체계를 중심으로 운영되므로, 여기에서 사회복지사들이 불일치나 갈등을 경험하기 쉽다고 하였다. 윤현숙 등(2001)은 효과적인 팀워크를 저해하는 장애요소로서 공동목표의 결여, 상대 전문직에 대한 몰이해, 역할 및 정체성의 혼란, 그리고 각 전문직의 이기심을 들기도 하였다. Choi 등(2009)의 연구에 따르면 실제로 의료사회복지사들은 한국 의료현장의 팀워크가 안정적이지 않다고 평가하고 있었는데 그 이유를 요약하면 다음 [그림 6-2]와 같다.

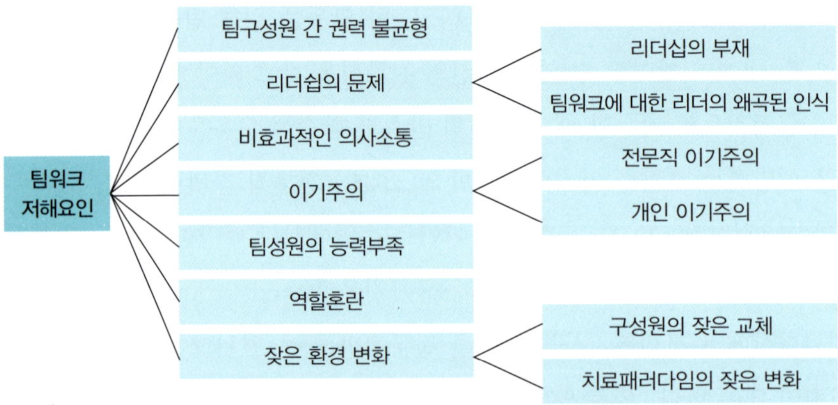

그림 6-2 팀워크를 불안정하게 하는 요소

출처: Choi, M. M., Choi, H. M., & Kim, J. J. (2009). Roles of Social Workers as a Factor of Successful Teamwork in Korean Mental Health Practice. Korean Journal of Social Welfare Research, 20, 85–107.

이에 따르면 팀 구성원 간 권력 불균형, 즉 '어떤 한 전문직, 특히 의사에게 권한이 집중되어 그에 의해 팀워크가 좌지우지되는 것'을 주요 불안 요인이며, 이 외에도 비효과적인 의사소통, 전문직 이기주의나 개인 이기주의 등이 팀워크를 방해하는 요인임을 알 수 있다. 또한 능력이 부족한 팀성원도 팀워크의 저해요인이라는 점은 주목할 만한데, 이는 팀워크가 팀 전체의 과업인 동시에 개별 구성원의 책임이라는 것을 상기시켜 준다. 이 외에도 전문직 간 역할 혼란이나 환경요인의 잦은 변화도 팀워크를 불안정하게 만드는 요소로 도출되었다. 이러한 이유들로 인해 팀워크가 잘 이뤄지지 않으면, 그 결과 팀 내에 갈등이 생겨도 해결되지 않은 채 지속되고, 팀원들끼리 서로 의사소통 하지 않고 독단적으로 행동하게 되므로 결국 서비스의 질은 낮아질 수밖에 없다.

이에 비해 실제 팀워크를 성공적으로 해내고 있는 사회복지사들의 경험을 통해 도출한 팀워크의 노하우는 다음 [그림 6-3]과 같다(Choi et al., 2009).

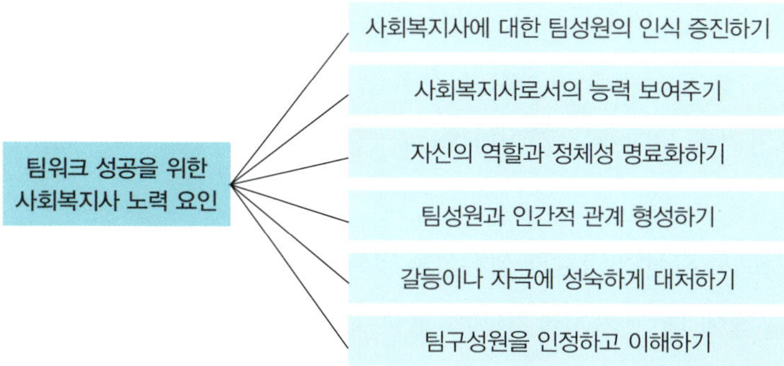

그림 6-3 성공적 팀워크를 위한 사회복지사 요인 범주

출처: Choi, M. M., Choi, H. M., & Kim, J. J. (2009). Roles of Social Workers as a Factor of Successful Teamwork in Korean Mental Health Practice. Korean Journal of Social Welfare Research, 20, 85–107.

■ 사회복지사의 역할에 대한 팀 구성원의 인식 증진하기

아직까지 병원과 같은 소위 사회복지의 2차 세팅에서는 사회복지사의 역할이 가변적이며 한정적으로 이해되고 있는 현실이므로, 우선 다른 직종의 팀원들이 사회복지사의 핵심 역할을 이해하도록 하는 것은 팀워크를 위한 필수 요소라고 하겠다(Choi et al,, 2009). 이는 팀의 협력적 관계를 위해 구성원들의 역할, 기능 및 책임성을 이해하는 것이 필요하다는 주장(Dhooper, 1997: 146)과 같은 맥락이다. 인식 증진의 방법으로는 교육, 기록, 공식적인 회의 및 비공식적 의사소통이 모두 동원될 수 있다. 특히 교육은 새로운 팀구성원들에게 자신의 역할과 업무를 소개하는 오리엔테이션과 자기 영역의 전문지식을 강의하는 기회를 통해 이뤄질 수 있다.

■ 사회복지사로서의 능력을 보여줄 기회를 놓치지 않기

사회복지사 고유의 역할을 개발하고 전문적 능력을 객관적으로 입증해 보임으로써 팀 내에서 자기 지위를 확보하는 것을 의미한다. 사회복지사의 역할을 이론적으로 인식시킨다고 해도, 이를 현실에서 입증하지 못 하면 그런 인식이 자리 잡기 힘들다. 따라서 사회복지사 고유의 업무를 개발하고, 전문성을 개발함으로써 자신의 능력을 보여줄 수 있는 기회를 잡는 것이 중요하다(Choi et al., 2009; 윤현숙, 2011). 또한 다른 전문가들이 고려하지 못하는 관점을 제시하는 것은 다학문적 팀에서 사회복지사의 존재가치를 보여주는 것이다(Payne, 1997: 255).

■ 사회복지사로서 자신의 역할과 정체성을 명확히 하기

사회복지전문직에 대한 가치를 신뢰하고 사회복지사로서 해야 할 일과 하지 말아야 할 일을 구분하는 것, 즉 사회복지사로서의 정체성을 갖는 것은 팀워크에 있어서 매우 중요한 요인이다. 양립 불가능한 요구에서 기인하는 역할 갈등은 스트레스의 예측요인인 반면(Carpenter et al., 2000), 전문직 정체성 확립은 한국보건세팅에서 사회복지사의 소진 보호요인으로도 보고되고 있다(최명민 외, 2005).

■ 팀구성원들과 인간적인 관계를 형성하기

인간적 유대를 형성하는 것은 팀워크에 실질적인 도움이 된다. 서로에게 적절한 기대치를 가질 때, 팀원이 필요로 하는 도움을 제공할 때, 그리고 감사, 칭찬, 사과와 같은 적절한 감정표현을 할 때 인간적 관계는 더 잘 형성될 수 있다. 팀워크가 어떤 과업목표를 지향하는 것이라고 해도, 결국 대인관계의 맥락에서 이뤄진다는 점에서, 팀워크를 하는 사회복지사에게는 전문적 역량뿐 아니라 대인관계 측면의 유능함도 요구된다(Choi et al., 2009).

■ 갈등상황이나 자극에 대해 성숙하게 대처하기

의료현장에서 사회복지사는 의사나 간호사 직군에 비해 그 수적인 면에서 소수인 경우가 많다. 환자에 대한 의무나 권한의 차이도 엄연히 존재한다. 따라서 직종 간의 갈등상황에 사회복지사가 어떻게 대응하는가 하는 것은 팀워크에 있어서 중요한 요소라고 할 수 있다. 성공적인 팀워크를 경험한 사회복지사들은 갈등상황에 직면할 때, 분명하면서도 도를 넘지 않는 의사표시를 하는 등 이성적 대응으로 팀 내 갈등요소를 해결해 간다고 보고하였다. 특히 부적절한 상황에서 나서거나 감정적으로 대응하는 일이 없도록 자제하는 노력을 기울였던 것으로 나타났다(Choi et al., 2009). Sheafor 등(1997)도 견해 차이가 있을 때, 'I-message'와 같은 비위협적인 방식으로 의사를 전달하도록 조언하고 있다.

■ 팀워크를 해야 할 구성원들을 인정하고 이해하기

자신의 전문직을 이해할 뿐 아니라 함께 일하는 다른 전문직을 존중하고 아는 것은 팀워크의 기본이다. 서로에 대한 이해는 협력관계의 필수요소로 언급되어 왔다(Sheafor et al., 1997: 628; Choi et al., 2008; 윤현숙 외, 2011).

9. 기록

보건의료현장에서 기록은 매우 중요하다. 의료사회복지사는 대개 주치의의 자문요청 등 공식적인 의뢰체계를 통해 업무를 수행하게 되므로 의료사회복지 실천은 병원의 공식적인 의무기록에 포함되고 이를 통해 다양한 전문직 스텝들과 의사소통하며 책무성을 입증하게 된다. 의료사회복지사는 기록을 통해 클라이언트의 여러 가지 정보를 저장함으로써 그들의 욕구와 강점, 어려움과 자원 등을 확인할 수 있으며, 객관화된 자료를 통해 자신의 생각을 구조화할 수 있다. 그런 점에서 기록은 서비스 질을 보장하는 수단이 된다. 또한 기록은 연구조사 및 통계를 위한 주요 자료로 활용되며, 실습생, 수련생뿐 아니라 동료들 간의 교육과 훈련의 자료로 쓰일 수 있어 지도감독과 자문을 원활하게 만들 수 있다.

의료현장에서 자주 사용되는 기록의 종류는 다음과 같다.

■ 요약 기록

의료현장에서는 다양한 기록의 형태를 활용하는데 자문 및 회신과 관련하여 주로 활용하는 것은 요약기록의 형태이다. 예를 들어 주치의가 다음과 같은 내용으로 의뢰를 했다고 가정해 보자.

> 환자는 2010년 3월 처음 크폰병으로 진단받은 19세 환자는 이후 스테로이드를 포함한 면역억제제 및 치료약제를 지속적으로 복용해 왔고 질병으로 인한 성장장애로 인해 우측 결장절제술(RT. hemicolectomy)을 받은 상태입니다. 그러나 계속 병변이 악화되어 신약 투여가 필요한 상황이나 보호자가 경제적 어려움을 호소하고 있습니다. 의료사회복지팀의 면담과 개입을 부탁드립니다.
>
> 20○○년 ○월 ○일 주치의 김○○

의뢰를 받은 의료사회복지사는 주치의로부터 받은 정보를 토대로 환자나 가족과 만나 면담을 실시하고 사정을 하게 되며, 주요한 면담 내용 및 개입의 방향을 기록하여 회신함으로써 의료진과 의사소통하게 된다. 이 때 의무기록은 대개 요약기록의 형태로 이루어진다. 의무기록은 대부분의 치료진들이 함께 볼 수 있기 때문에 주로 의뢰의 내용과 관련된 가족 평가 및 개입 방향에 초점을 두어 기록하며, 특히 의뢰의 주요 내용에 대한 사회복지사의 소견을 반드시 포함시켜야 한다.

위 사례의 경우에는 의사가 경제적 어려움을 요청하였으므로 환자를 경제적으로 지원할 수 있을 것인지에 대한 답을 포함한 의료사회복지사의 개입 방향 혹은 내용을 기술한다. 가족의 경제적 상황에 대한 평가 및 지원가능 여부의 판단에 시간이 걸린다면 먼저 평가한 내용과 시도해 나갈 방향과 내용에 관해 우선적으로 기록하여 회신할 수도 있다. 대개 자문(consultation)에 대한 회신은 당일 혹은 익일 회신을 원칙으로 하며 늦더라도 3일 이내에 이루어지는 것이 관례이다.

또한 어떤 경우에는 의료진이 의료사회복지사의 업무를 경제적 후원에 국한시켜 생각하는 경우도 있고, 환자와 가족을 바라보는 시야가 제한적인 경우도 있으므로,

의뢰의 주요 내용이 아니더라도 회신 내용에 환자와 가족의 심리사회적 상황에 대한 간략한 언급과 그들의 강점과 자원, 사회복지사의 상담 혹은 지지 내용을 간략하게라도 포함시키는 것이 바람직하다. 이것은 의료사회복지사의 업무를 잘 모르는 의료진에게 심리사회적 영역에서 다양한 전문성을 발휘하는 사회복지사의 역할을 인식시키고, 환자를 병리적 관점 외에 다른 각도로 바라보도록 하는 데 도움을 줄 수 있기 때문이다. 다음은 위의 의뢰에 대한 회신 내용이다.

의뢰하신 내용에 대해 회신드립니다. 환자 가족은 부, 모, 환자의 형, 환자로 이루어진 4인 가족으로서 2013년 환자 부의 파산 및 크론병 진단 등 질병과 경제적인 어려움으로 인해 지금까지 많은 고통을 받으며 생활하여 왔습니다. 그럼에도 불구하고, 환자 모가 노점상을 하면서 생계를 꾸려나가고 있고, 환자의 형과 환자 모두 전문대에 진학하고 아르바이트 등으로 학비 마련을 돕는 등 자립적으로 노력하는 삶을 살아왔습니다. 그러나 현실적으로 전셋집에 거주하며 모의 수입에만 의존하는 상황에서, 빚과 의료비 등을 감당하는 것이 어려워서 환자는 적극적인 치료를 미루고 유지 치료에만 의존해 온 상황입니다. 현재 환자는 재발 기간이 짧아지고 증상이 심해짐에 따라 신약의 사용을 포함한 적극적인 치료가 반드시 필요한 상황임을 인지하고 있으나, 경제적인 어려움으로 인해 자포자기하는 상황입니다.

환자 가족의 주거 및 경제적 상황, 심리사회적 상황에 대한 종합적인 평가 결과, 방송 후원을 통한 치료비 신청이 가능한 상황으로 이에 대해 가족 및 치료진과 협력하여 적극적으로 진행해나갈 예정입니다. 또한 환자 가족의 강점과 의지를 찾아보고 함께 격려하는 시간을 갖고자 합니다.

20○○년 ○월 ○일 의료사회복지사 정○○

■ 문제중심기록

문제중심기록은 주로 병원에서 많이 사용되는 기록이다. 이는 1950년대 말 미국의 의사인 Weed가 고안한 방식으로 병원에서 의무기록을 표준화하고 수행 정도를 검토하기 위해 개발되었다(강흥구, 2004). 문제중심기록은 주요 문제를 중심으로 문제 영역을 규명하고, 사정하며, 개입에 대한 계획을 세우는 것으로 이 방식은 문서화뿐 아니라 정보 교환에 효율적이므로 여러 전문직이 함께 일하는 셋팅에서 효과적으로 알려져 있다(윤현숙 외, 2001).

문제중심기록은 네 가지 기본 요소로 구성되는데 기본적인 자료, 문제목록, 초기 개입계획, 계획의 수행에 따른 활동과정의 기록이 그것이다. 문제목록은 개입해야 할 문제들을 기술하는 것인데, 어떤 문제는 초기에 규명되지만 어떤 문제는 추후 면접을 통해 규명될 수 있으므로 진행 과정에 따라 문제 목록은 추가될 수 있다(윤현숙 외, 2001). 이러한 문제 목록에 따라 개입 계획을 세우고 개입을 진행하게 되는데 이러한 일련의 과정을 주관적 정보, 객관적 정보, 사정, 평가의 구조로 이루어진 SOAP 방식으로 기록하게 된다. 아래의 예를 통해 기록방식과 이를 통한 개입과정의 진행 내용을 확인해 보자.

표 6-5 문제중심기록의 구성과 기록 예시

구성요소		주요 내용	기록 예시
S	Subjective Information	환자 또는 보호자들이 제공하는 **주관적 정보**로서, 현재 주요 증상, 가족력 및 사회력 등이 포함됨	"치료비 마련이 어려워요. 퇴원할 수밖에 없을 것 같아요."
O	Objective Information	의료사회복지사의 관찰을 통해 얻은 **객관적 소견이나 검사결과** 등이 포함됨	• 면담 내내 어두운 표정으로 의료사회복지사와 눈맞춤조차 없음 • 검사결과 주치의는 환자의 치료 예후가 매우 좋을 것으로 예측함
A	Assessment	주관적, 객관적 정보를 토대로 현 상황에 대한 종합적인 **사정**	• 치료가능성이 높으나 경제적 어려움 때문에 치료 지속이 어렵고 심리적 좌절감이 큼
P	Plan	사정 내용을 토대로 상담, 자원연결 등의 **개입계획** 수립	• 경제적 지원, 환자에 대한 심리적 지지, 가족면담의 필요성 따라 외부후원기관 연결 • 격일에 한 번 환자 병실 방문을 통해 상담과 지지 제공 • 가족지지체계 강화를 위한 면접과 개입

■ 사례기록

의료사회복지사가 전문사회복지사 자격으로 인정받게 됨에 따라 많은 병원들에서 의료사회복지사 수련을 실시하고 있다. 수련 과정에서는 의료사회복지사의 실천 전문성을 향상시키기 위하여 수련생들이 다양한 사례를 접하고 이를 기록하도록 하고 있다. 여기에는 사례에 대해 정확하게 사정하고 이론적 모델을 적용하여 개입하는 과정과 그 성과를 기록하는 것이 포함된다. 이처럼 의료사회복지사 수련 과정에서는 일정한 수의 사례에 개입하고 이에 대해 기록할 수 있도록 정해진 양식을 갖추고 있다. 이러한 양식에 따라 개인력, 가족력, 생태도, 의료적 상황, 이론적 모델 적용 등을 기록해 보는 것은 전문적 역량 강화를 위해 반드시 필요한 과업이다. 부록에 제시한 의료사회복지실천 사례기록은 의료사회복지사 수련 과정에서 요구하는 1. 접수 및 자료수집, 2. 사정, 3. 개입계획, 4. 개입: 개입 내용 및 진행 과정, 5. 종결 후 평가를 포괄한 것으로서 사례를 통해 의료사회복지의 개입과정에 대한 이해를 높일 뿐 아니라 수련 기록의 샘플로도 참조할 수 있다(부록 2 참조).

CHAPTER 07 의료사회복지 행정업무

학습목표

01 의료사회복지사의 서비스의 질을 높이기 위한 노력과 업무를 이해한다.
02 의료사회복지실천에 필요한 의료비 지원, 자원봉사자 관리 등 물적 · 인적 자원 관리에 대해 이해한다.
03 의료사회복지사의 전문직 내 책무에 대해 이해한다.

1. 서비스 질 관리

1) QA의 개념 및 대두 배경

QA(Quality Assurance)는 서비스 질 관리를 의미하는 용어로서 주로 기업에서 적용되던 용어였으나 1990년대 중반 이후 의료 조직에서도 급격하게 적용, 확산되어 왔다. 그 이유는 의료계에서도 서비스의 질적 향상이 중요한 현안이 되었기 때문이다.

QA란 병원의 생산물과 서비스를 측정하고 이것이 기준에 부합하는가를 결정하는 과정을 총칭하므로, 이미 제공된 의료의 과정을 모니터링한다는 수동적인 의미가 강하다. 그러나 점차로 QA와 QI(Quality Improvement)를 같은 의미로 사용할 정도로 이 개념은 서비스의 질적 개선을 위한 노력까지 포함하는 적극적이며 능동적 개념으로 사용된다(윤현숙 외, 2011). 즉, 질 보장(Quality Assurance: QA)이란 질 평가(Quality Assessment: QA)와 질 향상(Quality Improvement: QI)을 양 축으로 하는 활동이다. 이 두 개념을 포함하여 조현찬(1997)은 QA란 "병원에서 제공되는 진료 및 이와 관련된 서비스의 질적 수준이 일정 수준 이상이 되도록 지속적, 조직적 및 체계적인 방법으로 의료의 질을 평가하고 개선하는 것"이라고 정의하였다.

이러한 의료서비스의 질 관리가 대두된 배경은 의료시스템과 재정의 문제로부터 시작하여 환자의 건강권과 의료권 보장의 욕구가 커진 것과 관련이 있다. 구체적으로 살펴보면, 급격한 의료비 상승, 전 국민의료보험에 따른 의료수요의 증가, 의료서비스에 대한 기대 변화, 소비자 보호운동의 확산과 같은 사회변화는 의료소비자들의 알 권리와 의료비의 효율성에 대한 관심을 증가시키면서 의료의 질을 중요한 과제로 부상시키고 있다(한인영 외, 2013). 이러한 변화는 의료사회복지에 긍정적으로 기여할 것으로 기대되는데, 그것은 QA를 위한 병원의 자체적 노력에 사회복지사들이 적극적으로 개입하게 되면서 QA운동이 의료사회복지의 영역확대나 위상확립을 위한 발전적 전기로 작용하고 있기 때문이다(박현선, 1995).

QA와 관련한 의료사회복지사들의 역할은 크게 두 가지로 구분하여 생각할 수 있다. 하나는 병원의 적정진료심사위원회에 참여하거나 환자고충상담소 운영 등과 같은 병원의 전반적인 QA활동에 참여하거나 QA제고를 위한 서비스를 실시하는 것 등이다. 다른 하나는 의료사회복지활동 자체의 QA를 위한 활동이다. 즉 의료사회복지서비스의 질적 향상과 그 개선을 위한 다양한 활동들이 후자에 해당된다(윤현숙, 2011).

2) 병원 QA 프로그램

(1) 의료기관인증제

의료기관평가제도는 병원 외부에서 시행되는 질보장으로, 병원표준화심사, 병원신임평가를 거쳐 현재는 의료기관인증제로 통합, 시행되고 있다.

의료기관평가는 2002년 「의료법」 제47조의2에 의료기관평가가 규정되면서 시작되었으며, 1995년부터 2003년까지의 시범평가를 거쳐 2004년부터 본격 도입되었다. 상급종합병원, 종합병원 전체를 대상으로, 병원은 300병상 이상 규모에 대해서 강제평가 방식으로 진행해 왔다. 그 결과 의료서비스에 대한 의료기관의 관심 제고, 서비스 수준 향상, 임상질지표 도입 등 일부 긍정적인 성과를 달성하였다. 그러나 언론, 소비자단체, 의료기관 등을 통해 평가서열화에 따른 병원 간 과잉경쟁 유발, 전담 조직이나 전담 전문인력 부재에 따른 평가의 전문성 및 객관성 미흡, 구조적인 측면의 평가로 인한 의료기관의 비용 부담 발생, 강제평가로 인한 의료기관의 자발적 질 향상 노력을 위한 동기 부재 등의 문제점이 제기되었다(한인영 외, 2013).

이에 2009년 7월에 의료법 개정을 통하여 의료기관 인증제의 법적 근거를 마련하였고 2010년 10월 26일에 의료기관평가인증원을 개원하였다. 의료기관평가인증원은 보건복지부 장관이 인증을 위하여 필요하다고 정한 업무를 위탁받아 수행한다. 즉 정부중심의 강제평가가 의료기관의 자율적인 참여를 바탕으로 하는 인증제로 전환된 것이다. 의료기관 인증제는 모든 의료기관을 대상으로 하고 있으며 병원급 이상 의료기관은 자율적으로 인증을 신청할 수 있다. 다만, 요양병원과 정신병원은 의료서비스의 특성 및 환자의 권익 보호 등을 고려하여 2013년부터 의무적으로 인증신청을 하도록 의료법에 명시되었다.

인증기준은 「의료법」 제58조3(의료기관 인증기준 및 방법 등)의 1항에 명시된 사항으로서 환자의 권리와 안전, 의료기관의 의료서비스 질 향상 활동, 의료서비스의 제공과정 및 성과, 의료기관의 조직 인력관리 및 운영, 환자만족도와 같은 주요 내용을 포함하고 있으며 인증기준의 틀은 [그림 7-1]과 같다.

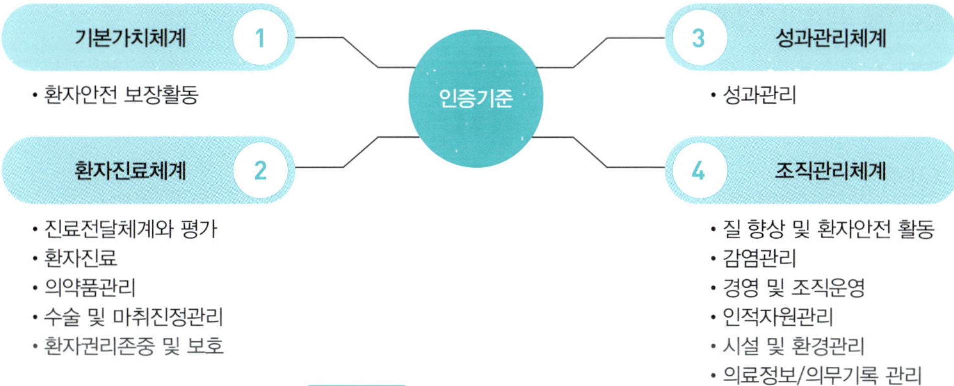

그림 7-1 의료기관인증기준의 틀

출처: 의료기관평가인증원 홈페이지(2022).

이러한 흐름 안에서 대한의료사회복지사협회에서는 의료기관평가를 효율적으로 대비하고 준비에 따른 혼선을 최소화하고 나아가 대외적으로 의료사회복지활동에 따른 전문성을 널리 알리고자 의료기관평가 의료사회복지부문(의료사회복지체계)대비 지침을 제시한 바 있다. 이는 의료기관 인증기준 6장 환자권리존중 및 보호에 의료사회복지체계에 대해 다음의 〈표 7-1〉과 같은 기준으로 반영되었다(보건복지부 · 의료기관평가인증원, 2021).

표 7-1 의료기관 인증기준 중 의료사회복지체계 항목

기준 6.4
의료사회복지체계를 수립하고 운영한다.

조사 목적
의료기관은 의료윤리경영을 실현하기 위해 지역사회 요구도를 반영한 의료사회복지체계를 수립하고, 대상자에게 서비스를 제공한다.

조사항목

	조사항목	구분	상급	종합	병원	조사결과
1	의료사회복지체계가 있다.	S	정규	정규	정규	ㅁ상 ㅁ중 ㅁ하
2	직원은 의료사회복지서비스 의뢰 가능대상 및 의뢰절차를 알고 있다.	P	정규	정규	정규	ㅁ상 ㅁ중 ㅁ하
3	의료사회복지서비스를 제공한다.	P	정규	정규	정규	ㅁ상 ㅁ중 ㅁ하
4	지역사회 요구도를 반영한 의료사회복지서비스를 제공한다.	P	정규	정규	정규	ㅁ상 ㅁ중 ㅁ하

기준의 이해

1) 의료사회복지체계에는 다음의 내용을 포함한다.
   - ㅇ 의료사회복지 담당 부서 또는 담당 직원
   - ㅇ 의료사회복지서비스 의뢰 가능대상 및 의뢰절차
   - ㅇ 의료사회복지서비스의 종류와 대상자 선정절차
     - – 환자 상담: 심리사회적 상담, 경제적 문제 상담, 지역사회 자원연결 상담, 재활상담
     - – 진료비용 지원 등
   - ㅇ 사회공헌

   * 예시: 보육시설, 학교 등 지역사회 의료지원 등
2) 직원은 의료사회복지서비스 의뢰 가능대상 및 의뢰절차를 알고 있다.
3) 체계에 따라 대상자를 선정하고 필요한 의료사회복지서비스를 제공한다.
4) 체계에 따라 지역사회 요구도를 반영한 의료 사회공헌을 한다.

출처: 보건복지부, 의료기관평가인증원(2021). 4주기 급성기병원 인증기준. p. 110.

(2) 국제의료평가위원회인증

국내 의료기관들은 2009년 5월 의료법 개정으로 외국인 환자를 유치할 수 있게 되면서 외국인 환자를 유치하기 위한 다양한 노력을 기울이고 있다. 이러한 노력 중의 하나로서 의료기관의 국제적 인지도를 향상하고, 의료 질의 우수성을 입증하는 데 유용한 국제적 인증을 획득하는데 많은 관심을 기울이고 있다. 이러한 국제 인증은 국제사회에서 인지도가 높은 Joint Commission International (JCI) 인증을 선호하는 것으로 나타나고 있다(오영훈 외, 2013). JCI인증은 미국의 의료기관 및 프로그램을 인증하는 JCAHO라는 비영리조직이 만든 국제인증이다. 이 인증은 WHO가 환자의 안전을 보장하기 위해 협력을 맺은 의료기관평가기구로 국제적으로 공신력 있는 평가인증이다. 2022년 3월을 기준으로 미국의 병원을 제외하고 936개의 병원이 인증되어 있으며, 국내 의료기관 중 9개 의료기관이 심사를 통과하여 JCI 인증을 유지하고 있다(joint Commission International, 2022).

JCI(Joint Commission International)는 인증(Accreditation)을 '의료기관이 진료의 안전과 질을 향상하고자 수립된 기준을 충족하는 지의 여부를 판단하기 위해 별도의 객관적인 독립기관, 일반적으로 비정부기관이 의료기관을 평가하는 절차'라 정의하고 있다. JCI의 인증 목표는 인증프로그램에 따라 차이가 있지만, 전반적으로 환자안전을 목표로 하며, 세부적으로는 다음의 여섯 가지를 들고 있다. ① 환자를 정확하게 확인하고, ② 효과적인 의사소통을 향상시키며, ③ 고위험 의약품의 안전성을 향상시키고, ④ 안전한 수술을 보장하며, ⑤ 의료관련 감염의 위험을 감소시키고, ⑥ 낙상으로 인한 환자의 부상 위험을 감소시키는 것이다. JCI는 환자진료의 모든 환경을 평가하며, 평가 시 각 의료기관별 조직 문화 및 해당국가의 법적 요인을 고려한다. 평가결과 각 기준별 평점을 획득한 인증은 3년간 유효하다(Joint Commission International, 2022).

(3) 기타 병원 내 QA활동

의료사회복지팀의 병원 내 QA 활동은 병원별로 차이가 있지만, 공통적으로 환자 입장에서 서비스 만족도를 높이려는 목적을 갖고 수행된다. 여기에서는 윤현숙 등(2011)이 제시한 환자의 서비스 만족도 평가, 고충처리상담실, 편의향상위원회의 세 가지를 제시하였다.

① 환자의 서비스 만족도 평가

환자의 서비스 만족도 평가는 병원 QA의 하나로 고객인 환자의 욕구를 파악하고, 병원의 문제점을 발견하여 이를 개선함으로써 고객이 만족하는 서비스를 제공하고 바람직한 병원상을 확립하는 것을 목적으로 실시된다. 병원에 따라서 QA 전담부서나 전담부서가 없는 경우 총무과 등에서 수행하기도 하나 사회복지부서가 있는 병원은 대부분 사회복지부서에서 주관하여 실시한다.

② 환자 고충처리 상담실

병원 QA활동 중 의료사회복지사들이 담당하는 활동으로 의료이용 중에 발생하는 의문점이나 불리한 서비스로 인한 환자와 고객의 고충에 대해 상담하고 해결해 주는 고충처리상담서비스가 있다. 고객건의함이나 고객상담실이라는 이름으로 운영되기도 한다. 전화상담, 방문상담, 인터넷상담, 엽서함 등의 다양한 방법으로 시행되고 있다.

③ 환자편의향상위원회

제공되는 의료서비스를 객관적으로 평가하고 그 결과를 병원에 건의하여 의료서비스를 개선하려는 목적으로 실시되는 의료서비스에 대한 모니터링은 의료사회복지사에 의해 수행되는 병원 QA프로그램 중 하나이다. 경기도의 한 대학교병원에서는 사회복지부서가 주관하여 매월 한 번씩 환자대표 3인, 보호자대표 2인, 지역사회지도자 3인, 자원봉사자 3인으로 구성된 환자편의향상위원회가 개최된다. 이 위원회를 통해 병원 이용자의 입장에서 불편한 사항이나 개선할 점에 대해 검토하며, 여기서 제기된 문제들을 병원책임자에게 보고하여 조치함으로써 병원의 서비스 질을 관리하고 있다.

3) 의료사회복지실천에 대한 QA

병원이라는 조직 내의 서비스 질 관리의 범주 안에서 의료사회복지부서의 실천활동 또한 구조, 과정, 결과의 부문에서 질적인 평가를 실시하고 개선책을 마련하는 것이 필요하다(Auslander & Cohen, 1992; 한인영 외, 2013 재인용).

첫째, 구조부문은 의료사회복지부서의 구조가 효과적으로 의료사회복지활동을 수행할 수 있도록 되어 있는가, 의료사회복지서비스를 제공하기에 충분한 사회복지사가 있는가, 기관 내 직무교육프로그램이 있는가, 병원 내외의 사람들 간에 의사소통의 통로와 장치가 마련되어 있는가에 관해 알아보는 것이다.

둘째, 과정부문은 클라이언트에게 제공된 서비스의 과정과 실천내용이 전문적인 기준과 지식에 부합되었는지에 초점이 주어진다. 의료사회복지사가 고위험 환자를 발견하여 적절히 개입하였는가, 클라이언트에 대한 사정을 충분히 수행하였는가, 클라이언트의 문제에 적절하게 다양한 개입방법을 동원하였는가 등이 과정을 평가하는 질문이 될 것이다.

셋째, 결과에 대한 질 관리는 의료사회복지서비스의 결과가 사회복지서비스에 대한 병원의 필요성을 효과적으로 충족시켰는지에 대해 답을 찾는 활동이다. 물론 가장 중요한 것은 환자 관점에서의 만족도이겠지만 그럼에도 여전히 논란들이 있는데 누가 결과를 평가할 것인가, 즉 평가 주체의 우선순위, 평가의 객관성 확보, 평가기준의 적절성 등에 대한 논쟁이 있다.

이상과 같은 의료사회복지실천활동의 3가지 부문에 대한 서비스의 질 평가는 2010년대까지 병원에 대한 평가와 함께 진행되었다. 1990년대에는 병원표준화심사를 통해 구조부문에 대한 기준을 마련하였고, 2000년대에는 병원신임평가와 수련기관인증평가에서 구조뿐 아니라 과정과 결과부문에 해당하는 항목을 포함하여 평가함으로써 의료사회복지실천에 대한 최소한의 기준을 제시해왔다. 그러나 2019년 병원수련환경평가에서는 의료사회복지실천에 대한 평가항목이 모두 삭제되어(전영준, 2017). 병원인증 시 의료사회복지부서의 구조관련 4항목만 평가하게 되었다.

이러한 상황은 병원 내 의료사회복지부서 설치에 대한 유인 요인이 사라지게 하였고, 의료사회복지실천에 대한 질 향상을 위한 기준을 따로 마련될 필요성을 증가시켰다. 따라서 향후 의료사회복지실천에 대한 질 향상은 대한의료사회복지사협회를 비롯하여 사회복지전문가단체에서 독자적으로 추진할 필요가 있다. 다만, 2차 실천현장이기 때문에 강제력이 없을 수 있으며, 의료사회복지부서에 대한 타전문직의 이해가 넓어지는 데에는 한계가 있을 것으로 예상된다.

2. 의료비 지원

의료서비스는 재정적 측면과 밀접한 관련이 있다. 예를 들어 검진을 하거나 질병을 치료한다는 것은 의료비가 발생한다는 것을 의미한다. 따라서 여러 선진국에서는 국가적 차원에서 사회보험으로서 의료보험과 공적 부조로서 의료보호 제도를 운영함으로써 국민의 의료권을 보장하고 있다. 그럼에도 불구하고 의료보험에서 포괄하지 못하는 의료비나 의료장비 항목이 여전히 상당수 존재하고, 고가의 수술비나 치료, 만성질환자의 지속적인 돌봄에 소요되는 비용까지 고려하면 치료과정에 재정적 부담이 큰 것이 사실이다. 이러한 이유로 환자가 발생하게 되면 그 환자뿐 아니라 가족의 삶의 기반 자체가 허물어지는 위기에 봉착하기도 한다. 최근 우리 사회의 소득 구조에 양극화가 심화되면서 의료비 문제는 사회적으로도 민감한 관심사로 떠오르고 있다. 이러한 상황에서 지역사회 자원을 발굴하고 연결하여 치료와 재활의 접근성을 높이는 것은 의료사회복지사에게 있어서 매우 중요한 역할이다.

1) 지원을 위한 기금 확보

의료비 지원을 위해서는 우선 재정적 자원이 확보되어야 한다. 대형병원의 경우에는 사회 환원 차원에서 병원 자체적으로 일정액의 기금을 마련하는 경우도 있다. 그러나 이러한 여력이 없는 의료기관도 많을 뿐 아니라 일정 금액이 확보되어 있다 하더라도 다양한 환자들의 재정적 욕구에 부응하는 것은 쉽지 않다. 따라서 의료사회복지사에게는 적극적인 자원 확보 활동이 요구된다. 특히 병원조직의 입장에서는 사회복지사가 다른 직종에 비해 병원수익에 기여하는 바가 한정적이라는 이유로 채용에 소극적인 경우가 있는데, 이러한 자원 확보는 환자의 치료기회 제공뿐 아니라 병원조직의 운영에 기여한다는 의미를 가질 수도 있다.

의료사회복지사가 확보할 수 있는 기금의 출처로는 다음과 같은 유형들이 존재한다(강흥구, 2007: 286-288; 윤현숙 외, 2011: 323-328).

- **정부**: 보건복지부나 지자체는 대표적인 기금 출처 기관으로서, 긴급의료비지원제도를 통해 일정 기준에 부합하는 대상(중위소득 75% 이하)에게 치료비 중 본인부담금과 비급여항목 진료비 중 일부를 지원하는 것이 대표적이다. 또한 최근에는 지자체마다 복지재단을 운영하는 경우도 있다. 따라서 의료사회복지사는 보건복지에 대한 정부의 정책적 방향과 중앙정부나 지방정부 차원의 의료비 지원

제도 등을 정확히 파악하고 있어야 한다.

- **병원 내부:** 병원 내부의 기금은 ① 병원조직 차원에서 일정 규모의 사회복지기금을 편성하는 경우와 ② 병원 직원들의 '월급끝전모으기'와 '급여의 1% 기부하기' 등과 같은 자발적 참여, ③ 바자회, 음악회 등 병원 내부에 다양한 프로그램을 마련하여 후원금을 모금하여 운영하는 경우 등이 있다. 병원의 사회복지기금은 주로 의료사회복지부서에서 관할하게 되는 경우가 많아 기금사용을 위한 기준과 처리과정을 마련해야 한다. 또한 원내 후원조직은 의료사회복지부서에서 업무를 맡아서 운영하기도 하지만 별도의 자체 조직으로 구성되기도 한다. 이런 경우에는 상호협력 체계가 요구된다.
- **외부기관:** 사회복지공동모금회와 같은 공공기관이나 복지관련재단, 기업의 복지재단이나 사회공헌팀과 같은 외부 원조기관에 진료비나 환자들을 위한 지원사업비를 신청하여 지원받는 방식이다.[01] 지원받기 위해서는 지원 기관 및 해당 사업에 대해 정확한 정보를 확보하여, 신청하고자 하는 사업이나 사례가 적합한지 살펴야 한다. 신청은 대개 프로포절을 작성해서 제출해야 하는데 여기에는 신청자의 신뢰성과 절박한 욕구가 잘 드러나고, 필요한 금액의 근거를 구체적으로 제시하고 후원을 통해 달성될 수 있는 결과가 명확히 드러나도록 작성해야 한다. 그리고 그 결과물을 정확하고 성실하게 보고하여 차후 사업지원 및 협력을 위한 신뢰의 기반을 구축하도록 해야 한다.
- **특별기금행사:** 기금 마련을 위한 이벤트, 즉 행사를 기획하고 진행하는 것이다. 여기에는 걷기대회, 음악회, 전시회와 같은 행사들이 포함될 수 있다. 이런 기금행사는 병원내부의 행사로 진행할 수도 있지만, 대한의료사회복지사협회나 언론사 등과 함께 일반 국민들을 대상으로 전국 규모로 실시될 수도 있다. 라디오나 TV 등을 통해 환자들의 사연을 소개하는 방식으로 진행되기도 하는데, 이

01 관련기관들의 목록은 부록 2를 참조.

때 환자들의 불행을 지나치게 강조하는 것은 유의해야 한다. 환자들은 치료 후 지역사회로 돌아가야 하는데 방송을 통해 개인적인 사정이 너무 깊이 알려지거나 그들의 불행이 강조되면 일상생활에 곤란을 경험할 수도 있다. 강흥구(2007: 286)는 모금을 위해서는 경제적 빈곤이나 어려움을 강조하기보다는 소아암 환자를 위한 기금, 화상환자의 사회재활을 위한 기금, 척수손상환자의 보장구 마련을 위한 기금, 성폭력과 학대 피해 아동을 위한 기금과 같이 구체적인 기금의 성격을 특화하여 접근하는 것이 바람직하다고 제언하고 있다.

- **개인 후원자**: 개별 후원자를 모집하고 관리하는 활동이다. 후원자 모집은 앞에서 제시한 특별행사를 이용할 수도 있고 후원자 모집 팜플렛 등을 통해 이뤄질 수도 있다. 또한 개별 접촉을 통해 잠재적 후원자를 실질적 후원자로 변화시킬 수도 있다. 또한 후원자 발굴에만 그쳐서는 안 되고 후원금이 어디에 어떻게 사용되었는지를 알림으로써 후원자의 의도가 잘 달성되었다는 것을 피드백해야 한다. 또한 감사의 뜻을 전하기 위한 메시지 전달이나 '후원자의 밤'과 같은 행사 등을 마련하여 후원자가 자신의 후원행위에 대한 보람이나 자긍심을 느끼도록 하는 것도 필요하다.

2) 의료비 지원을 위한 기획사업

의료사회복지부서는 확보된 기금을 유용하게 사용하기 위해 기획하고, 사업을 집행하며 평가한다. 이러한 사업은 보통 개인적 차원의 후원이 아니라 비교적 큰 규모의 사업으로 진행된다. 따라서 가장 중요한 출발점은 사업에 대한 아이디어 제안이라고 할 수 있다. 즉, 특정한 목적에 따라 체계적으로 예산을 활용할 수 있는 창의적인 기획 사업을 추진할 수 있어야 한다. 이러한 기획사업의 예로는 도서지역 부인암 검진사업, 가정폭력피해자 무료진료사업, 화상환자 재활지원사업, 지진피해자 돕기 해외의료봉사단파견사업 등을 들 수 있다.

이런 사업들을 제안하는 단계에서 검토해 보아야 할 사항은 다음과 같다.

- 기금의 성격이나 소속된 의료조직의 성격에 맞는 사업이어야 한다. 만약 기금이 어떤 취지나 대상을 표방하여 모금된 것이라면 그에 부합하는 사업을 구상해야 한다. 또한 이러한 사업을 추진하는 병원의 특화된 분야가 무엇인지를 살펴야 한다. 예를 들어서 화상 전문 병원이라면 화상환자와 관련된 기획을, 또는 여성 전문 병원이라면 여성환자와 연관된 기획을 필요로 할 것이다.
- 의료사각지대에 처한 대상이 누구인지를 파악한다. 의료비 지원은 의료서비스의 혜택을 받지 못하는 대상에게 제공되는 것이 마땅하다. 여기에는 안면기형환자 수술비 지원과 같이 의료비를 직접 지원하는 방식도 있을 수 있고, 외국인 근로자를 위한 무료진료팀 운영과 같이 의료서비스를 제공할 수 있도록 그 서비스 팀 운영비를 지원하는 방식도 있을 수 있다. 또한 일상적인 지원도 가능하지만 재난에 대응하기 위한 일시적인 긴급구호 방식으로 사업을 기획할 수도 있다.
- 실현가능성과 성과를 예측한다. 사업의 내용이나 의미가 아무리 좋더라도 실현가능성이 낮거나 성과물을 예측하기 어려운 경우에는 사업으로 채택될 가능성이 낮다. 따라서 사업 구상 단계에서도 6하 원칙(누가, 왜, 언제, 어디서, 무엇을, 어떻게)에 따라 제안서를 작성해 보고 목표에 따른 산출(output)과 성과(outcome)를 예측해 보아야 한다.
- 홍보효과에도 관심을 갖는다. 홍보는 곧 어떻게 의미를 부여하고 외부에 이를 알릴 것인가 하는 부분으로서 이는 병원 본부의 재가를 얻어내기 위해 반드시 필요한 부분이다. 그런 측면에서 일회적인 사업의 경우 시의적절성이 중요하며, 지속적인 사업의 경우에는 장기적으로 어떤 측면에서 병원의 이미지나 위상을 제고할 수 있는지를 검토하는 것이 중요하다.

아이디어 검토를 마치면 제안서를 작성하여 병원 본부의 재가를 받도록 한다. 제안서가 통과되면 보다 구체적인 기획서를 작성하고 해당 사업을 위한 운영조직을 구성하며 예산을 배정하는 등 실행에 옮기게 된다. 사업이 진행되는 현장에서 의료사회복지사는 실질적으로 서비스를 제공할 수도 있지만 전체적인 사업 진행을 총괄 지원하는 업무를 수행해야 하는 경우가 많다. 그리고 사업이 종결된 이후에는 기획 단계에서 세운 목표에 따른 평가서를 작성하고 사후 관리를 통하여 사업의 성과를 지속적으로 파악하여 보고하도록 한다.

이러한 기획사업을 진행하기 위해서는 우선 다양한 제안을 할 수 있는 창의성이 요구되며, 이를 현실에 맞게 구상하고 준비할 수 있는 조직력, 그리고 관련 부서나 현지 조직들과 소통하고 협력할 수 있는 의사소통 능력과 인화력 등이 의료사회복지사의 역량으로 요구된다.

3) 개별 의료비 지원사업

의료보험과 의료보호로 충당할 수 없는 비급여 항목의 진료비를 감당하기 어려운 경우나 차상위 계층으로서 일정 부분의 본인부담금조차도 버거운 경우에 개별적으로 의료사회복지부서에 지원을 신청할 수 있다. 이러한 신청은 환자 스스로 정보를 알고 찾아오는 경우도 있지만 진료부서에서 환자를 의뢰하는 경우도 있고 사회복지관이나 학교 등 지역사회기관으로부터 병원에 의뢰되는 경우도 있다.

앞에서 살펴본 바와 같이 대형 병원에서는 사회복지기금이나 자선진료기금이라는 명목으로 이러한 환자들을 지원할 수 있는 기금을 운영하기도 한다. 만약 이러한 기금을 사용할 수 없는 상황이라면 외부 자원을 연결할 수도 있다. 실제로 의료사회복지사의 직무 중 소득원 상실이나 결여로 인한 치료비 부담 문제 등의 경제적 문제는 중요한 개입 대상으로 규정되고 있다. 이와 관련하여 의료사회복지사는 경제력 평가, 진료비 지원과 이를 위한 외원기관 연결, 무의탁 또는 행려환자 개입 등의 역할을 수행하게 된다(강흥구, 2007).

본 교재에서는 이러한 역할의 대부분이 재정이나 자원을 연결하거나 정해진 행정처리 과정에 따라 업무가 진행된다는 점에서 행정업무의 일환으로 제시하고 있다. 그러나 의료비 지원을 위해서는 환자 또는 그 가족과의 면담이 반드시 이루어져야 하고 심리사회적 지원이 병행되기 때문에 임상적 차원의 개입이 함께 이루어지게 된다. 이러한 역할을 수행하기 위해서는 높은 수준의 전문성과 윤리성이 요구되며, 그 구체적인 내용은 다음과 같다.

- **객관적이고 합리적인 판단 기준:** 진료비 지원 결정은 판단의 기준이 되는 관련 규정과 지침, 매뉴얼 등이 마련되어 있어야 하며, 관련 심의기구 등을 두어 공정하고 투명한 절차하에 이루어지도록 해야 한다.
- **생명윤리와 사회복지적 윤리에 대한 이해:** 예를 들어 생명과 직결되지는 않지만 치료효과가 확실한 소액의 치료비를 여러 명에게 지급할 것인지, 생명과 직결되지만 치료효과가 불확실한 고가의 수술비를 소수의 어린이에게 지급할 것인지와 같은 문제를 결정해야 하기 때문에 질병과 치료에 대한 지식, 윤리적 규범에 대한 지식, 윤리적 민감성, 윤리적 결정에 대한 이해와 숙달이 요구된다.
- **재정관리 능력:** 재정 운영이라는 측면에서 계산이 정확해야 하고 이를 투명하게 관리할 수 있는 책임감이 요구된다. 또한 결정의 근거에 대한 기록과 관련된 영수증이나 행정서류들이 철저히 관리되어야 한다. 의료사회복지사는 특히 이러한 지원이 공적 기금에 의해 이루어진다는 의식을 투철하게 지니고 있어야 한다.
- **임상적 역량:** 진료비를 요청하고 타인의 도움을 받을 수밖에 없는 클라이언트의 입장을 헤아리고 이들의 고충을 이해하며 용기를 잃지 않고 투병할 수 있도록 도와야 한다. 또한 진료비 지원에 대한 희망을 갖고 찾아왔다가 지원이 거부되었을 때 신청자가 갖는 실망감이 분노나 우울 등으로 이어지는 경우가 있으므로

진료비 지원이 좌절된 클라이언트에 대해서도 지속적으로 관심을 갖고 심리사회적 지원을 제공하며 계속 함께 대안을 찾아보도록 노력해야 한다.

3. 자원봉사자 관리

1) 의료기관에서의 자원봉사

의료기관은 다양한 직종의 인력을 필요로 하는 기관이다. 여기에는 각 분야별 전문 인력도 포함되지만 이들을 지원하고 환자와 가족 등 이용자의 입장에서 서비스 이용을 돕는 역할을 수행하는 인력도 필요하다. 그러나 이런 인력들을 모두 유급으로 고용하기보다는 자원봉사자를 활용하기도 한다.

그 이유는 첫째, 지역주민을 자원봉사자로 활용함으로써 의료기관의 이미지 개선과 홍보효과를 가질 수 있다는 점이다. 지역주민으로서 병원조직에 참여하는 자원봉사자들은 병원에 소속감을 가지고 병원을 홍보하는 기능을 수행할 수 있다. 둘째, 자원봉사자는 병원과 환자의 중간자 역할을 수행한다. 따라서 병원 이용자 입장에서는 시간에 쫓기는 전문인력에 비해 자원봉사자에 대한 접근성이 높아서 의료기관 이용에 대한 불편을 해소하고 만족도를 높이는 데에 기여할 수 있다. 셋째, 자원봉사자는 유급인력 대체와 인건비 절감이라는 경제적 효과도 거둘 수 있다. 실제로 주 1회 3~4시간의 자원봉사인력 20명은 정규인력 1명을 대체하는 효과가 있는 것으로 보고되고 있다(강흥구, 2007: 284).

의료기관에서 자원봉사활동은 의료기관 측면뿐 아니라 자원봉사자 스스로를 위해서도 도움이 된다. 다른 어떤 영역보다도 전문적인 봉사가 가능하며 질병으로 고통

받는 환자와 가족을 돕는다는 보람을 느낄 수 있는 영역이기 때문이다. 또한 질병과 죽음에 직면하는 현장에서 자원봉사자들은 삶의 지혜와 배움을 터득하기도 한다.

이러한 자원봉사자 관리 업무는 경우에 따라서는 다른 부서에서 운영하거나 별도의 조직으로 운영되는 경우도 있지만 대개 의료사회복지부서에서 담당하는 경우가 많다. 의료사회복지부서는 자원봉사자 관리 업무를 통해 병원의 운영과 이용자 만족도 향상에 기여하는 부서로서 위상을 정립할 수 있다.

2) 자원봉사자 관리 체계 및 절차

자원봉사자 관리와 관련하여 의료사회복지사는 자원봉사자들을 모집하여 훈련하는 업무, 의료기관의 욕구를 파악하여 특정 활동과 연결하는 업무, 그리고 그 자원봉사자 활동 과정을 관리하고 지원하며 점검 및 조정하는 업무, 그리고 그 성과를 평가하는 업무들을 수행해야 한다. 따라서 이러한 자원봉사자 관리업무를 합리적으로 운영하기 위해서는 관리운영 체계를 갖추는 것이 필요하다. 이 운영체계는 일반적으로 〈자원봉사자 관리운영 지침〉의 형태로 작성되며 다음과 같은 항목들이 포함되어야 한다.

- 자원봉사자 운영의 목적과 목표
- 자원봉사자 선발과 운영 기준
- 자원봉사자 담당 업무에 따른 교육 매뉴얼
- 자원봉사자의 안전과 권리 확보를 위한 방침: 상해보험에 가입, 개인정보 노출로부터의 보호, 신체적, 성적, 언어적 폭력으로부터의 보호 등에 대한 규정 등
- 자원봉사 활동에 의한 보상 기준 및 청탁 금지 규정
- 자원봉사자 활동 및 운영 기록양식

다음은 자원봉사자 관리 단계에 따른 의료사회복지사의 과업을 설명한 것이다.

(1) 자원봉사운영체계 수립

자원봉사자 운영을 위하여 계획을 세우고 운영체계를 마련하는 단계이다. 이를 위해서 우선 의료기관 차원에서 자원봉사자 운영 여부에 대한 결정을 내리고 의료사회복지부서에 공식적으로 이 업무를 부여하는 절차가 이뤄져야 한다. 업무를 담당하게 된 의료사회복지부서에서는 자원봉사자 운영의 목표를 명확히 하고, 앞에서 살펴본 자원봉사자 운영체계를 구축하며, 자원봉사자의 역할과 각 부서별로 필요한 인력의 종류와 규모를 파악하여 배치 계획을 세워야 한다.

(2) 홍보와 모집

운영체계가 마련되면 자원봉사 인력을 모집한다. 일반적으로 모집 공고나 홍보문에는 자원봉사자를 모집하는 의료기관, 자원봉사자 운영 목적, 지원자격, 활동분야, 접수 및 문의처, 혜택 등을 소개해야 한다. 지원 자격은 특별한 제한 규정을 두지 않는 것이 일반적이나 경우에 따라 병원이 위치한 지역주민이나 중학생 이상의 연령을 조건으로 하기도 한다. 또한, 봉사 영역에 따라서 전문적인 자격이나 학문적 배경을 우대사항으로 제시하기도 한다. 홍보문이 준비되면 홍보 경로를 정해야 한다. 공공장소에 홍보문을 부착하거나 SNS 등을 통한 홍보 등 다양한 경로를 개발한다.

(3) 접수

여러 경로를 통해 자원봉사자 신청을 받고 접수를 하게 된다. 접수는 정해진 양식 작성과 면담을 통하여 기본적인 인적사항, 봉사하려는 의도, 희망 부서나 역할, 활동 가능한 시간, 자원봉사자의 조건 등을 파악하는 과정이다. 이 과정에서 선한 의지를 가진 신청자를 환영하고 존중해야 하지만, 진료비 감면 혜택이나 진료순서에

특혜, 특정 단체, 사업, 상품을 홍보하기 위한 개인적 목적이나 사적 이익을 위해 봉사하려는 경우도 있을 수 있다는 점을 유의해야 한다.

(4) 교육훈련

자원봉사 활동이 결정되면 기본적인 자원봉사자 교육을 시행한다. 교육훈련의 방식으로는 모든 봉사자나 해당 부서 봉사자들을 대상으로 하는 집단 교육과 특수한 목적에 따른 개별 교육이 있다. 활동을 시작하면서 의료기관, 자원봉사 활동지침, 자원봉사자의 역할 등을 소개하는 준비 교육을 실시하고, 활동 중에는 의료정보나 부서에서 필요한 지식 등에 대해 교육한다. 교육을 통해 자원봉사자는 희망했던 활동 영역을 변경하기도 하고, 자신의 잠재력을 발견하고 보람을 찾을 수 있다.

(5) 배치

자원봉사는 지속성이 중요한데, 이를 위해서는 자원봉사자의 적성과 관심사에 맞는 업무 배치가 이뤄져야 한다. 일반적으로 의료기관에서 자원봉사자를 필요로 하는 직무들은 다음과 같은 것들이 있다.

- **정보제공 및 안내:** 접수대나 안내 데스크에서 병원 이용과 관련한 정보를 제공하고 그 절차를 돕거나, 이용자를 에스코트하는 일, 진료과 선택을 돕는 일 등을 수행한다.
- **병실봉사:** 입원환자를 대상으로 식사나 운동 등을 보조하는 간병인의 역할 수행, 책을 빌려주고 읽어주는 도서봉사, 말벗, 환자의 종교에 따른 종교봉사, 머리카락을 잘라야할 경우에 필요한 이미용봉사, 소아환자나 형제를 위한 탁아봉사, 학습지도봉사, 임종을 앞둔 환자와 가족을 지지하는 호스피스봉사, 정신과 입원병동 등에서 활동요법을 진행하는 프로그램 봉사, 공연을 하는 위문봉사 등이 포함된다(윤현숙 외, 2011: 316-317). 이러한 봉사는 직접 환자와 대면해야 하므

로 숙련성이 필요하고, 이미용과 같은 특정 기술이 요구되는 경우에는 해당 자격요건을 갖추어야 한다.

- **행정업무 보조**: 의무기록실이나 원무과 등에서 관련 서류들을 정리하고 전달하거나 자료를 입력하는 등의 업무를 수행한다.
- **의료서비스 지원**: 중앙공급실과 수술실 등에서 거즈나 솜을 정리하는 일, 약제과에서 약봉투를 순서에 맞게 정리하는 일, 응급실에서 정리와 질서유지를 돕는 일 등이 여기에 포함된다.

(6) 점검과 평가

자원봉사활동은 점검과 평가를 통해 자원봉사자나 의료기관의 만족도를 높이고 본래 취지를 실현할 수 있다. 자원봉사자의 입장에서는 자원봉사 활동에 대한 기대와 역할이 일치하는지, 차이가 있다면 어떻게 조율해야 하는지 등을 파악해야 하며 전체적인 만족도 등도 알아보아야 한다. 또한, 각 부서는 자원봉사 활동에 대해 어느 정도 만족하고 어떤 도움을 받고 있으며 개선되어야 할 사항은 무엇인지 확인한다. 필요한 경우에는 환자와 가족의 의견을 취합할 수도 있다. 이러한 점검과 소통은 정기적으로 이뤄지는 것도 필요하지만 문제가 발생할 경우 즉시 소통하며 해결할 수 있는 통로가 있어야 하고, 개별적인 점검뿐 아니라, 부서별 점검, 전체 자원봉사자의 간담회 형식도 고려할 수 있다.

'평가'는 자원봉사활동 기획 단계에서 수립한 목표의 달성 정도를 파악하는 것으로 자원봉사 활동이 자원봉사자 개인이나 의료기관에 기여한 내용과 정도를 면담이나 설문을 통해 확인할 수 있다.

(7) 피드백

마지막으로 점검과 평가 내용을 근거로 의료기관과 관련 부서, 그리고 자원봉사자들과 공유함으로써 자원봉사활동과 그 운영체계를 개선할 수 있어야 한다. 또한, 한편, 자원봉사자의 지속적인 활동 유지를 위해서 적절한 인정과 보상을 통한 피드백이 필요하다.

4. 기타 업무: 교육 및 연구업무 등

1) 실습 및 수련 지도

실습과 수련은 의료사회복지사가 되기 위한 필수적인 준비 과정이다. 따라서 예비 의료사회복지사에게 실습이나 수련의 기회를 제공하고 이들을 지도하는 것은 전문가를 양성하고 의료사회복지의 발전에 기여한다는 큰 의미가 있다. 또한 수퍼비전 기회가 한정적인 한국 상황에서는 동료 수퍼비전도 전문적 역량 개발을 위하여 중요한 기능을 수행한다(최명민, 2006). 따라서 같은 분야의 사회복지사들과 교류하며 상호 자문하는 기회를 만들 필요가 있다.

(1) 실습지도

예비 사회복지사를 위한 실습을 운영하기 위해서는 합리적 규정과 체계적 절차에 따라 진행할 수 있도록 실습생 선발, 수퍼바이저 배정, 실습 내용, 실습비 등에 대해 명확히 규정하고 그에 따라 실습을 운영해야 한다. 실습 운영과정은 일반적으로 '실습 신청 및 실습생 선발 → 실습목표설정 및 실습계약 → 실습생 오리엔테이션 및 수퍼바이저 임명 → 실습지도 및 수퍼비전 제공 → 실습 평가 및 피드백' 순으로 진행된다. 또한, 실습생을 보호하고 권리를 보장하는 방안을 마련하고 이를 준수해야 한다. 상해보험 가입 등 실습생의 안전 확보 방안과 개인정보의 노출로부터 보호, 부당한 대우에 대한 개선요구 보장, 실습생을 신체적, 성적, 언어적 폭력으로부터 보호하기 위한 규정 등을 마련해야 한다. 또한 수퍼바이저만이 실습생을 평가하는 것이 아니라 실습생으로부터도 기관과 실습 프로그램에 대한 평가를 받고 만족도 등을 파악해야 한다. 실습과정에서 수퍼바이저의 가장 중요한 직무는 적절한 수퍼비전을 제공하는 것이다.

(2) 수련지도

1급 사회복지사 취득 후 의료사회복지사를 준비하는 수련과정은 의료영역의 전문적 경험을 쌓는 기회가 되어야 한다. 수련생은 의료기관에서 인턴과 같은 지위에 있으며 의료사회복지사의 업무를 보조하거나 분담하여 직무를 수행하기 때문에 적절한 임금이 지불되도록 제도화할 필요가 있다. 수련생은 실습생보다 더 직접적으로 클라이언트를 만나고 실제 의료사회복지사의 업무를 수행하는 비중이 높다. 그러므로 수련과정에서는 수련생의 직무수행과 관련된 직접적인 수퍼비전이 제공되어야 하며, 의료사회복지사 자격취득을 위해 일정하게 요구하는 과업들을 스케줄에 맞게 잘 수행할 수 있도록 격려하고 지원해야 하며, 실습생과 달리 일지보다는 수련생이 진행한 사례들을 중심으로 수퍼비전을 제공해야 한다.

2) 조사 및 연구업무

조사연구는 전문가가 수행해야 할 필수적인 과업 중 하나이다. 특히 보건의료 현장에서 사회복지사의 연구조사 업무는 다음과 같은 의미를 가질 수 있다.

첫째, 사회복지사의 연구참여는 질병과 치료에 대해 생물학적 요인뿐 아니라, 다양한 심리사회적 요인들을 생태체계적 관점에서 통합적으로 접근할 수 있도록 한다.

예를 들어, 지역사회를 대상으로 한 역학조사나 지역주민의 의료욕구와 관련된 조사에 참여함으로써 사회문화적인 요소를 고려하는 데 기여할 수 있다. 또한, 최근에는 연구윤리가 강조되고 있는데 다양한 측면에서 연구참여자의 인권과 그 영향을 조망해야 한다는 점에서 사회복지적 시각은 연구윤리의 균형을 맞추는 데 도움이 될 수 있다.

둘째, 의료현장은 사회복지의 2차 세팅이라는 특수성 때문에, 의료사회복지사의 존재 이유와 개입의 정당성을 입증할 수 있는 연구가 더욱 필요하다. 의료사회복지사의 활동을 통한 클라이언트의 변화, 병원이용자 만족도 향상, 다른 전문직군과의 협력, 비용절감효과 등을 입증하여 의료사회복지사의 활동에 대한 신뢰도를 높일 수 있다.

셋째, 의료사회복지사는 다양한 프로그램을 개발하는 연구조사를 수행함으로써 클라이언트의 욕구에 부응하고, 서비스 기회를 확대할 수 있다. 이러한 연구조사의 결과는 다시 증거기반(evidence-based)의 자료로 활용될 수 있다. 이러한 연구조사 업무를 수행하기 위해서는 의료사회복지사에게 적절한 연구역량이 요구된다.

3) 기타 조직 구성원으로서의 역할

앞에서 살펴본 역할들 이외에도 의료현장에서 사회복지사는 자신의 업무를 관리하고, 기록하며, 부서회의 또는 병원 전체의 회의에 참여하는 등 행정가로서의 역할을 수행하게 된다.

행정가로서의 역할은 의료사회복지사의 직급이나 부서의 규모에 따라 조금씩 다라질 수 있다. 일반적으로 선임사회복지사 또는 부서장의 역할을 하게 되는 경우 신규직원이나 일선의 사회복지사에게 수퍼비전 및 업무와 관련된 교육을 제공하고, 부서회의를 운영하며, 부서 내에서 사회복지업무와 관련된 업무분담이 효율적으로 이루어질 수 있도록 조정하는 역할을 담당하게 된다. 그러나 일반적으로 의료사회복지부서의 규모가 크지 않기 때문에 사회복지부서의 구성원들은 각 진료부서나 담당업무를 수평적으로 분담하는 경우가 많다. 따라서 작은 조직 내에서 지나치게 서열을 강조하기보다는 상호 존중하고 협력하는 민주적인 조직문화를 만들어 가도록 노력할 필요가 있다.

CHAPTER 08

의료사회복지실천 가치와 윤리

학습목표

01 의료사회복지에서 가치와 윤리의 중요성을 설명할 수 있다.
02 사회복지사 윤리강령과 의료직군의 윤리강령의 공통점과 차이점을 이해한다.
03 의료사회복지실천에서 당면할 수 있는 윤리적인 이슈들과 그 이슈들을 적절히 다룰 수 있는 윤리적 역량을 강화한다.

1. 의료사회복지에서 가치와 윤리의 중요성

우리 사회에는 다른 직종보다 더 많은 윤리성을 요구받는 직업들이 있는데, 그중 하나가 사회복지전문직이다. 사회복지사에게 윤리성이 중요한 이유는 다음과 같이 정리해 볼 수 있다(최명민, 2008: 6).

첫째, 사회복지실천은 과학적 기반이 되는 '지식', 경험과 숙련성에 의한 '기술'을 필요로 하며, 이를 통해 의미 있는 '가치'를 추구한다. 이처럼 지식, 기술, 가치는 사회복지실천의 3대 요소로 일컬어진다. 그중에서도 가치는 좋음과 나쁨에 대한 것으로서 여기에는 옳고 그름에 대한 윤리도 포함된다. 다시 말해 사회복지실천이 추구하는 가치에는 윤리가 포함되며 이들은 사회복지실천의 필수요소이다.

둘째, 일반적으로 전문직을 규정하는 주요 측면 중 하나가 그 직군의 윤리성을 담보하기 위한 체계적 노력이다. 실제로 공공성의 가치나 이를 수행하기 위한 윤리강령은 대부분의 대인 서비스 전문직이 갖춰야 할 중요한 요소로 간주되고 있다. 사회복지전문직도 이러한 윤리성을 확보하기 위한 노력을 기울여 오고 있다. 우리나라에서도 한국사회복지사협회가 설립된 1967년부터 사회복지사 윤리강령을 채택하였고, 이후 3차에 걸친 개정을 통해 오늘에 이르고 있으며, 사회복지사는 이를 준수할 것을 의무로 하고 있다.

셋째, 여러 대인 서비스 직군 중에서도 사회복지사는 평등과 자유에 기반 한 사회정의(social justice)에 헌신하는 직군으로 정의된다(Thompson, 2005). 사회복지 클라이언트들이 상대적으로 권력이나 경제력에 취약한 경우가 많고 사회복지실천을 통해 이러한 불평등을 바로잡고자 하기 때문이다. 그런데 사회적 취약계층일수록 설혹 잘못된 처우를 받거나 부당한 대우를 받더라도 이에 항의하고 자기옹호를 하기 어려우므로 사회복지사에게는 윤리적 차원에서 더 높은 자정 능력이 요구된다.

넷째, 다양한 사람들이 여러 가지 문제로 복잡하게 얽혀 있는 사회복지실천현장에서 사회복지사는 매일매일 적절한 가치판단을 요구받는다. 따라서 사회복지사는 실천과정에서 당면하는 윤리적 이슈들을 적절히 이해하고 유능하게 대응할 수 있는 역량을 갖춰야 한다.

그러나 사회복지실천에서 때때로 가치와 윤리는 추상적이어서 실천의 과학화에 배치되거나, 구체적인 현실과 괴리가 있는 것으로 취급되기도 한다(김기덕, 2002). 하지만 여기서 살펴본 바와 같이 사회복지에서 윤리는 사회복지 고유의 가치를 실현하기 위한 필요충분 조건이자 전문직으로 존재할 수 있는 근거라는 점에는 이의가 있을 수 없다. 다시 말해 사회복지사가 우리 사회에서 사회복지서비스를 전담하는 전문직으로 존재할 수 있는 것은 사회복지사가 사람을 대하고 복지서비스를 제공함에 있어서 윤리적이고 유능한 실천을 할 것이라는 기대와 전제가 깔려 있기 때문이다.

이렇듯 본래 사회복지실천에서 가치와 윤리는 매우 중요하지만 특히 보건의료현장에서는 더욱 정교하게 고려되어야 한다. 그 이유는 다음과 같은 의료사회복지현장의 특수성에서 찾을 수 있다.

우선, 보건의료 현장은 인간의 질병과 생명을 다루는 과정에서 수많은 사건이나 문제들이 발생하고 이에 대한 결정이 요구되는 곳이다. 특히 현대 의학 및 과학의 발달과 더불어 생명과 관련된 개념과 가치에 많은 변화가 생기면서 이들이 뜨거운 논쟁거리로 등장하고 있다. 따라서 의료현장은 가치와 윤리의 문제가 그 어느 분야보다도 더 빈번히 제기되고 또 첨예하게 나타나는 곳이다. 그러므로 의료사회복지사의 윤리적 결정은 한 사람의 생명이나 그 가족의 삶 전반에 영향을 미치는 파급력을 가져올 수 있다. 예를 들어 낙태 결정이나 연명치료의 지속 여부, 또는 치료비 지원 결정 등을 다루는 사회복지사의 가치판단과 그에 따른 윤리적 결정은 클라이언트의 삶을 가르는 상당한 영향력을 가진다. 그런데 그 가치들의 우선순위가 고정되어 있다거나 옳고 그름이 분명하거나 그 결정의 결과가 예측 가능한 것이 아니므로 의료현장에서 이뤄지는 판단과 결정은 그만큼 신중해야 한다.

또한 의료사회복지현장은 여러 전문직들이 공존하는 사회복지의 2차 세팅이다. 따라서 이들 사이에서 의료사회복지가 어떤 정체성을 갖고 무엇을 지향하는가 하는 것은 사회복지사의 존재 이유를 설명하는 부분이 된다. 실제로 의료사회복지사들은 여러 전문직들 사이에서 자기 존재의 정당성과 전문직 정체성, 그리고 휴머니즘 실현의 사명감을 확고히 갖고 있을 때 소진되지 않고 일할 수 있는 것으로 보고되고 있다(최명민 외, 2005).

2. 사회복지사 윤리강령 비교

의료사회복지는 의료 영역과 사회복지가 만나는 지점에서 수행된다. 따라서 의료사회복지사의 결정에는 우리 사회, 의료조직, 타 전문직, 클라이언트, 사회복지전문직, 그리고 자기 자신의 가치와 윤리 등이 복합적으로 영향을 미치게 된다. 이 중에서도 특히 사회복지 윤리와 의료 윤리는 서로 일치하는 부분도 있지만 차이도 존재한다. 다음 〈표 8-1〉은 사회복지사 윤리강령과 보건전문직을 대표하는 의사 윤리강령의 주요 내용을 비교하여 정리해 본 것이다.

표 8-1 사회복지사와 의사의 윤리강령 비교

사회복지사 윤리강령의 개요: 한국사회복지사협회 1988년 제정, 2001년 2차 개정		의사 윤리강령의 개요: 대한의사협회 1997년 제정, 2006년 개정	
기본 윤리	• 전문가로서의 자세 –전문가로서 품위와 자질, 책임성 –차별 대우 금지 –성실하고 공정한 일처리, 부당압력 거부 –사회정의실현 및 복지증진에 헌신 –전문적 가치와 판단에 따른 일처리 –개인 이익보다 전문직 가치와 권위 우선 –전문가단체 활동 및 사회정의 실현 참여 –전문성 개발을 위한 노력 –지식과 기술개발에 최선 –Ct대상 연구 시 자발적 고지된 동의확보 –비밀보장 –전문성 개발과 함께 최상의 서비스 노력 –전문가교육 참여 • 경제적 이익에 대한 태도 –Ct경제 능력에 대한 차별금지 –공정하고 합리적인 이용료 책정 –부당한 경제적 이득 금지	일반적 의무와 관리	–생명존중 및 건강보존의 사명 –인류와 국민의 복리증진 –공정하고 공평한 자세 –검증된 시술 시행 –양심과 전문적 판단에 따른 진료와 이에 대한 법률의 보호 –최선의 의료환경 조성 노력과 이에 대한 정당한 대우

Ct에 대한 윤리 기준	• 클라이언트와의 관계 –Ct 권익옹호를 최우선 가치로 실현 –Ct의 존엄성 존중 및 전문능력 최대발휘 –자기결정권 존중 –사생활보호 및 비밀보장 –Ct의 알권리 보장 –Ct정보공개 시 동의획득 –사적 이익 위해 전문적 관계 이용금지 –Ct와 부적절한 성관계 금지 –Ct를 동반자로 인식하고 협력 • 동료의 클라이언트와의 관계 –적법 절차 없이 동료 및 타기관 Ct와 전문적 관계 형성 금지 –동료 Ct 맡을 시, 자기 Ct와 동일 대우	환자와 의사의 관계	–인격을 가진 존엄한 존재로서 대우 –동반자로서 인식 –환자의 생명과 건강에 대한 최선 다하기 –상호 신뢰와 사랑에 기반을 둔 관계 –환자의 자유선택과 알권리 존중 –고지의 의무 준수 –환자의 비밀보장 –응급환자에 대한 적극적 처치 및 사회적 책임
동료에 대한 윤리 기준	• 동료 –동료에 대한 존중과 신뢰 –전문직 권익 증진위해 동료와 협력 –동료의 윤리적, 전문적 행위 촉진 –전문적 판단 및 실천 문제시, Ct이익보호 –동료의 비윤리 행위에 대한 법적, 윤리적 조치 –동료 및 타전문직 인정 및 존중 • 수퍼바이저 –사적 이익 위해 지위 이용 금지 –공정한 책임 수행 및 평가대상과 평가내용 공유 –수퍼바이저와 사회복지사가 협력과 존중 –수퍼비전 대상에 대한 인격적, 성적 수치심 주는 행위 금지	동료 보건 의료인과 관계	–동료 보건의료인에 대한 존중 –동료 보건인 직무의 가치와 내용 인정하고 민주적 직무관계 형성 노력 –동료의료인과 협조하며, 필요시 의뢰 –동료에 대한 비난 금지 –동료의 의학적, 윤리적 오류 정정 책임
사회에 대한 윤리 기준	–인간존중, 평등, 약자옹호에 헌신 –사회서비스 개발 위한 사회정책 수립 및 집행에 참여 –사회환경 개선 및 사회정의 실현 위한 사회정책 수립 및 집행 요구 –지역사회 문제 이해 및 해결에 적극참여	사회적 역할과 임무	–생명, 건강, 삶의 질 향상을 위해 인권, 환경, 노동조건의 개선 노력 –적절한 의료비용 보장 위한 노력 –부당한 경제적 이득 금지 –과장, 비방, 저속 광고 금지

기관에 대한 윤리 기준	–기관 정책 및 사업 목표 달성에 헌신함으로써 CI이익 도모 –기관의 부당한 정책 및 요구에 전문적 가치와 지식으로 대응하며 사회복지윤리위원회에 보고 의무 –소속기관 활동에 적극 참여로 기관의 성장 발전을 위해 노력	시술과 의학 연구 등	–수태 시부터 온전한 생명으로 인정하고 의술로 개선불가능한 치명적 결함을 가진 경우를 제외하고 임진중절 금지 및 성별 감별과 정보누설 금지 –임종을 앞둔 자의 고통감소 노력과 품위 있는 죽음을 위한 도움 제공 –의학연구의 목적은 생명과 건강보전이어야 하며 호기심과 사리 추구는 금지 –장기 및 조직 연구 시 피검자와 보호자에게 충분한 정보제공 및 승인 받아야 하며, 부당한 연구대상 및 보상 금지 –의학연구가 피험자나 생태계에 위협적인 경우 중단 의무
윤리 위원회 구성과 운영	–한국사회복지사협회 산하 사회복지윤리위원회 구성 –윤리위원회의 기능(비윤리 행위 접수 및 대처) –협회의 윤리적 권고와 결정 존중	윤리 위원회 구성	–각 의료단체에 윤리위원회 설치 –위원회는 의료윤리의 제고를 목적으로 하며 징계나 제재 시에는 충분한 소명기회 제공 –윤리적 지침을 소속 의사에게 교육

이들을 비교해 보면, 생명존중, 비밀보장, 서비스 대상자와 신뢰관계 형성 등과 같은 윤리는 사회복지나 의료를 불문하고 두 영역 모두에서 중시되고 있음을 알 수 있다. 단, 이 둘을 비교해 보면 사회복지사 윤리강령에서는 클라이언트의 자기결정권, 권익옹호, 사회정의 실현 등과 같은 클라이언트와의 관계 측면이 강조되고 있는 데에 비해, 의사윤리강령에서는 생명, 죽음, 치료에 대한 언급이 보다 구체적이고 특히 2006년 제정된 의사윤리지침에서는 뇌사, 장기이식, 인공수정 등과 같이 의학기술과 관련된 민감한 이슈들이 제시되고 있는 차이가 있다. 그러므로 의료사회복지사는 사회복지사로서 전문직 윤리도 준수해야 하지만 동시에 의료영역에서 중시되는 윤리도 참고할 필요가 있겠다.

3. 의료사회복지실천의 주요 윤리적 이슈들

과학의 발전, 질병의 다양화, 인권의식의 향상, 서비스 질관리에 대한 요구증대 등에 따라 보건 영역에서 윤리적 이슈가 발생할 가능성도 높아지고 있다. 그런데 이러한 윤리적 이슈에 따른 윤리적 의무가 항상 명확한 것은 아니다. 한 가지 상황에 포함된 다양한 윤리적 이슈들은 다양한 윤리적 의무를 내포하는데, 이들 간에는 한쪽을 선택하게 되면 다른 한쪽은 포기할 수밖에 없는 가치 갈등의 상황이 발생하곤 한다. 예를 들어서, 부모의 종교적 신념에 따라 자녀의 치료를 거부하는 가족을 면담할 때, 우리는 '부모의 자기결정권 대 자녀의 생명권', '부모의 자기결정권 대 자녀의 자기결정권', '부모의 보호자로서의 권리 대 보호자로서의 의무' 사이에 갈등이 일어나는 것을 보게 된다. 이러한 상황을 '윤리적 갈등(ethical conflict)'이나 '윤리적 딜레마(ethical dilemma)'라고 한다.

Congress(2000)는 건강과 관련된 윤리적 딜레마를 첫째, 건강관리분야에서의 윤리적 딜레마, 둘째, 정신건강분야에서의 윤리적 딜레마, 셋째, HIV와 AIDS에 관련된 윤리적 딜레마, 넷째, 다른 학문분야와 협력에 있어서의 윤리적 딜레마 등과 같은 4가지 주제로 제시하기도 하였다. 여기에서는 사회복지사가 보건의료현장에서 주로 당면하게 되는 윤리적 이슈로서 비밀보장과 고지된 동의, 존엄사, 낙태, 치료거부, 자원과 기회의 배분 등과 관련된 논의를 살펴보도록 하겠다.

1) 비밀보장과 고지된 동의

한국사회복지사 윤리강령에 의하면, 비밀보장에 대해 "사회복지사는 클라이언트의 사생활을 보호하며, 직무수행과정에서 얻은 정보에 대해 철저하게 비밀을 유지해야 한다"고 기술하고 있으며, 이는 당연히 의료현장에서 일하는 사회복지사에게도 적용된다. 또한 비밀보장은 사회복지 관련 법률에서도 의무로 규정되고 있으며 실천에서도 관계형성의 기본 요소로 강조되고 있다.

의료현장에서 개인의 건강과 질병 상태는 사생활에 포함되는 영역이다. 따라서 사회복지사는 자신이 직접 만나는 환자뿐 아니라 조직 내에서 간접적으로 알게 된 환자와 그 가족의 정보에 대해서도 비밀보장을 준수해야 한다. 또한 의료현장에서는 팀으로 일하는 경우가 많은 만큼 환자 정보의 공유와 비밀보장에 대해 그만큼 민감해야 하며, 기록 과정 및 보관에 있어서도 주의를 기울여야 한다. 그러나 한 사람을 위한 비밀보장이 타인이나 공공의 복지에 영향을 미칠 경우에 보장되는 범위에 제한을 받을 수 있다.

다음 사례를 담당하게 되는 사회복지사의 경우를 생각해 보자.

사례

의료사회복지사 A는 심각한 유전성 있는 질환을 갖고 있는 환자 B의 스트레스 관리 상담을 진행하고 있다. 상담 도중 B씨는 현재 결혼을 앞두고 있으며 자신의 질병을 숨기고 결혼을 진행하려고 한다는 사실을 털어놓았다. B씨는 이 사실을 상대에게 알릴 준비가 되어 있지 않으며, 만약 상대가 이 사실을 알고 자신을 떠난다면 삶을 지속할 의욕을 잃게 될 것이라고 한다. 따라서 자신의 약혼자를 만나서 면담을 하더라도 이 사실은 비밀로 해달라고 부탁한다.

위의 사례에서 사회복지사는 A씨에 대한 비밀보장과 그 상대 약혼자의 알 권리 및 제3자 보호의 원칙 사이에서 가치갈등을 경험할 수 있다. 이러한 사례에서 우선 명심할 것은 담당 클라이언트가 A씨이므로 사회복지사는 A씨의 권익보장을 최우선으로 해야 한다는 점이다. 단, 이러한 원칙이 상대 약혼녀의 알 권리나 자기결정권을 침해할 수 있으므로 제3자 보호를 위해 정보공개의 타당성을 검토해 볼 수 있다. 그러나 이러한 경우에도 A씨의 동의 없이 일방적으로 정보를 공개해서는 안 되며, 반드시 '고지된 동의'의 원칙을 따라야 한다. 고지된 동의란, 클라이언트의 정보를 공개할 경우에는 반드시 그의 동의가 있어야 한다는 것이다. 따라서 사회복지사는 자의적으로 정보공개 여부를 판단하기에 앞서 A씨와 유전병을 숨기고 결혼하려는 결정이 적절한 것인지에 대해 충분히 논의해야 한다. 고지된 동의는 이러한 개입사례에서 뿐 아니라, 연구나 사례발표 등에서 개인의 정보를 활용하게 되는 경우에도 중요하게 다뤄져야 한다. 그리고 고지된 동의 과정은 동의사항을 명시한 서면으로 절차를 진행하는 것이 바람직하다.

2) 존엄사

존엄사는 단지 그 자체로서의 이슈로서 중요할 뿐 아니라, 여기에 인간의 존엄성, 삶과 죽음 등 중요하고도 다양한 가치들이 복합적으로 작용한다는 점에서 이에 대한 정확한 이해와 입장 정리가 요구된다. 존엄사란 '최선의 의학적 치료를 다 하였음에도 회복 불가능한 사망의 단계에 이르렀을 때, 질병의 호전이 목적이 아니라 오로지 현 상태를 유지하기 위하여 이루어지는 무의미한 연명치료를 중단하고 질병에 의한 자연적 죽음을 받아들임으로써 인간으로서 지녀야 할 최소한의 품위를 지키면서 죽을 수 있도록 하는 것이다(위키백과, https://ko.wikipedia.org).' 여기에서 무의미한 연명치료란, 회복 불가능한 사망의 단계가 임박하였을 때 의학적으로 불필요하다고 판단되는 기계호흡이나 심폐소생술 등을 뜻한다.

이에 비하여 안락사는 질병에 의해 자연적으로 죽음에 이르는 것이 아니라 인위적인 행위에 의해 죽음에 이른다는 점에서 차이가 있다. 안락사 중에서도 환자의 요청에 따라 고통을 받고 있는 환자에게 약제 등을 투입하여 인위적으로 죽음을 앞당기는 것을 '적극적 안락사'라고 하며, 환자나 가족의 요청에 따라 생명 유지에 필수적인 영양공급이나 약물투여 등을 중단함으로써 환자를 죽음에 이르게 하는 행위를

'소극적 안락사'라고 한다. 따라서 '소극적 안락사'를 존엄사와 동일시하는 견해도 있다.

따라서 존엄사나 안락사를 다룰 때 여기에는 생명존중 및 인간의 존엄성에 대한 입장과 자신의 생명에 대한 자기결정권이라는 윤리적 이슈들이 작용한다. 또한 존엄사나 안락사는 윤리적 문제 외에도 종교적, 법적, 의학적 문제들이 복잡하게 얽혀 있어 논란이 지속되고 있다. 대부분의 나라에서 적극적 안락사를 허용하지 않고 있지만 몇몇 진보적 입장을 취하고 있는 나라들은 이를 인정하고 있다. 우선 네덜란드는 2000년 독극물 투여 등 적극적 안락사를 합법화하고 있으며, 벨기에, 룩셈부르크도 존엄사와 안락사를 모두 합법화하고 있다. 미국은 1996년 환자가 심폐소생술을 거부하여 사망해도 의사에게 책임을 묻지 않는 판결이 내려진 이후 존엄사를 허용하고 있지만 안락사에 대한 입장은 주마다 달라서 오리건주와 워싱턴주에서는 법적으로 안락사를 허용하고 있고, 40개 주에서는 인공호흡기 제거 등의 소극적 형태만 허용하고 있다.

우리나라에서는 2009년 5월 21일 대법원이 무의미한 연명치료 장치 제거 등을 인정하는 판결을 내려 그동안 논란이 되어 온 존엄사에 대한 입장을 정리하였다. 이 판결에서는 '질병이 호전될 가능성이 없는 상태에서 현 상태를 유지하기 위한 연명치료는 무의미한 신체침해 행위로서 오히려 인간의 존엄과 가치를 저해하는 것'으로 간주하고, '회복 불가능한 사망단계에 이른 환자가 인간으로서의 존엄과 가치 및 행복추구권에 기초하여 자기결정권을 행사하는 것으로 인정되는 경우에는 연명치료 중단'을 허용하고 있다.

이 판례는 사실상 우리나라에서 존엄사를 인정한 첫 판례로 기록된다. 당시 법원이 제시한 치료중단 허용기준은 첫째, 환자의 회생 불가능성, 둘째, 진지하고 합리적인 환자의 치료중단의사 표시, 셋째, 범위는 연명을 위한 치료중단으로 제한, 넷째, 전문성과 자격을 갖춘 의사에게만 치료중단 자격 부여 등이다. 특히 치료중단 결정에 있어서 경제적 부담이나 자살의도에 의한 결정, 또는 고통 완화를 위한 목적

등은 허용하지 않았다는 측면에서 안락사를 허용하지 않고 있음을 분명히 하였다.

존엄사를 최종 결정하고 이행하는 주체는 의사로 한정되어 있지만, 환자와 가족이 사전에 연명치료 유지 및 중단에 대한 입장을 정리하는 과정이나, 연명치료 중단 시 가족들이 당면하는 상실에 대해서는 의료사회복지사가 개입할 수 있다. 따라서 의료사회복지사는 삶과 죽음 앞에서 갖는 인간존엄성의 의미, 생명유지에 대한 자기결정권에 대한 입장 등을 진지하게 생각해 보아야 하며 이에 기초하여 환자와 가족들이 보다 의미 있고 조화로운 결정을 내리도록 도와야 한다. Congress(2000: 121-123)는 생명종결 결정에 관여하는 사회복지사가 다음과 같은 지침을 참고하도록 제안하였다.

- 사망 선택 유언은 치료 선택을 구체화하고 클라이언트가 자신의 건강에 대해 결정할 수 없을 때 지명된 건강관리 대리인이 대신 결정을 내리도록 하는 것이다. 따라서 생명종결과 관련된 문제에 개입하는 사회복지사는 의료행위에 관한 사전 지시를 클라이언트나 가족과 논의할 수 있도록 사망 선택 유언이나 건강관리 대리와 관련된 법률이나 지침에 대해 알고 있어야 한다.
- 사망 선택 유언은 클라이언트의 자발성에 기초해야 하며 어떤 강요도 없어야 한다. 사회복지사는 클라이언트가 가능한 행동절차와 그에 따른 결과를 알 수 있도록 돕고 그러한 상태에서 결정을 내리도록 격려해야 한다. 단 가족들과 갈등이나 의견 차이가 있는 경우에는 사회복지사가 중재자 역할을 수행한다.
- 사회복지사는 말기 환자의 호스피스, 홈케어, 방문 간호서비스 등 다양한 의료적, 사회적 지원체계를 파악하고 이들의 연계자로서 도움을 제공한다.
- 사회복지사는 생명종결 결정에 대한 자신의 인식과 태도가 클라이언트와 가족에게 얼마나 큰 영향을 미치는지를 잘 이해하고 있어야 한다.

3) 낙태

낙태는 한 사회가 갖는 생명에 대한 가치와 태도를 판단하는 기준이 되곤 한다. 여기에는 인간의 자기결정권, 태아를 인간으로 인정하는 시기, 장애나 질병에 대한 태도 등이 복합적으로 작용하기 때문이다.

낙태를 반대하는 입장은 태아의 생명권에 대한 존중과 생명경시풍조에 대한 우려를 제기하고 있으며, 최근에는 국가적인 저출산 현상과 관련하여 그 입장을 더 공고히 하고 있다. 이에 비해 낙태를 찬성하는 입장에서는 임산부인 여성의 자기 몸에 대한 권리와 결정권, 원치 않는 임신에 대한 책임 등을 고려하면서, 적절한 양육환경과 지원 없는 출산요구에 대해 반대한다.

사회복지사가 이러한 낙태 이슈를 다루기 위해서는 우선 관련된 법령을 제대로 이해하는 것이 필요하므로 모자보건법에서 제시하고 있는 내용을 정리해 보도록 하겠다.

모자보건법에 따르면, 우리나라에서 법적으로 낙태를 허용하는 시한은 임신한 날로부터 24주 이내이다. 또한 그 허용한계 및 보호자 동의 등에 대해서는 다음과 같이 규정하고 있다.
인공임신중절수술은

① 본인이나 배우자가 대통령령으로 정하는 우생학적(優生學的) 또는 유전학적 정신장애나 신체질환이 있는 경우
② 본인이나 배우자가 대통령령으로 정하는 전염성 질환이 있는 경우
③ 강간 또는 준강간(準强姦)에 의하여 임신된 경우
④ 법률상 혼인할 수 없는 혈족 또는 인척 간에 임신된 경우
⑤ 임신의 지속이 보건의학적 이유로 모체의 건강을 심각하게 해치고 있거나 해칠 우려가 있는 경우

에 한하여, 의사가 본인과 배우자(사실상의 혼인관계 포함)의 동의를 받아서 시행할 수 있다.

또한 1항의 경우에 배우자의 사망 · 실종 · 행방불명, 그 밖에 부득이한 사유로 동의를 받을 수 없으면 본인의 동의만으로 그 수술을 할 수 있으며, 본인이나 배우자가 심신장애로 의사표시를 할 수 없

을 때에는 그 친권자나 후견인의 동의로, 친권자나 후견인이 없을 때에는 부양의무자의 동의로 각각 그 동의를 갈음할 수 있다. 또한 인공임신중절수술을 할 수 있는 우생학적 또는 유전학적 정신장애나 신체질환은 연골무형성증, 낭성섬유증 및 그 밖의 유전성 질환으로서 그 질환이 태아에 미치는 위험성이 높은 질환으로 규정하고 있으며, 인공임신중절수술을 할 수 있는 전염성 질환은 풍진, 톡소플라즈마증 및 그 밖에 의학적으로 태아에 미치는 위험성이 높은 전염성 질환으로 명시하고 있다.

따라서 위에서 제시한 기준을 벗어난 인공임신중절은 모두 불법이라고 할 수 있다. 그러나 최근까지도 이러한 법적 규제에도 불구하고 우리나라에서 인공임신중절은 빈번히 시행되어 왔던 것이 사실이다. 보건복지부 '2009년 전국 결혼 및 출산 동향조사'에 따르면, 인공임신중절 1회 이상의 경험률은 13.2%로 나타나 기혼여성 10명 중 1명 이상이 낙태시술을 받은 것으로 조사되었다. 또한 그 이유로는 추가자녀 원하지 않음(30.8%), 출산연기(14.7%), 혼전임신(14.4%), 터울조절(10.6%), 본인건강(10.5%) 등의 순으로 나타났다.

실제로 의료 및 보건 현장에서는 클라이언트의 낙태 결정을 두고 고민해야 하는 경우에 맞닥뜨릴 수 있다. 이런 상황에서 사회복지사는 어떠한 태도를 취해야 할까? 다음 사례에 대해 생각해 보자.

사례

C씨는 심한 우울증으로 정신과에 입원하여 집중적인 치료와 보호를 받게 되었다. 그런데 검사 도중에 C씨가 임신 4개월이라는 사실이 밝혀졌다. C씨를 위한 치료계획에 약물치료는 반드시 필요한 요소지만, 처방된 치료약을 복용할 경우 태아의 정상적 발달에 상당한 위험을 가져올 것이 예상된다. 이에 대해 의사는 환자상태가 심각하고 치료가 시급한 만큼 치료가 우선이라는 견해를 갖고 있다. 그러나 C씨는 어렵게 생긴 첫 아이를 잃고 싶지 않다며 약 복용을 중단하고 임신을 유지하고 싶어한다. 이에 담당의사는 사회복지사에게 C씨를 만나 설득을 시도해 달라는 요청을 해왔다.

이 경우 사회복지사가 낙태에 대해 찬성할 경우에는 의뢰자인 담당의사와, 반대할 경우에는 클라이언트인 C씨와 다른 입장에 놓일 수밖에 없다. 이때 사회복지사는 어느 입장이라도 가치의 상충이라는 상황에 놓이게 된다. 사회복지사는 의사로부터 상담의뢰를 받은 것이므로 관련된 의학적인 사유를 정확히 이해해야 하며, 동시에 클라이언트의 입장과 상황에 대해서도 경청해야 한다. 더불어 사회복지사는 낙태와 관련된 이슈들에 관한 자신의 입장을 돌아볼 필요가 있다. 그러나 사회복지사가 어떤 입장이 있다 해도 이를 클라이언트에게 주입하거나 낙태냐 아니냐의 이분법에만 매달리기보다는 클라이언트의 선택의 폭을 넓힐 수 있는 방안을 모색해 보아야 한다.

이를 위해 사회복지사는 클라이언트 입장에서 가능한 선택지와 그에 따라 예상되는 결과에 대해 충분히 소통하는 것이 필요하다. 만약 클라이언트가 사회복지사의 견해를 물을 경우에는 자신의 개인적 신념을 공개하고 C씨에게 상담을 지속할 의사가 있는지를 묻는 것이 필요할 수 있다. 결국 이러한 문제에서 사회복지사는 당사자가 더 좋은 결정을 내릴 수 있도록 돕는 조력자로서 또 서로 다른 견해를 가진 관련자들 간의 소통을 원활히 하는 중재자이자 메신저로서의 역할을 수행해야 한다.

4) 치료거부

환자의 건강이나 안전을 위해 치료가 필요하지만, 환자 스스로 치료를 거부하는 경우가 있다. 항암치료가 필수적이지만 가능성 낮은 치료를 받기보다는 남은 생애를 조용히 정리하겠다며 치료를 거부하는 경우, 휴식과 안정이 절대적으로 요구되지만 생계를 위해 퇴원을 결정하고 다시 생활전선으로 뛰어드는 경우, 정신질환으로 자해나 타해의 위험이 있어서 입원치료가 요구되지만 본인은 이를 거부하는 경우 등이 그 예가 될 수 있다.

이러한 상황에서 클라이언트와 전문가의 견해가 배치될 수 있는데, 이때 대두되는 주된 이슈는 클라이언트의 '자기결정권'을 얼마나 보장할 것인가이다. 사회복지사는 클라이언트의 자율성 및 자기결정권을 존중해야 할 것인지, 아니면 자신의 판단에 따라 클라이언트의 복지를 위해 보다 적극적인 개입을 해야 할 것인지 갈등하게 된다. 즉, 클라이언트의 자기결정권과 온정주의[01]가 상충함으로써 제기되는 이슈이다.

이에 대해 Reamer의 '개인의 자기결정권은 자신의 안녕에 대한 권리에 우선한다'는 원칙을 참조할 수 있다. 또한 한국사회복지사윤리강령에는 '사회복지사는 클라이언트가 자기결정권을 최대한 행사할 수 있도록 도와야 하며, 저들의 이익을 최대한 대변해야 한다'고 명시하고 있다. 그럼에도 불구하고 전문가로서 갖는 판단이나 경험에 따라 보다 적극적인 개입을 결정하는 경우도 있다. 자기결정권보다 생명존중을 상위 가치로 간주하는 경우가 많으며, 따라서 생명이나 안전의 위협이 있는 상황에서 자기결정권의 제한은 정당화되기 때문이다.

김상균 등(2002: 233)은 사회복지사의 개입방법 중 자기결정권에 영향을 줄 수 있는 정도에 따라서 가장 낮은 단계에서 높은 단계까지 다음과 같은 개입방법을 제시하고 있다. 단, 위의 어떠한 방법이라도 클라이언트가 자발적으로 선택하지 않은 방향으로 개입을 이끌어 간다면, 이는 클라이언트를 조종(manipulation)하는 것이므로 주의를 기울여야 한다고 하였다.

- **성찰적 방법:** 클라이언트에게 직접 해결방향을 제시하지 않으면서 스스로 문제

01 마치 부모가 자식을 생각하는 것과 같은 마음으로 '클라이언트를 위해' 의도적으로 정보를 알려주지 않거나, 거짓말을 하거나, 결정과정에 간섭하는 것을 의미한다. 그러나 온정주의는 개인의 자율성 침해, 궁극적인 클라이언트의 의지의 약화, 그리고 전문가 집단의 목적에 대한 회의로 인해 비판을 받는다. 그럼에도 불구하고 개입의 필요성이 급하게 요구되거나, 원조가 없을 시에 정말 해로운 결과가 나타날 것으로 판단되거나, 또는 궁극적으로 클라이언트에게 더 많은 자유나 혜택을 가져올 경우에는 온정주의가 정당화되는 경우도 있다. 단, 이것은 어떠한 경우라도 클라이언트 이익 우선의 원칙에 입각해야 하며, 전문가 자신이나 소속기관의 이익에서 비롯된 것이어서는 안 된다(김기덕 2002).

를 탐색하도록 하는 개입방법이다.

- **제안적 방법**: 클라이언트에게 해결을 위한 방향을 언급하며 제안하는 태도를 취하는 개입방법이다.
- **규정적 방법**: 클라이언트에게 구체적 행동을 명확히 제시하는 방법이다.
- **결정적 방법**: 클라이언트 모르게 사회복지사가 그를 위해 독립적인 행동을 취하는 방법이다.

이들 중 자기결정권을 존중하는 수준이 가장 높은 것은 첫 번째 성찰적 방법이며 반대로 마지막 결정적 방법은 자기결정권 존중의 수준이 가장 낮은 개입이다. 단, 자기결정권을 존중한다고 해서 클라이언트가 알아서 하도록 방임해서는 안 된다. 실제로 선택하여 결정할 수 있는 다양한 선택권이 보장되지 못하는 상황에서 편중된 정보만으로 어떤 선택을 하도록 하는 것은 사실상 자기결정권이 침해되는 상황이나 마찬가지이다. 따라서 사회복지사는 필요한 정보를 충분히 확보하여 클라이언트에게 정확하게 제시하고, 가능한 대안들을 다양하게 마련하여 선택권을 넓히려는 적극적인 노력을 기울여야 한다.

의료 및 보건 현장에서 자기결정권의 실현을 저해하는 요소로는 '클라이언트 결정능력의 문제'를 들 수 있다. 질병이나 치료로 인한 의식 혼란, 삶과 건강의 위기상황에서 판단의 정확성 문제 등은 결정능력에 한계로 작용할 수 있다. 그러나 이 부분에 대해서도 클라이언트의 결정능력을 유무의 양면적 기준으로만 성급하게 판단하기보다 연속선상에서 평가하며 가장 적절한 판단 시기를 신중히 모색해야 한다. 또한 단순히 진단명에 따라 규정하기보다는 보다 세분화된 시스템으로 평가하려는 노력이 필요하다.

5) 자원 및 기회 배분

한 사회의 자원은 제한되어 있고 이를 필요로 하는 대상은 많기 때문에 그 배분에는 평등과 불평등의 이슈가 제기되기 마련이다. 의료보건현장에서도 자원과 기회를 어떻게 배분하느냐 하는 것은 중요한 문제이다. 예를 들어서, 퇴원환자를 연계하려는 시설에 자리가 한 자리 밖에 없는 상황에서 의뢰를 희망하는 환자가 여럿일 경우에 누구를 우선적으로 연결할 것인가를 결정하는 과정에는 사회복지사의 가치가 개입되기 마련이다. 또한 병원조직이나 난치병 후원기관의 사회복지사가 자원배분의 역할을 수행할 경우에도 누구에게 얼마를 지원할 것인가 하는 문제에도 가치가 개입될 수밖에 없다. 생존율이 30%로 예상되는 중증의 소아질환을 앓고 있는 유아에게 들어가는 치료비용으로 안면기형을 가진 아동 30명을 도와줄 수 있다면, 이 사이에서 사회복지사는 어느 쪽으로 진료비 지원을 결정할지 갈등하게 될 것이다. 일반적으로 자선기금을 운용하는 병원 내 의료사회복지 조직에서는 이러한 큰 액수의 지원과 작은 액수의 지원 비율을 미리 정하기도 하지만, 구체적인 사례 진행은 결국 담당 사회복지사의 판단에 의해 좌우되는 경우가 많다. 이때 가장 중요하게 고려되어야 하는 것은 형평성의 원칙이다.

형평성을 판단하는 기준이 그 대상이 가진 문제와 욕구에 기인하는 것이라고 할 때, 그것이 개인적인 것인지, 사회적인 것인지에 따라 판단에 영향을 받게 된다. 만약 이것을 개인적인 차원에서만 이해한다면 과연 그런 수혜를 받을 자격이 있는가 하는 도덕적 기준으로부터 완전히 자유롭기는 어려울 것이다. 따라서 사회복지실천에서는 특별히 취약하고 억압받는 개인과 집단을 위한 변화에 비중을 두어야 하며, 공개적이고 공정한 자원할당을 옹호해야 할 책임이 있다(김기덕, 2002: 243-245). 이러한 원칙하에서도 배분과 관련된 가치의 충돌이 있을 수 있으므로, 이런 경우에 보다 좋은 대응을 위해 사회복지사는 다음과 같은 사항들을 고려해야 한다.

- **자원 발굴 및 확대:** 적은 몫을 갖고 나누다보면 배분의 이슈에 더 많이 당면할 수 밖에 없다. 따라서 수요자의 입장에서 자원개발과 옹호를 통해 더 많은 기회를 확보한다면 그만큼 배분의 어려움을 감소시킬 수 있다.
- **가치관 돌아보기:** 사회복지사로서, 또 한 인간으로서 자신이 더 중요하게 생각하는 가치가 무엇이고 대상이 누구인지, 그리고 이것이 업무의 결정과정에서 어떠한 영향을 미칠 수 있는지를 미리 점검한다. 또한 결정을 내린 후에는 그 과정의 적절성과 결과의 효과성을 돌아보는 시간을 갖는다.
- **수퍼비전 및 자문받기:** 혼자 어떤 결정을 내리기보다는 다양한 의견을 고르게 들어보고 참고하는 것이 도움이 된다. 특히 자신과 같은 입장보다는 다른 입장을 들어보고 다각도로 생각하는 기회를 갖는 것이 필요하다.

앞에서 논의된 의료사회복지현장에서 당면하게 되는 윤리적 이슈들은 결국 환자, 즉 인간의 권리에 관한 것이다. 환자의 권리는 곧 서비스의 선택권, 이용가능성, 형평성 문제 및 서비스의 질과 밀접하게 관련되어 있으며, 이러한 이슈들은 보건전문직과 환자 사이의 권력, 지위, 지식의 차이에서 발생하곤 한다. 따라서 이러한 문제는 그 대상이 일반적으로 권리를 주장하기 어려운 상황에 놓인 경우에 더 많이 발생하기 쉽다. 예를 들어 생활보호대상자로서 의료부조를 받는 경우, 중독이나 정신과적 질환을 갖고 있는 경우, 노인이나 아동의 경우, 문화적 차이로 언어가 자유롭지 못 한 경우 등에서 윤리적 문제는 더욱 신중하게 다뤄져야 한다. 그러므로 사회복지사는 보건 서비스 영역에서 환자의 의료적 권리뿐 아니라 사회적 권리를 인식하고, 약자 우선의 입장에서 이들의 권익을 옹호하고 대변하는 역할을 해야 한다. 이를 위해서 이들의 자율적 결정을 보장하고 그 과정에서 진실된 정보를 제공하도록 노력해야 한다(Germain, 1984).

4. 의료사회복지실천에서 윤리적 민감성[02]

보건의료현장은 다양한 윤리적 이슈들이 발생하고 이에 대한 결정이 큰 파급력을 갖는다. 따라서 의학(Ersoy & Gündoğmus, 2003), 치의학(Bebeau et al., 1985), 인간을 대상으로 한 실험윤리(Clarkeburn, 2002a) 분야에서는 일찍이 윤리적 민감성에 관심을 기울여 왔다. 윤리적 민감성(ethical sensitivity)이라는 개념을 공식적으로 처음 사용한 Rest(1983)는 이를 '특정 상황에 있는 윤리적 이슈를 규명하고 다양한 행위의 과정을 인식하는 능력'이라고 하였다. 이후 Rabouin(1996)은 윤리적 민감성을 '윤리적 문제의 존재를 인식하고 그 상황을 해석하며 어떤 대안이 가능한지를 결정하는 과정'으로, 또한 McSahne(2001, Ersoy & Gündoğmus, 2003: 473에서 재인용)은 '윤리적 이슈의 존재를 인식하고 그 상대적 중요성을 결정할 수 있는 능력' 등으로 정의하였다. 이를 종합해 보면 윤리적 민감성은 '전체 윤리적 결정과정의 시작단계부터 요구되는 요소로서 개인이 당면한 상황에 윤리적 이슈가 존재하는지를 파악해 내고 그 상대적 중요성을 결정할 수 있는 능력'이라고 정리할 수 있겠다(최명민, 2005). 따라서 윤리적 민감성이 부족하면 이후 적절한 윤리적 결정과정을 기대하기 어렵다는 것을 알 수 있다.

예를 들어서 생존률을 높이기 위해 필요한 치료를 거부하고 있는 클라이언트의 사례를 가정해 보자. 담당의사로부터 환자가 치료에 협조하도록 상담해 줄 것을 의뢰받은 의료사회복지사는 클라이언트의 자기결정과 전문가의 온정주의적인 입장이 충돌하고 있다는 점을 인식하지 못한 채 클라이언트가 치료 거부의사를 철회하고 치료를 받을 수 있도록 압력을 가하는 방식으로만 접근할 수 있다. 이 경우 클라이언트가

02 이 절에서 제시하는 내용은 "정신보건사회복지사의 윤리적 민감성 훈련프로그램 개발 및 평가"(최명민, 2005)와 "사회복지사 윤리적 민감성 검사도구(SWEST) 개발 및 활용에 관한 연구"(최명민, 2008)를 참고하였다.

계속 치료를 거부한다면 관계단절로 이어질 수 있으며 또 반대로 전문가의 압력에 따라 치료를 받았으나 기대한 결과를 보지 못하면 모든 책임을 의료진이나 사회복지사에게 지울 수 있다. 이렇게 윤리적 측면을 간과하면 실천적으로도 더 어려운 상황이 전개되기도 한다.

이처럼 어떤 상황에 직면하여 윤리적 결정을 시작하기 위해서는 우선 윤리적 이슈를 인지할 수 있는 윤리적 민감성이 필요하며, 이에 따라 윤리적 판단과 결정을 내리고 이를 행동으로 옮기게 된다. 특히 사회복지사의 합리적이고 적절한 윤리적 의사결정을 위한 과정모델들에서는 초반부에 윤리적 민감성을 갖고 각 사례에 내포된 가치 갈등이나 윤리적 쟁점을 발견하고 인식하는 과업을 중시하고 있다. 만약 윤리적 민감성이 부족하여 그런 이슈를 인지하고 분석하지 못 한다면 윤리적 의사결정 과정으로 들어갈 수도, 또는 문제를 해결할 수도 없다(Jones, 1991; Clarkeburn, 2002b). [그림 8-1]은 윤리적 결정과정에서 윤리적 민감성의 위치를 잘 보여주고 있다.

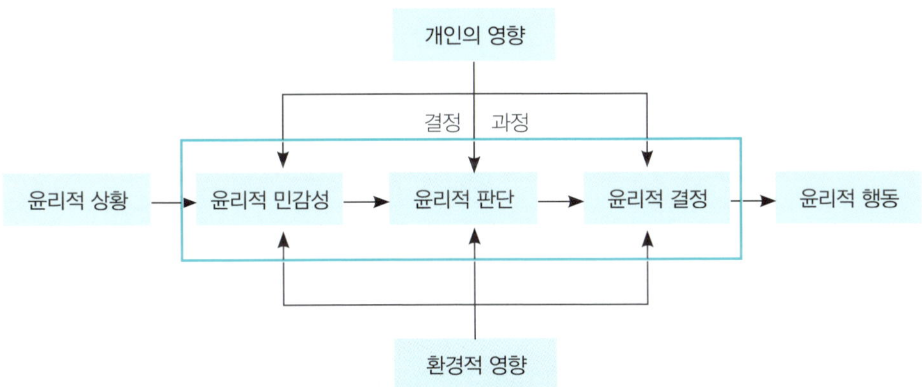

그림 8-1 윤리적 의사결정의 일반 행동 모형

출처: Wittmer, P. D. (2000). Ethical Sensitivity in Management Decision: Developing and Testing a Perceptual Measure Among Management and Professional Student Group. Teaching Business Ethics, 4, 181–205.

윤리적 민감성은 처음부터 지니고 태어나는 것이라기보다는 습득하고 개선될 수 있기 때문에 대인 전문직 영역에서 더욱 관심을 가져왔다. 이러한 윤리적 민감성을 증진시키는 방법으로는 첫째, '교육'을 통해 윤리적 이슈, 윤리강령 및 이를 현실에 적용하는 대처방법을 이해하고, 둘째, '자기 탐색'을 통해 윤리적 측면에서의 자기인식을 증진시키며, 셋째, 앞에서 습득한 내용들을 실제 '사례연습' 과정에서 토론과 수퍼비전을 통해 적용하는 능력을 향상시키는 것이 있다. 이러한 논리에 따라 정신보건사회복지사를 대상으로 사회복지사 윤리적 민감성 증진 프로그램을 구조화한 예는 다음의 〈표 8-2〉와 같다(최명민, 2005).

표 8-2 정신보건사회복지사의 윤리적 민감성 증진을 위한 프로그램

회기 및 제목	목표	내용	방법
1회. 정신보건 관련 윤리적 이슈	정신보건분야에서 당면할 수 있는 윤리적 이슈들과 그 내용을 이해한다.	• 비밀보장, 자기결정, 전문적 관계, 전문적 가치와 개인적 가치, 충실성의 상충 등 직접 서비스 관련 윤리적 이슈	강의 토론
2회. 윤리강령 및 대처 방안	지난 시간에 다룬 윤리적 이슈들에 대한 원칙 및 대처방법을 이해한다.	• 윤리강령 • 윤리적 이슈를 다루는 원칙과 과정에 대한 다양한 모델	강의 토론
3회. 자기 인식	자신의 가치, 윤리관, 영성 등을 점검함으로써 자기이해를 높인다.	• 자기인식의 필요성 • 나의 가치(우선순위) 및 신념 • 내 삶의 경험과 나의 편견 • 나의 윤리적 측면	강의 토론 worksheet
4회. 전문가로서의 자기 인식	전문가로서 자신의 다양한 측면을 이해한다.	• 일을 통해 추구하는 가치 • 유능한 사회복지사 이미지 • 전문가 윤리의 생태도	강의토론 worksheet
5회. 실제 윤리 사례분석 I	실제 사례연습을 통해 윤리적 이슈를 발견하고 다루며 자기인식을 높이는 능력을 습득한다.	• 사례를 통해 명시적인 윤리적 이슈 탐색 및 자기인식 • 사례를 통해 내재된 윤리적 이슈 탐색 및 자기인식 • 사례를 통해 탐색한 윤리와 가치 이슈에 대한 대안 모색	수퍼비전 토론
6회. 실제 윤리 사례분석 II			수퍼비전 토론

* 과제: 매 회기 후 다음 시간까지 그 회기 과정과 자신의 느낌과 의문점 등을 정리

출처: 최명민(2005). 정신건강사회복지사의 윤리적 민감성 훈련프로그램 개발 및 평가. 정신보건과 사회사업, 20, 182-215.

이러한 프로그램의 효과는 훈련을 통해 사회복지사의 윤리적 민감성이 증진될 수 있음을 확인시켜 준다(최명민, 2005). 따라서 의료현장에서 윤리적 민감성을 높이기 위해서는 의료사회복지사들이 현장에서 만나게 되는 사례들에 내포된 윤리적 이슈들을 찾아보는 연습을 하고 자기 자신의 가치와 태도를 점검하며, 이를 토대로 다양한 사례에 적용해 보는 연습을 해보는 지속적인 노력이 요구된다.

5. 의료사회복지에서 윤리적 의사결정

1) 윤리적 의사결정 모델

앞에서 살펴본 바와 같이 우리가 만나는 사례에서 윤리적 민감성을 발휘하여 윤리적 딜레마를 발견하였다면 보다 윤리적이고 현명한 결정을 내리기 위한 노력이 뒤따라야 한다. 개인적 선호나 경험에 의한 판단, 즉흥적인 판단이 아니라 보다 전문적이고 적절한 판단이 이루어지기 위해서는 다음과 같은 윤리적 의사결정모델을 활용하는 것이 바람직하다. 학자들에 따라서 윤리적 의사결정 분석틀은 다양하게 제시되고 있지만 전체적으로 그 내용은 크게 다르지 않다.

여기에서는 2000년대 이후 소개된 메티슨의 모델과 콩그레스의 모델을 제시한다.

(1) 매티슨(Mattison, 2000)의 윤리적 의사결정 모델

① 1단계: 해당사례와 관련된 상세한 정보를 수집한다.

② 2단계: 윤리적 요소와 실무적(객관적, 경험적 지식) 요소를 분리한다.

③ 3단계: 긴장관계에 놓인 가치들을 발견한다.

④ 4단계: 해당사례와 관련이 있는 윤리강령의 원칙을 확인한다.
⑤ 5단계: 가능한 모든 대안을 찾고, 행위의 결과 및 예상되는 손익을 분석한다.
⑥ 6단계: 우선순위에 대한 사정평가를 실시하고 선택한 대안의 논리적 근거를 제시한다.
⑦ 7단계: 최종 결정한다.

매티슨 모델에 의거하여 윤리적 결정과정을 진행한다면, 사례와 관련하여 보강되어야 할 자료들을 충분히 확보하는 것이 제일 먼저 할 일이다. 그리고 수집된 정보들을 토대로 윤리적으로 관련된 요소와 직접 관련이 없는 실천적, 실무적 차원의 논의들을 분리하는 것이 특징적이다. 그리고 일단 윤리적 측면과 상관이 없는 요소들을 배제한 상태에서 윤리적으로 긴장관계에 놓인 이슈들이 무엇인지를 파악해 본다. 그 후 긴장관계에 놓인 이슈들 각각의 입장에서 관련된 윤리강령을 찾아본다. 그리고 이 상황에서 해볼 수 있는 모든 대안을 생각해 보고 각각의 대안의 장단점을 분석해 본다. 이러한 과정을 통해 가장 바람직하다고 생각하는 대안을 선택하고 그 이유를 정리한다. 메티슨 모델은 사례에서 윤리적 요소와 그 외의 요소들을 분리하여 사고를 전개하도록 하는 점이 특징적이다.

의사결정모델의 활용을 이해하기 위해 다음 사례에 메티슨 모델을 적용해 보자.

사례

중1 여학생 J는 교통사고로 종합병원에서 치료를 받았지만 하반신 마비로 재활의학과에 입원해 있는 상태이다. 담당의사는 병원에서 할 수 있는 치료를 다 했으며 이제 이후 과정은 퇴원해서 재활훈련을 계속하는 것이 최선이라고 보고 있다. 그러나 J의 아버지는 J가 하반신 마비 상태에서 회복될 거라는 희망에 의지하여 지금까지 버텨왔는데 지금 이 상태로 퇴원한다면 딸이 충격을 받아 견디지 못 할 것이라면서 조금이라도 더 호전된 이후에 퇴원하겠다면서 의료진의 결정을 거부하고 있다. 이에 담당의사는 재활의학과 담당 의료사회복지사에게 퇴원계획을 의뢰하며 부모를 설득해 줄 것을 요청하였다.

- 매티슨 모델을 따라 의료사회복지사는 이 사례와 관련된 상세한 정보 수집을 위해(1단계) 담당의사와 병동간호사 등을 통해 이미 수집되어 있는 정보를 확인하고 협조 가능한 어머니를 상대로 가족에 대한 정보와 현 상황에 대한 입장을 들어보았다. 그 결과 J는 부모가 결혼하여 시험관 아기를 통해 어렵게 얻은 외동딸이며 아버지는 '할 수 있다'는 신념이 강한 성공적인 사업가이고 어머니는 가정주부로서 주로 남편에게 순종적인 관계를 형성해 온 것을 알 수 있었다. 아버지는 병원비는 얼마든지 낼 수 있다는 입장이고 J의 상태도 할 수 있다는 신념으로 극복할 수 있다고 믿고 있어서 지금 퇴원은 곧 포기를 의미하는 것으로 이해하고 있음을 파악할 수 있었다. 또한 담당의사와 충분히 소통할 기회가 없는 것에 대한 불만을 갖고 있다는 것도 알 수 있었다. 그러나 병원은 병상 가동률을 확보하기 위하여 불필요한 환자입원을 감소하도록 하는 정책을 갖고 있으며 현재 입원대기 중인 환자들도 있음을 확인하였다.
- 이 사례에서 윤리적 요소와 실무적 요소들을 살펴보면(2단계) 우선 윤리적 측면에서는 병원의 퇴원계획 요구와 J가족의 입장이 충돌하는 상황이다. 다시 말해 현재 부모는 J를 위하는 것이 현 상황을 알리지 않고 희망을 유지하도록 함으로써 정신적 충격을 줄여야 한다는 입장이지만 의학적으로는 이 병원에서 더 이상 호전될 가능성이 없다고 판단하고 있기 때문에 이 상황을 받아들이고 퇴원 후에 재활훈련을 받는 것이 좋다고 보는 입장이 부딪히고 있다. 그외 실무적 측면에서는 현재 사회복지사가 병원의 요구에 따르기 위해서는 J아버지의 강력한 저항에 효과적으로 대처해야 하지만 담당 사회복지사는 신규로서 이러한 문제를 다뤄본 경험이 별로 많지 않다는 점이 고려되어야 한다. 또한 부모의 경제력으로 입원지속에 따른 행정적, 경제적 문제가 발생할 가능성은 낮다는 사실이나 이 가족의 의사소통 구조가 아버지 중심으로 이뤄지고 있어서 J의 입장을 직접 확인하는 것이 쉽지 않다는 사실도 실무적으로 참고할 사항이다.
- 병원의 퇴원계획 요구와 J가족의 입장이 부딪히는 상황에 놓인 갈등적 가치를 살펴보면 다음과 같다(3단계). 우선 사회복지사는 병원 소속으로 담당의로부터 퇴원계획 수행에 대한 과업을 의뢰받은 입장이다. 따라서 조직과 동료에 대해 충실해야 할 의무가 있지만 동시에 클라이언트 이익을 최우선으로 하며 클라이언트의 자기결정권을 존중해야 할 의무도 갖는다. 다만, 클라이언트 이익 측면에서 J와 J의 아버지를 같이 또 따로 고려할 필요가 있으며 현재 입원치료를 기다리며 대기 중인 잠재적 클라이언트에 대한 고려도 필요하다.
- 이와 관련된 대표적인 윤리강령 조항들을 살펴보면 다음과 같다(4단계).
  - 사회복지사는 클라이언트의 권익옹호를 최우선의 가치로 삼고 행동한다.
  - 사회복지사는 클라이언트가 자기결정권을 최대한 행사할 수 있도록 도와야 하며 저들의 이익을 최대한 대변해야 한다.

–사회복지사는 기관의 정책과 사업 목표의 달성, 서비스의 효율성과 효과성의 증진을 위해 노력함으로써, 클라이언트에게 이익이 되도록 해야 한다.

- 사회복지사가 취할 수 있는 대안과 그에 따른 결과를 예상해 보면 다음과 같다(5단계). 우선, 사회복지사가 의료진과 같은 입장에서 J가족을 설득하려 한다면, 이는 클라이언트의 자기결정권을 침해하는 것이며, 따라서 클라이언트는 방어적이고 거부적인 태도를 보일 것이므로 J가족과 관계형성의 어려움이 예상된다. 반면, 의료진을 상대로 J가족을 대변하며 좀 더 시간을 확보하는 쪽으로 개입할 수도 있다. 이 경우 사회복지사는 퇴원결정을 받아들이지 못 하고 있는 J가족의 자기결정권을 존중함으로써 신뢰관계를 더 돈독히 할 수 있고 이를 통해 향후 개입의 토대를 마련할 수 있다. 그러나 이는 당장 이 사례를 의뢰한 치료진의 입장을 거스르는 것이므로 기관의 입장에 배치되는 것일 뿐 아니라 사회복지사의 역할 기대를 벗어나는 것이므로 향후 팀 협력이 어려워질 수 있다. 또한 J의 입원이 길어지면서 정작 입원치료가 필요한 잠재적 클라이언트의 기회를 박탈하는 것이 될 수도 있다. 또 한 가지 고려할 것은 클라이언트의 이익을 위해 최선을 다한다고 할 때, 과연 장애를 받아들이지 못 하고 계속 입원을 연장하는 것이 궁극적으로 J와 가족에게 이로운 것인가 하는 점이다. 오히려 이러한 사회복지사의 행위는 상황을 객관적으로 보지 못 하고 부정하고 있는 J아버지와 동조함으로써 오히려 J가 장애를 수용하고 재활단계로 넘어가지 못 하도록 하는 결과를 낳을 수도 있다. 이 경우 오히려 당사자인 J의 알 권리와 자기결정권을 침해하는 것이 될 수도 있다.
- 사회복지사는 앞에서 진행된 사정결과를 종합하여 최선의 개입방안을 정리해 보았다(6단계). 그 결과 여러 가지 요소들이 고려되어야 하지만 가장 우선시 되어야 할 것은 J 당사자라는 점을 분명히 할 수 있었다. 그러나 J를 위하는 방식에 대해 가족과 의료진의 입장이 엇갈리는 상황에서, 한편으로는 아버지의 염려도 충분히 이해가 되지만 또 한편으로는 언제까지 사실을 숨기고 기약 없이 입원을 계속하기는 어렵다는 것이 사회복지사의 판단이다. 또한 사회복지사와 의료진 간의 팀워크가 깨지고 대기 중인 클라이언트가 적절한 치료 기회를 놓치게 된다면 이는 결과적으로 더 많은 클라이언트에게 손해를 끼치는 일이 될 것이다. 이러한 판단에 근거하여 사회복지사는 다음과 같은 개입방향과 방침을 정하였다.

  –우선, 현재까지 수집한 정보를 토대로 의료진과 소통하며, 담당의사가 J의 상태에 대해 좀 더 상세하고 충분히 소통해 주기를 원하는 클라이언트의 입장을 대변하여 전달한다.

  –아버지가 염려하는 사고에 의해 J가 받은 충격과 현재의 심리상태를 정확히 파악하기 위하여 심리검사를 시행하고 필요하다면 전문적인 심리지원을 받을 수 있는 방안을 제안한다.

  –J가 곧바로 집으로 퇴원하지 않고 재활전문병원으로 전원하여 재활치료를 받을 수 있도록 재활전문 병원 정보를 수집하여 J부모에게 제공함으로써 선택지를 넓혀준다.
- 수립한 대안에 대해 수퍼바이저와 논의하고 개입방향을 결정하였다(7단계). 논의과정에서 수퍼바이저는 전체적인 개입방향에 동의하였으며 다음과 같은 사항을 추가적으로 제안하였다.

–필요하다면 관련된 당사자들이 함께 하는 미팅을 주선할 것
–퇴원에 대한 압력을 가하는 태도를 삼가고 J가족이 갖고 있는 걱정과 불안에 대해 충분히 경청해 줄 것
–퇴원이 포기나 치료중단을 의미하는 것이 아니라 전원을 통해 J에게 더 적합한 선택이 될 수 있다는 것을 충분히 이야기 할 것

사회복지사는 이들을 종합하여 최종 개입방향을 확정하였다.

(2) 콩그레스(Congress, 2000)의 윤리적 의사결정 모델

① E(Examine): 개인, 사회, 기관, 클라이언트, 전문가 가치를 고찰하고 가치 간 모순을 살핀다.

② T(Think): 관련 상황에 적용될 윤리강령, 윤리표준, 법률, 기존 사례 등을 살펴본다.

③ H(Hypothesize): 각 대안의 결과들을 가설화한다.

④ I(Identify): 취약자에 대한 헌신의 관점에서 이익을 보는 사람과 손해를 입게 되는 사람을 규명한다.

⑤ C(Consult): 자신의 분석에 대해 수퍼바이저나 동료 등 다른 전문가와 상의한다.

이 모델은 우선 관련된 체계들의 입장 차이를 고려하는 것으로 시작한다. 이어서 서로 상충되는 부분의 논거가 되는 윤리강령 등을 참고하도록 한 후 이를 토대로 각 선택지의 전개상황을 가설적 시나리오로 예측해 보도록 한다. 그리고 판단의 근거로 가장 취약한 사람의 입장에서 평가해 보도록 하며 마지막으로 다른 전문가의 자문 받을 것을 권하고 있다. 이와 같이 콩그레스의 모델은 ETHIC(윤리)이라는 철자 순으로 단계를 제시하고 있어서 외우기 용이하며, 가장 바람직한 선택을 위하여 시나리

오로 전개과정을 예측해 보고 취약한 대상을 우선적으로 고려하도록 하는 특징을 갖고 있다.

앞에서 살펴본 J의 사례를 콩그레스의 모델에 따라 분석해 볼 수도 있다. 이 모델에서는 매티슨 모델에 비해 첫 단계에서 관련 당사자들의 입장 차이를 모두 분명히 구분하는 과업이 명시되어 있기 때문에, 클라이언트를 J와 부모의 입장으로 구분하여 파악하고 잠재적 클라이언트를 포함한 사회의 공적 입장을 고려하는 것이 보다 더 강조될 것이다. 또한 윤리강령 외에 윤리표준을 참고하도록 제시하고 있으므로 클라이언트의 자기결정권(자유와 자율원칙)뿐 아니라 위급한 사람의 치료기회 확보(평등과 불평등 원칙)라는 차원에서 가치비교가 더 명료해질 수도 있다. 그러나 모델 간 서로 큰 차이보다는 오히려 유사성이 많기 때문에 결국 어떤 모델을 사용할 것인가 하는 것은 사회복지사의 취향과 선택의 문제라고 하겠다.

2) 윤리적 결정을 위한 원칙과 지침

윤리적 의사결정모델에 따라 제시된 윤리적 이슈나 딜레마에 대응할 수 있지만, 결정적인 순간에 가치의 우선순위를 어디에 둘 것인가 하는 부분은 또 다른 이슈로 남게 된다. 이때 활용할 수 있는 것이 윤리심사 원칙이다. 여기서는 로웬버그와 돌고프, 그리고 리이머의 심사원칙을 소개하고자 한다(오정수 외, 2022).

(1) 로웬버그와 돌고프(Lowenberg & Dolgoff, 1996)의 윤리심사 원칙

① 원칙 1: 생명보호의 원칙
② 원칙 2: 평등 및 불평등의 원칙
③ 원칙 3: 자율과 자유의 원칙
④ 원칙 4: 최소한 해악의 원칙

⑤ 원칙 5: 삶의 질 원칙

⑥ 원칙 6: 사생활보호와 비밀보장의 원칙

⑦ 원칙 7: 성실의 원칙

단, 이런 원칙의 순위가 정해졌다고 해서 모든 갈등이 정리되는 것은 아니다. 예를 들어서 낙태의 문제가 있다고 했을 때, 임산부의 자기결정권, 즉 원칙 3의 자율과 자유의 원칙은 태아의 생명보호라는 원칙 1과 부딪힌다. 따라서 이 원칙만 보면 자기결정권보다는 태아의 생명을 존중해야 하므로 낙태는 무조건 허용되어서는 안 되며 태아의 생명은 보호되어야 한다. 그러나 이러한 임신이 강제적 성행위에 의한 원치 않는 임신이었다거나 선천적 질환이나 장애를 갖고 태어날 가능성이 있다거나 하는 조건이 결부되어 있을 수도 있고, 과연 언제부터를 태아를 고유의 생명체로 볼 것이냐의 문제도 고려사항에 포함해야 한다. 앞에서 살펴본 바와 같이 이러한 상황에서 무조건 태아의 생명존중만을 주장하기에는 한계가 있을 수 있다는 것이다. 따라서 이러한 원칙은 기본적인 지침이며 각 원칙들 사이에는 복잡한 사연들이 존재할 수 있고 원칙의 경계에 걸쳐있는 상황들이 전개될 수 있음도 염두에 두어야 한다.

(2) 리이머(Reamer, 1999)의 윤리적 갈등해결의 지침

① 인간 활동의 필수조건과 관련된 규범은 부차적 위협과 관련된 조항에 우선한다.

② 개인의 기본적 안녕은 타인의 자기결정권에 우선한다.

③ 개인의 자기결정권은 자신의 안녕에 대한 권리에 우선한다.

④ 자유로운 상태에서 스스로 동의한 규정을 준수하는 것은 개인의 자유 권리에 우선한다.

⑤ 개인의 안녕에 대한 권리가 자발적 참여단체의 규정과 충돌할 때에는 행복권

이 우선한다.

⑥ 해악(예: 기아)예방의 의무와 공공재(예: 주택, 교육)를 제공해야 하는 의무는 자신의 재산처분권에 우선한다.

이 지침에 따르면 인간의 삶을 영위하기 위한 필수조건의 확보는 다른 부차적인 문제보다 우선시 되어야 한다는 것을 알 수 있다. 그러므로 기본적인 의식주의 공급이나 질병에 대한 치료권 등은 보장되어야 할 인간의 권리이며 정치적인 이유나 경제적인 이유로 필요한 치료를 받지 못 하는 상황은 개선되어야 한다. 그리고 설혹 자신의 안녕을 침해하는 것이라 하더라도 스스로 결정한 바는 인정될 수 있지만 그것이 적어도 타인의 안녕을 침해하는 것이어서는 안 된다는 것도 알 수 있다. 예를 들어서 자기 자신을 위한 치료거부권은 존중받을 수 있지만 타인의 생명을 위협하는 행위는 수용될 수 없다는 것이다. 또한 자신이 스스로 결정한 바에 대해서는 책임을 져야 하며, 공공의 이익이 개인의 재산권과 부딪힐 때는 공공의 이익이 우선시 되어야 한다는 원칙도 천명하고 있음을 볼 수 있다. 이러한 윤리적 갈등해결 지침에 따르면 집값 하락을 이유로 자신의 거주지 주변에 재활시설이나 요양시설의 설립되는 것을 반대하는 지역주민의 주장은 충분히 존중받기 어렵다.

이러한 윤리적 원칙이나 지침은 매우 중요하지만 단지 이것을 숙지하거나 따르기만 하면 된다는 태도로 윤리적 실천을 보장할 수 있는 것은 아니다. 결국 실천과정에서 이를 어떻게 적용하느냐 하는 것은 사회복지사의 성찰에 달려있다. 그리고 성찰은 사례마다 포함된 윤리적인 측면들을 점검하고 서비스 제공자로서 자기 자신과 실천과정을 돌아보려는 지속적인 노력을 의미한다.

PART 03

분야별 의료사회복지실천

제 9 장 | 분야별 의료사회복지실천 Ⅰ

제10장 | 분야별 의료사회복지실천 Ⅱ

제11장 | 지역사회중심 의료사회복지실천

CHAPTER 09

분야별 의료사회복지실천 Ⅰ

학습목표

01 당뇨병과 만성신부전의 개념, 환자와 가족의 심리사회적 문제, 그리고 의료사회복지사의 개입에 관해 이해한다.
02 암과 소아암의 개념, 환자와 가족의 심리사회적 문제, 그리고 의료사회복지사의 개입에 관해 이해한다.
03 화상과 장기이식의 개념, 환자와 가족의 심리사회적 문제, 그리고 의료사회복지사의 개입에 관해 이해한다.

1. 내과

1) 당뇨병

(1) 질병에 대한 이해

① 개념과 증상

당뇨병(diabetes mellitus)은 췌장의 인슐린 분비량이 부족하거나 정상적인 기능이 이루어지지 않는 대사질환의 일종으로, 혈중 포도당의 농도가 높아지는 고혈당을 특징으로 하며, 고혈당으로 인하여 여러 증상을 일으키는 질병이다. 당뇨병에 걸리게 되면 체내의 인슐린이 제대로 분비되지 못하거나 분비되더라도 제 역할을 못하기 때문에 음식섭취 후 생긴 혈액 속의 포도당이 분해되어 우리 몸 세포 안으로 흡수되지 못하고 혈액 속에 그대로 남아 혈당 농도가 정상 범위를 벗어나 높게 올라가게 된다

(삼성서울병원 당뇨교육실, 2002: 18).

당뇨병은 제1형(인슐린 의존형 당뇨병)과 제2형(인슐린 비의존형 당뇨병)으로 구분된다. 제1형 당뇨병은 '소아당뇨'라고도 불리며, 인슐린을 전혀 생산하지 못하는 것이 원인이 되어 발생하는 질환이다. 인슐린이 상대적으로 부족한 제2형 당뇨병은 인슐린 저항성(insulin resistance: 혈당을 낮추는 인슐린 기능이 떨어져 세포가 포도당을 효과적으로 연소하지 못하는 것)을 특징으로 한다. 제2형 당뇨는 일반적으로 식생활의 서구화에 따른 고열량, 고지방, 고단백의 식단, 운동 부족, 스트레스 등 환경적인 요인이 크게 작용하는 것으로 보지만, 이외에 특정 유전자의 결함에 의해서도 당뇨병이 생길 수 있으며, 췌장 수술, 감염, 약제 등에 의해서도 생길 수 있다.

당뇨병의 전형적인 증상은 다음, 다식, 다뇨 증상이다. 우리 체내에 혈당이 비정상적으로 높아지게 되면 소변으로 당이 빠져나가게 된다. 이때 당이 다량의 물을 끌고 나가기 때문에 소변의 양이 많아지게 되며(다뇨), 많은 물이 소변으로 빠져나가므로 몸 안에는 수분이 모자라게 되고 갈증이 심해지며 물을 많이 마시게 되는 것이다(다음). 또한 당이 에너지원으로 이용되지 못하고 소변으로 빠져나가기 때문에 쉽게 공복감을 느끼며 음식물을 많이 먹게 되는 증상이 나타난다(다식). 이외의 증상으로는 음식을 많이 섭취하더라도 세포 안으로 흡수되어 이용되지 못하는데다 다뇨로 인한 탈수로 오히려 체중이 감소하게 되는 증상이 나타날 수 있고, 에너지를 효율적으로 이용하지 못하기 때문에 몸 안의 대사작용이 원활하지 못하여 쉽게 피로해지는 증상이 나타나게 된다(삼성서울병원 당뇨교육실, 2002: 20).

일반적으로 당뇨병 환자는 쉽게 피로해지며 전신무력감을 느끼게 되고, 오랜 기간 고혈당 상태가 유지되면 신체에서 여러 합병증이 발생할 수 있다. 당뇨병의 진단은 혈액검사를 통해 이루어진다. 혈액검사 결과 증상이 없는 경우 8시간 이상 금식 후, 즉 공복 시에 측정한 혈당이 126mg/dL 이상이거나, 경구 당부하 검사 2시간 후 혈당이 200mg/dL 이상인 경우를 당뇨병으로 규정한다. 물을 많이 마시거나 소변이 많아지고 체중이 감소하는 동시에 식사와 무관하게 측정한 혈당이 200mg/dL 이상일 때도 당뇨병으로 진단한다. 당뇨병 진단기준은 다음과 같이 요약된다.

■ 당뇨병 진단기준

- 공복 시 혈당이 126mg/dL 이상인 경우
- 75g 포도당 섭취 후 2시간 후 혈당이 200mg/dL 이상인 경우
- 전형적인 증상으로 다음, 다뇨, 체중감소 등이 있으면서 식사와 무관하게 측정한 혈당이 200mg/dL 이상인 경우

당뇨병이 잘 관리되지 않을 경우 여러 합병증이 유발될 수 있다. 특히 수년 동안 당뇨병이 지속되어 만성적 합병증이 생기면 더 큰 문제를 초래할 수 있는 위험성이 높아진다. 대표적인 급성 합병증은 당뇨병성 케톤산혈증[01]과 고삼투압성 비케톤성혼수[02]로 즉각적인 치료가 필요하며, 적절히 치료하지 않을 경우 의식을 잃을 수 있고 사망에 이를 수도 있다(삼성서울병원 당뇨교육실, 2002: 234-236).

만성 합병증으로는 당뇨병성 망막증[03], 당뇨병성 신기능장애[04], 당뇨병성 신경합병증[05], 당뇨병성 성기능장애[06], 그리고 발의 손상 등이 있다. 이와 같은 합병증들은 심할 경우 발을 절단하게 되거나 실명을 초래할 수 있으며, 신장이식이 필요한 상태가

01 케톤산혈증이란 췌장에서 분비되는 인슐린이 거의 없는 상태에서 혈액 안의 당분을 에너지로 이용하게 되면 몸 안에 케톤산이라는 물질이 많이 만들어지게 되고 이 케톤산 때문에 정신이 흐려지게 되는 것으로 의식이 흐려지면서 구토를 하는 것이 일반적 증상이다. 이는 제1형 당뇨병에서 잘 발생한다.

02 고삼투압성 비케톤성혼수란 혈액 속의 포도당 농도가 매우 높은 고혈당 상태로 고삼투압성은 혈액의 농도가 매우 높은 것을 의미하고 비케톤성은 혈액 내 케톤체의 상승이 없다는 것을 의미한다.

03 당뇨병성 망막증이란 당뇨병이 오래 진행됨에 따라 전신적인 혈관 이상의 일환으로 망막에 있는 모세혈관에 이상이 생기는 것으로 실명할 수도 있다.

04 당뇨병성 신기능장애란 혈당조절이 잘되지 않는 당뇨인에게서 신장으로 공급되는 동맥에 동맥경화증이 일어나고 신장내의 작은 혈관들이 손상되어 신장이 원래 기능을 하지 못하게 되는 것이며, 신기능 저하로 심할 경우 혈액투석 또는 신장이식이 필요하다.

05 당뇨병성 신경합병증이란 고혈당으로 인한 신경손상, 혈액순환장애 등이 원인이 되어 말초신경장애가 나타나는 것으로 대표적 증상은 심한 통증이나 저림, 팔다리에 힘이 빠지거나 감각이 무디어지는 것 등이다.

06 당뇨병성 성기능 장애는 대체로 남성의 경우 발기장애의 형태로 나타나는 것이 일반적이다.

되는 등 생명에 위협을 초래할 수 있는 것이므로 당뇨병 관리에서는 특히 합병증이 생기지 않도록 지속적인 관리가 필요하다.

② 치료와 관리

당뇨병은 관리가 필요한 질환으로 완치되는 병이 아니라 한번 발병하면 지속적인 자기관리를 평생 동안 해야 하는 질병이다. 관리가 잘 안 될 경우 당뇨병은 환자의 수명을 단축시키고, 실명과 신경병증을 포함한 생의학적 합병증을 일으킬 수 있기 때문에 환자들은 남은 여생동안 매일 약물복용이나 인슐린 주사를 맞고, 혈당을 주의 깊게 측정해야 한다(김정범, 2001: 289). 그러므로 당뇨병 환자는 당뇨의 특성과 자기관리 방법에 대해 잘 알고 있어야 하며, 일상생활 속에서 이를 실천하는 것이 중요하다. 당뇨병 관리의 방법으로는 식사(식이)요법, 약물요법, 운동요법이 기본이 된다. 식사조절과 운동을 통해 혈당을 조절하고, 약물요법을 병행해야 한다. 당뇨병 치료에서 중요한 부분 중 하나는 당뇨병으로 인해 야기되는 합병증을 예방하는 것이다. 당뇨병 치료의 목표는 첫째, 혈당의 정상화, 둘째, 표준체중의 유지, 셋째, 당뇨 합병증 예방의 한 방법으로 정상 혈중 지질의 유지, 넷째, 정상 혈압의 유지이다(삼성서울병원 당뇨교육실, 2002: 28-31).

약물치료와 관련하여 제1형 당뇨병의 경우는 인슐린 치료가 필요하며, 인슐린 주사의 형태로 환자에게 투여된다. 인슐린은 현재 주사약으로 나와 있으며 피하주사로 투여하는 것을 원칙으로 하다. 인슐린 주사약은 먹는 약에 비해서 혈당강하 효과가 더 빠르게 나타나고, 먹는 약을 쓸 수 없는 환경에서도 안전하게 쓸 수 있는 장점이 있지만 주사침에 대한 거부감, 투여 방법의 어려움 등이 사용상의 단점이라 할 수 있다. 제2형 당뇨병의 경우는 식이요법과 운동요법 등을 통해 생활 습관을 바꾸어야 하며, 이와 함께 약물 투여가 필요할 수 있다. 이때는 주로 먹는 약인 경구투여제의 형태로 혈당강하제를 증상과 상태에 따라 하루 1~3회 복용하게 된다. 혈당강하제에는 인슐린 분비 촉진제와 인슐린 감수성 개선제가 있으며, 현재 다양한 약물들이 개발되어 사용되고 있다.

(2) 심리사회적 문제

당뇨병 치료에서 심리사회적 요인은 그동안 간과되어 온 경향이 있다. 그러나 최근의 연구들에서 심리사회적 요인은 혈당조절, 대사조절, 합병증과 관련되어 아동과 성인 모두에서 당뇨병의 경과와 치료에 매우 중요한 역할을 하는 것으로 나타나고 있어(김정범, 2001: 288), 당뇨병 관리에서 특별한 관심이 주어져야 하는 영역이다. 당뇨병을 진단받은 환자와 가족이 일반적으로 경험하게 되는 심리사회적 문제는 다음과 같다.

① 당뇨병 환자가 경험하는 문제

가. 진단 시 질병 수용의 문제

당뇨병은 한번 발병하면 평생 관리와 치료를 요하는 질병이다. 따라서 당뇨환자의 경우 당뇨병을 진단받게 되면 일차적으로 질병을 수용하는 데 어려움이 따른다. 초기에는 질병을 부정하기도 하며, 발병에 대한 분노를 느끼거나 합병증 발병에 대한 과도한 두려움을 느끼기도 하는 등 정서적 고통을 경험하게 된다.

나. 질병관리의 문제

당뇨병은 지속적인 관리가 매우 중요한 질병으로 적절한 식사요법, 운동요법 및 약물요법이 병행되어야 한다. 당뇨환자의 경우 식사 시간을 지켜 정해진 열량만큼의 음식을 섭취해야 하며, 과식이나 과음을 피해야 한다. 또한 혈당량 조절을 위해 일상생활 가운데 적절한 운동을 해야 하며, 의사의 처방에 따라 약물을 복용하거나 인슐린 주사를 맞아야 한다. 당뇨병을 진단 받은 후 일상생활 가운데 식사요법, 운동요법 및 약물요법을 규칙적으로 병행하는 것은 상당한 노력과 인내심을 요하는 일이며, 기존의 익숙한 생활방식과 패턴을 바꾸어야하는 일이다. 그러므로 이러한 당뇨병 관리가 일상생활 속의 규칙적인 일과로 자리 잡기까지 당뇨환자는 질병관리와 관련된 스트레스를 지속적으로 경험하게 된다.

다. 적응장애 및 우울 등의 심리사회적 문제

당뇨병은 지속적인 관리가 요청되는 병이므로 혈당관리를 위한 환자 본인의 노력과 가족의 지지가 필수적이다. 그러나 만성질환의 특성상 환자와 가족은 모두 자포자기, 분노, 비난 등의 심리사회적 문제를 경험하게 되며(장수미, 1999; 243), 이러한 문제가 지속될 경우 적응상의 문제와 우울 등의 정신과적 문제까지 수반될 수 있다.

소아당뇨병으로도 불리는 제1형 당뇨병을 진단받은 아동의 경우에는 학령기나 청소년기를 지날 때 또래집단과 어울려 식사를 하거나 운동할 때 등에 여러 가지 활동상의 제한점이 따르므로 친구들과 건강한 대인관계를 형성하는 데 어려움을 경험할 수 있다. 또한 다른 친구들과 달리 자신에게 병이 있다는 생각 때문에 정서적으로 위축되거나 낮은 자존감이 형성될 수 있는 등 심리사회적 문제가 유발될 수 있다. 당뇨병을 진단받은 아동의 경우 적응상의 문제를 보이게 될 확률이 높으며, 당뇨 청소년의 경우 우울증을 진단받을 확률이 높게 나타나는데, 이들의 경우 혈당조절 또한 잘 되지 않는 것으로 나타나고 있다(김정범, 2001: 289).

제2형 당뇨병을 진단받은 성인의 경우에도 직장에서의 회식시간이나 친구 및 동료들과 어울릴 때 과식과 과음을 피해야 하기 때문에 이로 인한 스트레스가 유발될 수 있다. 성인 남성의 경우에는 당뇨로 인한 발기부전의 문제가 야기될 수 있어 부부간의 성문제가 유발될 가능성이 있다. 이러한 문제들로 인한 심리사회적 스트레스는 당뇨관리를 저해하는 위험요인이 될 수 있다. 또한 당뇨관리가 잘 안되어 대혈관질환이나 증식성 망막병증 등의 합병증이 발생한 경우 우울증 발생이 더 높게 나타나며 삶의 질이 현저히 떨어지는 것으로 보고되고 있어(Lloyd et al., 1992), 당뇨병 환자들의 심리사회적 문제가 심각함을 알 수 있다.

② 가족이 경험하는 문제

가. 당뇨병 관리 지원 부담감으로 인한 정서적 문제

가족은 당뇨병 환자의 당뇨관리에서 지원자 및 조력자로서 중요한 역할을 하게 된다. 가족 중 당뇨병 환자가 있는 경우 가족은 당뇨환자의 식이요법에 맞춘 식단을 항상 준비해야 하며, 가족이 외출하여 식사를 하는 경우에도 외식 장소를 선택하거나 음식을 선택하는 데 당뇨환자를 늘 고려해야 하므로 가족원들은 이로 인한 스트레스를 경험할 수 있다. 또한 소아당뇨병의 경우 아동이 스스로 당뇨관리를 할 수 있을 때까지 부모는 혈당관리, 식사관리 등을 책임지고 도와야 하는 역할을 수행하게 되는데, 이로 인한 부모의 부담감이 가중될 때 우울 등의 정서적 문제가 야기될 수 있다. 실제로 소아당뇨 아동을 둔 어머니 집단의 1/3에서 현저한 우울증상이 나타나며, 어머니 자신이 적응상의 문제를 보이기도 하는 것으로 보고되고 있다(김정범, 2001: 289).

나. 경제적 문제

당뇨병은 평생을 통해 지속적인 관리가 필요한 병이므로, 병의 경중에 따라 개인차가 있지만 치료비의 소요가 지속적으로 이루어진다. 특히 제1형 당뇨병의 경우에는 체내에서 인슐린이 분비되지 않기 때문에 인슐린 주사를 정기적으로 체내에 투여해야 하는데 이를 평생을 통해 실시해야 하기 때문에 치료에 소요되는 경제적 비용부담이 더 커지게 된다. 당뇨병 환자가 가장이고, 질병에 대한 관리가 잘 안되어 합병증이 유발된 경우에는 치료비뿐만 아니라 직업적 능력을 잃거나 사회적 기능수행에도 장애가 유발될 수 있기 때문에 이로 인한 경제적 손실이 더 커지게 되어 가족이 경험하는 경제적 어려움이 가중되게 된다.

다. 부부의 성문제

성인 남성의 경우 당뇨병으로 인한 발기부전의 문제가 생길 수 있다. 이 경우 부부간의 성관계가 잘 이루어지지 않아 성관계를 피하거나 성적인 불만족감을 경험할 수 있으므로 이로 인한 부부간의 문제가 야기될 수 있다.

(3) 의료사회복지사의 역할

① 개별상담

의료사회복지사는 당뇨환자와 가족을 대상으로 먼저 개인내적, 가족적 및 사회적 환경을 평가하고 욕구를 파악하는 심리사회적 사정을 실시한다. 또한 환자가 당뇨병을 수용하고, 질병관리를 잘할 수 있도록 지원함과 동시에 질병관리를 하는 데 수반되는 어려움이 무엇인지에 대해 사정하고, 당뇨환자가 당뇨관리를 위해 지속적인 노력을 할 수 있도록 지지하는 역할을 수행한다. 의료사회복지사는 당뇨관리와 관련하여 환자가 경험하는 가족문제, 일이나 직장에서의 문제, 대인관계 상의 문제 등이 있다면 이를 해결할 수 있도록 도움을 주는 개별상담을 실시한다.

② 가족상담

당뇨병을 이해하고 당뇨환자의 당뇨관리를 도와주는 것이 당뇨병 환자 가족원의 역할이다. 그러나 가족에 따라 관계상 또는 기능상의 문제가 있어 가족원이 당뇨환자를 이해하고 지지하는 역할을 수행하지 못할 경우 가족문제로 인한 스트레스가 당뇨관리를 방해하여 당뇨병 증상이나 합병증을 더욱 악화시키는 스트레스 요인으로 작용할 수 있다. 이러한 경우 의료사회복지사는 가족 상담을 통해 가족원과 당뇨환자가 서로에 대해 더 이해하도록 돕고, 가족원이 서로 지지하는 역할을 수행할 수 있도록 가족문제 또는 가족의 역기능에 대해 개입하는 역할을 담당한다.

또한 당뇨로 인한 부부간의 성문제가 유발된 경우 의료사회복지사는 부부가 이에 대해 이해하고 함께 대처방안을 찾을 수 있도록 도와주는 역할을 수행한다.

③ 경제적 지원

당뇨는 만성적인 질환으로 한번 발병하면 완치되지 않으며, 이후 여생 동안 지속적으로 약물치료 및 합병증에 대한 치료를 지속해야하는 질병이다. 특히 소아 당뇨의 경우에는 아동기에 당뇨가 발병한 이후부터 평생 동안 인슐린 투여 및 약물치료를 지속해야 하므로 이에 대한 경제적 비용이 가계에 큰 부담을 줄 수 있다. 그러므로 당뇨환자에 개입하는 사회복지사는 지속적 당뇨관리 및 합병증에 대한 치료를 받을 수 있을 만큼의 충분한 경제력이 환자와 가족에게 있는지 평가해야 하며, 상황에 따라서 병원 내적 자원 및 지역사회의 자원을 동원하여 환자가 적절한 치료를 받을 수 있도록 경제적 지원을 해주어야 한다.

④ 당뇨병 교실 등 당뇨교육 프로그램 운영

당뇨병 환자에 대한 지원방안 중 하나로 대학병원이나 종합병원의 의료시설에서는 의사, 간호사, 영양사, 사회복지사 등이 팀을 이루어 당뇨병 교실을 운영한다. 당뇨병 교실은 당뇨환자와 가족을 대상으로 당뇨병에 대한 이해와 당뇨 관리를 돕기 위한 목적으로 실시된다. 당뇨병 교실에서 다루어지는 교육의 주요 내용은 당뇨의 증상 및 원인, 합병증, 혈당관리 및 투약관리, 식사요법과 운동요법, 그리고 일상생활에서의 스트레스 관리 및 가족의 대처 방안 등이다. 당뇨병 교실의 운영에서 의사는 당뇨병과 합병증에 대한 교육, 간호사는 인슐린 주사법과 혈당 검사법, 영양사는 식사요법, 운동처방사는 운동요법, 그리고 사회복지사는 일상생활에서의 스트레스 관리 및 가족의 역할에 관한 교육을 담당하게 된다.

당뇨병 교실은 처음 당뇨를 진단받은 환자가 당뇨 자기관리를 시작할 수 있도록 하며, 반복적인 교육을 통해 당뇨관리와 관련된 지식과 기술을 습득하고 행동적 변화를 이루도록 돕는 데 초점을 둔 교육을 제공하고 있다. 다음은 당뇨병 교육의 일환으로 이루어지는 'Survival skills'에서 제공하는 교육의 내용 및 주제들이다(정향미, 2009: 41).

■ Survival skills 당뇨교육 내용
- 당뇨병은 무엇인가? 당뇨병 합병증의 예방과 치료
- 개별적인 목표혈당
- 고혈당과 저혈당의 예방과 치료
- 임상영양요법
- 약물복용
- 자가혈당 측정
- 인슐린 주사방법
- 아픈 날의 관리
- 이용가능한 지역사회 자원
- 보호자 교육

⑤ 당뇨캠프 운영

당뇨캠프는 1925년 미시간에서 처음으로 시작되었으며, 이후 미국뿐 아니라 전 세계에서 당뇨병을 앓는 어린이들을 대상으로 널리 보급되었다. 이 캠프는 아이들이 서로의 경험을 공유하면서 질병관리에 대한 책임감을 스스로 배울 수 있게 하는 것이 주요 목적이었다(당뇨병학회, 2003: 169). 당뇨캠프는 주로 2박 3일이나 3박 4일 등 일정 기간 동안 당뇨병 환자를 대상으로 당뇨병에 대한 이해 및 당뇨관리에 대한 교육을 제공하고 심리사회적인 지지를 통해 당뇨환자의 자존감을 향상시키고, 그들이 직면한 심리사회적 문제의 해결을 돕고, 나아가 지속적인 당뇨관리에 대한 동기를 부여하기 위한 목적으로 실시되는 특별 프로그램이다.

당뇨캠프의 주요 내용은 당뇨병에 대한 교육과 당뇨관리에 대한 교육, 당뇨병으로 인해 야기되는 심리사회적 문제 진단 및 이에 개입하는 집단치료 프로그램의 실시 등이 대표적이다. 캠프를 운영하는 치료진은 의사, 간호사, 영양사, 사회복지사 및 운동처방사 등으로 다학제적 팀접근을 원칙으로 프로그램이 진행된다. 또한 자원봉사자들이 함께 동행하여 캠프의 각 프로그램들에 대한 운영을 지원한다. 당뇨캠프에서 사회복지사는 당뇨환자 또는 가족들을 대상으로 이들이 당뇨병으로 인한 심리사회적 어려움을 해소하고 일상생활상의 스트레스를 잘 관리할 수 있도록 지지하는 개별상담, 집단상담 및 가족상담 프로그램을 진행하는 역할을 담당한다.

2) 만성신부전

(1) 질병에 대한 이해

① 개념과 증상

우리 몸에서 소변을 만들고, 이를 운반하여 체외로 배설하기까지의 기관들을 비뇨계통(urinary system)이라 한다. 여기에는 신장, 요관, 방광, 요도가 속한다. 인체는 항상성을 유지하기 위하여 무기질 이온과 수분, 산, 염기의 농도를 조절하고 요소를 포함한 여러 종류의 대사산물을 배출시켜야 하는데 신장은 이러한 기능을 수행하는데 중요한 역할을 담당한다.

신부전(renal failure)은 신장 기능의 상실로 급성(acute renal failure: ARF)과 만성(chronic renal failure: CRF)으로 구분된다. 급성은 고칼륨혈증 및 폐수종을 동반하는 요독증[07]과 소변감소 혹은 무뇨를 보인다. 만성신부전은 오래된 당뇨병, 고혈압, 만성토리콩팥염[08] 등의 원인으로 신장기능이 만성적으로 현저히 감소되는 상태를 말한다. 만성신장기능상실은 말기콩팥(신)질환(end-stage renal disease: ESRD)이라고

07 요독증이란 신배설 기능장애로 혈액 중에 요소나 크레아티닌, 질소노폐물, 단백질 대사산물이 혈액 내에 다량 존재해 있는 중독 상태로 구역, 구토, 현기증, 의식손실 등의 증상이 나타난다.

08 만성토리콩팥염이란 사구체신염이라고도 하며, 토리(사구체) 내에서 염증성 반응을 일으키는 콩팥질환군을 말한다.

하며 치료하지 않으면 치명적이다. 치료는 혈액 내 상승된 크레아티닌(creatinine)과 요소(urea), 니트로겐(nitrogen) 등 노폐물을 제거하기 위한 투석을 하거나 신장이식 수술을 하는 것이다(김귀영 외, 2006: 289-290).

우리 몸에서 신장(콩팥)이 담당하는 기능은 다음과 같다. 첫째, 혈류로부터 요소를 제거한다. 둘째, 단백질 이화작용으로 나오는 요소(urea), 요산(uric acid), 크레아티닌(creatinine), 빌리루빈(bilirubin) 등을 배설한다. 셋째, 전해질인 나트륨(Na+), 칼륨(K+), 수분, 산 등을 적절히 조절하여 근육과 신경세포의 기능을 원활히 할 수 있도록 돕는다. 콩팥은 어떤 물질은 소변으로 분비하게 하고 신체에서 필요한 물질은 다시 흡수하여 사용하도록 함으로써 물과 전해질 양을 조절한다. 넷째, 레닌(renin)을 분비하여 동맥혈압과 순환혈액량을 유지한다. 신장은 복강후벽의 상부에 위치하며 척추를 사이에 두고 좌우로 1쌍이 있으며, 길이는 약 10cm, 무게는 약 100g이다. 신장은 건강하면 한쪽을 적출해도 생존에 지장이 없지만 양쪽이 과도하게 기능이 저하되면 노폐물이 체내에 머물러 요독증(uremia)이라고 하는 질병이 되어 사망의 위험이 있다(김귀영 외, 2006: 277-278).

② 치료

만성신부전에 대한 치료방법은 인공투석 또는 신장이식을 하는 것이다. 대표적 치료법인 투석요법에는 혈액투석과 복막투석이 있다. 혈액투석은 만성신부전증 환자의 혈액을 특수한 관을 통해 체외로 빼내어 특수한 필터(투석기)를 통해 노폐물과 수분을 걸러낸 후 체내로 다시 주입하는 치료 방법이다. 치료시간은 1회 4시간, 주 3회로 일주일에 12시간 투석하는 것이 일반적이며, 환자의 상태에 따라 시간을 조절할 수 있다. 신장이식을 하지 않는 경우 평생 동안 투석을 해야 하는데 이에 따른 의료비 부담이 커지게 된다. 또한 고정된 스케줄에 따라 투석을 받아야 하고 병원에서 소비하는 시간이 많아서 취업이나 직장생활을 유지하는 데 상당한 어려움이 따르게 된다.

복막투석은 환자 자신의 복막을 이용해 투석하는 방법으로 환자의 복부에 특수 제작된 관을 삽입하며, 이 관을 통해 투석액을 주입하고 배액함으로써 체내 노폐물과 수분 등을 제거하는 방법으로 보통 밤의 수면시간을 제외하고 하루에 4회씩 5시간 간격으로 투석액을 교환한다. 혈액투석에 비해 병원에서 장시간을 보내지 않아도 되며, 환자 자신이 직접 실시할 수 있고, 사회적 활동에 제한을 덜 받는다는 장점이 있으나 복막염에 걸릴 수 있으며, 체중증가 등의 단점이 있다.

신장이식은 건강한 다른 사람의 신장을 만성신부전증환자에게 이식하는 것이다. 신장이식에는 생체이식과 사체이식이 있으며, 환자의 신체 조직에 맞는 신장을 이식해야 하는데 신체조직에 맞는 장기를 보유한 기증자를 찾기 어려우며, 수술에 따른 비용이 든다는 단점이 있다. 또한 이식 후에 신체의 거부반응이 일어날 수 있는데 이는 면역체계가 이식된 신장을 이물질로 인식하고 이 외부침입자를 공격하여 제거하려는 현상으로 인해 나타나는 것으로서 흔히 고열, 신장 기능 감소, 소변량 감소, 이식부위 통증, 고혈압, 전신부종 등의 증상이 합병증으로 나타날 수 있다(한인영 외, 2013: 176-177). 이러한 거부반응을 억제하기 위해서는 면역억제제 등 약물투여를 해야 한다. 이식환자는 이를 평생 동안 복용해야 하는 어려움과 함께 면역억제제를 장기 복용함으로써 나타나는 여러 가지 부작용 등을 경험하게 된다.

만성신부전으로 인해 혈액투석이나 복막투석을 지속적으로 받아야 하거나 신장기능의 영속적인 장애로 인하여 일상생활 또는 사회생활에 상당한 제한을 받는 경우 신장장애로 장애판정을 받을 수 있다. 장애판정은 3개월 이상 지속적으로 혈액투석 또는 복막투석을 받고 있는 사람 또는 신장을 이식받은 사람이 받을 수 있으며, 전문의의 진단이 필요하다.

(2) 심리사회적 문제

① 만성신부전 환자의 문제

가. 심리적 문제

처음 질환을 진단받았을 때 대개 신부전 환자는 지속적인 투석치료를 받거나 이식을 받아야 한다는 상황에 심리적 충격을 받으며, 이러한 상황을 수용하는 데 어려움을 경험한다. 또한 오랫동안 투석을 받으며 생활하다 보면 만성신부전 환자는 심리적으로 불안, 우울, 질병 악화에 대한 걱정, 미래에 대한 염려 등으로 큰 심리사회적 어려움을 경험하게 된다. 혈액투석을 해야 생명을 유지할 수 있는 신장장애인이 경험하는 스트레스로는 첫째, 신체기능의 손실, 가족 및 집단 내에서의 소속감 상실, 현재 및 미래 삶의 좌절, 생활양식의 변화 및 장기적 치료로 인한 재정적 손실, 직업 및 역할의 상실 등과 같은 상실감, 둘째, 통증과 죽음에 대한 불안감, 셋째, 식욕이나 성욕 등을 포기해야 하는 본능적 좌절감이며, 이 가운데서도 죽음에 대한 불안감이 가장 큰 스트레스로 알려져 있다(신미자, 1994; 오승길 · 최건식, 2013: 250-251).

나. 직업 등 사회활동의 제한

만성신부전 환자가 직면하게 되는 가장 큰 문제는 정기적으로 혈액투석을 받아야 하기 때문에 일반인들과 같이 직장생활을 유지하거나 사회활동을 하는 데 제한을 받는 것이다. 혈액투석에는 1회 4시간씩, 주 3회의 상당한 시간이 소요되므로 환자는 발병 전과 같은 사회활동이나 직업기능을 수행하는 데 어려움을 겪게 된다.

다. 치료 지속 또는 이식에 따른 문제

만성신부전의 경우 혈액투석을 받게 되면 신장이식을 받지 않는 한 남은 평생 동안 투석치료를 지속적으로 받아야 한다. 일주일에도 수회 이상 받아야 하는 투석치료를 오랫동안 지속적으로 받아야 하는 상황은 환자에게 매우 힘든 일이며, 경제적인 문제까지 겹쳐있을 때는 치료를 유지하는 것에 따른 복잡한 문제들이 발생하게 된다.

또한 환자가 신장이식이 필요한 경우 환자의 신체적 조건에 맞는 신장 기증자를 찾는 것과 이식에 소요되는 수술비용을 마련하는 것, 그리고 수술에 대한 불안과 수술 후 회복과정에서 빈번하게 야기되는 부작용의 문제도 환자가 극복해야 할 어려움이 된다.

② 가족이 경험하는 문제

가. 경제적 어려움

혈액투석환자는 주 3회, 매회 4시간 정도 인공신장기에 의존한 치료를 받아야 하기 때문에 혈액투석에 따른 비용이 과다하게 지출되며, 직업생활을 유지해 오던 환자가 직업을 중단하게 될 경우 가족 수입이 감소하게 된다. 만약 환자가 가장의 역할을 수행하고 있고, 투석으로 인해 직장생활이나 생업을 유지할 수 없다면 가족원 전체가 경험하는 경제적 어려움은 더욱 커지게 된다.

나. 지속적인 돌봄제공(caregiving)의 문제

장기간에 걸쳐 혈액투석을 받는 환자의 경우 상태에 따라 차이가 있지만 일상생활을 유지해 나가는 데 주변의 도움이 필요하다. 가족은 환자가 일상생활을 유지해나가는데 필요한 도움과 보호를 제공하는 일차적인 지원체계로서 환자를 돌보는 역할을 수행하게 된다. 신장장애인들의 삶의 질에 영향을 미치는 요인에 관한 연구에서 가족원으로부터 받는 지지는 이들의 삶의 질을 향상시키는 데 가장 큰 영향을 미치는 요인으로 나타나기도 하였다(오승길 · 최건식, 2013). 그러나 장기간에 걸친 돌봄제공은 가족원을 신체적 및 정신적으로 고갈시키기도 하며, 돌봄제공을 위해 사회생활을 포기하거나 조정해야 하는 경우 가족원은 심리적 · 사회적으로 돌봄 부담감을 강도 높게 경험하게 되는데 이는 지속적으로 가족 내의 심각한 문제가 될 수 있다.

다. 가족관계상의 갈등

가족 내 신장질환자 또는 신장장애인이 발생하게 되는 경우 순식간에 가족원의 안녕은 심각하게 위협받게 된다. 가족들은 신장 장애인을 돌보는 역할뿐만 아니라 그를 대신하여 경제적 역할까지도 수행해야 하는 이중고를 경험하게 된다. 특히 한 집안의 가장이 신장장애로 말미암아 실직하게 될 경우 거의 모든 가족원들이 경제활동에 나서야 하는 위기적 상황에 직면하게 되며, 이러한 심각한 경제적 위기 앞에 가족원들 상호 간의 신뢰와 유대관계가 위협받게 되고, 서서히 지쳐가며 서로에게 등을 돌리게 되는 상황에까지 이를 수 있게 된다(강민희, 2015: 156-159).

가족관계는 가족원이 환자에게 제공하는 돌봄제공의 질에 영향을 미치는 중요한 요인이다. 가족관계가 원만하지 못하거나 가족 내 갈등이 존재하는 경우 가족원들이 환자의 신체적 및 심리적 상태를 이해하지 못하고 배려하지 못하여 환자와 가족 간의 관계가 악화될 수도 있다. 또한 가족 내에서 돌봄제공의 역할을 서로 다른 가족원에게 미루거나 가족원이 협조해서 함께 돌봄제공과 관련된 일들을 수행하지 못할 경우 가족원들 사이에 갈등이 생길 수 있으며, 심할 경우 가족원 간의 관계가 단절될 수도 있다.

(3) 의료사회복지사의 역할

① 개별상담

의료사회복지사가 만성신부전 환자에게 개입할 경우 심리사회적 사정을 실시하고, 환자가 장기간에 걸친 투석치료에 지치지 않고 치료를 지속적으로 받을 수 있도록 지지해 주는 역할을 수행하는 것이 중요하다. 또한 환자가 발병 전 종사했던 직업과 사회적 능력이 발병 후에도 유지될 수 있는지를 사정하며, 직업생활과 사회생활을 부분적으로라도 유지하기 위해서 어떤 조정이 필요한지에 관해 상의하여 환자가 변화된 자신의 상황을 현실적으로 수용할 수 있도록 도움을 주어야 한다. 뿐만 아니라 만성신부전 환자가 경험하는 불안이나 우울 등 정서적 문제에도 관심을 갖고 면담 시 환자가 질병으로 말미암아 경험하게 되는 정서적 고통에 관해 공감해 주고, 깊이 있는 내면의 이야기를 나누는 것이 의료사회복지사의 중요한 역할이다.

② 가족상담 및 지지

가족은 환자를 보호하고 돌보는 환경체계로서 중요하다. 의료사회복지사는 가족상담을 통해 가족이 환자의 오랜 치료기간 동안 지치거나 치료를 포기하려는 생각을 갖지 않도록 가족을 지지하고, 가족 내의 갈등이나 관계상의 문제 등을 해결할 수 있도록 필요한 도움과 서비스를 제공하는 역할을 담당한다.

③ 경제적 지원

장기간에 걸친 투석에 소요되는 비용 또는 신장이식에 따른 비용이 환자와 가족이 감당할 수 있는 경제적 능력을 넘어선 경우 의료사회복지사는 환자가 필요한 의료적 처치를 받을 수 있도록 공식적 및 비공식적 자원체계를 동원하여 경제적 지원을 제공하는 역할을 수행한다.

④ 장애등록 절차에 대한 정보제공

만성신부전으로 인해 투석치료를 지속적으로 받아야 하고, 신장 기능의 영속적인 장애로 인하여 일상생활 및 사회생활을 하는 데 상당한 제한을 받는 경우 신장장애로 장애판정을 받을 수 있다. 의료사회복지사는 장애등록 신청 및 판정과 관련한 상세한 정보를 환자와 가족에게 제공하는 역할을 담당한다. 장애판정은 만성신부전증으로 3개월 이상 지속적으로 투석치료를 받거나 또는 신장을 이식받은 경우 치료한 기관의 전문의에 의해 판정 가능하다.

2. 종양 내과

1) 성인암

(1) 질병에 대한 이해

① 개념과 원인

암(癌) 또는 암종(癌腫)은 영어 cancer를 번역한 용어이다. 의학적으로는 악성종양(惡性腫瘍, malignant tumour)이라는 병변(病變)을 일컫는 말이다. 암은 기본적으로 세포가 조절되지 않고 무한정 증식, 성장하는 비정상 세포의 덩어리이다. 정상의 체세포는 엄격한 조절기구의 통제 아래에서 세포분열과 증식 등이 이루어진다. 그러나 암 세포는 분열과 증식이 불규칙하고 조절되지 않는 통제 불능 상태에 빠지는 것을 특징으로 하고 있다. 암세포는 세균처럼 외부에서 우리 몸 안으로 들어온 것이 아니고 우리 몸의 정상 세포의 하나가 어떤 이유로 하여 세포 내의 유전자(DNA 서열)에 변화가 일어나 암세포로 변형된 것이라고 믿어지고 있다. 즉, 신체 속 어느 부위에 있던 정상 체세포가 외부에서 들어온 물질에 의하여 유전자에 돌연변이 등을 일으키면 그 성질이 확연하게 달라지는 경우가 있는데, 그 세포가 죽거나 제거되지 않고 살아남게 되면 그것이 암세포가 된다(대한암협회, 2022). 암세포의 특징은 방치하면 계속해서 자라고, 자라면서 점점 독해지며, 암세포가 주변 조직을 파괴하고, 전이한다는 점이므로 반드시 치료가 필요하다(김범석, 2008).

이러한 암의 원인은 명확하지는 않지만 대개 유전자의 이상으로 생긴 병으로 알려져 있는데 유전적 요인이 5~10%, 후천적 요인이 90~95%를 차지한다고 생각하는 학자들이 많다. 암 발생에 영향을 주는 이러한 요인을 위험요인으로 표현하는데, 우리나라에서 가장 많이 발생하는 6대 암의 주요 위험요인들은 다음의 〈표 9-1〉과 같다.

표 9-1 우리나라에서 가장 많이 발생하는 6대 암의 위험요인

암의 종류	위험요인
위암	식생활(짠 음식 · 탄 음식 · 질산염 등), 헬리코박터 파일로리균
폐암	흡연, 직업력(비소, 석면 등), 대기 오염
간암	간염 바이러스(B형 · C형), 간경화
대장암	유전적 요인, 고지방 식이, 저섬유 식이
유방암	유전적 요인, 고지방식, 여성 호르몬, 비만
자궁경부암	인유두종 바이러스

출처: 김범석(2008). 진료실에서 못다한 항암치료 이야기. p. 41.

② 치료

암 치료의 목적은 첫 번째가 완치이며 두 번째가 생명 연장 및 삶의 질 향상이다. 암의 치료는 궁극적으로 암세포를 전멸시키는 것이지만 완전 제거는 거의 불가능하기 때문에 가능한 많은 수의 암세포를 제거한 뒤 그 상태를 오랫동안 유지하여 임상증상을 개선하고 생명을 연장시켜 삶의 질을 향상하는 데 있다(이영숙 외, 2002). 암 치료 방침은 조직검사를 통한 조직학적 유형, 병의 진행 정도인 병기(stage), 전신 상태의 건강성을 의미하는 운동 수행 능력에 대한 평가를 통해 대개 세 가지, 즉 수술치료, 항암화학치료, 방사선 치료를 결정하여 진행하게 된다(김범석, 2008).

첫째, 수술치료는 잘라낼 수 있는 암일 경우 암 발생 부위를 수술로 제거해주는 것인데 암은 특성상 조금이라도 암세포가 남아있으면 재발하기 때문에 암수술에서는 암덩어리 자체뿐 아니라 안 주위의 정상조직과 임파절까지 완전히 제거하는 광범

위한 수술을 해야 한다.

둘째, 항암화학치료는 수술요법이나 방사선 요법을 실시한 후에도 암세포가 주위에 남아있거나 다른 부위로 퍼지게 되면 암이 재발할 수 있으므로 미세한 암세포를 제거하기 위해 사용되며 외과적 수술치료가 여의치 못할 경우 처음부터 항암화학요법을 실시할 수도 있다.

셋째, 방사선치료는 단독 혹은 수술치료 및 항암화학치료와 함께 사용할 수 있는데, 수술로 암을 제거한 뒤 방사선 치료를 병행하여 치료 효과를 기대하거나 암이 악화되어 심한 두통을 호소할 때 증상 완화를 위해 사용되기도 한다.

그러나 수술치료는 신체 일부분의 상실이나 장애를 동반하고 항암화학치료와 방사선치료는 탈모, 식욕부진, 피로감, 구토와 오심 등의 부작용을 가져오기 때문에 환자와 가족들은 치료로 인한 부작용과 신체 및 심리사회적 어려움을 겪게 된다(이영숙 외, 2002).

(2) 심리사회적 문제

① 환자의 심리사회적 어려움

갑작스러운 암 진단의 선고 이후 대부분의 환자들은 암 진단에서부터 치료, 재발과 전이, 치료 종료에 이르는 전 과정에 걸쳐서 당혹과 무감각, 불안과 공포, 부정과 분노, 슬픔과 실망과 좌절 등의 부정적인 감정을 경험하게 된다.

진단 시기에 처음 나타나는 반응은 다음과 같이 몇 가지로 정리될 수 있다. 첫 번째는 부정(denial)이다. 환자는 의사의 진단이 잘못되었을 것이라는 생각에 이 병원 저 병원을 찾아다니거나 큰 충격을 받고 매우 불안한 상태이지만 아무 일도 없는 것처럼 평상시의 생활을 지속하는 것이다. 두 번째는 분노로 “왜 하필이면 내가”라는 생각에 분노와 절망감을 갖게 된다. 세 번째는 불안과 두려움이다. 환자는 치료하면 나을 수 있는지, 치료 과정에서 통증이나 부작용이 심하지 않을지, 사회적 역할의 변화와 경제적인 부담감 등에 대해 많은 불안과 두려움을 갖게 된다.

- "예후가 3개월이라는 소리를 들었을 땐 덤덤했어요. 그건 딴사람 얘기라고 생각했지..."(당혹과 무감각)
- "하나 잘못한 것도 없고 전 저 나름대로 그래도 정기검진 받으면서 관리했는데… 내가 왜 걸렸으며 내가 왜 죽어야 하나!"(부정과 분노)
- "암이라니까 죽는 것부터 생각이 들잖아요. 죽음의 공포하고 이런 거요. 암이니까 나는 이제 죽는다는 게 연관이 되잖아요."(불안과 공포)
- "3개월이라는 소리를 들었을 땐 덤덤했어요. 그건 딴사람 얘기라고 생각했지 그러다가 자꾸 새겨듣고 하니까 '아~ 그게 나한테 하는 소리였었구나.'라고 귀에 들어올 때는 감정이 달라진 거예요. 그때서야 우울증이 자꾸만 몰려오는 거야..."(슬픔과 우울)
- "재발했을 때 완전히 실망스러웠어요. 아무 것도 하기 싫고 죽고 싶다! 처음엔 괜찮았는데 재발하니까 죽고 싶은 생각이..." (실망과 좌절)

이렇듯 암환자들의 부정적인 감정들은 치료의 전 과정에 걸쳐서 나타나게 된다. 특히 초기에는 암의 원인을 스스로 추정해 보면서 부정과 분노의 감정이 주를 이루었다면, 시간이 지나면서부터는 불안과 두려움, 우울과 슬픔, 그리고 실망과 좌절감 등의 심리적 어려움을 주로 경험하게 된다. 물론 모든 환자들이 이러한 반응을 똑같이 겪는 것은 아니다. 어떤 환자들은 처음부터 자신의 상황을 잘 이해하고 받아들이는 것처럼 보이기도 한다. 그러나 겉으로는 치료에 잘 적응하는 것처럼 보이더라도 암 치료의 과정 자체가 고통스럽고 힘들며 치료의 호전과 악화가 반복될 수 있기 때문에 그 이면에는 불안과 좌절을 경험하고 있을 수 있음을 이해해야 한다.

또한 환자들은 암의 진행정도와 치료에 따라 신체적 고통과 불안, 직업 중단과 사회적 역할의 변화와 축소 등으로 어려움을 겪게 되며, 특히 재발이 되었을 때 환자들의 좌절과 고통, 분노, 불안은 극에 달하게 된다. 이는 환자들이 수술이나 항암치료, 방사선 치료를 이미 마친 상황으로, 그 과정의 고통과 어려움을 누구보다 잘 아는 상태에서 새로운 치료과정을 처음부터 반복해야 하는 것에 대한 두려움이 크기 때문이며, 이때는 실패감, 죽음이 가까이 온 것 같은 불안감도 경험하게 된다. 말기단계가 되면 환자들은 신체적 고통과 죽음에 대한 두려움, 슬픔과 분노, 남아있는 사람들에 대한 걱정, 수용 등 여러 가지 감정과 관계의 변화 속에서, 다가올 죽음과 가족들과의 이별을 준비하게 된다.

② 가족의 심리사회적 어려움

가족 안에서 암 진단을 받은 환자가 발생할 때, 이것은 개인의 문제가 아니라 가족이 대처해야 하는 문제가 된다. 입원이나 외래 통원 치료로 인한 가족원들의 역할 변화, 소득 감소 및 치료비 부담 등으로 지금까지 유지해 왔던 가족의 균형이 깨지면서 새로운 스트레스가 발생하고 재적응을 필요로 하기 때문이다. 또한 대부분의 암 환자의 가족들은 우울과 불안, 분노와 같은 정서적인 어려움을 겪게 되며, 죄책감을 갖는 경우도 흔하다.

또한 암 진단 사실을 다른 가족원이나 환자 자신에게 알리는 것은 환자에게도 또 다른 가족원들에게도 어려운 과제이다. 환자들이 암 진단을 혼자 통보받는 경우, 대개 이 사실을 가족에게 알리는 것을 망설이는데, 특히 가장인 경우에는 자신에게 의존하는 배우자와 자녀들에게 말을 꺼내지 못하고 차일피일 치료를 미루는 모습을 보이기도 한다. 이와는 반대로 암 진단이 환자를 제외한 가족에게 먼저 통보되는 경우, 가족들은 환자에게 암 진단을 어떻게 알려야 할지 혼란스러워하며 의료진에게 환자를 위해 이 사실을 숨겨달라고 요구하기도 한다. 따라서 환자와 가족이 암 진단에 대해 어떤 감정을 갖고, 어떻게 받아들이고 있는지, 가족원 중 누가 그 사실을 알고 있는지를 아는 것은 이후 치료 계획에 중요한 과제이다.

또한 암환자의 투병과정을 함께 하는 가족원들은 대개 역할 변화 안에서 간병 부담으로 인한 신체적 · 심리적 어려움, 경제적 문제, 상황 악화에 대한 두려움을 경험하게 되며, 환자가 말기 단계로 들어서면 사별을 준비하는 과정에서 정서적인 고통을 경험하게 된다.

③ 치료과정에 대한 적응의 문제

암환자와 가족들은 치료 과정에서 다양한 정보를 필요로 한다. 하지만 "3시간 대기 3분 진료"라는 말과 같이 심각한 질환일수록 진료 시간과 과정에서 환자의 만족도는 그리 높지 않은 것 같다. 암환자들이 진단과 치료 과정에서 가장 의지하는 사람은 의료인이지만, 많은 환자들은 의료인으로부터 충분한 도움을 받지 못한다고 생각한다. 의료진과의 의사소통 시간이 부족하고 궁금한 점에 대한 대답을 충분하게 듣지 못했다고 생각하기 때문이다. 병원의 의료서비스 질 향상을 위한 노력에도 불구하고 아직까지 긴 대기시간과 짧은 진료 시간, 의료진의 전문 용어 사용, 권위주의적이고 일방적인 태도 등은 환자와 가족의 불만족을 가중시키는 요인으로 남아있다.

또한 이러한 환자의 불만족은 의료진에 대한 불신과 분노로 이어지기 쉬우며, 환자와 가족들이 의료에 관한 정보를 전문 의료인이 아닌 주변 사람들이나 다른 환자, 간병인, 인터넷 사이트 등 다른 곳으로부터 가져올 가능성을 높여서 때때로 부적절한 정보나 대처 방안을 취할 수 있다는 점에서 주의가 필요하다.

암환자와 가족이 필요로 하는 정보는 치료 단계에 따라 차이가 있는데, 대개 진단 초기에는 암에 걸린 이유와 현재 상태, 치료 종류와 방법에 대해 궁금해 한다. 또한 치료가 지속되면서 항암치료 과정과 부작용 및 대처법, 치료에 도움이 되는 음식들, 민간요법이나 대체의학, 통증 조절 등에 대해서 궁금해 하며, 말기로 진행될 경우 호스피스 완화의료, 임종에 대한 준비 등에 대한 관심이 높아지게 된다.

④ 경제적 어려움

여러 다른 질병들과 마찬가지로 암환자들이 겪고 있는 가장 큰 어려움으로 경제적 어려움을 꼽을 수 있다. 한국 암치료 보장성확대 협력단(Korea Cancer Care Alliance, 이하 암보협)이 2016년 고형암 · 혈액암 환자 185명을 대상으로 '암환자를 가장 힘들게 하는 요인'을 묻는 질문에 응답자의 37.3%가 '경제적 요인'이라고 답했다. 이어 정신적(31.9%), 육체적(27.6%), 사회적(2.7%) 어려움 순으로 나타났다. 특히 암을 진단받은 과거와 치료받는 현재의 어려움을 비교한 결과에서 다른 요인들은 시간이 지나면서 감소하는 반면 유일하게 경제적 요인만이 3.96점(5점 만점)에서 4.14점으로 증가했다. 이것은 경제적 어려움이 치료과정 중에도 계속 증가하고 있어 환자들의 가장 큰 부담이 되고 있다는 것을 뜻한다.

이 연구에서 비급여 치료를 받은 암환자들의 암치료 비용은 평균 2,877만 원이었으며 이 중 71.6%인 2,061만 원이 비급여 항암제 비용으로 지출돼 경제적 부담 상승에 비급여 항암제가 큰 부분을 차지하는 것으로 나타났다. 이와 같은 경제적 부담감은 저소득층에게 치료 기회를 상실하게 하므로 암질환의 보장성 강화를 위한 노력이 매우 중요하다고 보겠다.

(3) 의료사회복지사의 역할

① 개별상담과 교육

의료사회복지사는 환자와 가족의 심리적 부담감을 덜어주고 치료에 대한 충분한 정보 제공을 통해 환자와 가족이 올바른 치료법을 선택하고 치료 과정을 잘 진행할 수 있도록 도와야 한다. 그러기 위해서는 치료 진행에 방해가 되는 부분들이 무엇인지를 충분히 사정하고 상담과 자원 연결 등을 통해 치료에 적합한 심리사회적 환경을 만들어 나가는 것이 필요하다. 이 과정에서 의료사회복지사가 부딪치게 되는 쟁점을 정리하면 다음과 같다.

가. 쟁점 1: 알릴 것인가 말 것인가?

암을 진단하게 되면서 맨 먼저 의료진과 가족들이 고민하게 되는 문제는 환자와 가족에게 이 사실을 어떻게 알려야 하는가라는 점이다. 특히 우리나라에서 아직까지 많은 가족들은 의사에게 환자의 상태를 환자에게 알리지 말아달라고 부탁한다. 가족들의 논리는 "우리 부모님은, 또는 우리 아이는 내가 제일 잘 안다."는 것으로, 본인이 암인 것을 알면 실망해서 치료를 다 포기해 버릴 것이다'라고 주장한다. 그리고 환자에게 "위에 염증이 좀 있는데 정기적인 약과 주사 치료를 받으면 낫는 병"으로 말해달라는 식이다.

언제, 어떻게 알려야 하는가에 대한 질문에 대한 정답은 각 개인과 가족마다 다를 수 있다. 그러나 중요하게 고려해야 할 점이 있다. 그것은 지금 당장은 힘들더라도 환자에게 솔직하게 이야기하도록 돕는 것이 중요하다는 것이다. 그 이유는 환자는 투병 기간 동안 믿고 의지할 사람이 있어야 하는데, 이러한 선의의 거짓말이 환자와 가족, 치료진과의 신뢰 관계를 깨뜨리고 환자를 소외시켜 더욱 외롭고 힘들게 만들기 때문이다. 치료를 잘 받기 위해서는 무엇보다 환자가 자신의 증상과 치료 방법에 대해 잘 아는 것이 중요하다. 환자가 정신적인 충격을 받지 않도록 암이라는 사실을 숨기는 것 보다는 어떻게 알림으로써 충격을 최소화시킬 것인지, 그것을 극복하도록 어떻게 함께 도울 것인지를 의논하는 것이 더 중요하다. 이를 위해 의료사회복지사를 포함한 의료진과 환자 가족과의 협조 관계는 매우 중요하다.

나. 쟁점 2: 환자와 가족에게 치료 정보를 어떻게 제공할 것인가?

환자와 가족들은 진단 초기에 겪는 심리적 충격 때문에 의료진이 하는 말들을 귀담아 듣지 못하고 허둥지둥하기 쉽다. 따라서 이 단계에서는 심리적인 지지와 정보 제공의 병행이 중요하다. 이때 집단 교육 제공과 자료집 제공은 매우 유용하다. 먼저, 환자와 가족을 위한 집단 교육은 서울대병원과 같은 여러 병원들에서 이루어지는 방법이다. 이러한 집단 교육은 환자와 가족들의 질병에 대한 기초 지식을 확립하고 의료진들과 의사소통의 토대를 마련하기 위한 시간들로서 대개 매주, 또는 매월 주기로 의사, 간호사, 의료사회복지사, 약사, 영양사 등이 참여하는 강의와 간담회 형식으로 이루어진다.

이러한 교육에서 다양한 책자나 자료집들이 사용된다. 각 병원들에서는 환자와 가족들이 암에 대한 이해를 도울 수 있도록 여러 가지 책자를 발행하고 있다. 국립암센터의 경우, 『뇌종양 100문 100답』, 『갑상선암 100문 100답』과 같이 암 종류별로 다양한 책들이 출간되어 있다. 이 밖에도 병원별로 약 복용과 관리, 영양 관리, 의료비 지원 단체 등 이용 가능한 정보를 망라한 소책자를 구비하고 있다. 이러한 자료집의 사용은 환자와 가족들에게 유용한데 그 이유는 그들이 심리적으로 준비된 순간에 필요한 정보를 찾아보고 검토할 수 있기 때문이다. 따라서 의료사회복지사는 의료진과 팀을 이루어 이러한 자료집의 구성과 발간, 제공 시기와 방법에 대한 논의, 집단 교육 구성과 진행 등을 총괄하면서 환자와 가족이 질병에 대해 잘 이해하여 자신이 처한 상황에 대한 통제력을 유지할 수 있도록 도와야 한다.

② 집단치료 프로그램

병원에서는 환자의 적응과 관리를 돕기 위해 암종류와 진행 시기에 따라 여러 가지 집단치료 프로그램을 운영하고 있다. 여기에서는 암환자 대상 스트레스 관리 프로그램(김종흔 외, 2012)을 소개하고자 한다. 이 프로그램은 유방암 환자가 치료 과정에서 겪는 다양한 이슈들을 회기별 주제로 포함한 유방암 환자 맞춤형 프로그램으로서 항암치료나 방사선 치료 등 적극적인 암 치료 중인 환자들이 치료 과정 중에 겪는 다양한 스트레스에 잘 대처할 수 있도록 고안되었다.

이 프로그램은 크게 두 부분으로 구성된다. 전반부는 스트레스에 대한 이해를 도모하며 일반적인 대처기술, 예를 들면 효과적인 대화기술, 복식호흡을 통해 스트레스에 대한 신체적 반응 다스리기, 자신의 생각의 오류를 확인하고 합리적인 생각으로 바꾸기 등을 훈련한다. 후반부는 전반부에 다룬 내용을 바탕으로 보다 개인적이고 특정적인 문제들을 다룬다. 이 프로그램의 개요 및 세션별 내용을 다음의 〈표 9-2〉, 〈표 9-3〉을 통해 확인할 수 있다.

표 9-2 인지행동모델에 근거한 암환자 스트레스 관리 프로그램 개요

프로그램 개요	
참여대상	적극적인 암 치료 중인 암환자
치료 목표	인지적 전략 및 행동적 전략을 훈련함으로써 암환자들이 일상생활의 스트레스를 효율적으로 관리하도록 지원
이론적 배경	인지행동적 접근 및 문제해결적 접근
프로그램 형태	4~8명이 참여하는 집단 심리상담 프로그램 형태로, 교육을 통한 정보제공 및 정서적 지지, 심리 상담, 대처 기술 훈련 등이 함께 이루어지는 통합적인 형태
프로그램 회기 구성	총 10회기, 환자의 상태에 따라 주 1회 10주, 혹은 주 2회 5주로 운영 가능
회기별 소요시간	90 ~ 120분
프로그램 진행자	인지행동치료의 경험이 있는 정신건강전문가 1인과 보조치료자 1인

표 9-3 암환자 스트레스 관리 프로그램의 회기별 내용

회기	내용	주된 치료 기법
1	프로그램 오리엔테이션 • 목표 설정 • 효과적인 의사소통 원격 익히기: 나 말하기	"나 말하기"로 표현하기, 역할연기
2	암에 대해 이야기하기 • 표현적 글쓰기를 통한 감정의 정화 • 암을 수용하는 것의 진정한 의미 이해: 적극적 대처 • 긍정적 기분 고양시키기	사랑하는 사람의 답장과 즐거운 활동을 통한 긍정적 강화
3	신체 증상에 대처하기 • 스트레스 교육: 스트레스와 신체증상의 관계 이해 • 감정 , 생각, 행동 및 신체반응 구분하기 • 감정, 생각, 행동 및 신체반응의 상호작용 이해하기 • 복식호흡	복식호흡, 감정 자각 연습
4	스트레스를 일으키는 생각 찾기 • 자동적 사고 찾기 • 생각의 오류 이해하기 • 자동적 사고에서 인지적 오류 찾기	인지재구조화: 인지적 오류 찾기, 복식호흡
5	스트레스를 만드는 생각 바꾸기 • 논박을 위한 질문 익히기 • 논박을 통해 타당한 생각으로 바꾸기	인지재구조화: 타당한 생각으로 바꾸기, 복식호흡

6	대처기술 익히기 및 분노 조절하기 • 적절한 대처법 사용하기: 문제 중심적 대처, 정서 중심적 대처 • 분노 조절하는 방법 익히기	분노조절 훈련, 역할연기 복식호흡, 인지재구조화
7	외모와 신체 변화에 대처하기 • 신체변화에 대한 생각의 오류 확인 • 점진적 노출의 원리 및 단계 이해 • 노출순위 정하기, 상상이완훈련	인지재구조화, 점진적 노출, 상상이완, 복식호흡, 역할연기
8	가족 및 대인관계 변화에 대처하기 • 대인관계 변화에 대한 대처: 문제중심적, 정서중심적 • 경제적, 실제적, 정성적 지지자원 확인하기 • 대인관계 갈등 상황에 대한 역할시연	인지재구조화, 복식호흡, 역할연기나 말하기 훈련
9	잠재적인 두려움에 대처하기 • 재발 · 전이에 대한 대처: 문제 중심적, 정서 중심적 • 재발 · 전이의 증상 및 관리법에 대한 교육 • 자기충족적 예언	인지재구조화, 복식호흡
10	변화 유지하기 • 프로그램 전체를 되돌아보기 • 생활 스케줄 관리: 삶의 우선순위 정하기	

③ 가족상담과 지원

의료사회복지사는 치료 과정에서 암환자 가족에게 정서적 지지와 정보 제공, 자원 연결을 위한 개별상담, 집단상담, 가족상담을 지속적으로 제공하게 된다. 이 중 한 대학병원에서 실시되어 온 '말기암환자 가족을 위한 집단상담 프로그램'에 대해 소개하고자 한다. 이 프로그램은 의사, 사회복지사, 영양사 등의 다학제 간 팀에 의해 운영되어 왔으며, 의료사회복지사는 가족의 스트레스 대처 및 사회적 지지에 대한 강의와 함께 프로그램의 기획과 운영, 조정의 역할을 수행하였다. 교육내용은 크게 환자의 증상관리를 잘 돕는 방법에 대한 것과 가족들의 스트레스 대처 및 사회적 지지 안내로 구분될 수 있다. 즉, 환자의 질환 관리를 돕기 위한 교육 과정으로서 '통증과 약, 식사, 가정간호' 등의 내용을 다루는 한편, '말기암을 갖고 살아가기'를 통해 가족들의 어려움, 임종 통고, 호스피스 정보 등 가족들이 직면하는 어려움을 다루고 대처능력을 높이는 데 초점을 둔다.

또한 암환자의 가족들은 환자 간병에 따른 가족들의 부담을 덜고, 질 높은 의료서비스를 제공받기 위해 재가암환자 관리 사업을 확인하고, 해당 보건소를 통해 신청하여 이를 이용할 수 있다.

④ 경제적 지원 및 지역사회자원 연결

의료사회복지사는 암환자의 경제적 부담을 덜고 고액의 치료비 마련을 돕기 위하여 다양한 후원자원을 개발하고 안내하게 된다. 암환자 지원과 관련하여, 국가 및 민간 차원에서 다양한 의료비 지원사업이 진행되고 있으므로 의료사회복지사는 이에 대한 지식을 갖추고 적절한 정보 제공과 자원 연결을 통해 환자와 가족을 지원하게 된다. 공적 측면에서의 경제적 지원 사업으로는 재난적 의료비 지원사업, 보건소 암환자 지원사업, 긴급복지 지원사업, 국민연금관리공단의 장애연금 제도를 들 수 있다. 의료사회복지사는 각각의 지원대상과 경제적 기준, 지원 내용과 신청방법에 대해 환자와 가족에게 안내할 수 있으며, 가까운 국민건강보험공단 지사, 주민등록지 보건소, 주민등록지 시 · 군 · 구청, 국민연금관리공단을 통해 신청하게 할 수 있다. 이밖에도 해당 병원의 후원회를 활용하거나, 사회복지 단체와 방송을 통해 필요한 치료비를 신청, 지원할 수 있다.

2) 소아암

(1) 질병에 대한 이해

① 개념과 증상

국내에서 발생하는 15세 미만의 소아암 환자는 연간 약 1,000여 명으로 이 중 3분의 1이 백혈병이다. 백혈병 다음으로 제2의 발생빈도를 차지하는 것은 뇌종양이다. 5세 이전에는 성인에게서 거의 없는 신경모세포종과 윌름즈종양의 발생빈도가 높으며, 5세 이후에는 뇌종양과 악성림프종이 증가하기 시작한다(대한소아혈액종양학회, 2007). 소아암의 발생빈도는 인구 10만 명당 약 13~14명으로, 전체 암 환자의 약 1%를 차지한다, 해마다 약 1,500명의 어린이 · 청소년이 소아암 진단을 받고 있다(안효섭 · 김순기, 2005). 건강보험심사평가원에 따르면 2020년 소아(0~14세) 백혈병 환자는 총 5,011명으로 집계되었고, 백혈병을 포함해 소아암으로 투병하고 있는 전체 환자는 1만5,000여 명에 달할 것으로 추산된다. 국내에서 소아암 환자는 매년 1,300~1,500여 명이 발생하며 이 중 400명이 사망하는 것으로 알려졌다(매일경제, 2021. 5. 19.).

소아암의 발생 원인은 아직 정확하게 규명되지 않았지만 유전적인 요인, 면역결핍 상태나 염색체 복구체계에 이상이 있는 질환과의 연관성, 환경적 요인과의 연관성으로 알려져 있다(대한소아혈액종양학회, 2007). 그러나 성인암이 주로 환경적 요인에 의해 발생하는 것과 달리 소아암은 대개 조직(조혈, 신경, 결합조직)에서 발생하여 비교적 환경적 요인이 크지 않은 것으로 알려져 있다. 소아암은 주로 육종(肉腫, sarcoma, 비상피세포성)이며, 성인암은 주로 암종(癌腫, carcinoma, 상피세포성)의 특징을 갖는데 소아암의 경우는 집단 선별 검사로 발견할 수 있는 경우가 많지 않다. 또한 소아암은 성인암과 달리 발암물질에 노출된 병력이 거의 없으므로 예방이 어렵고, 성장이 빠르고 침윤성이며 조직이나 장기의 심부에서 발생하기 때문에 암이 상당히 진행될 때까지 증상이 나타나지 않아 발견이 어렵다. 대부분의 소아암은 진단 당시에 이미 80% 정도가 원격 전이가 일어난 상태로 발견된다. 그럼에도 불구하고 소아암은 성인암보다 화학요법에 대한 반응이 좋아 치료 성적이 훨씬 좋은 편으로서, 소아암은 전체적으로 5년 생존율이 2000년에 들어 80%에 이르고 있다(안효섭 · 김순기, 2005).

소아암으로 의심해 볼 수 있는 증상들은 아래와 같으며, 아래의 증상이 나타날 때는 신속하게 병원 진료를 받아야 한다.

- 아이가 창백하고 검사에 의해 빈혈이 지속된다든지, 피가 잘 멎지 않거나, 온몸에 멍(점상출혈, 반상출혈)이 있는 경우에 손으로 눌러도 없어지지 않음
- 원인을 설명할 수 없는 발열이 3주 이상 지속될 경우
- 통증이 3주 이상 지속될 경우
  - 뼈의 통증은 백혈병, 신경모세포종, 골육종 등에서 흔히 보는 증상으로 아프다면서 호소하는 부위를 못 만지게 하면 신속히 진찰을 받아야 함
- 계속 자라는 종괴(혹)가 있을 경우, 특히 체중 감소와 연관되어 있을 때
- 지속적으로 두통을 호소하며, 구토를 동반하고 특히 새벽에 심함

② 소아암의 치료

소아암은 꾸준히 치료하면 전체적으로 약 70% 이상이 완치된다. 이때 '완치'라 함은 원래의 질병이 완전히 치료되어 더 이상 재발하지 않는 경우로, 같은 질병에 걸릴 가능성이 건강한 다른 아이들과 똑같은 경우를 말한다. 소아암은 성인암에 비해 자라는 속도가 훨씬 빠르지만 이 점이 오히려 암의 효과적인 치료를 돕는다. 항암제는 빨리 자라는 세포를 집중적으로 공격하기 때문이다. 같은 줄기세포 단계에서 발생한 급성림프모구백혈병의 경우 성인은 완치율이 50% 정도인 반면, 소아는 85% 정도로 알려져 있다. 하지만 소아암 치료기간은 성인에 비하여 더 길며 치료과정도 복잡하기 때문에 환자와 가족이 겪는 고통이 더욱 크게 느껴질 수 있다.

소아암의 치료방법으로는 기본적으로 항암제를 투여하는 항암화학요법, 수술, 방사선 치료를 병합하여 사용한다. 소아암은 진단 시 이미 전이된 경우가 많으므로 대체로 이 세 종류의 치료가 모두 필요하다. 경우에 따라서는 골수와 말초혈을 이용한 조혈모세포 이식과 같은 치료방법을 쓰게 된다. 소아암의 치료는 특히 다학제간 전문가의 팀워크가 중요하다. 소아암 치료팀으로는 소아혈액종양 전문의사, 발생장기 관련 외과의사, 소아정신과 의사, 간호사, 약사, 사회복지사, 자원봉사자 등이 필요

하며 환자와 부모, 형제도 치료팀의 일원으로 참여하는 것이 더 좋은 결과를 기대할 수 있다.

(2) 심리사회적 문제

① 아동 환자의 심리사회적 문제

소아암 진단을 받고 투병하는 아동들은 죽음에 대한 두려움, 항암치료를 받는 동안 머리카락이 빠지는 등의 외모 변화, 심한 오심과 구토, 고통스런 검사와 집중적인 치료과정에서 많은 신체적 고통과 함께 심리사회적 어려움을 겪게 된다. 영아, 유아, 학령전기 아동은 검사나 치료 과정에서 보호자와 분리되는 것에 민감하고 분노를 표출하기 쉬우며 입원하거나 외래에서 치료를 받을 때 까다로워지기 쉽다. 학령기 아동은 치료과정에서 어려움을 겪고 퇴행적, 공격적인 행동을 보이며, 분리불안, 복학에 대한 두려움을 갖는다. 학령기 아동의 경우 집중치료 지속과 함께 면역체계가 떨어진 상태이므로 치료받는 동안 학교를 가지 못해 학업 적응 및 또래 관계의 단절이라는 어려움을 겪게 된다. 청소년들은 과도한 불안, 변덕스러움, 지나친 소극성, 학습장애, 행동변화, 가족갈등을 보일 수 있으며, 항암치료 부작용에 관한 자료들을 우연히 접하거나 치료가 잘 반응하지 않는 경우 심리적 어려움이 더 커질 수 있다. 이들의 심리적 어려움은 약물치료에 대한 비협조와 치료 악화로 이어질 수 있어 더욱 각별한 관심과 노력이 필요하다.

② 부모의 심리사회적 문제

자녀가 소아암으로 진단받았을 때 부모의 충격과 상심은 말로 다 표현하기 어렵다. 처음 소아암 진단을 받은 보호자들은 자녀가 암이란 것에 대해 우선 부정하고 싶어 하며, 대부분 정신이 없어 처음에 설명한 부분을 기억하지 못한다. 또한 많은 부모들은 자녀의 질병에 대한 죄책감을 갖고, 이러한 죄책감을 누군가에게 전가하고 싫어 하므로 의료진이나 다른 가족들이 이러한 전가의 대상이 되지 않도록 소아암의 원인에 대해 잘 설명하는 것이 필요하다. 부모들은 슬픔과 분노, 죄책감에 압도되는 상황에서도 아픈 자녀에 대한 간병과 치료비 부담, 다른 가족원들의 돌봄과 일상생활 유지라는 여러 가지 과제를 장기간 수행해 나가야 하므로 신체적, 심리적, 경제적 측면에서 무거운 부담감을 짊어지게 된다. 특히 주된 간병인으로서 관련된 의학 지식을 갖추기 위해 노력해야 하고 식사요법이나 자녀의 행동문제 대처 등 신경 쓸 부분이 많아 심리적으로 예민해지고 소진되기 쉽다.

③ 환자 형제의 심리사회적 문제

형제의 소아암 발병 후, 건강한 형제들은 아픈 형제의 입원과 간병인 역할을 하는 부모의 부재로 자주 가족으로부터 분리되고, 부모의 관심과 보호가 아픈 형제에게 집중되기 때문에 방임되기 쉬우며 버려졌다는 느낌을 받게 된다. 특히 어린 아동의 경우 아직 암의 발생과 관련된 상황을 정확하게 알지 못하므로 '지난번 동생과 싸운 후에 동생이 몹쓸 병에나 걸려 죽어버렸으면'이라고 생각했던 것 때문에 동생이 암에 걸린 것이 아닌가 하고 형제의 암 발생 이유를 자기로부터 찾고 죄책감을 가질 수도 있다. 암환자 형제들은 대부분 아픈 형제에게 질투심과 분노를 느끼는 동시에 자신만 건강한 것에 대한 죄책감, 자신도 병에 걸릴지 모른다는 걱정, 불안, 두려움 등 다양하고 복잡한 심리사회적 어려움을 경험한다(한국백혈병어린이재단, 2011). 즉, 암에 걸린 자녀 중심으로 가족들의 모든 생활이 바뀔 수밖에 없으므로 암에 걸리지 않은 다른 형제들은 가족 안에서 소외되며 드러나지 않게 여러 가지 심리사회적 갈등을 겪는 경우가 많다.

④ 경제적 어려움

소아암 환자의 가족들은 심리적 고통뿐 아니라 경제적인 어려움에 처한 경우도 많다. 항암치료의 방법에는 외과적 수술, 항암 약물치료, 방사선 치료 등이 있는데,

약물이나 방사선 치료인 경우에도 보험급여가 되지 않아 전액을 본인이 부담해야 하는 경우들이 있다. 또한 치료비용은 병원과 치료 방법, 환자의 상태와 합병증 여부 등에 따라 차이가 큰데, 의료보험 승인이 되더라도 보통 동종조혈모세포이식, 자가조혈모세포이식의 경우 약 1,000만 원 이하, 비혈연조혈모세포이식, 제대혈 이식의 경우 약 2~3천만 원 정도가 소요되므로 치료비 부담이 매우 큰 상황이다. 또한 이용하는 병원과 집의 거리가 먼 경우, 집중치료 기간 동안 수도권이나 대도시 주변에 숙소를 구해야 하는 경우도 많아, 입원이 장기화될수록 경제적 부담이 커지게 된다. 즉, 자녀를 돌보는 것이 최우선이지만, 일을 해야 치료비를 확보할 수 있기 때문에 두 가지를 동시에 유지하는 것이 가족들에게 매우 큰 어려움으로 경험된다.

(3) 의료사회복지사의 역할

① 부모교육

부모들은 처음에는 정신이 없어 설명을 듣더라도 잘 기억하지 못하므로, 입원 후 좀 안정이 된 후에 여러 가지 교육 자료와 함께 소아암에 대한 전반적인 교육을 실시하는 것이 바람직하다. 특히 소아암은 성인암과 달리 환경의 영향을 별로 받지 않으므로 그 책임이 부모에게 없음을 설명하여 부모들이 불필요한 죄의식을 갖지 않도록 하고, 전체적인 치료과정을 안내하면서 부모들이 치료에 집중하도록 도와야 한다. 교육내용에는 병명, 치료계획, 사용 약물의 종류와 부작용, 열이 날 때의 대처, 백혈구가 감소한 경우의 식사, 금기약물, 학교생활, 형제 관계 등이 포함된다. 한국백혈병어린이재단 홈페이지를 통해 백혈병, 악성림프종, 뇌종양 등의 질병소개책자, 자녀가 암에 걸렸을 때, 학교선생님을 위한 소아암 환자 지도가이드, 형제가 암에 걸렸을 때, 소아암 환자의 영양가이드 등의 자료를 참고하는 것이 도움이 된다.

② 개별 및 가족상담

의료사회복지사는 질병으로 인한 충격과 적응의 어려움을 겪고 있는 가족들을 대상으로 심리사회적 평가 및 개별상담을 실시하게 된다. 소아암의 치료는 집중적으로 장기간 지속되는 만큼 시간적 경과에 따라 소아암 환자의 신체적 고통 및 정서적 문제, 퇴행행동이나 공격적 행동과 같은 행동 문제, 장기간 결석으로 인한 사회적 관계의 단절 및 학교 재적응의 어려움, 가족의 경제적 부담 등의 다양한 문제가 나타나게 된다. 이로 인해 가족 간 갈등이 심화되거나 새로운 문제가 발생할 수도 있다. 따라서 의료사회복지사는 환자와 가족이 이러한 어려움을 잘 인식하고 대처해 나갈 수 있도록 지속적인 상담과 지지를 제공하는 것이 필요하다.

③ 집단프로그램 운영

소아암 환자 부모를 위한 교육과 지지집단, 자조집단 등이 병원별로 운영되고 있으며, 서울대학교병원, 세브란스병원, 서울아산병원 등의 여러 대학병원에서는 병원학교를 운영하여 컴퓨터 교실, 미술, 음악 활동 등 학교 수업을 대체할 수 있는 커리큘럼을 구성하여 제공하고 있다. 이 과정에서 의료사회복지사는 집단 참여가 필요한 가족 선별 및 집단프로그램에 대한 정보 제공, 참여 독려, 집단 운영 및 조정 등의 역할을 맡게 되며, 다양한 특기와 자격을 가진 외부 자원봉사자 연결을 통해 장기간 학교에 가지 못한 채 투병 생활을 하고 있는 아동들에게 내실 있는 학습 및 사회문화적 프로그램을 제공하는 역할을 담당한다. 또한 일부 병원, 협회, 재단에서는 소아암 어린이와 가족, 형제들을 대상으로 캠프를 기획하여 운영하고 있다(한국백혈병어린이재단, 2011). 캠프에 참여한 아동들은 이러한 캠프 활동을 통해 같은 경험을 하고 있는 또래로부터 지지를 받는 소중한 경험을 갖는 한편, 가족에 대한 이해를 높일 수 있다.

④ 경제적 지원

소아암은 치료비 부담이 많은 질환으로서 사회복지사가 치료 지속을 위해 다양한 자원을 연결하는 것도 중요한 과제이다. 다행스럽게도 소아암은 다른 질환에 비해 상대적으로 다양한 경제적 자원들을 갖추고 있는데, 예를 들어 '보건소 소아암환자 의료비지원사업' 신청을 통해 국가로부터 지원받을 수 있고(백혈병은 연간 최대 3,000만 원, 기타 암종은 연간 최대 2,000만 원, 조혈모세포이식을 받은 경우 최대 3,000만 원), 한국백혈병어린이재단, 한국백혈병소아암협회, TV 및 라디오 방송 등의 민간지원단체 등 다양한 치료비 지원단체로부터 적절한 신청 절차를 통해 치료비 지원이 가능하다.

3) 호스피스 완화의료

(1) 호스피스 완화의료 개념에 대한 이해

① 호스피스 완화의료 개념

평균 수명이 길어진 오늘날에는 어떻게 삶을 잘 살아갈 것인가에 대한 고민뿐 아니라 삶을 어떻게 잘 마무리할 것인가와 관련된 '좋은 죽음'에 대한 관심이 높다. 이에 따라 아직 보편화지는 않았으나 호스피스 완화의료 서비스에 대한 관심과 필요성이 점점 커지고 있다. 치료받는 환자가 여러 차례 재발하면 치료의 목표는 근치요법(cure)에서 완화의료 또는 임종(말기)의료로 넘어가게 되며, 이는 좋은 죽음을 준비하고 남은 생에서의 삶의 질을 높이는 방향으로 이해할 수 있다. 즉, 완화의료, 임종의료 및 호스피스는 모두 삶의 질을 개선하는 의료적 방법을 의미하며 그 개념과 내용은 매우 유사하다(대한소아혈액종양학회, 2007). 이 세 가지의 개념을 하나씩 살펴보면 다음과 같다.

첫째, 완화의료(palliative care)는 환자의 치료과정에서 완쾌가 불가능하다고 판단된 경우 부작용이 심한 치료를 피하고 고통과 불안 없이 편안하고 의미 있는 삶을 제공하는 데 목적을 둔 포괄적인 치료를 말한다. 완화의료에서는 여러 전문가들이 치료팀에 참여하여 환자나 가족이 필요할 때 마다 정확한 정보를 제공하고 의사결정을 도와주며, 필요하면 항암화학요법, 수술, 방사선 조사를 실시한다. 기타 환자와 가족들을 위한 의사소통, 영적 간호, 추억만들기, 사별의식 등 모든 수단을 동원해 환자의 삶의 질을 최상으로 유지하기 위한 서비스를 제공하며, 이는 수개월에서 1년 이상의 기간이 될 수 있다. 즉, 완화의료는 호스피스뿐만 아니라 항암제 등을 사용하는 생명연장 치료를 포괄한 의미로 사용한다.

둘째, 임종의료(terminal care)는 치료의 목표가 환자의 생명연장보다 환자의 자존심과 인간으로서의 존엄성을 지키는 것으로서, 환자와 의료진, 가족 간의 소통 증진에 초점을 둔다. 즉, 죽음이 예견되는 환자를 말기에 돌보는 치료를 의미하며, 수 주에서 수개월에 걸친 동안 지속된다.

셋째, 호스피스(hospice care)는 여생이 얼마 남지 않은 환자에게 완화의료에서 이용되는 모든 전인적 치료 원칙들을 그대로 적용하는 동시에 편안한 임종을 맞는데 초점을 맞추어 의료서비스를 제공하는 것을 의미한다. 호스피스란 특정 장소나 시설의 개념이 아니라, 첨단 의학의 관점보다 가족과 환자 중심 관점에서 의사결정을 하고 환자와 함께 하는 시간을 늘려서 환자 여생의 삶의 질을 높이며, 환자와 사별 후 가족의 애도와 새로운 현실에 대한 적응 지원 등을 포괄하는 개념이다. 즉, 말기치료와 죽음 및 사별까지 포괄하는 돌봄 치료를 의미한다.

② 국내 법적 근거

「호스피스 · 완화의료 및 임종과정에 있는 환자의 연명의료결정에 관한 법률」(이하 "연명의료결정법") 제2조에서는 임종과정에 있는 환자, 말기환자, 호스피스 완화의료를 다음과 같이 규정하였다.

■ 임종과정에 있는 환자

1. "임종과정"이란 회생의 가능성이 없고, 치료에도 불구하고 회복되지 아니하며, 급속도로 증상이 악화되어 사망에 임박한 상태를 말한다.
2. "임종과정에 있는 환자"란 제16조에 따라 담당의사와 해당 분야의 전문의 1명으로부터 임종과정에 있다는 의학적 판단을 받은 자를 말한다. (단, 「연명의료결정법」 제16조 제2항에 따라 호스피스전문기관에서 호스피스를 이용하는 말기환자가 임종과정에 있는지 여부에 대한 판단은 담당의사의 판단으로 갈음할 수 있음)

■ 말기환자

"말기환자(末期患者)"란 적극적인 치료에도 불구하고 근원적인 회복의 가능성이 없고 점차 증상이 악화되어 보건복지부령으로 정하는 절차와 기준에 따라 담당의사와 해당분야의 전문의 1명으로부터 수개월 이내에 사망할 것으로 예상되는 진단을 받은 환자를 말한다.

■ 호스피스 · 완화의료

"호스피스 · 완화의료"(이하 "호스피스"라 한다)란 다음 각 목의 어느 하나에 해당하는 질환으로 말기환자로 진단을 받은 환자 또는 임종과정에 있는 환자(이하 "호스피스대상 환자"라 한다)와 그 가족에게 통증과 증상의 완화 등을 포함한 신체적, 심리사회적, 영적 영역에 대한 종합적인 평가와 치료를 목적으로 하는 의료를 말한다.

가. 암
나. 후천성면역결핍증
다. 만성 폐쇄성 호흡기질환
라. 만성 간경화
마. 그 밖에 보건복지부령으로 정하는 질환

③ 국내 호스피스 완화의료 유형

국내 호스피스 완화의료 유형은 입원형, 가정형, 자문형으로 구분되며 이를 통해 환자와 가족들의 신체적, 심리 · 사회적, 영적 고통을 완화하여 삶의 질 향상에 기여하는 것을 목표로 하고 있다. 각 유형별 내용에 대해 간략하게 살펴보면 다음의 〈표

9-4⟩와 같다.

표 9-4 호스피스 유형과 주요 내용

호스피스 유형	주요 내용
입원형 호스피스 완화의료	• 보건복지부로부터 지정받은 전문기관의 호스피스 병동에 입원한 말기암 환자 및 가족들을 대상으로 호스피스 돌봄 및 전문완화의료서비스 제공
가정형 호스피스 완화의료	• 가정에서 지내기를 원하는 말기환자 및 가족을 대상으로 보건복지부로부터 지정받은 전문기관의 호스피스팀이 가정으로 방문하여 돌봄 및 전문완화 의료서비스 제공 • 대상질환은 암, 후천성면역결핍증, 만성 폐쇄성 호흡기질환, 만성 간경화를 포함
자문형 호스피스 완화의료	• 일반병동과 외래에서 진료를 받는 말기환자 및 가족을 대상으로 호스피스팀이 담당 의사와 함께 전문완화의료서비스 및 호스피스 돌봄 제공 • 대상질환은 암, 후천성면역결핍증, 만성 폐쇄성 호흡기질환, 만성 간경화를 포함

이밖에 보건복지부에서는 2022년 소아청소년 완화의료 시범사업을 실시하고 있다. 소아청소년 완화의료 시범사업은 소아청소년들이 생명을 위협하는 질환의 강도 높은 치료와 불확실한 예후로 인해 경험하는 신체적 · 심리적 · 사회적 · 영적 고통을 경감하고 삶의 질을 향상시키기 위한 목적으로 수행된다. 이 사업의 구체적인 목표는 다음과 같다. 첫째, 소아청소년환자와 가족에게 완화의료 제공 및 국내 상황에 적합한 소아청소년 완화의료 모델을 제시하고, 둘째, 시범사업 중의 문제 및 장애요인 등을 토대로 향후 법 · 제도 개선 방안을 마련하며, 셋째, 소아청소년 완화의료 제공 모델에 적합한 적정 수가를 개발하기 위한 기초자료를 마련하는 것이다.

소아청소년 완화의료팀은 호스피스 완화의료의 전문교육을 받은 의사, 전담간호사, 사회복지사를 중심으로 심리치료사, 영적돌봄제공자 등으로 구성된 다학제팀이다. 이들은 생명을 위협하는 질환을 가진 소아청소년 환자에게 병실이나 중환자실, 응급실, 외래에서 완화의료를 제공하는 팀의 기능을 통해 생명을 위협하는 질환을 가진 소아청소년과 가족의 삶의 질 향상을 도모한다.

(2) 환자와 가족의 고통

생애 말기에 놓인 환자와 가족들은 질병을 진단받는 시점부터 이어지는 투병 기간, 재발 또는 전이의 과정, 진행과 악화, 그리고 말기 진단 등과 같은 일련의 투병 과정 안에서 충격과 부정, 분노, 혼돈, 공포, 두려움, 우울, 불안 등의 수많은 감정의 역동 안에 놓이게 된다. 이러한 감정의 역동은 우리가 일상생활에서 흔히 경험하는 수준을 뛰어넘어, 트라우마 수준의 극심한 스트레스로 다가오게 된다. 이들은 하루에도 몇 번씩 여러 가지 복합적인 감정에 휩싸이고, 아무도 쉽게 답을 하기 어려운 죽음과 사후의 세계, 삶의 본질 등에 대해 끊임없이 질문하게 되며, 왜 내가 이런 일을 겪어야 하는지에 대해 자책과 분노에 휩싸이게 된다.

가족관계 측면에서는 질병으로 인한 갑작스러운 역할 상실과 관계의 변화, 가족생활 주기에 따른 자녀 양육문제, 의사소통의 변화 등을 경험하게 된다. 경제적인 어려움 또한 말기 환자와 가족에게 종종 나타나는 어려움 중 하나이다. 건강이 악화되면서 직장 퇴직과 경제활동의 변화, 수입 감소와 치료비 부담 등이 맞물려 경제적 어려움을 가중시킬 수 있다.

(3) 의료사회복지사 역할

1982년 10월 가톨릭대학교 성모병원에서 호스피스 사회복지사 활동이 시작된 후 사회복지사는 호스피스 완화의료 다학제 간의 필수인력으로 자리매김하였다(이영숙, 2013). 의료사회복지사는 호스피스 완화의료와 관련하여 환자와 가족에 대한 상담 및 교육 제공, 프로그램 진행, 관련 기관 연계 등의 역할을 수행하고 부수적으로는 기금조성, 프로그램 개발, 자원봉사 관리, 교육, 홍보 등의 역할을 수행한다. 선행연구들에 의하면, 호스피스 완화의료 영역의 사회복지사는 다른 전문직에 비해 임종기 환자 개인의 문제보다는 가족이나 사회경제적 문제, 사별 문제 등과 관련한 개입 활동이 많은 편이고, 일상적인 돌봄보다는 가족 갈등이나 위기상황 등 비일상적 문제를 해결하는 데 집중하는 경향이 있는 것으로 나타났다(Munn and Adorno, 2008; Payne, 2004, 최희경, 2013 재인용). 또한 직접적인 의료 및 임상적 돌봄 이외에도 환자와 가족을 위한 옹호, 교육, 훈련, 기관 간 연계와 협력 활동, 지역사회 차원의 자원 개발과 동원, 임종 및 호스피스 관련 행정과 정책개발 업무를 수행한다(Payne, 2004). 현장에서의 의료사회복지사의 구체적인 업무를 소개하면 다음과 같다.

① 환자와 가족에 대한 심리사회적 평가와 지원

환자와 가족에 대한 지지적인 면담을 통해 환자와 가족의 현재 상태와 질병과 상황에 대한 인식, 욕구, 자원과 강점 파악을 위한 사정을 실시한다. 대부분의 환자들이 시간적인 제약에 놓여 있으므로, 환자와 가족의 욕구에서 우선순위에 놓인 영역을 중심으로 초점화된 돌봄 계획을 수립할 필요가 있다. 환자의 신체적인 부분은 심리적, 사회적, 경제적, 영적 부분과 유기적으로 연결되어 있으므로 의료사회복지사는 사정 내용을 바탕으로 심리사회적 지원을 위해 필요한 영역 전반에 개입하게 된다. 가족 갈등이 심하거나 경제적 여건이 악화된 경우, 환자가 질병을 이겨내기 위한 투병에만 온전히 힘을 쏟기 어려우므로, 가족들이 서로 고립되거나 대척점에 서지 않도록 지지하고 소통하도록 계획을 세우며 자원 연결을 위한 개입이 필요할 수 있다.

② 다양한 교육 및 치료프로그램 운영

의료사회복지사는 환자와 가족의 스트레스 완화와 감정 표현을 돕기 위해 여러 가지 치료적 프로그램을 개별 또는 집단으로 운영할 수 있다. 여기에는 음악치료, 미술치료, 원예치료, 아로마치료 등이 포함된다. 사회복지사는 환자에게 도움이 될 만한 다양한 치료프로그램을 기획하고, 직접 진행뿐 아니라 관련 전문가를 섭외하여 프로그램을 진행하고 지원하는 업무를 수행한다.

③ 경제적 지원

사회복지사는 병원 내 지원단체 연결과 방송 매체 지원 외에 제도적 지원에 대한 안내로서 암환자 의료비 지원사업, 긴급복지사업, 재난적 의료비 지원사업, 국민연금공단 고형암 장애연금 등에 대하여 지원자격, 범위, 신청 방법을 구체적으로 안내할 수 있다(가톨릭대학교인천성모병원권역호스피스센터, 2020). 또한 돌봄서비스 지원을 위해 가사 · 간병 방문 지원 사업 연결, 노인장기요양보험제도와 노인맞춤돌봄서비스 등을 안내, 연결할 수 있다.

④ 임종 돌봄 상담과 교육

우리나라 문화에서는 아직까지 죽음에 대한 이야기를 나누는 것을 꺼려하고, 죽음이 빨리 찾아오지 않을 것이라는 막연한 생각 때문에 임종 준비와 장례 계획을 터놓고 이야기하지 못하는 경우가 많다. 그러나 갑작스런 죽음과 이별은 환자와 가족 모두에게 상처로 남을 수 있으므로 남은 여생을 더 의미 있게 보내고 좋은 죽음을 준비하기 위해서는 임종에 대한 논의가 필요할 수밖에 없다.

임종 돌봄 상담과 교육에서는 임종 과정과 돌봄, 앞으로의 장례 계획 등을 전반적으로 다루게 된다. 논의 내용에는 환자의 나이에 따라 죽음에 대한 이해와 준비가 다를 수 있으므로 이를 고려한 임종의 통고, 향후 계획 등이 포함된다. 구체적으로는 환자의 예후와 여생의 기간을 판단하여 가족들과 소통하고 통증의 원인에 대해 설명하며, 진통제를 아끼지 말고 사용하면서 환자의 신체적 상황이 최대한 편안하게 유지되도록 돕는다. 또한 환자가 자기 인생의 의의를 발견하고 고독을 느끼지 않도록 주변 환경을 조성하는 것에 초점을 둔다.

⑤ 사별 회의

사별회의는 환자 사망 후에 예정되며, 이러한 회의를 위한 적절한 시기는 가족에 의해 결정되어야 한다. 이때 형제와 친척들을 초대할 수 있고, 환자 질환의 세부사항, 말기 상황의 의학적 측면, 부검 결과 등을 논의할 수 있다. 이 과정에서 의료사회복지사를 포함한 치료팀은 감정적 지지를 제공하고, 추가 사별서비스가 도움이 될 것인지를 판단하며, 가족들의 불안이나 우울과 같은 상황을 다루면서 여러 가지 적절한 서비스와 자원을 연결하게 된다.

⑥ 기타 행정업무

의료사회복지사는 영적 돌봄자 관리 및 배치, 호스피스 인식 개선 및 후원자 연계를 위한 캠페인, 의료강좌, 자원봉사자 교육 및 관리, 일반인 교육, 후원회 관리 등의 업무를 당당하게 된다. 의료사회복지사는 호스피스 팀원과 자원봉사자들을 대상으로 소진 예방 프로그램이나 자원봉사자 보수교육 등 다양한 교육을 기획하여 진행할 수 있다.

지금까지 호스피스 완화의료의 필요성과 개념, 의료사회복지사의 역할에 대해 살펴보았다. 호스피스 완화의료 사회복지 서비스는 말기환자와 가족의 광범위한 고통을 경감시키기 위한 서비스의 중요한 부분이며, 의료사회복지사는 호스피스 완화의료팀에서 환자와 가족을 지원하는 필수인력으로 자리매김하고 있다. 특히 의료사회복지사의 역할 중 자원조직과 동원은 사회복지사가 적극적으로 개발할 수 있는 경쟁력 있는 영역으로 보인다.

그럼에도 아직까지 호스피스 완화의료 영역에서 일하는 의료사회복지사의 수가 적고, 의료사회복지사의 역할에서 타 치료진과 중첩되는 부분이 존재하며, 자격기준의 미비로 인해 어려움이 존재하는 것이 사실이다. 향후 호스피스 완화의료 영역에서 의료사회복지사의 적극적이고 전문화된 역할 수행을 위해 관련 영역에서의 사회복지사 배출과 배치 확대, 정체성과 역할 정립, 자격기준 마련과 전문교육의 확대가 요구된다.

3. 외과

1) 화상

(1) 화상에 대한 이해

① 개념과 원인

화상은 신체적 손상과 고통뿐만 아니라 환자와 가족에게 정신적 고통 및 경제적 부담을 주게 되는 심각한 외상 중의 하나이다. 화상이란 열에 의해 피부세포가 파괴되거나 괴사되는 현상으로서 열상이라고도 하며, 이는 끓는 물, 화염, 온습포(hot pack), 질산이나 황산 등의 화학약품, 일광 및 전기나 방사선 등이 원인이 되어 발생한다. 화상은 그 원인에 따라 화재사고나 프로판 가스 폭발 등으로 인해 화상을 입는 화염화상, 뜨거운 물이나 수증기 등에 의해 화상을 입는 열탕화상, 전기 감전으로 인해 입게 되는 전기화상, 산이나 알칼리 등 일반 유기 용매제의 접촉에 의해 일어나는 화학화상, 그리고 뜨거운 철판이나 다리미 등에 의한 접촉화상으로 나눌 수 있다(한강성심병원화상센터, 2007: 15-16). 화염화상의 경우 대개 상처가 깊고, 호흡기 손상을 동반할 수 있으며, 화학화상의 경우에는 심각한 장애가 유발될 수 있다.

화상의 정도를 판정하는 데는 그 깊이와 정도를 분류하는 것이 필요하다. 피부의 구조는 가장 겉 부분의 표피와 그 아래에 있는 진피, 진피 아래의 피하조직으로 구성되는데, 화상환자의 증상은 화상을 입은 피부의 손상 깊이와 넓이에 따라 좌우되고, 이에 따라 치료방법이나 예후에 차이가 난다. 화상의 정도에 따라서는 상처부위 피부가 빨갛게 되고 따끔따끔 아픈 1도 화상, 수포가 형성되고 붉은색을 띠며 피하조직의 부종을 동반하고 심한 통증을 느끼게 되는 2도 화상, 피부의 표피 및 진피층은 물론 피하 지방층까지 손상이 파급된 전층 화상인 3도 화상, 그리고 가장 깊은 화상

상처로 피부의 전층과 근육, 뼈 등의 심부조직까지 손상이 파급된 상태로 절단술이나 피부이식술 등을 필요로 하고 심각한 장애를 초래하는 4도 화상으로 구분된다.

화상의 범위에 따라 성인의 경우 체표면적의 약 20% 이상, 그리고 소아의 경우 약 10% 이상인 경우 중화상이라 할 수 있다.

② 치료

화상치료는 초기에는 화상피해를 최소로 줄이는 것이 중요하며 상처 회복을 촉진시키고, 통증을 줄이며 감염을 예방하는 것에 초점을 둔다. 반면 후기에는 화상으로 인한 흉터, 기능장애, 관절구축 등과 같은 화상의 후유증을 줄이는 데 중점을 둔 치료가 이루어진다. 화상을 입은 직후 화상 부위에 입고 있는 옷을 벗겨 내는 등의 이물질 제거와 화상 부위를 얼음물 등을 사용하여 냉각시켜 주는 것이 도움이 되며, 화상 부위의 감염과 패혈증을 막기 위해 국소화학요법을 실시하고, 통증조절을 위한 치료가 필요하다.

또한 필요에 따라 괴사조직 절제술을 시행한 후 피부이식술을 시행하는데 3도 이상의 화상일 경우 대부분 이와 같은 수술치료를 요한다. 4도 화상의 경우에는 수술 이외에 절단, 조직이식술 등의 더 전문적인 처치를 요하고, 심각한 후유증을 남길 수 있다. 화상의 정도가 심하여 수술이나 피부이식술, 성형수술을 받게 될 경우 환자가 부담해야 하는 경제적 비용이 크며, 여러 차례에 걸쳐 재수술을 받아야 하는 경우 경제적으로 많은 비용이 소요된다.

한편 화상은 많은 합병증과 후유증을 동반할 수 있는데 화상으로 인한 상처가 치료된 이후에도 피부 소양증(가려움), 피부의 비후(떡살), 피부의 반흔구축과 관절구축[09] 등이 올 수 있으며, 경우에 따라 관절 굳음과 운동장애, 근력약화, 근위축, 팔다리

09 관절구축이란 근육이나 건이 수축됨으로써 사지가 구부러진 채 움직이지 않거나 일정한 방향의 운동이 제한받게 되는 것을 말한다.

말초신경 마비, 보행 장애 등의 신체적 장애를 유발할 수도 있다. 따라서 화상환자는 필요에 따라 물리치료, 재활요법, 피부과적 약물요법 등의 도움을 받아야 하며, 필요 시 성형수술을 하기도 한다(한강성심병원화상센터, 2007: 27).

이와 같은 화상환자의 치료에는 여러 전문직들이 팀을 이루는 팀접근이 요청되며, 의료기관에 따라 화상전문병원 또는 화상전문치료센터를 두어 화상환자에 대한 전문적 치료를 제공하고 있다.

(2) 심리사회적 문제

① 화상환자의 문제

가. 극심한 신체적 고통

화상환자는 치료과정에서 극심한 신체적 고통을 경험하게 된다. 치료과정에서 동통은 계속되며, 몸을 제대로 움직일 수 없어 불편하고, 팔과 다리에는 정맥주사가 꽂히고, 아래에는 요도관이 꽂히며, 감염방지를 위해서 아픈 주사를 계속 맞게 된다. 특히 괴사된 조직 제거술과 창상처치(dressing)를 받을 때 환자는 극심한 통증을 겪게 되는데, 드레싱 교환으로 나타나는 이러한 통증은 상처가 완치될 때까지 매일 반복되고 지속되는 것으로(손정태 외, 2009), 환자가 경험하는 고통은 말로 형용할 수 없다. 또한 화상환자가 여러 차례에 걸친 피부이식수술을 받을 때마다 연속되는 통증도 환자를 힘들게 하는 요인이 된다.

나. 신체적 기능장애

화상의 정도와 부위에 따라 환부가 치료된 이후에도 신체적인 기능장애가 발생할 수 있다. 특히 화상으로 인해 신체 일부를 절단하는 경우와 화상 후 오랫동안 병상에 누워 움직이지 않고 생활하는 경우 발생하는 관절 굳음과 운동장애, 보행장애 등이 신체적 기능장애가 발생하는 대표적인 예이다. 또한 지속적인 치료에도 불구하고 손상이 완전히 치료되지 않거나 절단을 하게 된 경우 화상환자는 영구적인 외모변화와 기능상실을 남은 삶 동안 경험하게 된다(박효미 · 윤영미, 2005).

다. 외상 후 스트레스 장애

화상환자들은 사고 직후부터 많은 정신적 스트레스를 받게 된다. 큰 사고 이후 중환자실에 입원한 환자들은 입원 후 수일 내에 주위 상황과 사람들을 알아보지 못하고 마치 병원이 아니라 다른 곳에 있는 것처럼 엉뚱한 얘기를 하는 섬망 증상을 보이기도 한다. 대부분의 화상환자들은 사고의 충격으로 인해 악몽, 불안, 불면증 등을 경험하게 되는 것이 일반적이다. 이러한 증상들은 대개 1개월 정도가 지나면 사라지는데, 1개월 이상 증상이 지속될 경우 외상 후 스트레스 장애를 진단할 수 있다. 심한 화상을 입은 환자의 경우 15~20%의 환자들이 이러한 증상을 보이게 된다(한강성심병원화상센터, 2007: 90-91). 외상후 스트레스 장애는 정신과적 치료를 필요로 하며, 상처에 대한 통증을 더욱 예민하게 만들고 화상의 회복속도를 더 느리게 하는 특성이 있다.

라. 신체 및 외모 변화로 인한 우울감과 사회적 고립

화상으로 인해 신체의 일부를 상실했거나, 신체기능상의 변화가 초래된 경우, 그리고 외모상에 큰 변화가 생긴 경우 환자는 우울감을 느낄 수 있으며, 자신의 모습이 타인에게 보여지는 것이 두려워 외출을 꺼려할 수도 있고, 대인관계에서 위축되어 사회적 고립의 문제가 발생하기도 한다. 특히 불안, 우울, 사회적 고립 등의 심리적 문제가 심할 경우 죽음이나 자살에 대해 생각하는 경우도 빈번해지므로 이에 대한 관심과 함께 정신과적 치료의 병행이 요구된다.

마. 직업 및 경제적 능력의 상실

심한 화상으로 오랫동안 치료를 받게 되는 경우, 신체기능상의 장애가 발생하거나 외모 상에 변화가 생긴 경우 화상환자는 이전에 유지해 오던 직업이나 경제적 능력을 유지하는 데 어려움을 겪게 된다. 대부분의 경우 화상환자는 예전과 같이 직장에 다니지 못하게 되며, 장기간 실업상태에 놓이게 되는 경우가 많아 경제적 능력의 상실로 말미암은 생활고를 경험하게 된다.

② 가족이 경험하는 문제

가. 경제적 어려움

화상치료의 일환으로 수술 및 재활치료 등을 반복적으로 시행하게 될 때 가족이 부담해야 하는 경제적 비용은 기하급수적으로 늘어나게 된다. 치료과정에서 수행하는 피부이식수술이나 성형수술 등에 대해서는 의료보험의 혜택이 주어지지 않거나 제한적으로만 적용되는 경우가 많기 때문에 가족이 감당해야 하는 경제적 어려움은 더 커지게 된다. 만약 화상환자가 가족의 생계유지에 있어 주 수입원의 역할을 해왔다면 소득의 중단과 함께 가족이 겪는 경제적 어려움은 더욱 가중될 수 있다.

나. 환자를 지켜보는 정서적 고통 및 돌봄부담감(caregiving burden)

일반적으로 화상환자가 치료과정에서 경험하는 신체적 고통 및 정신적 고통이 매우 크므로 이를 옆에서 지켜보고 간병을 제공하는 가족원이 경험하는 정서적 고통 또한 상당히 크다. 특히 화상을 입은 환자가 유아나 아동일 경우 부모는 자녀를 안전하게 지키지 못하여 화상을 입게 했다는 자책감에 시달리는 경우가 많으며, 부모가 경험하는 정서적 고통은 더욱 커지게 된다. 화상환자의 가족은 대개 치료과정을 통해 불안, 우울, 죄책감, 미래에 대한 걱정 등의 정서적 반응을 환자와 함께 경험하게 된다. 또한 환자가 화상으로 인해 장애를 입거나 외관상 눈에 띄는 흉터가 신체의 일부에 남게 될 경우 환자의 달라진 외관에 가족이 적응해야 하는 것도 가족원에게는 큰 정서적 고통을 유발하는 과정이 된다.

뿐만 아니라 화상환자가 일상생활로 복귀하기까지 치료의 전 과정에서 가족은 일차적 돌봄제공자로서의 역할을 수행하게 되며, 퇴원 후에도 지속적인 돌봄제공이 필요할 경우 가족이 경험하게 되는 부담감은 매우 높아지게 된다.

(3) 의료사회복지사의 역할

① 개별상담

의료사회복지사는 화상환자에 대한 심리사회적 사정을 실시하고, 환자가 자신에게 일어난 상황을 이해하고 수용하며, 힘든 화상치료의 전 과정을 견뎌낼 수 있도록 적극적으로 지지해 주는 역할을 수행한다. 특히 환자가 신체적 및 정서적 고통을 호소할 때 경청해 주며, 치료에 대한 의지와 동기, 그리고 미래에 대한 희망을 잃지 않도록 정서적으로 지지해 주어야 한다.

② 가족상담

가족원이 심한 화상을 입은 경우 가족은 정신적 충격을 받게 되며, 화상환자의 고통스러운 치료과정과 변화된 외모를 보며 죄책감, 불안, 분노, 좌절감, 우울감, 염려 등 정서적 고통을 경험하게 된다. 의료사회복지사는 가족상담을 통해 환자의 가족들이 경험하는 이러한 정서적 고통에 귀기울여 주며, 가족들이 환자의 치료를 포기하지 않고 돌봄제공자로서 필요한 역할을 수행하도록 정서적 지지를 제공하는 역할을 수행한다.

③ 경제적 지원 및 지역사회자원 연결

화상치료에는 많은 시간과 비용이 소모되며, 계속되는 수술과 치료로 말미암아 경제적 어려움이 발생할 경우 의료사회복지사는 병원 내 · 외의 자원을 동원하여 환자와 가족에게 경제적 지원을 해준다. 환자가 산재보험 등의 적용을 받을 수 있는 경우 의료사회복지사는 이에 대한 정보를 제공해 주며, 지역사회 내의 활용 가능한 자원을 찾고, 이를 연계해 주는 역할을 담당한다.

④ 집단치료 프로그램 및 자조집단 운영

의료사회복지사는 회복기에 접어든 화상환자들이 퇴원에 대한 준비, 화상 이후 달라진 신체적 기능 및 외모에 대한 수용과 적응, 그리고 미래에 대한 계획 등에 관해 함께 논의하고 지지하며 격려하는 장으로서 집단치료 프로그램이나 자조집단 모임을 운영할 수 있다. 이를 위해서는 화상으로 인한 마음의 고통과 신체적 고통뿐만 아니라 미래에 대한 계획과 관련하여 자신의 한계와 장애에 관해 함께 공감하고 이야기를 나눌 수 있는 사람들로 집단을 구성하는 것이 좋다. 이러한 모임을 통해 화상환자들은 정서적인 고통과 좌절, 그리고 희망 등에 관해 함께 이야기를 나눌 수 있다. 또한 앞으로 사회생활을 하게 될 때 부딪힐 수 있는 여러 가지 문제들이나 대인관계상의 문제 등에 관해서 함께 이야기하고 이러한 문제들에 대한 대처기술을 습득하는 등 사회복귀를 준비할 수 있다.

2) 장기이식

(1) 장기이식에 대한 이해

장기이식이란 신체의 장기가 질병이나 사고 등으로 손상이 생겨 그 기능이 떨어지거나 소실되어 기존의 치료법으로 회복하기 힘든 경우 뇌사자 및 생체에서 기증된 타인의 건강한 장기로 이를 대체하여 신체에 옮겨 심는 것을 말한다. 장기기증자가 다른 사람에게 기증할 수 있는 장기는 신장, 간장, 췌장, 췌도, 소장, 심장, 폐장, 조혈모세포 및 각막 등 9종류이다. 장기기증의 종류는 뇌사기증, 사후기증, 생체기증으로 나눌 수 있다. 뇌사기증이란 뇌질환이나 교통사고 등으로 뇌사판정을 받은 자의 가족이나 유족이 의료진과의 상담을 거친 후 뇌사자의 장기를 기증하는 것으로 신장, 간장, 심장, 폐장, 췌장, 췌도, 소장, 각막의 8개 장기를 기증할 수 있으며, '장기 등 이식에 관한 법률'에 의하여 국가에서 소정의 진료비, 위로금, 장제비를 지원할 수 있다.

사후기증은 심장사 이후에 안구와 인체조직 등을 기증하는 것이며, 생체기증은 살아있는 사람으로서 20세 이상인 장기기증자가 부부, 직계존비속, 형제자매, 4촌 이내 친족 간, 그리고 타인 간을 이식대상자로 선정하여 장기기증을 하는 것을 말하는 것으로 국립장기조직혈액관리원(The National Institute of Organ, Tissue and Blood Management)로부터 이식대상자 선정승인을 받은 경우에 한하여 실시할 수 있다. 생체기증을 할 수 있는 장기는 신장(정상적인 것 2개 중 1개), 간장(의학적으로 인정되는 범위 안에서 그 일부), 췌장, 췌도, 소장, 골수이다.

장기이식과 관련하여 「장기 등 이식에 관한 법률」이 2000년부터 실시되고 있고, 국립장기조직혈액관리원에서 이식에 관한 전반적인 관리를 총괄하고 있다. 국립장기조직혈액관리원은 장기이식 대상자의 공정한 선정을 통해 장기 등의 적출 및 이식의 적정성을 도모하고, 국민보건 향상에 이바지하고자 하는 목적으로 2000년 2월에 설립된 기관이다. 이 기관에서는 장기기증자 및 이식대기자 등록기관 지정 및 이들에 대한 정보통합 관리, 이식대상자 선정 및 장기이식 의료기관의 뇌사판정 및 시술과정 감독 등을 총괄하는 업무를 수행한다.

(2) 심리사회적 문제

① 장기이식환자의 문제

가. 장기이식수술에 대한 불안감

장기이식수술을 앞두고 대개 환자는 심리적 불안감을 경험한다. 장기이식의 경우 기증자를 찾는데도 상당한 시간이 걸릴 수 있으며, 이 기간 동안 환자는 자신의 예후와 미래에 대한 걱정과 두려움이 증폭될 수 있다. 또한 이식이라는 큰 수술을 앞두고 수술의 성공 여부, 수술 후의 경과 등에 대한 불안감을 경험하게 된다.

나. 장기이식수술 후의 부작용 및 신체적 문제

장기이식수술 후 환자는 타인의 장기가 자신의 체내에 이식된 것에 대한 신체적 거부반응이 나타날 수 있다. 이러한 거부반응을 최대한 막기 위해서 환자는 면역억제제를 지속적으로 복용해야 한다. 이 경우 면역억제제 장기복용에 따른 부작용으로 신기능장애, 고혈압, 당뇨병, 위장장애, 감염, 다모증 등이 생길 수 있으며, 이로 인해 환자는 신체적 및 심리적 스트레스를 경험하게 된다(한인영 외, 2006: 194).

다. 사회생활 상의 문제

장기이식이 필요한 환자는 이식수술 전에도 건강상의 문제로 직업생활을 유지하거나 사회생활을 하는 데 많은 제약을 받게 된다. 뿐만 아니라 장기이식수술 이후에도 상당 기간 동안 병원 치료를 지속해야 하기 때문에 직장으로 돌아가거나 자신이 원하는 사회적 활동에 참여하는 데 어려움을 겪게 된다. 장기이식환자는 수술과 치료로 인해 건강하게 노동할 수 있는 신체적 능력을 상당기간 동안 상실할 수 있어 이와 관련된 여러가지 문제들을 경험할 수 있다.

② 가족이 경험하는 문제

가. 경제적 부담감

장기이식수술과 수술 후 지속되는 치료 과정에 소요되는 비용이 크기 때문에 가족들은 경제적 부담감을 경험할 수 있다. 특히 이식수술 후 면역억제제류의 약물복용을 거의 평생 동안 해야 하기 때문에 가족이 부담해야 하는 경제적 부담이 크다. 또한 장기이식수술을 받은 환자가 가족의 생계를 책임지고 있으며, 수술 후 부작용 등으로 일을 할 수 없게 되는 경우 가정의 주 수입원이 끊어지게 되므로 가족의 경제적 어려움은 더욱 커질 수 있다.

나. 돌봄제공(caregiving)에 따른 부담감 및 갈등

장기이식수술환자를 위해 가족은 수술 전, 후를 비롯하여 상당기간 동안 지속적으로 돌봄제공자의 역할을 담당하게 된다. 가족이 환자를 돌보아야 하는 기간이 길어지고, 환자의 예후가 불안정할 경우 가족은 이에 따른 심리적 및 정신적 부담감을 더 크게 경험하게 된다. 또한 이 과정에서 가족원 간의 관계가 역기능적이거나 갈등이 있을 때 환자의 간호와 관련된 가족 간의 갈등이 심화되어 가족문제가 초래될 수 있다.

(3) 의료사회복지사의 역할

① 개별상담

의료사회복지사는 장기이식 이전 단계에서 이식대상자가 이식에 대한 결정을 내리는 것을 도와주고, 이식과 관련된 정보를 제공하기 위한 목적으로 심리사회적 평가 및 개별상담을 실시하게 된다. 또한 개별상담을 통해 이식을 앞둔 환자의 불안감을 이해해 주고, 환자가 수술과정을 잘 극복해 낼 수 있도록 정서적으로 지지해 주는

역할을 수행한다.

② 가족상담

의료사회복지사는 가족상담을 통해 가족이 환자에게 안정된 심리사회적 환경을 조성해줄 수 있는 지지체계로서 기능할 수 있도록 돕는 역할을 담당한다. 이를 위해 의료사회복지사는 가족 안에 존재하는 갈등과 스트레스가 무엇인지 파악해야 하며, 환자와 가족원 간의 관계를 사정하고 필요 시 가족관계 개선이나 문제해결을 위한 개입을 하는 역할을 수행한다. 즉 의료사회복지사는 가족들을 대상으로 환자와의 관계 유지, 의사소통, 스트레스 관리, 이식과 관련된 사회복지 정보제공 등을 목적으로 한 상담을 실시한다(삼성서울병원 사회복지팀, 2022).

③ 집단프로그램 운영

의료사회복지사는 장기이식수술 후 적응단계에 있는 환자들을 대상으로 집단프로그램을 운영할 수 있다. 이 집단프로그램은 치료집단이나 자조모임의 형태, 또는 멘토링프로그램 등으로 진행될 수 있다. 대개 이 프로그램은 이식환자들이 자신의 신체 상태에 대한 이해도를 높이고, 사회복귀를 준비하는 단계에서 부딪치게 되는 심리사회적 문제를 다루는 것을 목적으로 운영된다. 의료사회복지사는 집단에 참여할 대상자들을 모집하고, 프로그램에서 다룰 내용들을 구체화하는 등 집단프로그램을 운영하는 데 주도적인 역할을 담당한다. 삼성의료원에서는 장기이식인 자조모임으로 신장이식인과 간이식인을 대상으로 자조모임을 지원하고 있으며, 장기이식인 멘토링 프로그램을 간이식인, 신장이식인, 그리고 신장기증자를 대상으로 실시하고 있다(삼성의료원 사회사업팀, 2012).

④ 경제적 지원

장기이식과 관련된 비용이 환자와 가족이 감당할 수 있는 범위를 초과할 때 의료사회복지사는 병원 내 · 외와 지역사회의 동원 가능한 자원체계 및 후원단체 등에 관한 정보를 알아보고 이를 연계해 주는 역할을 수행한다.

⑤ 장기제공 순수성 평가 및 장기기증 절차와 장애인등록 안내

의료기관에서 장기이식과 관련된 업무를 담당하는 사회복지사의 중요한 역할 중 하나는 장기제공의 순수성을 평가하는 것이다. 신장이식의 경우 의료사회복지사는 신장기증자와 신장수혜자의 관계를 살펴보고, 장기 매매 등의 경제적 이해관계가 관여되지 않았는지 등에 관한 순수성평가를 실시한다(한인영 외, 2006: 198). 이러한 과정을 통해 기증의 의도가 어떤 사적인 목적달성이 아닌 순수한 의미의 기증인지를 평가해야 하는 것이다. 또한 의료사회복지사는 장기기증 희망자에게 장기기증 절차에 관해 설명하고 이에 필요한 서류를 작성하고 접수할 수 있도록 안내하는 역할을 수행하기도 하며, 장기이식 이후 장애인 등록에 관한 절차와 이에 관한 정보를 제공하는 역할을 수행한다.

CHAPTER 10 분야별 의료사회복지실천 Ⅱ

학습목표

01 뇌졸중과 척수손상의 특성, 환자와 가족의 심리사회적 문제, 그리고 신경과 및 재활의학과 영역에서의 의료사회복지사의 역할을 이해한다.

02 조현병, 알코올중독, 치매의 특성과 환자와 가족의 심리사회적 문제, 그리고 정신건강 영역에서의 의료사회복지사의 역할을 이해한다.

03 자살, 학대와 폭력의 특성, 그리고 이에 대한 응급상황에서의 의료사회복지사의 역할을 이해한다.

1. 신경과 및 재활의학과

1) 뇌졸중

(1) 질병에 대한 이해

① 개념과 유형

뇌졸중은 뇌의 일부분에 혈액을 공급하고 있는 혈관이 막히거나 터짐으로써 그 부분의 뇌가 손상되어 나타나는 신경학적 증상으로, 뇌혈관 질환과 같은 말이며, 흔히 '중풍'이라고 부른다. 뇌졸중은 뇌혈관에 순환장애를 일으켜 갑작스런 의식장애와 신체의 마비현상을 가져오는데 뇌졸중 환자의 약 75%는 뇌기능 손상으로 인한 기능저하 및 인지장애를 보이며 우울감, 분노 등의 감정적인 어려움을 겪는 것으로 나타났다(김종성, 2005).

뇌졸중은 크게 뇌경색과 뇌출혈로 구분된다. 뇌경색은 혈관이 막혀 혈관으로부터 혈액을 공급받던 뇌의 일부가 손상을 받는 것으로 허혈성 뇌졸중이라고도 부른다. 뇌출혈은 뇌혈관이 터지는 것으로 뇌 안에 피가 고여 그 부분의 뇌가 손상되는 것으로 출혈성 뇌졸중이라고도 부른다. 이를 그림과 함께 설명하면 〈표 10-1〉과 같다.

표 10-1 뇌졸중의 유형

	뇌졸중	
뇌경색 (Cerebral infarction)	혈관이 막혀 뇌가 혈액과 산소 공급을 받지 못하여 뇌의 일부가 손상되는 질환을 의미함. 목 부분에 있는 경동맥, 척추-기저동맥부터 우리 뇌 안에 있는 아주 작은 지름의 동맥까지 어떤 혈관이든 막힐 수 있음	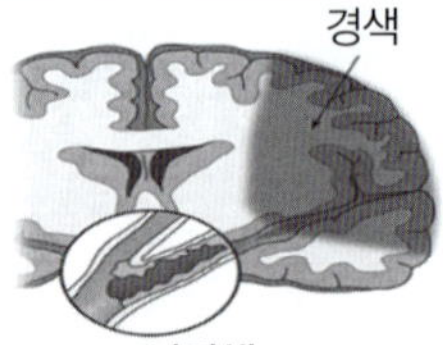
뇌출혈 (Cerebral hemorrhage)	뇌혈관 벽의 약한 부분이 터져 출혈이 생김으로써 발생하는 뇌혈관 장애를 의미함. 두개골 내의 출혈에 한해서 뇌일혈이라고도 함.	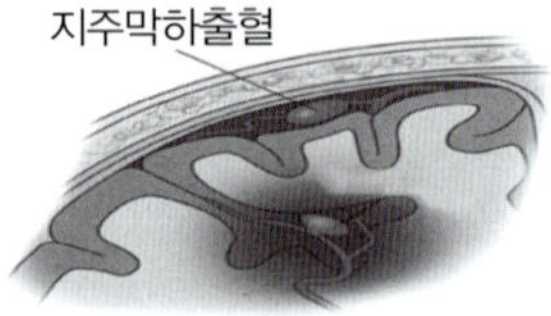

출처: 서울아산병원 홈페이지(2022).

② 주요 증상

대한뇌졸중학회에서 제시한 흔히 뇌졸중의 5대 증상이라고 일컫는 대표적인 증상은 아래와 같다.

- 한쪽 팔다리가 힘이 빠져 움직이기가 어렵거나, 저리고 감각이 없어진다.
- 한쪽 눈이나 또는 양쪽 눈 모두 흐리게 보이거나 잘 보이지 않는다.
- 발음이 어둔해지거나, 말이 제대로 나오지 않거나 남의 말을 무슨 뜻인지 알아듣지 못한다.
- 머리가 갑자기 번개나 망치로 맞은 듯이 아주 심하게 아프다.
- 어지럽거나 중심을 못 잡고 휘청거린다.

물론 이러한 증상이 나타난다고 해서 모두 뇌졸중이라고 할 수는 없을 것이다. 하지만 갑자기 이러한 증상이 나타나면 즉시 가까운 병원을 찾아가 확인을 하는 것이 필요하다. 위의 증상이 수분에서 수십 분가량 있다가 저절로 사라진 경우는 일과성 뇌허혈이라고 하는데, 이것은 겉으로는 다 나은 것처럼 보여도 검사를 해보면 이미 뇌졸중이 와 있기도 하고, 조만간 심각한 뇌졸중이 올 수 있다는 경고 신호이기 때문에 주의해야 한다.

이러한 증상은 몇 분 혹은 며칠 내로 호전되는 경우도 있지만 몇 개월 혹은 몇 년을 지속하며 서서히 회복되는 경우도 많다. 대부분 시간이 지남에 따라 의식이 회복되지만 운동마비, 즉 편마비 증세가 가장 흔하게 나타날 수 있으며 경우에 따라서 언어장애 등이 남는 경우도 나타난다.

③ 치료와 예후

뇌졸중으로 입원하게 되면 필요한 초기 치료와 검사를 실시하고, 최대한 빨리 뇌 촬영을 하여 진단을 확실하게 한다. 뇌경색의 경우 혈전용해 치료를 하게 되나, 모든 환자가 이에 해당되는 것은 아니며, 혈전용해가 성공적이기 위해서는 뇌졸중 증상이 생긴 지 3시간 안에 병원에 도착해야 한다. 뇌졸중에 걸렸다고 의심될 때 지체 없이 119에 도움을 청해야 하는 이유가 바로 이 때문이다. 그밖에 내과적인 질병이나 합병증이 생기지 않도록 예방조치를 취하고 뇌졸중이 더 악화되지 않도록 하는 치료를 실시하며, 뇌출혈(지주막하출혈)의 경우 신경외과 의사가 수술을 할 수도 있다.

뇌졸중에 걸린 후에는 되도록 빨리 재활치료를 받게 되는데 재활치료의 목적은 뇌졸중 증상의 치료, 신체장애에 대한 기능 재활, 합병증 예방과 직장으로 복귀 등 삶의 질을 높이는데 있다(이주연 외, 2002; 임성권, 2014). 뇌졸중 환자에게 재활치료는 매우 중요한데 뇌졸중 환자가 조기에 재활치료를 받을 경우, 기능회복의 예후가 훨씬 좋기 때문이다. 『3시간 놓치면 죽을 때까지 고생하는 뇌졸중』(허춘웅, 2009) 책의 제목처럼 뇌졸중으로 쓰러진 상황에서는 최대한 빨리 병원으로 옮겨 전문의의 치료를 받는 것이 중요하지만 이미 기능 손상이 이루어진 경우에도 조기 재활치료 여부에 따라 회복 기능에 차이가 발생할 수 있다.

뇌졸중의 회복은 크게 신경학적 회복과 기능적 회복으로 나뉘는데, 신경학적 회복이란 뇌졸중의 원인이나 손상 위치에 따라 다르나 첫 1~3개월 내에 대부분(약90%) 신경학적으로 회복되는 것을 일컫는다. 기능적 회복이란 신경학적 회복 후에도 보행이나 일상생활의 기능향상이 대개 6개월까지 호전되는데 이를 일컫는다. 환자의 회복은 환자의 동기, 학습능력, 가족의 지지, 재활치료의 질과 강도 등에 영향을 받는다. 뇌졸중 후의 회복은 죽은 뇌세포가 다시 살아나는 것이 아니라 죽은 뇌세포 주위의 세포들이 기능을 대신하면서 마비 등의 증상이 좋아지는 것이다.

이러한 회복은 뇌졸중 후 지속적으로 일어나는데 특히 초기 3개월 이내에 많이 나타난다. 따라서 뇌졸중 초기의 재활치료는 관절과 근육이 굳어지지 않도록 유지하는 것뿐만 아니라 운동기능을 포함한 다양한 뇌기능, 즉 인지기능, 언어기능 등의 회복에도 중요하다. 처음 마비가 왔을 때부터 뇌졸중의 약물 또는 수술치료와 더불어 지속적으로 재활 물리치료를 하면 환자의 장애를 최소화할 수 있고, 환자가 사회에 복귀하여 이전 생활에 가까이 갈 수 있게 도울 수 있다.

(2) 심리사회적 문제

① 뇌졸중 환자의 문제

뇌졸중은 편마비 등의 심각한 후유증을 낳고, 환자들의 생활 기능에 상당한 변화를 초래하기 때문에 뇌졸중 환자의 심리적 충격과 어려움은 상당히 크다. 특히 뇌졸중 치료는 가능한 조기 수술 및 재활치료를 통해 장애를 최소화하는 수준에서 이루어지므로, 환자 입장에서는 심리적 충격이 심한 상태에서도 재활에 대한 의지와 집중적인 노력을 요구받게 되므로 심리적 부담이 더 커질 수밖에 없을 것이다.

뇌졸중 환자는 분노, 우울, 불안, 수치심, 죄책감 등을 경험하며, 환자의 심리적 상태는 주변 사람들에게도 많은 영향을 주게 된다. 때로는 이러한 부정적인 감정이 주변의 영향으로 더 악화될 수 있다. 또한 뇌졸중 환자는 장기간의 활동 제약이나 투병생활로 인해 다른 사람과의 상호관계에 제약을 갖게 되면서 소외감과 고독감을 느끼게 된다. 따라서 주위로부터 관심 또는 이해를 얻고자 하는 욕구가 강해지는 한편 주변 사람들의 시선에 민감해져 교류를 꺼려하는 모습도 나타난다. 그밖에 기본적인 자기관리의 행위인 식사, 배변, 이동, 세면, 목욕, 옷차림 등의 일상생활 동작에 대한 장애가 이들의 심리사회적인 적응에 영향력을 주게 된다. 때로는 갑작스러운 파산이나 실직, 사회활동 단절과 같은 사회적 변화에 적응해야 할 수도 있다.

② 뇌졸중 환자 가족의 문제

뇌졸중 환자의 가족들은 여러 가지 심리사회적 어려움을 겪게 된다. 김소선(1992)은 뇌졸중 환자의 발병시기별로 특징적으로 나타나는 가족의 어려움에 대해 소개하였다. 먼저 환자 발병 시에 가족들은 환자의 갑작스런 변화, 즉 마비로 인한 기능 상실 등으로 인한 정신적 충격을 경험한다. 환자가 입원한 이후에 독립적으로 화장실을 사용할 수 있기 전까지는 가족들이 환자를 직접 보조해야 하므로 가족들 또한 신체적 통증과 불편감을 많이 호소한다. 이러한 어려움은 고령의 배우자나 돌보는 역할 이외에 가사노동과 자녀 양육을 함께 수행해야 하는 여성에게서 두드러진다.

환자의 퇴원 이후에도, 가족들은 돌봄에 대한 높은 부담감과 신체적, 정신적 구속으로 인해 고립감을 겪게 된다. 환자의 회복에 이르는 기간이 장기화될수록 가족들의 우울감과 절망감은 커지며, 환자를 조기 퇴원시켜야 할 때나 추후 관리가 계획대로 수행되지 못한 상황에서는 가족들이 돌봄제공자로서의 역할과 책임을 다하지 못했다고 생각하여 죄책감을 느끼는 것으로 나타났다.

환자의 가족들은 환자 돌봄과 일상생활 유지 관련하여 다양한 교육적 요구를 보이는데, 환자의 입원과 퇴원 시 질병에 대한 정보 측면에서 교육 요구도가 가장 높은 것으로 나타났다(유성희, 2003). 또한 환자 퇴원 후 관리, 환자 간호, 가족의 건강한 일상생활 유지 및 사회자원 활용, 입원생활 안내 등의 영역에서 교육을 필요로 하였다.

(3) 의료사회복지사의 역할

뇌졸중 환자에 대한 개입은 약물치료, 수술, 재활 중 어디에 초점을 두느냐에 따라 신경과, 신경외과, 재활의학과에서 이루어지며, 진료과별 협업도 많이 수행된다. 이때 의료사회복지사의 역할은 정보수집을 통해 가족의 상황을 정확하게 평가하는 것부터 시작하여, 재활치료에 대한 적응, 경제적 지원 및 조정, 퇴원 준비와 지역사회 자원연결에 이르기까지 다양하다.

① 정보 수집

뇌졸중 환자에 대한 의료사회복지사의 개입은 주로 재활의학과, 신경과, 신경외과와 협력 아래에서 이루어진다. 특히 재활의학과에서 의료사회복지사는 팀의 필수인력으로서, 입원환자에 대한 적극적인 개입을 수행하게 된다. 의료사회복지사는 환자와 가족과의 면담을 통해 환자를 보다 잘 이해하는 데 도움이 되는 개인력, 가족력, 심리상태, 치료 기대와 의지, 경제적인 상황, 가족원의 지지와 대처, 퇴원 후 계획 등에 대한 정보를 수집한다.

의료사회복지사에게는 동료 스텝들, 즉 의사, 간호사, 물리치료사, 작업치료사, 언어치료사 등도 환자에 대한 정보를 줄 수 있는 중요한 자원이다. 의료사회복지사는 이들로부터 누가 환자를 간호하고 자주 방문하는지, 환자의 입원 생활은 어떠한지 등 환자와 관련된 정보를 얻고 소통하게 된다.

② 가족의 문제 조정

뇌졸중 환자의 적응을 위해서는 가족의 협조와 지원이 매우 중요하다. 하지만 환자를 보호하는 역할에 대해 가족들이 많은 부담을 느끼며 이 역할을 누가 맡을 것인가에 대해 가족 간의 갈등이 종종 나타난다. 이러한 갈등 때문에 환자를 병원에 입원시켜놓고 가족들이 그냥 방치하는 경우도 있고, 퇴원 이야기가 나올 무렵이면 보호자가 아예 치료진을 만나는 것을 꺼린 나머지 밤에만 나타나는 경우도 있다. 따라서 의료사회복지사는 환자의 치료 계획과 관련하여 가족의 어려움과 보호 부담에 대해 보다 적극적으로 개입을 시도할 필요가 있다.

③ 경제적 지원

뇌졸중 환자에 대한 개입에서 의료사회복지사에게 요구되는 큰 과제 중의 하나는 환자의 경제력을 평가하고 이를 원조하는 일이다. 특히 뇌졸중으로 입원한 환자가 가족의 가장이었고 가장의 수입 이외에는 다른 수입원이 거의 없었던 경우에는 치료비 마련과 퇴원 후의 적응에 관한 어려움이 많은 상황으로 보아야 한다. 사실 대부분의 경제적 지원은 수술비 지원에 국한되므로 뇌줄중 환자에 대해 외부 자원을 이용하여 경제적으로 지원하는 것이 쉬운 일은 아니다. 그럼에도 의료사회복지사가 가족의 경제적 어려움에 대해 공감하고 다양한 지역사회자원을 발굴하여 적극적으로 연계하는 것이 환자와 가족의 재활과 안정에 많은 도움이 될 수 있다.

④ 교육프로그램과 자조집단 운영

병원에서 운영되는 교육프로그램으로 다학제간 팀으로 운영되는 '뇌졸중 환자와 가족을 위한 교육프로그램'을 들 수 있다. 교육프로그램의 경우 의료사회복지사는 기획자와 운영자로서, 환자와 보호자의 욕구를 사전에 파악하여 의사, 물리치료사 등의 해당 치료진이 이에 맞춘 프로그램을 구성할 수 있도록 기획하고 관리하는 역할을 적극적으로 수행하게 된다. 대개 의사가 질병과 재활에 대한 설명의 큰 축을 담당하며, 의료사회복지사는 프로그램 참여자를 모집하고 치료진의 교육 일정을 안내하고 조정하며, 프로그램 혹은 집단에 참여한 환자와 가족과 치료자 간의 중개자 역할을 수행한다. 또한 교육프로그램에서 한 세션을 맡아서, 환자와 가족의 심리사회적 어려움과 적응, 연계 가능한 지역사회 자원에 관한 정보 제공 등을 주제로 하여 강의를 진행하게 된다.

⑤ 퇴원 준비

뇌졸중 환자에 대한 사회복지 개입에서 퇴원 계획은 매우 중요하다. 뇌졸중 환자에게는 장기간의 치료가 필요하지만 이 기간 동안 계속 입원 치료를 해야 하는 것은 아니므로 재활 과정에 따라 가정이나 사회로의 복귀를 위한 적응 노력이 필요하다. 따라서 퇴원 계획을 통하여 퇴원에 대한 환자와 가족의 불안감을 낮추고 퇴원 이후에 치료와 재활을 잘 유지할 수 있도록 준비시켜 나가야 한다.

환자가 집으로 퇴원을 계획하는 경우에는 주거 환경 점검을 통하여 환자의 출입과 집안 생활에 장애물이 없는지를 평가해야 한다. 예를 들어 환자가 제대로 걸을 수도 없는 상황에서 좁은 계단을 이용해서 집에 드나들어야 한다든지, 집 안에 높은 문턱이 많아 낙상 등의 위험에 노출되기 쉬운 경우에는 퇴원 전 점검을 통해 개선 계획을 세워야 한다. 그밖에도 집에서 누가 환자를 간호할지를 정하고, 환자 간호에 활용할 수 있는 서비스를 연결하며, 통원 치료 시 이용할 수 있는 교통수단에 대해 준비할 수 있도록 한다.

환자가 재활을 위해 좀 더 병원에서 치료받기를 원하나 해당 병원에 계속 머물 수 없는 상황이라면 2차 병원이나 재활전문병원을 소개하고 전원 할 수 있도록 절차를 밟는다. 그 외에도 주간보호센터, 단기보호센터 등에 대해 가족들이 효율적으로 활용할 수 있도록 정보를 제공한다.

⑥ 지역사회 자원 연결

지역사회 자원 연결은 대개 관할주소 내의 읍면동 행정복지센터나 보건소, 지역사회복지관과의 연계를 통해 가정간호와 자원봉사자 등의 지지체계를 구축할 수 있도록 자원을 연계하는 과정을 의미한다. 특히 뇌졸중 환자는 추후 관리가 필요한 만성질환자로서 가정간호[01] 대상이기 때문에 미리 안내하여 관련 제도를 이용할 수 있도록 돕는다. 또한 환자의 연령, 장애 정도, 지역사회 자원을 고려하여 환자가 지역 내 복지관 등을 통하여 이동 목욕 봉사, 간병인 자원봉사, 말벗 서비스, 무료이동서비스 등을 제공받도록 도울 수 있다.

2) 척수손상(Spinal Cord Injury)

(1) 질병에 대한 이해

① 개념과 유형

척수손상이란 척수에 가해진 외상으로 인해 정상적인 운동, 감각 및 자율신경에 이상이 생긴 상태를 말하며, 신체적 및 심리적으로 심각한 후유장애를 초래하는 질환 중 하나이다(대한척수학회, 2022). 척수는 척추 내에 존재하는 중추신경으로 사고나 질병에 의해 척추가 손상되면서 함께 손상되거나 질병에 의해 손상될 수 있다. 척수에는 대뇌에서 나머지 몸으로 신호를 전달하는 신경이 있는데 척수가 손상되면 뇌와 신체 사이에 신경전달이 제대로 이루어지지 못해 운동, 감각 등의 마비를 초래한다.

01 가정간호란 장기입원 또는 불필요한 입원으로 인한 의료비 부담을 절감할 수 있는 수요자 중심의 입원대체 제도로서 병원에 소속된 가정전문 간호사가 환자의 집으로 직접 방문하여 의사의 처방에 따라 필요한 치료와 간호를 제공하는 서비스이다. 서비스 대상자에 뇌혈관질환, 당뇨, 척수손상, 심폐질환, 암환자 및 노인환자가 해당된다.

서울아산병원 홈페이지에 제시된 질환백과를 바탕으로 척수손상의 원인과 유형을 간략하게 설명하면 다음과 같다. 척수손상은 70%가 외상에 의해, 30%는 종양 또는 감염과 같은 질병에 의해 발생한다. 40세 이전에는 외상에 의한 척수손상이 많고, 40세 이후에는 질병에 의한 척수손상이 많다고 알려져 왔다. 외상성 척수손상은 교통사고나 추락사고 등 외상에 의해 척수손상이 생긴 경우를 말하는데 외상성 척수손상의 원인으로는 자동차 사고가 45% 정도로 가장 많고, 이밖에 낙상, 총기 사고, 흉기 사고, 스포츠 손상 등이 있다. 척수손상 부위 이하는 운동신경이 마비되어 움직일 수 없게 되고, 감각이 소실되며, 자율신경계에 의해 조절되는 방광과 장운동 조절에 이상을 초래한다.

척수손상은 손상 받은 척수의 위치에 따라 경수 손상에 의한 사지마비와 흉수 이하 손상에 의한 하지마비로 구분한다. 또한 손상 정도에 따라 완전 척수손상과 불완전 척수손상으로 구분한다. 완전 척수손상은 척수가 완전 횡절단된 상태를 말하는데 손상된 척수 이하의 모든 척수 기능을 잃고 운동 및 감각 능력을 상실하므로 예후가 좋지 않다. 불완전 척수손상은 손상 부위 이하의 일부 감각이나 운동 기능이 보전된 상태로서 탈구된 뼈, 연부조직, 척수관 내 부종 등에 의한 타박상이나 척수의 부분적인 절단으로 발생한다. 이 경우 초기 기능회복에 대한 예후가 일반적으로 좋다.

② 경과와 장애

척수손상의 재활치료 방법은 운동치료, 작업치료, 보조기 활용, 신경인성 방광 및 장 관리를 들 수 있다. 운동치료는 환자의 남은 신경 기능을 최대한 활용하여 움직일 수 있도록 훈련하는 것으로 호흡 운동을 통해 폐활량을 증가시키고 호흡 기능을 강화하여 일상생활의 기능을 향상시킨다. 작업치료는 손상 부위에 따라 보조기를 이용하거나 독립적으로 일상생활을 하는 것을 훈련하는 것이다. 보조기를 활용하여 환자의 남은 기능을 최대화하게 되는데, 사지마비의 경우 상지 보조기 또는 일상생활보조도구를 제작하여 적용하며, 하지마비의 경우 양측 하지 보조기를 제작하여 서기나 걷기를 훈련하게 된다.

척수손상 환자는 신경인성 방광과 장에 의해 잔뇨 증가, 요로계 감염, 변비 등이 생길 가능성이 크므로 정확한 방광 및 장의 상태를 파악하고 적절한 방법을 결정하여 교육함으로써 합병증을 최소화하는 것이 필요하다. 척수손상으로 인한 합병증으로 기립성 저혈압, 발열, 통증, 욕창과 배뇨 곤란 등이 있다. 증상 교육, 정기 검사, 운동, 약물치료 등을 통해 적절한 예방과 관리가 필요하다.

국내 척수손상 환자의 평균 재원기간을 살펴보면, 하지마비 환자는 11.4개월, 사지마비 환자는 15.7개월이었고, 대부분 한 병원에서 퇴원한 후에도 타 병원으로 퇴원하여 재활치료를 지속하였다(Lee, 2001; 김원석 외, 2008 재인용). 이 결과는 미국의 척수손상 환자들의 평균 재원기간이 급성기 병원에서 25일, 급성기 치료 후 재활치료 병동에서 39일이며 대부분의 환자가 집으로 퇴원하는 것과 비교했을 때, 우리나라의 경우 재원기간은 훨씬 더 길고, 퇴원하더라도 바로 집으로 돌아가기 어렵다는 것을 보여준다(김원석 외, 2008). 이러한 결과를 초래한 주요 이유로는 국내 척수손상 환자의 사회복귀를 위한 프로그램의 부족, 낮은 수준의 재활서비스, 주택 개량의 부재, 이동의 어려움 등 보건과 복지의 복합적 요인을 들 수 있다. 그러므로 향후 국내에서 이러한 부분의 개선을 위한 정책 및 서비스 개발이 매우 중요하다고 보겠다.

(2) 심리사회적 문제

① 척수장애 환자의 문제

척수장애 환자의 문제를 신체적 문제, 심리적 문제, 환경적 문제로 나누어 살펴보고자 한다.

첫째, 척수장애 환자의 신체적 문제는 척수장애로 인한 마비로서 장애 이전의 건강한 몸에서 장애 이후 타인의 도움을 받아야 하는 운동신경마비와 감각신경마비 증상에서 기인한다. 척수장애 환자들은 상지 및 하지의 마비로 인하여 기립과 보행이 불가능하므로 대개 휠체어를 이용하여 생활한다. 또 감각신경의 마비로 욕창이 발생하고, 자율신경 마비로 배설 조절기능에 장애가 생기며, 성기능 장애 등 다양한 합병증으로 고통을 겪게 된다.

둘째, 척수장애 환자의 심리적 문제는 외상후스트레스장애(post traumatic stress disorder), 전신 무력감, 낮아진 자존감, 우울증, 불안 및 분노, 죄의식, 사회에 대한 적대감, 장애에 대한 부정, 학습된 무기력 등을 들 수 있다. 척수손상 환자는 신체의 일부 혹은 전신마비로 독립성을 누리기 어렵고 자기조절기능이 상실되어 예전의 신체 구조, 기능, 외모에 대한 신체상(body image)이 바뀌었기 때문에 현재의 신체상을 수용하기 어려워한다. 또한 누군가의 도움을 받아야 한다는 것에 당황하며 죄의식과 불편함을 느낀다. 그리고 가족이나 친구들에게 짐이 되는 존재라고 생각하여 사회접촉을 거부할 수 있다. 장기입원 등으로 사회접촉이 줄어들게 되면 동료와 직업사회의 경쟁에서도 뒤떨어지게 되는 등 대인관계에서 고립감과 좌절감, 수치심, 우울, 무력감을 느끼게 되고 이러한 변화가 사회적 관계를 축소하여 자존감을 상실하게 된다. 대개 척수손상 환자들은 20~40대의 비교적 젊은 층에서 많이 나타나므로 사회에서의 상실감을 더 크게 느낄 수 있다.

셋째, 척수장애 환자의 환경적 문제는 가족과 주거, 직장, 지역사회의 어려움을 의미한다. 구체적으로는 장애로 인하여 자립생활과 이동이 제한되면서, 가족과의 관계, 주거환경, 직장생활, 지역사회 안에서의 교류가 변화하고 제한되는 것을 뜻한다. 또한 척수장애인은 장애 치료와 후유증으로 경제적 어려움을 겪기 쉽다. 휠체어, 하지관절 운동기구 등 고가의 재활장비 구입 부담, 척수장애로 인한 합병증 치료에 따른 비용 및 각 검사비용의 발생, 휴직과 퇴직 등으로 경제적 어려움이 증가한다(김동민 외, 2002).

② 척수장애 환자 가족의 문제

척수장애 환자 가족, 즉 배우자나 가족원이 척수장애인을 돌보는 역할을 맡게 되면서, 가족들도 많은 스트레스를 경험하게 된다. 몸으로 장애인을 직접 들어서 옮기는 많은 보호자들은 어느 정도 시간이 흐른 후 허리와 손가락, 손목 관절 통증으로 고통을 호소한다. 환자 가족들은 다양한 스트레스 증상을 보이게 되는데, 피로감이 증가하고, 쉽게 화가 나고 날카로워지며, 식욕이 증가하거나 감소되고, 일상 활동에 대한 관심이 줄어들며, 우울하거나 불안한 정서 등이 그 예가 될 수 있다(한국척수장애인협회 외, 2017).

환자의 척수손상 이후 가족들의 전폭적인 보살핌과 도움은 매우 중요하지만 보호자 역할에 대한 교육의 부재와 지원의 단절은 가족들을 과부하에 걸리게 만들고, 가족들의 신체적 및 정신적인 건강을 위협하게 된다(한국척수장애인협회 외, 2017). 따라서 환자를 돌보는 방법과 도움이 되는 보조기기에 대한 정보제공을 포함하여, 가족원 스스로를 돌볼 수 있는 방법과 자조모임 안내, 심리적 지원 등 적절한 교육과 지원이 필수적이다.

(3) 의료사회복지사의 역할

① 환자에 대한 상담과 지원

의료사회복지사는 척수손상 환자의 현재 상태와 예후, 치료 계획, 환자의 기대와 의지, 주변의 지지체계에 대한 사정을 바탕으로 지지적인 상담과 함께 욕구 충족을 위한 서비스 제공을 지속해 나가야 한다. 또한 주요 선진국의 경우, 척수장애에 대한 상담과 재활 체계에서 척수장애인 당사자들이 주된 역할을 하고 있음에 주목하여 의료사회복지사 혼자 상담을 지속하기보다 척수장애인 활동가와의 연결을 통해 동기부여와 사회참여의 기회를 제공하는 것도 바람직하다(에이블뉴스, 2019. 4. 23.).

② 가족 지원

의료사회복지사는 가족들의 돌봄 부담 경감을 위해 다양한 가족 지원방안을 모색할 필요가 있다. 이를 통해 가족들의 간병으로 인한 허리와 팔다리 통증 관리, 스트레스 완화, 소진 예방, 삶의 질 증진을 모색할 수 있다. 척수손상 가족의 돌봄 부담에는 환자의 상태 외에도 가족의 신체 건강상태, 교대할 다른 가족의 유무가 중요한 영향을 미친다. 또한 환자의 일상생활 수행능력 정도가 나쁘고, 가족원들의 가족과 친구의 지지가 적으면 가족의 보호부담은 더 커지게 된다. 그러므로 의료사회복지사는 이러한 점을 고려하여 가족의 돌봄 부담을 낮출 수 있는 적절한 개입방안을 모색하여야 한다. 구체적으로는 돌봄 관련 교육, 지원가능한 사회적 · 경제적 자원 연계, 자조모임이나 지지집단 연결, 스트레스 완화를 위한 개별상담과 집단 심리교육 프로그램 등의 직접 제공이나 연계가 그 예가 될 수 있다.

③ 경제적 및 환경적 지원

의료사회복지사는 환자의 치료비 부담을 경감하기 위하여 소득보장제도 및 후원단체에 대한 정보를 제공하고, 치료비 지원을 위한 병원 내부와 외부의 자원을 발굴하여 연결하는 등의 경제적인 지원을 실시한다. 또한 퇴원 후 주거의 준비가 중요한데, 척수장애인에게 집 구조와 동선은 일상생활 수행 유지를 위해 매우 중요하므로 이를 면밀하게 점검하고 개선 계획을 수립해야 한다. 주택 개조를 위해 고려해야 할 점은 먼저 휠체어의 크기, 휠체어를 사용하는 사람의 팔이 닿을 수 있는 범위, 휠체어의 사용이 어려운 계단이나 급경사의 유무 등을 확인하고 집안의 시설을 장애인 활동에 맞게 개조해 나가는 것이 필요하다.

④ 자원 연계

척수장애인의 재활을 위한 자원으로 국내외 현황을 간략히 살펴보면 공공분야에서는 근로복지공단과 국립재활원을 대표적으로 들 수 있고, 민간분야에서는 파크사이드병원, 예은병원, 한국척수장애인협회에서 제공되는 척수장애인재활서비스 등을 들 수 있다(서해정 외, 2017). 구체적으로 살펴보면, 국내 공공분야의 재활서비스로는 근로복지공단의 맞춤형 통합서비스, 국립재활원의 성 재활 프로그램, 운전재활 프로그램 등을 들 수 있다. 국내 민간분야의 재활서비스로는 파크사이드병원과 예은병원에서 운영되는 척수장애인 사회복귀를 위한 다양한 프로그램 등을 들 수 있다.

이 밖에도 의료사회복지사는 한국척수장애인협회와 장애인활동지원 제도를 통해 적절한 자원을 연계할 수 있다. 한국척수장애인협회에서는 장애인과 그 가족을 대상으로 종합상담실과 인터넷종합정보센터를 운영하면서 퇴원 준비, 가족 지원 프로그램, 동료 척수장애인과의 모임, 재활정보 제공 등을 통해 환자의 심리사회적 재활을 돕고 있다. 장애인활동지원 제도는 혼자서 일상생활이 어려운 모든 장애인에게 활동지원급여를 제공하여 자립생활과 사회참여를 지원하고 가족의 부담을 줄이는 제도로서, 장애인복지법 상의 등록장애인의 경우 거주지의 읍면동 주민센터에서 신청 가능하다.

2. 정신과

1) 조현병(Schizophrenia)

(1) 질병에 대한 이해

① 개념과 증상

조현병(Schizophrenia)은 뇌의 기질적 이상이 없는 상태에서 사고, 감정, 지각, 행동 등 인격의 다양한 측면에서 이상이 생겨 망상이나 환각, 혼란스러운 사고와 행동을 포함하는 여러 가지 부적응적 증상을 보이는 주요 정신질환이다(유수현 외, 2010: 157). 이는 주로 청년기나 성인기에 발병하며 잦은 재발과 만성적으로 진행되는 특성을 갖는 정신과 영역의 대표적 질환이다. Schizophrenia라는 용어는 그리스어로 '분리'를 의미하는 'schizo'와 '마음'을 의미하는 'phrene'의 합성어로 '마음이 분리되었다'는 의미를 지닌다. 이는 인간의 정신기능인 사고, 정서, 행동 간에 분열이 있다는 뜻으로 조현병은 현실검증력의 손상, 그리고 사고, 감정, 행동의 장애가 특징이며, 개인의 내적 기능과 사회적 대인관계를 손상시키는 질병이다(전석균, 2014: 141).

조현병의 특징적 증상은 정상적 기능의 과다 또는 왜곡을 반영하는 양성증상과 정상적 기능의 감소나 상실을 반영하는 음성증상으로 구분할 수 있다. 양성증상에는 추리적 사고(망상), 지각(환각), 언어 및 의사소통(와해된 언어), 행동조절(전반적으로 와해된 행동 및 긴장된 행동)의 과장 또는 왜곡이 포함되며, 이러한 양성증상은 정신증적 차원으로 구분되는 망상과 환각, 와해차원으로 구분되는 와해된 언어와 행동으로 구분할 수 있다. 대체로 망상 내용의 주제는 피해망상, 관계망상, 과대망상 등과 같이 다양하며, 환각은 청각, 시각, 후각, 촉각 등 어떤 감각 형태로도 나타날 수 있지만 조현병에서는 환청이 가장 흔하고 가장 특징적이다.

음성증상으로는 외부 자극에 대한 정서적 반응이 둔화되어 정서적 표현이 거의 없어지거나 부적절하게 표현되는 정서적 둔마, 사고 및 언어의 유창함과 생산성이 감소되어 말이 없어지거나 짧고 간단하고 공허한 대답만 하는 등과 같은 무논리증, 목적지향적 행동을 하지 않고 사회활동에도 무관심하게 오랜 시간을 보내는 무욕증이 대표적이다(미국정신의학회, DSM-Ⅳ, 1995: 369). 환청이나 망상 등의 양성증상은 비교적 약물치료에 잘 반응하여 상태의 호전을 가져오는 데 반해 음성증상은 약물로 치료가 잘되지 않는 경향이 있어 감퇴된 사회적 기능 증진을 위한 사회복지재활서비스가 필요하게 된다.

이러한 조현병의 원인으로는 유전적 요인, 신경전달물질의 과다분비와 관련된 생화학적 요인, 뇌의 구조 및 기능적 이상, 심리적 요인, 사회적 스트레스 요인 등 여러 가지 요인들이 복합적으로 관여하는 것으로 알려져 있다. 조현병의 평생 유병률은 0.3%~0.7% 정도이며, 10대 후반~30대 중반 사이에 발병하는 것이 전형적이다(American Psychiatric Association, 2013; 권준수 외, 2015). 주로 남성의 경우 10대 후반이나 20대 초반에 여성의 경우 20~30대에 발병하는 경우가 많다.

특히 이 시기는 성인초기로 사회적인 능력을 갖추고 직업을 갖기 위한 준비가 요청되는 시기이다. 조현병의 발병은 개인의 사회적 기능을 감퇴시키고, 성인기에 독립적인 생활을 할 수 있는 능력을 갖추는 데 필요한 학업적, 직업적 능력을 수행할 수 없게 만들므로 발병 이후 오랫동안 사회적 기능 장애를 유발하는 특성이 있다. 정신질환의 진단 및 통계편람 제5판에서 조현병은 조현병 스펙트럼 및 기타 정신병적 장애(Schizophrenia Spectrum and Other Psychotic Disorders)에 포함되어 있으며, 진단 기준은 다음과 같다(American Psychiatric Association, 2013; 권준수 외, 2015).

■ 조현병(Schizophrenia) 진단기준

A. 다음 증상 중 둘(혹은 그 이상)이 1개월의 기간(성공적으로 치료가 되면 그 이하) 동안의 상당 부분의 시간에 존재하고, 이들 중 최소한 하나는 (1) 내지 (2) 혹은 (3)이어야 한다.
  1. 망상
  2. 환각
  3. 와해된 언어(예: 빈번한 탈선 혹은 지리멸렬)
  4. 극도로 와해된 또는 긴장성 행동
  5. 음성증상(예: 감퇴된 감정 표현 혹은 무의욕증)

B. 장애의 발병 이래 상당 부분의 시간 동안 일, 대인관계 혹은 자기관리 같은 주요 영역의 한 가지 이상에서 기능 수준이 발병 전 성취된 수준 이하로 현저하게 저하된다(혹은 아동기 또는 청소년기에 발병하는 경우, 기대 수준의 대인관계적 · 학문적 · 직업적 기능을 성취하지 못함).

C. 장애의 지속적 징후가 최소 6개월 동안 계속된다. 이러한 6개월의 기간은 진단기준 A에 해당하는 증상(예: 활성기 증상)이 있는 최소 1개월(성공적으로 치료되면 그 이하)을 포함해야 하고, 전구증상이나 잔류증상의 기간을 포함할 수 있다. 이러한 전구기나 잔류기 동안 장애의 징후는 단지 음성증상으로 나타나거나, 진단기준 A에 열거된 증상의 2가지 이상이 약화된 형태(예: 이상한 믿음, 흔치 않은 지각 경험)로 나타날 수 있다.

D. 조현정동장애와 정신병적 양상을 동반한 우울 또는 양극성 장애는 배제된다. 왜냐하면 ① 주요우울 또는 조증 삽화가 활성기 증상과 동시에 일어나지 않기 때문이거나, ② 기분 삽화가 활성기 증상 동안 일어난다고 해도 병의 활성기 및 잔류기 전체 지속 기간의 일부에만 존재하기 때문이다.
E. 장애가 물질(예, 남용약물, 치료약물)의 생리적 효과나 다른 의학적 상태로 인한 것이 아니다.
F. 자폐스펙트럼장애나 아동기 발병 의사소통 장애의 병력이 있는 경우, 조현병의 추가 진단은 조현병의 다른 필요 증상에 더하여 뚜렷한 망상이나 환각이 최소 1개월(성공적으로 치료되면 그 이하) 동안 있을 때에만 내려진다.

② 치료

조현병의 치료는 정신병적 증상과 관련된 뇌 속의 신경전달물질체계의 균형을 되찾기 위한 목적으로 시행되는 약물치료가 기본적으로 시행되어야 한다. 또한 지지적인 개별상담, 집단치료, 일상생활기술훈련 및 사회기술훈련 등의 사회재활치료, 가족상담 및 가족교육, 그리고 지속적인 사례관리가 중요하다. 조현병의 예후는 개인마다 차이가 있는데 약물치료 및 관리가 잘 되어 증상이 완화된 경우 부분적으로 사회생활을 할 수 있을 정도로 사회기능이 회복되는 사례가 있다. 반면, 잦은 재발과 악화로 인해 사회적인 복귀가 어렵고 지속적인 돌봄(caregiving)을 필요로 하는 사례도 있어 정신건강사회복지사의 개입 및 전문적인 사례관리가 요청된다.

지역사회를 기반으로 조현병 환자에게 서비스를 제공하는 기관으로는 낮병원, 정신건강복지센터, 정신장애인 사회복귀시설, 그룹홈 등과 같은 기관이나 시설이 있다. 이러한 기관들에서는 조현병 환자들을 대상으로 정신건강관리 서비스, 사회기술훈련, 직업재활서비스, 주거서비스 등을 제공하고 있다.

(2) 심리사회적 문제

① 조현병 환자의 문제

가. 환청이나 망상 등 질병으로 인한 증상경험

조현병 환자는 일차적으로 환청이나 망상 등의 증상으로 인해 고통과 괴로움을 당한다. 특히 환청이나 망상의 내용이 불안이나 두려움을 야기하거나 피해망상적인 것일 때 증상으로 인한 괴로움은 더 커지게 된다. 조현병 환자는 환청이나 망상의 내용을 실재적인 것으로 믿기 때문에 증상과 질병에 대한 인식(병식)이 생기기까지는 시간이 걸리며, 많은 경우 자신에게 병이 있다는 사실을 부정하기도 한다. 이러한 증상치료를 위해서는 반드시 의사의 처방하에 적절한 약물치료를 받도록 해야 한다.

나. 일상생활관리 능력 저하

조현병이 발병하면 개인위생 관리를 비롯하여 기본적인 일상생활을 유지하는데 필요한 기능이 상당히 저하되는 문제가 수반된다. 예를 들면 세수, 양치질, 목욕 등을 잘하지 않거나 옷을 갈아입지 않아 개인위생 상태가 불결한 경우가 많다. 또한 아침에 일어나고 낮 시간 동안 활동을 하며, 밤 동안에는 취침을 하는 일과관리 능력이 저하되어 장시간 동안 수면을 취하거나 낮 시간 동안에도 활동을 하지 않고 방 안에만 있는 등 전반적인 일상생활 관리 능력이 저하된다. 이에 따라 조현병 환자는 대개 일상생활에 필요한 개인적인 일들조차 잘 수행하지 못하는 문제를 보이게 된다.

다. 사회적 고립 및 사회적 기능저하

조현병은 질병의 특성상 사회적 기능이 저하되는 특성을 지닌다. 따라서 조현병 환자는 대인관계 접촉을 피하며, 학교나 직장을 다니는 등과 같은 사회활동에 참여하지 못하고 사회적으로 위축되거나 고립되는 문제를 갖는다. 또한 대인관계를 맺거나 사회활동에 참여하려고 하는 욕구도 없어지며, 점차로 대인관계를 형성하는 능력이나 특정한 사회적 상황에서 적절한 행동을 수행할 수 있는 사회적 능력이 감퇴되어 전반적으로 사회적 기능 수행능력의 저하를 경험하게 된다.

라. 학업 및 직업 중단

조현병이 발병하게 되면 환청이나 망상 등의 증상과 함께 사회적 기능 저하로 말미암아 학업이나 직업생활과 관련된 사회적 역할을 제대로 수행할 수 없는 문제에 직면하게 된다. 대개 조현병 환자는 학업을 중단하거나 직장을 휴직 또는 퇴직하게 되며 단기간 내에 다시 학교나 직장으로 복귀하기 어려워지고, 많은 경우 발병 이전에 담당했던 사회적 역할을 다시 수행하는 것이 힘들어 장기적인 실업상태에 놓이게 되는 문제를 경험하게 된다.

마. 가족과의 갈등

조현병이 발병한 초기 단계에 가족들은 환자의 증상을 이해하지 못하고 달라진 환자의 모습에 충격을 받거나 서로 충돌하며 갈등이 생기기도 한다. 때로는 환자가 공격성을 보일 경우 이로 인해 가족 내에 폭력이나 대립의 문제가 야기되기도 한다. 또한 환자의 질병이 만성화되어 가족들이 장기적으로 환자에 대한 돌봄제공을 해야 하는 경우 이로 인해 발생하는 심리적 및 사회적 부담감이 환자와 가족성원 간에 갈등을 심화시키는 요인으로 작용하기도 한다.

② 가족이 경험하는 문제

가. 돌봄 부담감(caregiving burden)

조현병 환자를 돌보는 가족원은 환자의 개인위생관리, 일과관리, 금전관리, 투약관리 등 지역사회에서 환자가 생활해 나가는 데 필요한 실제적인 도움과 정서적 지지를 제공한다. 조현병은 만성적이고 장기적으로 진행되는 특성을 가지므로 환자를 돌보는 가족원은 심리적 측면뿐만 아니라 경제적 및 사회적 측면에서도 높은 부담감을 경험하게 된다.

돌봄 부담감은 조현병 환자가 정신적 건강상태, 사회적 기능장애 등으로 인하여 스스로를 돌볼 수 있는 기능이 제한된 상황에서 이들을 돌보는 가족원이 경험하게 되는 고통을 말한다(Bull, 1990), 이는 객관적 부담감과 주관적 부담감으로 구분될 수 있다. 객관적 부담감이란 돌봄제공에서 야기되는 실질적인 어려움을 지칭하는 것으로 조현병 환자가 가족생활에 미치는 재정적 부담, 역할긴장, 가족의 정상적인 생활 방해, 사회활동의 단축, 외부세계와의 손상된 관계 또는 이웃과의 문제들을 포함하는 개념이다(Thompson & Doll, 1982).

이에 반해 주관적 부담감이란 조현병 환자를 돌보는 과정에서 느끼게 되는 정서적 고통으로 낙인감, 두려움, 걱정, 정서적 긴장, 분노, 슬픔, 그리고 죄책감과 수치심 등과 같은 부정적인 정서적 반응을 의미하는 것이다(Hatfield & Lefley, 1993; Bulger et al., 1993; Brady et al., 1994). 특히 조현병 발생 시 초기에 가족이 경험하는 가장 공통적인 반응은 슬픔과 죄책감 등의 정서적 고통으로 알려져 있다(Bland, 1998). 그러나 다른 한편으로는 조현병 환자를 돌보는 부모들이 돌봄제공의 과정을 통해 개인적 성장과 보다 깊은 자기 이해를 이루고, 인간적으로 강해지고 인내심이 생기며, 다른 사람의 고통에 대한 공감능력이 더 커지게 되는 긍정적 성장을 하게 된다는 보고도 있다(Bulger et al., 1993).

또한 이러한 돌봄 경험은 자기실현의 과정이 될 수 있고, 어려움에 대처하는 과정을 통해 자신의 내적자원을 인식하게 되며, 작은 성취에도 감사하게 되고, 부모로서 의무를 다하는 것과 자신에 관해 더 알게 된 것으로부터 만족감을 느끼게 하는 긍정적 보상이 있는 것으로 연구되기도 하였다(Schwartz & Gidron, 2002). 즉, 조현병 환자를 돌보는 가족원은 돌봄 과정에서 정서적 고통을 경험하게 되지만 장기간에 걸친 돌봄 경험을 통해 자기성장을 이루는 긍정적 측면이 존재할 수도 있다는 것이다. 그러므로 조현병 환자의 가족과 함께 일하는 사회복지사는 가족원들이 경험하는 이러한 정서적 측면을 잘 이해하고 이들이 돌봄 과정에 수반되는 부정적 감정들을 잘 극복하고 긍정적 자기성장을 이룰 수 있도록 지원하는 것이 중요하다.

나. 경제적 어려움

조현병이 만성화됨에 따라 가족원은 환자에 대한 치료비를 장기간 동안 지속적으로 지출하게 되며, 경우에 따라서는 환자를 돌보기 위해 개인적인 사회생활이나 직업생활을 중단하게 되는 상황이 발생하기도 한다. 또한 조현병 환자를 돌보는 부모가 노년기에 접어들어 경제적 소득이 감소되었음에도 불구하고 환자의 치료를 위한 약제비, 외래 및 입원 치료비, 사회복귀를 위한 재활프로그램에 참여하는 데 드는 비용 등이 지속적으로 지출될 경우 조현병 환자의 가족들은 경제적인 어려움뿐만 아니라 빈곤상태에 빠질 수 있는 고위험 집단이 되기도 한다.

(3) 의료사회복지사의 역할

조현병 환자와 가족에게 개입하는 사회복지사는 정신건강사회복지사로서 자격을 갖춘 자들로서 병원에서 일하는 의료사회복지사일 수도 있고, 지역에서 일하는 정신건강사회복지사일 수도 있다. 이들이 담당하는 주요 역할은 다음과 같다.

① 환자의 사회적 기능 및 가족환경 평가

조현병 환자에 대한 서비스를 제공하는 사회복지사는 먼저 환자에 대한 심리사회적 평가를 실시한다. 특히 초기단계의 개입에서 조현병 환자의 사회적 기능 상태에 대해 평가하며, 가족과의 관계 및 돌봄제공 환경으로서 가족의 기능에 대해 전반적인 사정을 실시하는데, 이는 매우 중요한 과정이다. 조현병 환자의 사회적 기능에 대한 평가 시 사회복지사는 일상생활 관리 능력, 기본적인 대인관계 능력, 학업이나 직업생활을 시작하거나 유지할 수 있는 능력 등에 관해 사정한다. 가족에 대한 평가에서는 가족의 경제적 상태, 질병에 대한 이해정도 및 돌봄제공 능력, 가족이 느끼는 객관적 및 주관적 부담감의 정도, 그리고 돌봄제공에 부여하는 의미 등에 관해 사정한다.

② 개별상담

사회복지사는 개별상담을 통해 조현병 환자가 계속해서 치료를 받을 수 있도록 동기화하고, 사회적 재활을 목적으로 낮병원이나 정신건강복지센터 등에서 제공하는 사회복귀 프로그램에 참여할 수 있도록 독려하는 역할을 수행한다. 또한 일상생활 가운데 부딪치게 되는 다양한 정서적 및 사회적 문제에 대한 상담을 제공함으로써 조현병 환자가 사회적 기능을 회복하고 증진하도록 도움을 제공한다. 이때 개별상담을 통해서 다루게 되는 주요 이슈는 질병의 진행 상태나 회복 정도 등에 따라 달라진다. 주로 질병의 초기 단계에서는 질병에 대해 이해하고, 투약관리를 하며, 사회적 고립에서 벗어나기 위한 기본적인 활동에 참여하는 것에 상담의 주요 초점이 주어진다. 회복단계에서는 학업을 지속하거나 기능 수준에 따라 할 수 있는 일을 찾거나 직업훈련에 참여하는 것과 같은 사회복귀에 초점을 둔 개별상담을 실시하게 된다.

③ 집단프로그램 운영기획 및 진행

병원의 정신과, 낮병원, 그리고 지역사회 내 정신건강복지센터 등에서 일하는 사회복지사는 조현병 환자의 음성증상 치료와 사회복귀를 위한 치료적 접근의 일환으로 다양한 집단프로그램을 기획하거나 이를 직접 진행한다. 정신과의 입원병동과 부분입원 체계를 갖추고 낮 동안 조현병 환자의 사회복귀를 위한 재활프로그램을 실시하는 낮병원(day hospital), 그리고 지역사회 내 정신건강복지센터에서는 조현병 환자의 사회적 기능증진을 위해 사회기술훈련, 집단치료, 자치회의, 약물교육, 정신건강교육, 스트레스관리, 대인관계 증진 프로그램, 지역사회 적응훈련, 음악치료, 미술치료, 레크리에이션치료 등과 같은 다양한 집단프로그램들을 실시하고 있다(김연수 외, 2002: 37). 이러한 현장에서 일하는 사회복지사는 이와 같은 다양한 집단프로그램들을 기획하고, 프로그램 진행에 도움을 줄 수 있는 자원봉사자들을 모집하고 교육한다. 또한 집단치료, 사회기술훈련 및 지역사회적응훈련 등의 집단프로그램을 직접 진행하는 등 집단을 활용한 치료자로서의 역할을 수행한다.

④ 가족상담 및 가족교육

사회복지사는 조현병 환자의 가족이 경험하는 경제적 어려움, 심리적 부담감, 돌봄제공 과정에서 발생하는 다양한 문제들에 관해 가족상담을 실시하고, 가족원이 적절한 돌봄제공을 할 수 있도록 가족원들을 정서적으로 지지해 주는 역할을 수행한다. 또한 사회복지사는 가족원들이 조현병의 증상 및 특성을 이해하고, 돌봄제공자로서의 역할을 잘 수행하기 위해 알아야 하는 구체적 정보를 제공하기 위한 목적으로 가족교육프로그램을 기획하고 진행하기도 한다. 조현병 환자의 가족을 대상으로 한 가족교육프로그램은 병원과 같은 의료현장, 정신건강복지센터와 같은 지역사회 현장 모두에서 이루어지며, 조현병의 원인, 경과, 치료방법 등 조현병에 대한 이해를 증진시키기 위한 주제와 가족의 대처방법, 가족의 역할, 활용할 수 있는 사회복지 프로그램 및 스트레스 관리 등 조현병 환자를 돌보는 가족이 이 질병에 대해 어떻게 이해하고 대처해야 하는지에 대한 교육이 주요 내용으로 다루어진다. 대개 가족교육 프로그램은 의사, 간호사 및 사회복지사가 함께 팀접근의 형식으로 진행한다. 주로 질병에 대한 설명 제공은 정신건강의학과 의사가 교육을 담당하고, 가족의 역할, 증상에 대한 대처방법, 스트레스 관리 등에 대한 교육은 정신건강사회복지사의 자격을 갖춘 사회복지사가 교육을 진행한다.

다음 〈표 10-2〉는 지역사회 현장에서 이루어지고 있는 조현병 환자 가족교육프로그램의 한 예이다(김이영 · 배성우, 2005: 207).

표 10-2 조현병 환자 가족교육 프로그램

회기	제목	목표	내용
1회기	오리엔테이션	1. 관계를 형성한다. 2. 희망과 동기화를 유발한다.	–강사 및 참석자 소개 –앞으로 배울 내용 소개
2회기	정신재활과 재기의 철학	1. 관점의 변화를 설명한다. 2. 희망과 자부심을 증진시킨다.	–정신재활모형 –재기철학
3회기	가족의 입장과 역할	1. 집단응집력을 강화한다. 2. 관점의 변화를 이해시킨다: 가족 자신의 중요성 인식 3. 가족교육의 목표에 대한 명확한 이해를 돕는다.	–가족의 고통 –전문가와의 관계 –가족 자신의 욕구 돌보기
4회기	대화법	1. 좋은 대화법에 대한 욕구를 증진시킨다. 2. 좋은 대화법의 핵심원리를 이해한다.	–가족이 조심해야 할 대화방식 –환자가 말할 때 공감하는 기술 –환자에 대한 나의 생각과 감정을 표현하는 기술
5회기	병의 특징	1. 환자가 조현병으로 진단받게 된 이유를 납득한다. 2. 조현병의 증상에 대해 이해하고 공감한다.	–조현병의 진단기준 –양성증상과 음성증상
6회기	병의 원인	1. 가족의 죄책감을 덜어준다. 2. 병의 원인에 대한 명확한 이해를 돕는다.	–취약성–스트레스–대응능력 모형 –뇌의 자체적 균형회복 능력
7회기	약물치료	1. 약물치료의 중요성을 인식하도록 한다. 2. 약물부작용에 대한 환자의 고통을 이해한다.	–약물치료의 필요성 –약물부작용과 대처방법
8회기	증상관리	1. 증상대처 기술을 배우고 익힐 수 있다는 사실을 깨닫게 한다. 2. 환자와의 생활에 대한 가족의 자신감과 통제감이 증진되도록 한다.	–증상관리의 기본지침 –양성증상과 음성증상 대처법
9회기	스트레스관리	1. 스트레스 대처 기술을 배우고 익힐 수 있다는 사실을 깨닫게 한다. 2. 환자와의 생활에 대한 가족의 자신감과 통제감이 증진되도록 한다.	–환자에게 해로운 스트레스 자극 –스트레스를 낮추는 집안 분위기
10회기	위기관리	1. 위기관리 대처기술을 배우고 익힐 수 있다는 사실을 깨닫게 한다. 2. 환자와의 생활에 대한 가족의 자신감과 통제감이 증진되도록 한다.	–재발경고 신호 –위기개입의 절차

11회기	환자와 가족의 생활	1. 재기 지향적 생활이 어떤 것인지를 이해하도록 한다. 2. 변화하고자 하는 욕구를 불러일으킨다.	– 가족의 생활방식 – 환자의 형제, 자매
12회기	마무리	1. 가족교육이 각자에게 어떤 도움이 되었는지 발표하게 한다. 2. 가족교육으로부터 배운 것을 토대로 자신, 환자, 다른 가족을 위하여 어떤 변화를 계획하는지에 대해 발표하도록 한다.	– 향후 계획 짜기 – 소감나누기

⑤ 사례관리

조현병 환자에 대한 사례관리는 항정신병 약물의 개발, 탈시설화, 지역사회 정신보건의 확대와 함께 지역사회 내에서 더욱 활성화된 사회복지적 접근방법이다. 병원, 낮병원, 정신건강복지센터 등에서 조현병 환자와 함께 일하는 사회복지사는 조현병 환자가 입·퇴원 후 지역사회 생활에 잘 적응할 수 있도록 일상생활 관리, 사회기능 증진을 위한 재활프로그램 참여, 직업재활을 위한 서비스 제공 등 각 개인의 특성과 기능수준에 따라 개별화된 사례관리를 수행한다. 또한 지역사회적응에 도움이 되는 다양한 자원체계에 환자와 가족을 연계해주는 역할을 담당한다. 다음은 낮병원을 기반으로 정신건강사회복지사의 자격을 갖춘 의료사회복지사가 제공한 조현병 환자 사례관리에 대한 간략한 예시이다.

사례

낮병원에 기반 한 조현병 환자 사례관리

클라이언트는 25세, 미혼 남성으로 1남 2녀 중 장남이며, 고등학교 진학 당시부터 학교생활에 잘 적응하지 못하고, 친구들과 어울리지 못했으며, 자신의 말투나 행동이 이상하여 사람들이 자꾸 쳐다보고 자신에 관한 욕설과 좋지 않은 말을 한다는 생각에 사로잡혀 학교를 자퇴하게 되었다. 그후 클라이언트는 검정고시로 대학에 진학하였으나 심한 관계사고와 망상으로 대학생활에 적응하지 못하고 휴학하였으며, 정신과에 내원하여 조현병 진단을 받았다. 클라이언트는 3개월 간의 입원치료 후 증상이 많이 완화되어 외래에서 통원치료를 받으면서 정신과의 부분입원 프로그램인 낮병원에 참여하게 되었다. 클라이언트의 부모님과 여동생들은 모두 클라이언트의 치료에 지지적이었으며, 가족 간의 관계가 화목하고 특별한 갈등이 없었고, 가족은 경제적으로 안정되어 있는 강점을 지니고 있었다. 클라이언트는 2년 동안 꾸준히 낮병원에 다니면서, 정신건강교육, 집단치료, 사회기술훈련, 지역사회적응훈련 등 모든 프로그램에 꾸준히 참여하였고, 약물치료도 잘 병행하였다. 클라이언트를 담당하는 사회복지사는 클라이언트의 상태가 호전됨에 따라 학교에 복귀하는 계획을 세우고, 복학을 위한 준비를 도왔다. 클라이언트는 학교에 복학한 이후에도 주 1회 낮병원에 다니면서 지속적인 개별상담을 받았고 집단치료 및 사회기술훈련 프로그램과 같은 집단프로그램에 참여하면서 복학 후 학교에 다니면서 생기는 어려운 문제들을 해결해 나가는 데 도움을 받았다. 복학 후에도 클라이언트는 '자신이 걸어가면 학생들이 뒤에서 자기 이야기를 하는 것 같다'고 느끼는 등의 잔여증상을 보였으나 사회복지사의 개별상담과 집단상담을 통해 이것이 실재하는 현실이 아니고 자신의 질병과 관련된 증상이라는 것에 대해 인식하기 시작하였으며, 학업에 집중하고, 학교에서 친구를 사귈 수 있도록 자신의 사회기술을 증진하기 위한 노력을 지속하였다. 그 결과 클라이언트는 대학생활을 무사히 마치고 졸업을 할 수 있게 되었으며, 현재 자신이 할 수 있는 일을 찾고 있다.

2) 알코올사용장애(Alcohol Use Disorder)

(1) 질병에 대한 이해

① 개념과 증상

알코올사용장애(Alcohol Use Disorder)는 술에 대한 통제력을 상실하고 장기간에 걸쳐 지속적인 음주를 함으로써 정상적인 사회생활을 유지해 나가는 능력에 상당한 손상이 유발되는 질환이다. 이는 일반사회에서 허용되는 용도 이상의 주류를 과량으로 계속해서 마심으로써 신체적, 심리적 및 사회적 기능을 해치는 만성적 행동장애이다. 알코올사용장애는 흔히 알코올중독, 알코올의존이라는 용어와 함께 혼용되어 사용되기도 하며[02], 과다한 알코올 사용으로 일상생활에 어려움이 있음에도 불구하

02 '알코올사용장애'는 DSM-5(Diagnostic and statistical manual of mental disorders, 5th edition, American Psychiatric Association, 2013)에서 공식적으로 등장한 명칭이며, 그 이전에는 알코올남용(Alcohol abuse), 알코올의존(Alcohol dependence)으로 알코올중독을 진단하기도 하였다. 현재 알코올중독, 알코올의존, 알코올사용장애가 지속적으로 문제성 음주를 하는 사람들을 지칭하는 용어로 의료 및 복지현장에서 함께 혼용되어 사용되고 있으므로 본 장에서는 이를 유사한 용어로 함께 사용하도록 하겠다.

고 지속적으로 알코올을 사용하는 사람을 지칭하는 용어로 사용된다.

알코올중독의 대표적 증상은 알코올 사용에 대해 내성(tolerance)과 금단(withdrawal) 증상이 생기는 것이다. 내성이란 알코올을 지속적으로 사용함에 따라 신체적인 의존이 강해지고, 알코올의 효과가 점점 감소하여 동일한 효과를 얻기 위해 알코올의 사용량을 점점 증가시켜 나가는 것을 말한다. 금단증상이란 알코올의 사용을 중단하거나 사용량을 줄였을 때 나타나는 신체적, 심리적 증상으로 불안, 초조, 불면증, 손떨림, 식은땀 등이 대표적이다(한인영 외, 2006: 212). 알코올 사용이 만성상태에 이르면 알코올성 환각증(Alcoholic hallucination), 알코올성 기억상실 장애(alchoholic amnestic disorder), 알코올성 치매(alcoholic dementia)의 진단이 내려지기도 한다.

알코올중독은 유전적 요인, 심리적 요인, 사회문화적 요인, 행동적 요인 등이 복합적으로 작용해서 생기는 질환이다. 우리나라의 2021년 정신건강실태조사 결과에 의하면 만 18세 이상 79세 이하 성인 가운데 알코올 의존(내성과 금단증상)과 남용(내성과 금단증상은 없으나 일상생활에 부적응발생)을 포함한 알코올사용장애 1년 유병률은 남자 3.4%, 여자 1.8%로 남자의 경우가 여자보다 1.9배 높게 나타나는 것으로 보고되고 있다(보건복지부 보도자료, 2021).

알코올사용장애는 정신질환의 진단 및 통계편람 제5판(DSM-5, American Psychiatric Association, 2013)에서 물질관련 및 중독 장애(Substance-Related and Addictive Disorders)로 분류되는 물질사용장애(Substance Use Disorders)의 한 유형으로 제시된다.

물질사용장애의 특징은 물질관련 문제들이 있음에도 불구하고 개인이 지속적으로 물질을 사용하고 있음을 나타내는 인지적, 행동적, 그리고 생리적 증상군이며, 뇌회로의 기저 변화 또한 중요한 특징이 된다. 뇌 회로의 변화로 인한 행동 결과는 반복되는 재발 또는 약물 관련 자극에 노출되었을 때 유발되는 강한 갈망감으로 표현되기도 한다(American Psychiatric Association, 2013; 권준수 외, 2015).

물질사용장애의 진단은 물질사용과 관련된 병적인 행동양식에 기초하는 것으로 조절능력 손상, 사회적 손상, 위험한 사용, 약물학적 진단기준으로 나눌 수 있다. 조절능력의 손상이란 개인이 원래 의도했던 것보다 많은 양이나 더 오랫동안 물질을 사용하는 것으로 물질 사용을 끊거나 조절하려는 노력에 계속 실패하며, 물질을 얻고, 사용하고, 또 물질 효과로부터 벗어나기 위해 많은 시간을 할애하는 것을 포함하며, 약물을 사용하고자 하는 강렬한 욕구인 갈망을 경험하는 것이다. 사회적 손상이란 물질을 사용하는 개인이 직장, 학교 혹은 집에서 해야 할 중요한 역할수행에 실패하게 되며, 지속적이거나 반복되는 사회적 혹은 대인관계 문제가 있음에도 불구하고 물질 사용을 지속하고 이로 인해 중요한 사회적, 직업적 활동들을 수행하지 못하게 되는 것이다. 위험한 물질 사용은 신체적으로 해가 되는 상황임에도 반복적으로 물질을 사용하는 것으로 물질로 인해 신체적 혹은 심리적 문제가 발생하거나 악화된다는 것을 알면서도 물질 사용을 지속하는 것을 의미한다. 그리고 약물학적 진단기준이란 내성과 금단 증상을 경험하는 것이다. 내성이란 원하는 효과를 얻기 위해 현저히 많은 용량의 물질이 필요하거나 더 많은 용량의 물질을 필요로 하는 것을 말한다. 금단 증상이란 오랫동안 과다하게 물질을 사용한 개인이 혈액이나 조직에 물질 농도가 저하되었을 때 나타나는 증후군으로 주로 음주를 중단하거나 양을 줄인지 4~12시간 정도 후에 나타나며, 증상들이 불쾌하고 강렬하기 때문에 개인은 부작용에도 불구하고 금단증상들을 피하거나 경감시키기 위해 음주를 지속하게 된다(American Psychiatric Association, 2013; 권준수 외, 2015).

이상에서 살펴본 바와 같이 알코올사용장애는 금단, 내성 그리고 갈망감이 포함된 행동과 신체증상들의 집합체로 정의할 수 있다. 알코올사용장애가 있는 사람들은 지속되는 음주로 인한 신체적(예: 간경화, 위염, 위궤양), 정신적(예: 우울), 사회적 혹은 대인관계의 문제(예: 음주운전, 가족과의 언쟁, 아동 학대)가 있다는 사실을 알면서도 음주를 지속하게 된다. 알코올사용장애는 학교, 직장, 대인관계, 건강 등 삶의 중요한 영역에 기능적인 장애를 발생시키고, 사고, 폭력, 자살의 위험성을 높이므로 전문적인 치료를 필요로 한다.

정신질환의 진단 및 통계편람 제 5판(DSM-5)에서 알코올 사용 장애의 진단기준은 다음과 같이 제시된다(American Psychiatric Association, 2013; 권준수 외, 2015).

■ 〈알코올 사용 장애: Alcohol Use Disorders〉 진단기준

A. 임상적으로 현저한 손상이나 고통을 일으키는 문제적 알코올 사용 양상이 지난 12개월 사이에 다음의 항목 중 최소한 2개 이상으로 나타난다.

1. 알코올을 종종 의도했던 것보다 많은 양, 혹은 오랫동안 사용함
2. 알코올 사용을 줄이거나 조절하려는 지속적인 욕구가 있음. 혹은 사용을 줄이거나 조절하려고 노력했지만 실패한 경험들이 있음
3. 알코올을 구하거나, 사용하거나 그 효과에서 벗어나기 위한 활동에 많은 시간을 보냄
4. 알코올 사용에 대한 갈망감, 혹은 강한 바람, 혹은 욕구
5. 반복적인 알코올 사용으로 인해 직장, 학교 혹은 가정에서의 주요한 역할 책임 수행에 실패함
6. 알코올의 영향으로 지속적으로, 혹은 반복적으로 사회적 혹은 대인관계 문제가 발생하거나 악화됨에도 불구하고 알코올 사용을 지속함
7. 알코올 사용으로 인해 중요한 사회적, 직업적, 혹은 여가활동을 포기하거나 줄임
8. 신체적으로 해가 되는 상황에서도 반복적으로 알코올을 사용함
9. 알코올 사용으로 인해 지속적으로, 혹은 반복적으로 신체적 · 심리적 문제가 유발되거나 악화될 가능성이 높다는 것을 알면서도 계속 알코올을 사용함
10. 내성, 다음 중 하나로 정의됨
    a. 중독이나 원하는 효과를 얻기 위해 알코올 사용량의 뚜렷한 증가가 필요
    b. 동일한 용량의 알코올을 계속 사용할 경우 효과가 현저히 감소
11. 금단, 다음 중 하나로 나타남
    a. 알코올에 특징적인 금단증후군(알코올을 과도하게 장기적으로 사용하다가 중단 시 발한, 분당 100회 이상 빈맥 등 자율신경계 항진, 손떨림, 불면, 오심 또는 구토, 일시적인 시각적, 촉각적, 청각적 환각이나 착각, 정신운동 초조, 불안, 대발작 등)
    b. 금단증상을 완화하거나 피하기 위해 알코올을 사용

*경도: 2~3개의 증상, 중등도: 4~5개의 증상, 고도: 6개 이상의 증상

② 치료

알코올중독의 치료는 입원치료를 필요로 하며, 해독치료, 약물치료, 재활치료 등으로 이루어진다. 알코올중독 치료의 첫 단계는 직면(confrontation)을 통해 환자가 자신의 질병과 음주문제를 회피하려는 마음을 해결하고, 질병을 치료하지 않을 때 발생하는 부정적인 결과에 대해 인지하게 하는 것으로 환자에게 치료에 대한 동기를 지니도록 하는 것이 중요하다.

치료를 위해 알코올사용을 중단하는 기간 중 심각한 금단증상이 발생할 수 있으므로 이에 대한 예방과 치료를 위해 입원치료와 약물치료가 필요하다. 해독치료란 신체 검진을 포함한 내과적 상태를 파악하고, 술을 끊었을 때 나타나는 금단증상에 대한 약물치료와 필요한 영양공급을 동반하는 치료과정으로 주로 입원치료를 통해 약물치료를 병행하며 이루어진다. 해독치료 기간에는 휴식과 적절한 음식 및 비타민 섭취가 함께 이루어져야 한다. 약물치료는 음주욕구의 감소와 금주를 유도하는 목적으로 의사의 처방 하에 이루어진다.

입원치료의 과정은 신체적 해독단계, 재활의지 훈련단계, 사회복귀 준비단계로 진행되며, 약 12주간으로 진행되고 퇴원 후에는 재발방지 및 사회적응을 위한 재활 프로그램에 참여하게 된다(권진숙 외, 2020). 재활치료는 금주에 대한 동기를 강화시키고 금주를 유지하며, 알코올이 없는 생활에 적응할 수 있도록 돕고 알코올문제의 재발을 방지하는 데 목적을 두는 치료이다. 이를 위해 인지행동치료, 동기강화치료, 개인 및 집단상담치료 등을 수행할 수 있다. 알코올중독 환자들은 술을 마시고 싶은 욕구로 인해 계속 갈등을 겪게 되는데, 이러한 갈등은 재활치료에서 꼭 다루어져야 하는 부분이며, 술을 완전히 끊는 것이 이 병에서 회복되는 유일한 길임을 인식시키고, 술을 피하기 어려운 상황에 대처하는 기술과 음주의 유혹을 극복하는 방법들을 교육하는 것이 필요하다(권진숙 외, 2020).

(2) 심리사회적 문제

① 알코올중독 환자의 문제

가. 신체적 문제

알코올중독 환자의 대다수는 위장, 췌장, 간 질환, 악성종양, 심혈관 질환, 내분비 및 생식기능 장애, 면역기능 저하, 알코올성 근육질환, 중추신경계 변성, 말초신경병 등의 장애를 가지며, 알코올성 간질환 및 간경화, 알코올성 지방간, 알코올성 심근증, 알코올성 위염 등과 같은 사망할 확률이 큰 신체적 문제를 지니고 있다(권진숙 외, 2020). 특히 만성적으로 알코올 문제를 지니고 있을 경우 이와 같은 질병의 위험성이 더욱 높아지며 신체적 건강상태를 유지하지 못하게 된다.

나. 정서적 문제: 음주문제에 대한 부정, 우울 및 자살사고 등

일반적으로 알코올중독 환자는 질병이 상당기간 진행되어 신체적 및 사회적 기능에 손상을 가져올 때까지 자신의 문제에 대해 부정(denial)하는 특성을 갖는다. 때로 알코올중독 환자는 자신의 의사가 아니라 가족에 의해 병원을 찾아오게 되는 경우가 많은데 자신의 음주문제를 부정하기 때문에 치료에 대한 동기화가 잘 되지 않는 경향이 있다. 또한 알코올 사용에 대한 통제력을 상실하였음에도 불구하고 그것을 인정하지 않으며 자신의 의지로 알코올문제를 해결할 수 있다는 생각을 하기도 한다. 이러한 알코올중독자의 특성은 치료시기를 늦추기도 하며, 치료를 받기 위해 왔을 때조차도 자신의 문제를 인정하지 않는 특성을 보이기도 하는데, 이는 치료에 장애가 되는 요인으로 작용한다.

또한 알코올중독 환자는 우울 및 자살사고를 지니고 있는 경우도 많아 이러한 증상들에 대한 정신과적 치료를 필요로 한다.

다. 직업생활 등 사회생활 유지의 어려움

알코올중독이 진행되면 직업이나 일정한 사회적 활동에 정상적으로 참여하고 이를 유지하기가 매우 어려워진다. 음주 후 다음 날은 직장에 가지 못하고 결근하는 일이 잦아지게 되며, 직장에 가서도 술을 마시고자 하는 생각 때문에 일에 집중하지 못하는 경우도 있다. 이와 같은 일이 반복적으로 일어나면 직장을 그만두어야 하는 상황에 까지 이르게 되며, 이후 다시 새로운 일자리를 찾거나 직업을 갖는 데도 상당한 어려움을 경험하게 된다. 이러한 문제는 알코올중독 환자를 경제적 어려움으로 몰아넣는 직접적인 원인으로 작용하기도 하며, 알코올중독 환자와 가족은 심각한 경제적 어려움에 직면하게 될 수도 있다.

라. 가족과의 갈등

알코올중독 환자는 술을 마시면서 보내는 시간이 많기 때문에 배우자나 자녀와 함께 의미 있는 시간을 보내기 어려우며, 술을 마신 뒤 언어적 및 신체적 폭력을 배우자나 자녀에게 행사하는 일도 잦아 가족과의 갈등이나 마찰이 생겨나게 된다. 또한 자신의 음주문제에 가족이 개입하려고 할 때 가족과의 갈등이 커질 수도 있으며, 술로 인해 야기되는 경제적 어려움, 직업 중단 등과 같은 문제로 인해 가족과의 갈등이 깊어지기도 하여 가족문제와 관련된 전문적 도움이 필요하다.

② 가족이 경험하는 문제

가. 경제적 문제

알코올중독자의 가족은 경제적 어려움에 처하게 될 가능성이 매우 높다. 특히 가족 내에서 주수입원의 역할을 담당하는 가족원이 알코올중독 문제를 갖게 될 경우 술을 마시기 위해 계속 가산을 탕진할 뿐만 아니라 술 문제로 직장이나 직업을 잃게 되어 가족의 소득이 상실되는 문제가 발생하게 된다. 그 결과 알코올중독자의 가족은 심각한 경제적 어려움을 경험하게 된다.

나. 정서적 손상, 공동의존 등 심리사회적 문제

알코올중독자의 배우자와 자녀들은 알코올중독자인 배우자 또는 부모와의 관계에서 심한 정서적 손상이나 박탈감을 경험하게 된다. 알코올중독자가 음주 후 폭언이나 폭력 등을 가족에게 행사할 때 가족은 신체적, 정서적 손상을 입게 되며 가정폭력의 피해자가 되기도 한다. 따라서 알코올중독자의 가족은 알코올중독자로 인해 신체적, 정신적 건강상의 문제를 갖게 될 수 있으며, 불안, 우울, 신경성 두통 등에 시달리는 경우가 잦아지고, 자녀의 경우 학교생활에 적응하지 못하거나 학습장애 등의 문제가 생기기도 한다. 또한 알코올중독자는 가족원들과 정서적으로 친밀한 관계를 맺는 능력이 결여되어 있는 경우가 많으며, 배우자 역할이나 부모로서의 역할수행을 잘하지 못하여 가족원들이 정서적 박탈감을 경험하는 일이 빈번하게 발생하게 된다.

한편, 알코올중독자의 가정에서 나타나는 부부관계는 공동의존의 양상을 보이기도 한다. 알코올중독자의 배우자는 알코올중독자가 가정을 파괴한다고 비난하며, 알코올중독자는 문제가 있는 가정에 적응하기 위해 술을 마신다고 하면서 자신의 행동을 합리화시키게 된다. 이에 따라 부부가 서로 비난하고 책임을 전가시켜 알코올문제는 더욱 심화되고 배우자는 상처를 입게 된다. 이러한 상황에서 알코올중독자는 단주와 폭주를 반복하게 되고 배우자는 이러한 상황으로부터 도피하고 싶은 생각과 함께 알코올중독자를 돌봐야 한다는 서로 다른 양가감정을 지니게 되는데 이와 같이 알코올중독자의 배우자가 알코올중독자의 증상에 감정적으로 반응하여 문제를 정상적으로 처리하지 못하게 되는 상태를 공동의존이라고 한다(유수현 외, 2010: 202).

알코올중독자의 배우자는 알코올중독자의 음주문제에 대해 책임감을 가지려 하거나 술을 끊도록 강요하는 노력을 지속적으로 하는 과정에서 심리적 고통을 경험하게 된다. 자녀의 경우에는 가족체계의 불안정으로 인해 정서적으로 불안하며, 감정표현을 억제하거나 의존적 성향을 갖게 될 수 있다. 이러한 심리사회적 문제들로 인해 알코올중독자의 가족은 소외감이나 수치감을 경험하게 되며, 사람들과 만나는 것을 회피하고 사회적으로 고립된 생활을 하기도 한다.

(3) 의료사회복지사의 역할

알코올중독 환자와 가족에 대한 전문적 개입은 의료사회복지사들 가운데 정신건강사회복지사의 자격을 갖춘 사회복지사에 의해 수행된다. 이들이 구체적으로 수행하는 역할은 다음과 같다.

① 개별상담

의료사회복지사는 알코올중독자의 심리적, 사회적 및 경제적 상태를 사정하고 욕구를 파악하여 치료계획을 세우기 위한 면담을 실시한다. 또한 알코올중독자가 자신의 질병에 관한 병식을 갖고, 치료에 대한 동기화가 이루어질 수 있도록 하기 위해 개별상담을 실시한다. 알코올중독 환자가 입원치료를 받고 있는 동안에는 병실환경에 대한 적응을 도와주기 위해 상담을 실시하기도 하며, 퇴원을 앞두고는 학업이나 직업생활을 재개하거나 새로운 일을 시작할 수 있도록 직업훈련 프로그램에 연결시켜 주기 위한 목적으로도 개별상담을 실시한다.

또한 의료사회복지사는 알코올중독 환자가 퇴원 후에도 단주를 유지할 수 있도록 돕고, 이를 위해 알코올상담센터나 중독통합관리지원센터에 연계하기도 한다. 경제적 어려움이 있는 자를 위해서는 도움을 받을 수 있는 지역사회 내의 자원체계에 연계해 주는 업무를 수행한다.

② 가족상담 및 가족치료

의료사회복지사는 알코올중독 환자의 가족을 대상으로 상담을 실시하여 가족이 알코올중독이라는 질환에 대해 이해하도록 돕는다. 이 과정에서 가족이 환자와의 관계에서 느낀 정서적 손상과 박탈감에 대해 공감해 주고, 정서적인 치유를 할 수 있도록 지지해 주는 역할을 수행한다. 또한 필요한 경우에는 가족 기능과 관계회복을 목적으로 하는 가족치료를 실시하여 가족의 건강한 기능이 회복될 수 있도록 전문적인 상담서비스를 직접 제공해 주거나 이를 위한 상담기관을 연계해 주는 역할을 담당한다.

③ 치료집단프로그램 운영

알코올중독을 치료하기 위한 단주프로그램의 일환으로 의료사회복지사는 집단치료 프로그램이나 여가활동 프로그램, 사회기술훈련 등을 실시하기도 한다. 이러한 프로그램들에서 의료사회복지사는 알코올중독 환자의 심리사회적 문제를 집단 내에서 다루거나 또는 역할극을 통해 퇴원 후 친구나 동료 등으로부터 술을 마시자는 권유가 있을 때 어떻게 거절해야 하는지에 관한 실제적인 대처방안을 교육하는 역할을 수행한다.

④ 단주친목(Alcoholic Anonymous: AA)모임 연계

알코올중독 환자가 참여하는 대표적인 자조집단모임으로 단주친목(Alcoholic Anonymous: AA)이 있다. 이는 익명의 알코올중독자들의 모임이라는 뜻으로 12단계를 기초로 하여 술 없이 만족한 삶을 영위하는 방법을 서로 토의하는 모임이다(한인영 외, 2006: 217). 단주친목은 소집단으로 이루어지며, 알코올 문제를 공동으로 해결하고, 다른 사람들이 알코올중독으로부터 회복될 수 있도록 돕기 위해 서로 간의 경험과 희망을, 그리고 용기와 지지를 함께 나누는 사람들의 공동체로서 남녀노소나 빈부귀천이나 인종차별을 초월하여 자발적으로 결성된 모임이다(유수현 외, 2010: 205). 이 모임은 알코올중독자들이 자신의 음주 문제를 인식하고 이를 해결하기 위해 함께 영적인 접근에 관심을 기울이는 것을 특징으로 하며, 현재 세계 각국에 모임이 조직되어 있고 수백만의 알코올중독자들이 참여하는 대표적인 자조집단 모임

이다. 단주친목은 자신을 알코올중독자로 인정하는 사람들이 동병상련의 정으로 모인 집단으로, 이미 술을 끊는 데 성공한 회원들을 동일시함으로써 자신도 술을 끊는 데 도움을 받게 되는 치료적 효과가 있는 모임이다. 이 모임은 서로 격려하고 조언하며, 자신의 경험담에 대해 솔직하게 이야기하고 토론함으로써 알코올중독으로부터 회복할 수 있는 힘과 용기를 서로에게 부여하는 것을 목적으로 한다.

의료사회복지사는 알코올중독자가 자신의 음주문제를 인지하고 단주에 대한 동기를 보이면 단주친목모임에 참여할 것을 권해야 하며, 실제로 참여할 수 있는 지역 내 단주친목모임에 연계해 주는 역할을 수행한다. 알코올중독자의 배우자나 자녀들을 대상으로 한 가족 자조집단모임도 있으며, 필요시 사회복지사는 이러한 자조집단 모임에 환자와 가족이 지속적으로 참여할 수 있도록 도움을 주는 역할을 수행한다.

⑤ 알코올중독 예방을 위한 교육 및 홍보활동

알코올중독 예방의 중요성이 사회적으로 인식됨에 따라 이에 대한 교육과 홍보 사업의 중요성이 지역사회 내에서 점차 커지고 있다. 의료사회복지사는 지역사회의 주민들을 대상으로 알코올중독 예방을 위한 교육과 홍보활동을 수행하기도 한다. 지역사회를 대상으로 한 이러한 활동은 주로 병원세팅에서 일하는 의료사회복지사보다는 지역사회 내의 알코올상담센터와 중독관리통합지원센터에서 일하는 정신건강사회복지사들에 의해 수행된다.

3) 치매

(1) 질병에 대한 이해

① 개념과 증상

치매(dementia)란 정상적인 지적 수준을 유지하던 성인이 후천적으로 인지기능의 손상 및 인격의 변화를 경험하게 되는 질환이다. 치매는 다양한 원인에 의해 뇌신경이 파괴됨으로써 기억력장애, 언어능력 장애, 변뇨실금, 편집증적 사고, 실어증과 같은 정신기능의 전반적인 장애가 나타나 일상생활을 제대로 수행하지 못하는 것을 특징으로 한다. 질병이 진행되는 과정에서 우울증이나 인격장애, 공격성 등의 정신의학적 증세가 동반되기도 하며, 의학계에서는 노화와 유전에 의한 원인성에 주목하고 있지만, 아직 정확한 발병원인과 치료법은 규명되지 않은 상태이다.

치매의 필수 증상은 기억장애와 인지장애인데, 인지장애는 실어증, 실행증, 실인증 또는 실행 기능의 손상 중 최소한 1개 이상을 포함하는 복합적인 인지 결손이 발생한 상태를 지칭한다. 또한 인지결손은 직업적, 사회적 기능에 장해가 유발될 정도로 심하고 병전의 기능 상태와 비교할 때 현저한 저하가 동반되어야 한다(미국정신의학회, DSM-Ⅳ, 1995: 184). DSM-Ⅳ에 따르면 기억장애는 치매의 진단에 필수적이며 치매의 뚜렷한 초기 증상으로 분류되는데, 치매가 있는 개인들은 새로운 정보를 학습하는 데 장애가 있거나 과거에 학습한 내용을 망각하게 되는 특성을 보인다. 예를 들면 지갑이나 열쇠 등의 중요 물건을 잃어버리거나 요리를 하던 중에 자신이 요리를 하고 있다는 사실을 망각하기도 하며, 낯선 동네에서 길을 잃어버리기도 한다. 치매가 진행되어 기억장애가 심해지면 개인의 직업, 학교, 생일, 가족을 망각하고, 때로는 심지어 자기 이름까지도 망각하게 된다.

개정된 DSM-5에서는 치매(Dementia)라는 진단명 대신 이를 신경인지장애(Neurocognitive disorder)의 하위범주로 구분하여, 다양한 원인별로 진단의 범주를 나누어 제시하고 있다(DSM-5, American Psychiatric Association, 2013: 591). 치매의 가장 대표적인 알츠하이머형 치매의 경우 알츠하이머병으로 인한 신경인지장애(Neurocognitive disorder due to Alzheimer's Disease)로 진단명을 제시하고 있다(DSM-5, American Psychiatric Association, 2013: 614). 알츠하이머병으로 인한 신경인지장애의 핵심적 특징은 인지 및 행동증상들이 서서히 시작하고 점진적으로 진행되며, 전형적인 증상은 기억과 학습능력의 손상인 기억상실이라 할 수 있다

(American Psychiatric Association, 2013; 권준수 외, 2015).

치매 환자가 보이는 인지장애로는 언어 기능의 장애를 보이는 실어증, 어떤 운동 행동을 실행하는 능력의 장애인 실행증, 사물을 인지하거나 구별하지 못하는 실인증 등이 대표적이다. 실어증이란 사람과 사물의 이름을 말하는 데 어려움이 있는 것으로 말을 이해하고 글로 쓰여진 문장을 이해하는 능력이 손상되고, 말을 따라 반복하는 능력도 손상되는 것이다. 치매가 더 진행되면 개인은 침묵하게 되기도 하며, 반향 언어증(들은 대로 반복하기) 또는 동어반복증(소리나 단어를 계속적으로 반복하기) 등이 특징적인 언어장애로 나타난다. 실행증이란 운동기능 및 감각기능, 그리고 지시를 이해하는 기능이 정상인데도 어떠한 운동 행동을 실행하는 능력에 장애가 발생하는 것으로 요리를 하거나, 옷을 입고, 그림을 그리는 등의 행동에 장애가 초래된다. 실인증이란 감각기능이 정상인데도 사물을 인지하거나 구별하지 못하는 증상을 보이는 것으로 시력이 정상인데도 사물을 구별하지 못하거나 심지어 가족이나 거울에 비친 자신의 모습도 인식하지 못하게 되기도 한다(미국정신의학회: DSM-Ⅳ, 1995: 184-186). 또한 증상이 중등도로 진행되면 정신병적 양상, 과민성, 초조, 호전성, 배회 등이 흔하며, 질병의 말기에는 보행장애, 연하곤란, 실금, 발작 등이 관찰되기도 한다(DSM-5, American Psychiatric Association, 2013; 권준수 외, 2015).

치매를 진단하기 위해서는 정신상태검사(Mental Status Examination)와 신경심리학적 검사를 실시하여 인지장애와 기억장애가 존재하는지를 판별하게 되며, 뇌전산화단층 촬영(CT), 자기공명영상(MRI) 등을 통해 뇌의 이상이나 손상을 밝혀 감별진단에 활용하기도 한다.

치매의 유형으로는 알츠하이머형 치매와 혈관성 치매가 전체 치매의 80~90%를 차지하며, 이외에 다른 질병(피크병, 파킨슨 병, 뇌종양, 인간 면역결핍 바이러스 병 등) 등에 의해 야기되거나 복합적 원인에 기반 한 치매도 있다. 치매의 대표적 유형인 알츠하이머병(Alzheimer's disease)은 진행적으로 뇌세포의 퇴화를 가져오는 질병으로 뇌를 손상시켜 기억, 언어 기능에 장애를 초래할 뿐만 아니라 방향 감각과 판단력이 상실되고 인성이 변화되어 종국에는 스스로를 돌볼 수 있는 능력이 상실되는 질환이다. 이는 지적 기능을 담당하는 부위의 뇌세포들이 서서히 죽어가면서 치매 증상이 유발되는 것과 관련성이 있다(최명민 외, 1999: 34~35).

알츠하이머병은 연령의 증가와 함께 유병률이 급격하게 증가하며, 대개 60세 이상 인생의 후반기에 발병하게 된다. 미국 인구조사 자료의 추정치에 의하면 알츠하이머병으로 진단받은 사람의 7%는 65세에서 74세 사이이고, 53%는 75세에서 84세 사이며, 40%는 85세 이상이다(DSM-5, American Psychiatric Association, 2013; 권준수 외, 2015).

이외의 치매로 혈관성 치매는 치매와 원인적으로 관련이 있다고 판단되는 뇌혈관 질환의 증거가 있어야 진단이 가능하다. 기타 일반적인 의학적 상태로 인한 치매는 먼저 일반적인 의학적 상태를 평가한 후 진단을 내리게 되는데 인간면역결핍 바이러스병(HIV Disease)으로 인한 치매, 두부 외상(Head Trauma)으로 인한 치매, 파킨슨병(Parkinson's Disease)으로 인한 치매 등이 있다.

다음은 정신장애의 진단 및 통계편람(DSM-Ⅳ: 195-196)에서 규정하는 알츠하이머형 치매의 진단기준이다.[03]

■ 알츠하이머형 치매(Dementia of the Alzheimer's Type)의 진단기준

A. 복합적인 인지결손이 다음의 두 가지 양상으로 나타난다.
  (1) 기억장애(새로운 정보에 대한 학습 장애 또는 병전에 학습한 정보의 회상 능력의 장애)
  (2) 다음의 인지 장애 가운데 1개(또는 그 이상)
    (a) 실어증(언어장애)
    (b) 실행증(운동기능은 정상이지만 운동 활동의 수행에 장애)
    (c) 실인증(감각기능은 정상이지만 물체를 인지하거나 감별하지 못함)

03 DSM-5에서는 치매라는 용어 대신 신경인지장애라는 용어를 사용하는 것으로 진단명이 대체되었으나 현재 우리 나라에서는 '치매'라는 용어가 일반적으로 사용되고 있기 때문에 진단기준은 DSM-Ⅳ를 기준으로 하여 알츠하이머형 치매의 진단기준으로 제시하였다.

(d) 실행기능의 장애(즉, 계획, 조정, 유지, 추상적 사고 능력)
B. 진단기준 A1과 A2의 인지장애가 사회적 또는 직업적 기능에 있어서 심각한 장애를 일으켜야 하고, 병전의 기능 수준보다 상당히 감퇴되어 있음을 나타낸다.
C. 경과는 서서히 발병하고 지속적인 인지 감퇴를 보이는 특징이 있다.
D. 진단기준 A1과 A2의 인지장애가 다음 가운데 어떤 경우로 인한 것도 아니어야 한다.
(1) 점진적인 기억과 인지장애를 일으키는 다른 중추신경계 상태(예: 뇌혈관 질환, 파킨슨 병, 헌팅턴 병, 경막하혈종, 정상압 수두증, 뇌종양)
(2) 치매를 일으키는 전신적 상태(예: 갑상선 기능 저하증, 비타민 B12 또는 엽산 결핍, 나이아신 결핍, 과칼륨혈증, 신경매독, 인간 면역결핍 바이러스 병)
(3) 물질로 유발된 상태
E. 장애가 섬망의 경과 중에만 나타나지 않는다.
F. 장애가 다른 축 1장애(예: 주요 우울장애, 정신분열증)에 의해 잘 설명되지 않는다.

② 치료

치매는 진행성 질환이며, 한 번 발병하면 현재까지 개발된 치료법으로는 병을 완치하거나 발병 이전의 상태로 되돌릴 수 없기 때문에 조기발견과 조기치료가 중요하다. 치매의 치료는 질병의 진행을 늦추며, 치매로 인해 나타나는 증상인 인지장애, 정신장애, 이상행동증 등을 줄이거나 없애는 것을 목적으로 하는 것이라 할 수 있다. 현재까지 개발되어 사용되고 있는 약물들은 모두 치매의 진행을 늦추거나 치매에 의해 나타나는 증상에 대한 치료를 위한 것이지 치매의 근본적인 원인을 치료할 수 있도록 개발되어 나온 약물은 없는 실정이다. 최근에는 치매환자들이 병의 초기와 중기에 인지능력 저하를 지연시키거나 향상시킬 수 있는 약물들이 개발되어 치매환자 치료를 위한 일차적 치료 약물로 사용되고 있다.

또한 치매환자를 위한 주간보호시설이나 요양병원 등에서는 치매환자들의 인지능력 소실을 지연하고 남아있는 인지기능을 최대한 유지하며, 정서적 기능을 향상시키기 위한 목적으로 음악치료, 미술치료, 원예치료 등과 같은 다양한 치료활동을 수행하거나 각종 집단활동 프로그램을 제공하고 있다.

(2) 심리사회적 문제

① 치매 환자의 문제

가. 기억력 및 인지기능의 손상

치매에 걸리게 되면 기억력과 인지기능이 손상되어 단기 또는 장기 기억장애가 발생하고 사물을 분별하거나 특정 상황에 요구되는 행동을 수행하는 능력이 현저히 떨어져 예전과 같이 정상적인 사고나 판단 및 행동이 불가능하게 된다. 또한 상태가 악화되면 언어구사능력이 떨어지고 가족원을 알아보지 못하거나 자신의 집을 찾지 못하는 등의 문제가 발생하게 되어 가족원 또는 누군가에 의해 지속적인 돌봄이 필요한 상태가 된다.

나. 독립적인 일상생활유지 능력 손상

치매가 진행되면 인지기능이 점차적으로 더욱 손상되어 독립적으로 일상생활을 유지하는 기능이 손실된다. 치매환자는 점차로 옷입기, 목욕하기, 식사하기 등 자신의 신변을 관리하는 능력을 잃어버리게 되며, 요리를 하거나 혼자서 외출을 하는 등의 일들을 독립적으로 수행하지 못하게 된다. 치매가 중증으로 진행되면 치매환자는 24시간 가족원이나 간병인으로부터 지속적인 보호를 받아야하는 상황에 직면하게 된다.

다. 사회적 및 직업적 기능 수행 능력 손상

치매의 증상으로 기억장애, 인지장애가 지속적으로 발생하면 발병 이전에 수행해오던 사회적 활동이나 직업적 기능을 정상적으로 수행할 수 없게 된다. 만약 치매가 65세 이전에 발병하였다면 증상으로 인한 사회적 및 직업적 기능 수행 능력의 손상은 환자에게 더욱 치명적인 영향을 줄 수 있다. 발병 연령에 상관없이 치매가 발생하면 그동안 지속해 오던 사회적 활동 및 역할수행이 더 이상 어려워지는데, 이러한 상황은 환자와 가족 모두에게 받아들이기 힘든 현실이 될 수 있다.

② 가족이 경험하는 문제

가. 돌봄 부담감(caregiving burden)

돌봄 부담감이란 치매환자를 돌보면서 가족원이 경험하게 되는 심리적, 신체적, 사회경제적인 부담을 모두 포함하는 개념이다. 장기간에 걸쳐 치매환자를 돌보는 동안 가족들은 다양한 심리적, 신체적, 경제적 부담을 경험하게 된다(이현주 외, 2015: 347). 특히 치매환자를 돌보는 일을 일차적으로 담당하는 가족원의 경우 24시간 치매환자를 돌보아야 하기 때문에 신체적 에너지의 고갈과 피로감을 느끼게 되며, 개인적 생활이나 사회활동을 하는 데 많은 제약을 받게 된다. 또한 지속적인 돌봄 제공에도 불구하고 치매환자의 증상이 호전되지 않고 더욱 나빠지게 되면 가족원은 심리적으로도 소진상태에 이르게 되고, 우울감, 무력감 등의 정서적 고갈상태에 빠져 우울증으로 이어질 수 있는 위험성이 존재한다. 가족원이 경험하는 이러한 돌봄 부담감은 치매환자의 인지기능에 손상이 심하고, 일상생활기능 수행상의 장애가 심할수록 더욱 높아지며(이혜자, 2006), 주변 사람들로부터 받는 사회적 지지는 이러한 부담을 줄여주는 효과가 있는 것으로 알려져 있다(이준상 · 박애선, 2008; 송미영 · 최경구, 2007).

나. 경제적 문제

치매환자를 위한 치료와 요양서비스를 이용하는 데는 경제적 비용이 소요된다. 치매환자를 가족 내에서 돌보기 어려워 주간보호센터, 요양병원 및 요양원 등의 시설서비스를 이용하게 되는 경우 가족들은 이에 대한 비용을 지속적으로 지불해야 하는 상황에 직면한다. 뿐만 아니라 필요 시 간병인을 두면 이에 대한 비용도 계속 들어가게 된다. 치매는 완치되거나 상태가 호전되기 어려운 질환이므로 가족들은 치매환자가 사망할 때까지 장기적으로 치료비나 요양비를 부담해야 하는데 이러한 지출로 가족 내 경제적 문제가 발생할 수 있다.

다. 치매환자와 가족 간의 갈등

치매의 특성상 인지기능이 손상되고 독립적인 일상생활을 유지하는 능력이 손상되므로 치매환자는 일차적으로 가족원으로부터 돌봄을 받게 된다. 이때 치매환자를 돌보는 가족원이 치매의 증상에 대해 잘 이해하지 못하면 예전과 전혀 다른 모습을 보이는 치매환자에 대해 낙담하거나 분노할 수 있으며, 가족관계에 문제가 생길 수도 있다. 특히 치매환자가 편집증적인 증상이나 망상을 보일 때 환자를 돌보는 가족원과의 갈등이 심화될 수 있으며, 가족원들은 치매환자의 증상에 적절히 대처하지 못해 고통받을 수 있다.

(3) 의료사회복지사의 역할

① 일상생활기능평가 및 개별상담

의료사회복지사는 치매환자의 기능 상태 및 일상생활을 유지할 수 있는 능력이 어느 정도인지를 평가해야 하며, 이를 위한 면담을 실시한다. 환자의 인지적 손상 정도에 따라 면담에서 다룰 수 있는 내용이 달라지겠지만 면담 시 환자의 심리사회적 욕구를 사정하는 것이 중요하며, 제시된 욕구에 따라 개별상담을 진행해야 한다. 환자가 치매환자를 위한 집단 프로그램에 참여하는 경우에도 개별상담을 함께 병행하여 집단치료 프로그램 참여를 독려하고 심리적 지지를 제공하는 것이 필요하다. 또한 의료사회복지사는 환자가 요양원에 입소해 있거나 주간보호센터 등을 이용하는 경우 시설에 대한 적응도가 어느 정도인지 평가해야 하며, 개별상담을 통해 시설에 잘 적응하도록 도와주고, 정서적 지지를 제공해야 한다. 정서적 지지 제공을 목적으로 한 치매환자와의 개별상담은 짧게 자주 실시하는 것이 좋다.

② 가족상담 및 가족교육

의료사회복지사는 치매환자의 가족을 대상으로 치매에 대한 이해도를 높이고 대처와 적응을 돕기 위한 가족교육을 실시한다. 또한 가족원의 돌봄 부담감을 경감시키기 위해 가족상담을 실시하고 필요한 서비스를 제공하기도 한다. 특히 치매환자를 돌보는 가족원을 대상으로 정서적 지지를 제공하는 상담을 정기적으로 제공하는 것이 필요하다. 이는 일차적 돌봄 제공자 역할을 담당하는 가족원의 경우 신체적 피로감, 정서적 고갈, 사회활동의 제한 등으로 치매환자를 돌보는 데 어려움을 경험하는 경우가 많기 때문이다. 그러므로 의료사회복지사는 가족상담을 통해 가족원의 돌봄 제공 역할 수행과 관련된 어려움과 도전이 무엇인지 파악하고 이를 극복할 수 있도록 함께 대처방안이나 문제해결방안을 강구하고 이를 지원하는 역할을 수행해야 한다.

③ 집단프로그램 운영 및 진행

치매환자를 대상으로 한 치료시설, 주간보호시설, 요양시설 등에서 의료사회복지사는 활동요법, 음악치료, 미술치료, 원예치료, 동물매개치료 등 다양한 집단프로그램을 계획하고 운영하는 역할을 담당한다. 일반적으로 프로그램의 성격에 따라 의료사회복지사가 직접 프로그램을 진행하거나 또는 전문적인 능력과 기술을 갖춘 치료사나 자원봉사자를 활용하여 프로그램을 진행하기도 한다. 의료사회복지사는 치매환자의 기능수준에 맞는 프로그램을 준비해야 하며, 거동이 불편한 사람이 있다면 프로그램 진행시 항상 배려해야 한다.

집단프로그램은 치매환자의 인지기능이 손상되는 것을 지연시키며, 남아있는 정서적 기능과 사회적 기능을 유지시키는 데 일정부분 기여한다. 따라서 의료사회복지사가 치매환자들이 참여할 수 있는 다양한 활동프로그램과 집단프로그램을 개발하고 운영하는 역할을 수행하는 것이 중요하다. 이러한 집단프그램에의 정기적 참여는 실제로 치매노인의 정서적 안정성과 삶의 질을 높이는데도 기여한다. 치매환자를 대상으로 집단미술치료의 효과를 검증한 연구에서 미술치료집단에 참여한 치매환자 집단에서 우울감이 유의미하게 감소하고, 삶의 질이 향상되는 긍정적 결과가 나타난 것은 이를 뒷받침해 주는 근거가 된다(김선현 · 안소연, 2009).

④ 지역사회 내 보호시설이나 요양시설 연계

가족원이 가정에서 치매환자를 돌보는 것이 현실적으로 어렵거나 돌봄 제공자 역할을 담당하는 가족원의 신체적, 정서적 소진이 심각할 경우 의료사회복지사는 가족원이 이용할 수 있는 치매환자 주간보호시설이나 단기보호시설, 요양병원 및 요양원 등의 시설을 안내해 주고 연계해 주는 역할을 수행한다. 의료사회복지사는 가족원의 돌봄 부담감이 어느 정도인지, 가족 내에서 환자를 돌볼 수 있는 기능 수행이 어느 정도까지 가능한지를 파악한 후 가족의 욕구와 상황에 맞는 시설을 추천해 주거나 직접 연계해 주는 서비스를 제공한다.

⑤ 노인장기요양보험제도 안내

가족원이 치매환자를 지속적으로 돌보아야 하는 경우 노인장기요양보험제도의 혜택을 받아 요양시설이나 재가서비스를 이용할 수 있다. 의료사회복지사는 치매환자의 가족에게 노인장기요양보험을 신청하는 방법과 절차에 관해서 구체적으로 알려주고 가족들이 이 제도의 혜택을 받아 경제적 부담감과 돌봄 부담감을 줄일 수 있도록 도와주는 역할을 수행한다.

3. 응급개입

1) 자살시도자 응급개입

2019년 기준 전 세계에서 자살로 목숨을 잃는 사람의 수가 81만 명을 넘어선 것으로 파악되고 있다. 이는 전쟁이나 범죄에 의한 사망자를 합한 것보다도 더 많은 수이다. 우리나라의 경우에도 최근 10년 동안 연평균 약 14,000명 정도가 스스로 목숨을 끊는 것으로 추산되고 있다. 생명의 소중함과 그 어떤 죽음보다도 예방이 가능한 죽음이 자살이라는 점을 고려해 보면, 자살예방은 전 사회적 차원의 관심과 대책을 필요로 하는 문제이다. 그 일환으로 최근 우리나라에서는 자살위기자가 가장 먼저 접하게 되는 의료서비스 경로를 관리하기 위하여 '응급실기반 자살시도자 사후관리 사업'을 시행하고 있다. 현재 다수의 사회복지사들이 이 사업을 수행하는 사례관리자로 활동하고 있으므로 여기서는 이와 관련된 내용에 대해 알아보기로 한다.

(1) 자살과 자살시도자에 대한 이해

자살(suicide)은 자기 자신을 파괴하려는 행위에 의해 사망에 이르게 된 것으로서, 스스로 죽고 싶다는 '자살사고'와 그러한 생각을 행동화한 '자살시도'에 의해 발생한다. 따라서 자살자가 이미 사망에 이른 사람이라면, 자살시도자는 스스로를 죽음에 이르도록 할 의도를 가지고 자살을 시도했으나 그 결과로 인해 죽음에 이르지 않고 살아난 생존자(survivor)를 일컫는다. 그런데 이런 자살을 시도한 경험이 있는 사람은 다시 자살을 감행할 가능성이 일반인보다 높은 것으로 알려져 있다. 과거에는 자살시도가 카타르시스의 효과를 가져와서 당분간 자살의 위험도를 낮춘다는 주장도 있었지만 사실은 카타르시스 효과보다는 주변 인간관계의 지지가 증가하기 때문이라는 사실이 밝혀졌다. 따라서 수차례 자살을 시도한 사람의 경우에는, 장기적으로는 그런 사회적 지지가 점차 감소함에 따라 오히려 다시 재발의 위험이 증가하는 것으로 나타난다(Walker et al., 2001).

자살시도자의 경우, 다음과 같은 심리상태에서 자살을 시도하게 된다고 한다. 자신이 원하던 바들이 좌절되면서 심리적 욕구가 충족되지 않고, 혼란스럽고 절망적인 상태에서 참을 수 없는 심리적 고통을 느끼므로, 이러한 불만과 고통에서 탈출하고 싶지만, 선택할 수 있는 대안이 없고 해답을 찾을 수 없기 때문에 그 유일한 해결책으로서 의식이 단절되는 자살을 선택한다는 것이다. 그러나 자살을 시도하는 순간에도 죽고 싶은 마음뿐 아니라 살고 싶은 마음을 가지며, 누군가 자신을 도와주길 희망하거나 기대하기도 한다. 그러므로 자살시도에도 불구하고 살아남았다 하더라도, 자살시도에 이르기까지의 문제가 해결되지 않거나, 그 문제에 대한 해결능력이 향상되지 않거나, 또는 선택의 여지가 확보되지 못 할 경우에는 다시 자살의 위험성이 높아진다고 볼 수 있다.

그럼에도 불구하고 자살시도자들은 외부 도움에 대해 그다지 우호적이지 않은 것으로 나타나고 있다. 특히 우리나라의 경우, 자살시도자가 정신과 치료를 받는 비율은 매우 낮다. 정신질환에 대한 편견이 필요한 도움에 접근하는 데에 장애물로 작용하는 것이다. 또한 실제 자살시도자 조사에서는 추후 정신과 치료를 거부하는 이유로 '문제해결이 될 것 같지 않다'는 응답도 많은데(김성완 외, 2008). 이는 실제로 자살의 원인이 정신과적 문제만은 아니며 보다 포괄적인 접근이 필요하다는 의미를 내포하는 것으로 볼 수 있다.

(2) 응급실 기반 자살시도자 사후관리사업

일반적으로 자살예방사업은 자살사고가 심화되는 과정에서 예방적으로 개입하는 포괄적인 자살예방사업(prevention)과 자살생각을 행동으로 옮길 위험성이 높은 자살위기자에게 개입하는 자살위기개입(intervention), 그리고 자살시도자나 유가족에게 개입하는 사후개입(post-vention)으로 구분된다. 이러한 구분에 따르면 자살시도자를 대상으로 하는 서비스는 사후개입 중 하나라고 할 수 있다.

우리나라에서는 2013년부터 종합병원 응급의료센터를 기반으로 자살시도자 집중적인 관리와 의료서비스를 제공하는 '응급실 기반 자살시도자 사후관리사업'을 시행해 왔다. 이는 응급실에 내원한 자살위험군 혹은 시도자에 대해 일정 수준 이상의 정신과적 평가를 시행하여 자살위험을 판단하고 적절한 자원에 연계함으로써 자살예방 기능을 강화하기 위한 전략이다. 2013년 처음 사업을 시행할 당시에는 전국 27개 대형병원을 생명사랑위기대응센터로 지정하였다. 생명사랑위기대응센터에서는 자살 시도와 관련한 환자의 자살 위험을 포함한 정신건강 상태를 평가해 환자 맞춤형 사례관리계획을 수립하고 전화와 대면상담 등 병원 기반 단기 사례관리를 실시한 후 지역사회로 연계하는 것을 골자로 한다.

그러나 사업에 참여하는 의료기관에서만 사례관리가 이뤄져 그외 응급실로 내원하는 자살시도자는 퇴원 후 상담이나 치료 등 적절한 사후관리가 되지 않아 자살 재시도 위험에 노출돼 있었다. 따라서 2021년 3월부터 자살시도자가 사후관리사업에 참여하지 않는 응급실을 방문하더라도 사례관리를 받을 수 있는 생명사랑위기대응센터가 있는 의료기관으로 연계하는 시범사업을 시행하였다(청년의사, 2021. 3. 29.).

(3) 자살시도자의 사례관리자로서 사회복지사의 역할

응급실 기반 자살시도자 사후관리사업은 '응급실-사례관리팀-정신건강의학과-지역사회'를 유기적으로 연계하여 자살시도자에 대한 심리치료와 사회복지 서비스를 제공하는 것을 주요 골자로 한다(김민혁 외, 2016). 따라서 사례관리팀의 사례관리자는 정신건강전문요원, 사회복지사, 간호사, 임상심리사 등 다양한 직역에 의해 수행되고 있는데 그중에서도 사회복지사가 가장 주축이 되고 있다. 이들은 주로 응급실에 내원한 자살시도자 사후관리 사업의 실무와 행정업무를 담당하고 있다. 여기서 사례관리자가 수행하는 주요 업무들은 〈표 10-3〉에 제시된 바와 같다.

표 10-3 응급실 기반 자살시도자 사례관리에 따른 주요 업무

영역	주요업무	업무내용
사례관리팀 • 초기평가 및 대응 • 단기 사례관리 • 지역연계 • 모니터링	초기상담	–응급의학과로부터 연계된 자살시도자에 한해 초기면담 진행 후 초기상담기록지 작성 –응급실 기반 자살시도 관리사업 정보전달 및 사후관리 서비스 제공 동의 요청
	정신과적 평가의뢰	–초기상담기록지를 통해 자살시도 및 자살위험성을 평가하여 정신건강의학과로 의뢰
	사례대상 선정 및 등록	–지속사례관리대상자 선정 –단계사례관리 등록
	사례관리서비스 제공	–서비스 제공에 동의한 자살시도자를 대상으로 전화와 대면 상담 등 진행 –정신과적 치료 위한 외래치료 연계
	지역사회서비스 연계	–사례관리 후 지속관리 위한 지역 정신건강복지센터 및 관련 기관 자원 연계
	종결 / 모니터링	–자체 종결 또는 사례관리에 동의하지 않은 자살시도자에 대한 사후 모니터링과 서비스 재진입 유도

출처: 김민혁, 홍기정, 이수정, 송신희, 권세원, 김홍규 (2016). 응급실 기반 자살시도자 사후관리사업 매뉴얼 개발. 원주: 보건복지부 · 연세대학교 원주산학협력단.

이와 같이 자살위기자에 대한 사례관리자 역할을 수행하기 위해서는 다음과 같은 업무를 수행할 수 있어야 한다.

- **사정평가**: 자살시도 후에 살아남았지만 여전히 남아있는 자살 위험성을 사정하기 위해 자살시도 동기와 지속여부 확인, 구체적인 자살시도 방법과 현재 그 방법에 대한 접근성 정도 평가, 과거 자살시도력 및 가족력 조사, 향후 자살예방에 협조할 수 있는 지지 체계에 대한 사정 등을 수행한다.
- **상담**: 자살시도자의 경우 소외, 고립, 차별, 무기력 등을 경험했을 가능성이 높

으므로 자살시도자 입장에서의 경청, 공감, 감정이입 등을 통해 지지를 제공하는 것은 중요하다. 특히 죽음을 결심하기까지 겪었던 어려움에 대한 충분한 경청과 그럼에도 불구하고 살아남아야 하는 이유를 탐색하는 과정은 필수적이다. 이때 자살시도자를 정신병리에만 초점을 두어 바라보기보다 '전체로서의 인간(whole person)' 관점, 통합적 관점으로 접근하는 것이 필요하다.

- **지지체계형성:** 자살시도자는 퇴원 이후 자살을 재시도할 가능성이 매우 높기 때문에 퇴원 후 클라이언트의 안전을 보장하고, 심리적 지지를 제공할 수 있는 지지체계를 마련하는 데에 중점을 두어야 한다. 이를 위하여 사례관리자는 자살에 영향을 미치는 복합적인 상황과 이 문제를 극복할 수 있는 강점과 자원 등을 고려해야 한다. 특히 가족은 현실적으로 가장 중요한 지지체계이므로 개입과정에서 가족지지체계를 확인하고 그 기능을 활성화하도록 하되 가족이 여의치 않을 경우 대안적 지지체계를 모색해야 한다.
- **교육과 정보제공:** 자살시도자는 자살에 대한 사회적 편견으로 인해 자신을 노출하여 도움을 요청하기 꺼리는 경우가 많다. 그러므로 자신의 문제가 사회적 도움을 통해 극복될 수 있다는 인식을 가질 수 있도록 적절한 교육과 정보를 제공한다. 또한 퇴원 이후 클라이언트가 언제 병원을 방문해야 하는지 알 수 있도록 주요 징후, 증상, 상황들을 교육하고 필요시 지속적인 도움을 받을 수 있는 정신건강의학과, 자살위기 시 도움을 받을 수 있는 주요 기관(정신건강복지센터, 자살예방센터 등)을 안내하거나 연계한다.

2) 학대와 폭력

(1) 학대와 폭력에 대한 이해

학대와 폭력은 우리 사회에서 보호를 필요로 하는 취약한 대상의 안전을 위협하는 심각한 범죄행위이며, 따라서 강력한 법적 보호가 필요한 영역이다. 응급실은 이러한 학대와 폭력의 피해자가 방문할 가능성이 높고 이를 확인할 경우 발견자의 신고 의무가 있기 때문에 의료사회복지사도 이에 대한 이해를 필수로 한다.

다음 〈표 10-4〉는 관련 법률에 의거한 아동학대, 노인학대, 가정폭력, 성폭력의 개념을 정리한 것이다.

표 10-4 학대와 폭력에 대한 제도적 차원의 정의

구분	개념내용
아동학대	보호자를 포함한 성인이 아동의 건강 또는 복지를 해치거나 정상적 발달을 저해할 수 있는 신체적 · 정신적 · 성적 폭력이나 가혹행위를 하는 것과 아동의 보호자가 아동을 유기하거나 방임하는 것: 아동을 매매하는 행위, 아동에게 음란한 행위를 시키거나 이를 매개하는 행위 또는 아동에게 성적 수치심을 주는 성희롱 등의 성적 학대행위, 아동의 신체에 손상을 주거나 신체의 건강 및 발달을 해치는 신체적 학대행위, 아동의 정신 건강 및 발달에 해를 끼치는 정서적 학대행위, 자신의 보호 · 감독을 받는 아동을 유기하거나 의식주를 포함한 기본적 보호 · 양육 · 치료 및 교육을 소홀히 하는 방임행위, 장애를 가진 아동을 공중에 관람시키는 행위, 아동에게 구걸을 시키거나 아동을 이용하여 구걸하는 행위, 공중의 오락 또는 흥행을 목적으로 아동의 건강 또는 안전에 유해한 곡예를 시키는 행위 또는 이를 위하여 아동을 제3자에게 인도하는 행위, 정당한 권한을 가진 알선기관 외의 자가 아동의 양육을 알선하고 금품을 취득하거나 금품을 요구 또는 약속하는 행위, 아동을 위하여 증여 또는 급여된 금품을 그 목적 외의 용도로 사용하는 행위
노인학대	노인의 신체에 폭행을 가하거나 상해를 입히는 행위, 노인에게 성적 수치심을 주는 성폭행 · 성희롱 등의 행위, 자신의 보호 · 감독을 받는 노인을 유기하거나 의식주를 포함한 기본적 보호 및 치료를 소홀히 하는 방임행위, 노인에게 구걸을 하게 하거나 노인을 이용하여 구걸하는 행위, 노인을 위하여 증여 또는 급여된 금품을 그 목적 외 용도에 사용하는 행위, 폭언, 협박, 위협 등으로 노인의 정신건강에 해를 끼치는 정서적 학대행위
가정폭력	가정구성원 사이의 신체적, 정신적, 또는 재산상 피해를 수반하는 행위
성폭력	추행, 간음 또는 성매매와 성적 착취를 목적으로 약취, 유인, 매매된 사람을 상해하거나 상해에 이르게 한 경우

이상에서 제시된 바와 같이 학대와 폭력은 보호를 제공하거나 힘을 가진 사람이 보호를 받아야하거나 상대적으로 힘이 약한 사람에 대해 행하는 일방적이고 공격적

인 행동이다. 이러한 행위는 피해자의 기본적인 권리를 침해하는 것으로서 심각한 심리사회적 외상을 입히게 된다. 피해자들이 경험하는 주요 증상에는 우울, 불안, 신체화 증상, 무기력감, 낮은 자존감, PTSD 등을 비롯하여 자살 충동에 이르기까지 극단적인 문제들이 포함된다. 또한 이들은 사회적으로는 학업이나 직업에서의 과업 성취도가 낮아지고 평소 가까이 지냈던 친구, 이웃 등과의 사회적 관계에도 소극적이 되거나 만남을 기피하는 등 스스로를 사회적 관계로부터 고립시키는 경우가 많다(Kendall-Tackett et al., 1993; Polusny & Follette, 1995). 또한 피해 당사자뿐 아니라 이들이 학대나 폭력의 피해를 당하는 모습을 목격한 다른 가족구성원도 여러 가지 심리사회적 영향을 받는 것으로 보고되고 있다. 가족들이 주로 경험하는 증상들은 무기력감, 불안, 우울, 고립, 충격, 악몽, 회상, 가족 내 갈등과 책임 회피, 상호 비난 혹은 과도한 죄책감, 자기비난, 가족의 폐쇄적인 관계 강화로 인한 외부와의 단절, 사회적 분노와 불신. 외부 도움에 대한 불신, 거부, 저항 등이다(Deblinger et al., 1993; Plummer, 2006; Regehr, 1990; 김경희, 2009; 박지영, 2010; 한인영 외, 2014). 따라서 의료사회복지사는 학대와 폭력문제를 지닌 클라이언트를 대상으로 일할 때 클라이언트 당사자뿐 아니라 그 가족, 그중에서도 성장기 자녀에 대해서도 욕구를 사정하고 필요한 직접 및 간접적 지원(기관 연계 등)을 제공할 필요가 있다.

(2) 의료사회복지사의 역할

학대와 폭력의 희생자인 클라이언트와 함께 일할 때 의료사회복지사는 다음의 역할을 수행하게 된다.

① 학대와 폭력피해 클라이언트에 대한 사정과 신고

학대와 폭력은 위기상황이자 응급상황이므로 우선 신속하고 정확한 사정이 이뤄져야 클라이언트의 안전 확보와 가장 적절한 치료 및 심리사회적 지원이 제공될 수 있다(Coughlan, 2004). 학대와 폭력 상황에서 의료사회복지사가 수행해야 할 주요 사정 내용과 이후 행동요령은 다음과 같다.

- 피해자의 손상된 상태에 대한 진단, 치료, 관련 기록 점검
- 학대, 폭력 피해유형 또는 학대, 폭력을 초래한 행위 파악
- 피해자가 인지하고 있는 어려움 사정
- 학대, 폭력 관련 전문기관 혹은 수사기관에 신고

특히 「의료법」 제3조 제1항에 따른 의료기관의 장과 그 의료기관에 종사하는 의료인 및 의료기사는 아동학대, 노인학대, 가정폭력, 성폭력을 알게 된 때에는 즉시 그 관련 기관[04]이나 수사기관에 신고하여야 한다는 법률과, 「아동학대범죄의 처벌 등에 관한 특례법」 제10조(아동학대범죄 신고의무와 절차), 「노인복지법」 제29조의 6항(노인학대신고의무와 절차) 등에 따라 의료사회복지사 역시 학대 및 폭력 피해자 보호를 위해 신고의무를 갖는다. 따라서 학대나 폭력 피해가 의심되는 정황이 있을 경우 이를 간과하거나 축소해석해서는 안 되며 반드시 보고와 신고의무를 준수해야 한다.

② 상담과 지지

학대나 폭력 피해 클라이언트는 이러한 사실들이 알려졌을 때, 수치감, 창피함 등을 느낄 수 있기 때문에 때로는 피해자로 다뤄지기를 바라지 않는 경우도 많다. 따라서 이들에 대한 접근과 신뢰관계 형성에 있어서 '비밀보장'은 중요한 원칙으로 다뤄져야 한다. 또한 클라이언트는 치료과정에서 많은 심리적 변화를 경험하게 되고, 시간이 지남에 따라 자신이 경험한 학대, 폭력에 대한 기억, 느낌에도 여러 변화를 경험한다. 따라서 의료사회복지사는 클라이언트가 경험하는 변화무쌍한 심리적, 감정

04 아동보호전문기관, 노인보호전문기관, 해바라기센터, 성폭력 및 가정폭력상담소 등.

적 변화를 이해하고, 그 변화 상태에 적합한 상담을 제공하도록 한다. 의료사회복지에서 학대와 폭력 관련 상담의 목적은 클라이언트의 심리, 신체적 상태가 일상생활을 유지하고, 자신에게 필요한 서비스를 이용할 수 있는 정도의 심리적 힘을 갖추는 데 있다. 따라서 의료사회복지사는 클라이언트가 느끼고 있는 불안, 두려움, 분노와 같은 고통스러운 감정을 충분히 표현하고 해소하도록 돕는 동시에 다른 한편으로는 긍정적인 미래와 이러한 문제를 극복해나갈 수 있는 자신의 역량을 클라이언트 스스로 신뢰할 수 있도록 격려를 제공해야 한다.

③ 연계와 중개

퇴원을 앞둔 상태에서는 치료효과가 퇴원 후 일상생활에서 잘 유지될 수 있도록 클라이언트의 동의하에 지역사회 서비스 기관을 연계하거나 필요시 지속적인 사후지원계획을 세우도록 한다. 학대와 관련해서 의료사회복지사가 연계하고 협력해야 하는 기관에는 학대판정, 법적 절차 지원, 위기상담 등을 제공하는 아동/보호전문기관과 피해자를 보호하는 쉼터 등이 있다. 또한 가정폭력, 성폭력, 성매매 등의 문제와 관련해서는 해바라기센터, 성폭력 및 가정폭력상담소 등과 협력할 수 있다. 그러므로 의료사회복지사는 관련 전문기관들의 명단과 연락처를 확보하고, 필요시 즉각적인 연계가 이루어질 수 있도록 위기대응 네트워크를 구축하는 것이 필요하다.

CHAPTER 11

지역사회중심 의료사회복지실천

학습목표

01 공공보건의료의 개념을 이해한다.
02 지역사회통합돌봄의 개념과 대상자별 모형을 이해한다.
03 공공보건의료나 지역사회통합돌봄 영역의 다학제적 개입과 의료사회복지사의 역할을 설명할 수 있다.

1. 공공보건의료

역사적으로 사회복지가 관심을 가져온 사람들은 가난하거나 아픈 이들이었다. 사회복지가 발전하면서 국가가 보장하고자 하는 것 중 하나가 누구나 아플 때 치료받을 수 있는 기회를 갖는 것이다. 이것은 질병 예방과 치료에 공공성이 부여되어야 가능하다. 보건의료분야는 민간에만 의존하거나 시장 원리에만 따르면 필요하더라도 공급이 적어지거나 아예 공급이 되지 않을 가능성이 있다. 실제로 우리나라에서도 수도권이나 대도시가 아닌 지역은 양질의 의료서비스 공급이 적어 진료를 받기 위해 다른 지역으로 이동하는 경우도 발생하고 있으며, 생명과 직결되지만 수익성이 낮은 필수보건의료분야[01]는 공급이 부족하거나 지역 간 서비스 연계가 미흡하여 지역 간 건강 격차가 발생하고 있는 상황이다(보건복지부, 2021). 이러한 상황에서 국민이라

01 필수보건의료에는 ① 응급 · 외상 · 심뇌혈관 등 중증의료, ② 산모 · 신생아 · 어린이 의료, ③ 암, ④ 재활, ⑤ 지역사회 건강관리(만성질환, 정신, 장애인), ⑥ 감염 및 환자안전 등이 포함된다.

면 누구나 의료의 혜택을 받을 수 있도록 건강권을 보장하는 데 중요한 역할을 하는 것은 공공보건의료이다. 특히, 2006년 메르스 감염병과 2020년부터 시작된 코로나바이러스 감염증(COVID-19)으로 인한 팬데믹과 같은 상황에서 더욱 더 공공보건의료의 책임성과 중요성이 강조되었다.

1) 국내 공공보건의료의 현황

공공보건의료는 각 나라마다 실행되는 내용은 다르지만, 질병 예방과 건강 증진이라는 목적은 동일하다. 국내에서도 「공공보건의료에 관한 법률」에 근거해 살펴보면, 공공보건의료는 국가, 지방자치단체 및 보건의료기관이 지역 · 계층 · 분야에 관계없이 국민의 보편적인 의료이용을 보장하고 건강을 보호 증진하는 모든 활동을 말한다(제2조 1항). 이 정의는 국민의 건강보호 및 유지라는 목적에 대해 차별 혹은 격차가 벌어지지 않는 의료권을 보장하는 것이 정부의 책무라는 점을 분명하게 하고 있다. 따라서 공공보건의료는 질병 예방과 건강 증진을 위해 정부와 사회의 조직화된 노력이라고 할 수 있다.

우리나라의 공공보건의료에 대한 기본적인 사항은 「공공보건의료에 관한 법률」(2000년 1월 제정)에서 정하고 있으며, 이를 통해 국가 차원의 보건의료 자원개발 및 효과적인 관리방안을 제도화하였다. 특히, 2020년부터 코로나바이러스 감염증(COVID-19)에 대응해야 하는 상황이 발생하면서, 정부는 지역 내 보건의료기관 간 연계 및 협력을 통해 필수적인 공공보건의료서비스가 공백 없이 보장될 수 있도록 전국에 걸쳐 국립대학병원, 지방의료원, 사립대학병원 등을 책임의료기관으로 지정하고 응급의료, 감염병 대응 등 필수의료를 제공 · 연계 · 조정하는 공공보건의료 협력체계 구축 사업을 추진하였다. 2022년 기준 16개의 권역책임의료기관과 42개의 지역책임의료기관이 지정되어 운영되고 있으며, 계속해서 공공보건의료의 실질적 수행 범위와 기관이 확대되고 있다.

공공보건의료 제공을 주요한 목적으로 설립되고 운영되는 공공보건의료기관은 전국에 총 230개소(2020년 12월 기준)가 지정되어 있으며, 〈표 11-1〉을 통해 기능과 관할지역 범위에 따른 현황을 알 수 있다.

표 11-1 기능 및 지역 범위 따른 공공보건의료기관 현황

(2020.12월 말 기준, 230개소)

기능구분	광역 이상			단일 혹은 복수 기초자치단체	
일반진료 중심 (65)	국립중앙의료원(1) 국립대학병원(10) 국립대학병원분원(6) 건보공단일산병원(1)		18	지방의료원(35) 지방의료원분원(2) 적십자병원(6) 시립일반병 · 의원(4)	47
특수대상 중심 (42)	경찰병원(1) 근로복지공단병 · 의원(13)	보훈병원(7)	37	군병 · 의원(21)	42
특수질환 중심 (41)	국립결핵병원(2) 국립정신병원(5) 국립법무병원(1) 국립재활원(1) 국립교통재활병원(1) 도립재활병원(4)	국립암센터(1) 국립소록도병원(1) 국립대치대병원(6) 원자력병원(2) 국립대학 · 시립한방병원(2) 국립대학전문센터(1)	27	시립장애인치과병원(1) 시립서북병원(1) 시립어린이병원(1) 시도립정신병원(11)	14
노인병원 (82)	시도립노인병원(37)		37	시군구립노인병원(45)	45

출처: 국립중앙의료원 공공보건의료지원센터(2021). 2021년 공공보건의료계획 수립 및 2020년 의료계획 시행결과 평가지침 설명회 자료집. p. 4.

이들 각 공공보건의료기관은 다음과 같은 보건의료를 우선적으로 제공해야 한다(동법 제7조).

① 의료급여환자 등 취약계층에 대한 보건의료

② 아동과 모성, 장애인, 정신질환, 응급의료 등 수익성이 낮아 공급이 부족한 보

건의료

③ 재난 및 감염병 등 신속한 대응이 필요한 공공보건의료

④ 질병 예방과 건강 증진에 관련된 보건의료

⑤ 교육 훈련 및 인력지원을 통한 지역적 균형을 확보하기 위한 보건의료

⑥ 그밖에 「보건의료기본법」 제15조에 따른 보건의료발전계획에 따라 보건복지부장관이 정하는 보건의료

또한, 이 기관들은 공공보건의료계획을 매년 수립해야 하는데 필수의료 제공체계 확충, 공공보건의료 역량 강화, 공공보건의료 제도 기반강화를 위해 수행되는 과제를 계획해야 한다. 이를 위한 대표적인 사업은 공공보건의료 협력체계 구축사업으로 환자나 치료, 보호, 복지 등의 데이터를 공유할 수 있는 공공의료연계망을 가동하고 있다. 그외에도 지역자원공유 서비스, 공공보건의료 협력모델 개발 등이 지자체별로 진행 중이다. 공공보건의료 협력모델 개발 사업에는 각 권역 및 지역책임의료기관이 퇴원환자 지역사회 연계사업, 중증응급 이송 전원 및 진료 협력사업, 감염 및 환자 안전관리 사업을 필수적으로 시행하도록 하고 있다. 이 중에서 뇌졸중, 심장, 호흡기, 노인골절, 암, 재활, 만성질환 등의 환자가 퇴원 후 유지 회복할 수 있도록 필수보건의료 분야 지역사회 연계나 건강취약계층 의료–복지 연계 및 사례관리 등을 의무로 하여 지역사회통합돌봄의 토대를 마련하고 있다.

2) 공공보건의료활동의 사례

(1) 환자 개인에 대한 개입[02]

○○시에 거주하는 70대 남자 독거노인인 A어르신은 욕실에서 넘어지면서 119에 신고하여 B대학병원 응급실로 이송되었다. B대학병원에서는 고관절 골절이 의심되어 CT 검사를 진행하였으며, 이후 수술(우측 고관절 치환술) 및 2주간의 입원치료 후 퇴원하였다. 그러나 A씨는 가족과 관계가 단절된 독거노인으로, 신체 불편으로 인한 기력 저하 등으로 인해 재활치료를 받지 못하고 대부분의 시간을 침상에 누워있었다. 몇 달 후, 고관절 주변 근력저하로 결국 다시 골절이 생겨 재입원을 하게 되어 상당한 경제적 부담과 심리적 우울감에 빠지게 되었다(예시 상황: 보건복지부, 2021).

기존의 의료체계에서는 특별한 경우가 아니면 A어르신에 대한 사회경제적 상황이나 정보 없이, 재활치료 필요성을 안내하고 퇴원을 결정하였다. 그런데 혼자 살고 있는 70대 노인은 완전히 신체적 기능이 회복한 후에 퇴원하는 것이 아니기 때문에 보호자 없이 자가 관리가 곤란하고 지역사회의 건강관리 서비스를 받지 못하는 경우가 대다수이며, 병원에서도 퇴원 후 건강상태에 대해서는 확인할 수 없었다. 이러한 상황에 대하여 공공보건의료체계의 확충으로 퇴원 후 지역보건의료기관과 연계하여 돌봄 계획을 세우고 지역병원, 보건소, 주민센터 등과 공유하여 서비스를 연계하여 지속적으로 건강을 모니터링하고 관리할 수 있다.

환자의 퇴원 후 지역사회연계는 다양한 연계모델로 구조화될 수 있다.

(2) 지역사회에 대한 개입

공공보건의료기관은 환자뿐 아니라 지역사회를 위한 사업도 수행한다. 7장에서

02 보건복지부의 2021년 공공보건의료 협력체계 구축사업 안내를 참고하여 작성되었다.

살펴본 의료사회복지사의 행정적 업무 중 진료비 지원이나 무료진료사업이 대표적이다. 무료진료사업은 국공립병원을 중심으로 의료서비스가 미치지 못하는 지역에 무료진료를 나가거나 병원으로 초청하여 진료를 제공하는 형태로 활동이 이루어진다. 또한 전문의료인력이 부족한 지역에 숙련된 인력을 파견하고, 지역의 보건의료 전문가를 위한 교육을 실시하는데, 이를 위해서는 공공보건의료기관과 지역의 여러 기관이 네트워크를 구성하고 협력하는 것이 필요하다. 서울에서 시작한 301네트워크 사업은 이러한 활동의 한 예시가 될 수 있다([그림 11-1]).

301네트워크는 건강취약계층을 대상으로 퇴원 후 건강한 지역사회 복귀와 재입원 반복을 방지하고자 보건, 의료, 복지의 세 가지 서비스를 하나로 통합하여 다학제 서비스와 대상자 맞춤형 건강관리 교육을 제공하고, 퇴원계획을 수립하여 지역사회 자원과 적극적으로 연계하여 건강한 지역사회 복귀를 돕는 지원 체계이다(소예경, 2019).

의료취약계층의 질병 회복 및 재발 방지는 퇴원후에도 보건, 의료, 복지 서비스가 지속적으로 제공되어야 가능하다. 이를 위해 301네트워크는 병원의 역할을 환자의 치료에만 두는 것이 아니라 질병 발생의 환경적 원인에도 관심을 두고, 네트워크 구축을 통해 환자의 퇴원 후 생활까지 살필 수 있도록 역할을 확장한 것으로, 보건복지부가 추진하는 공공보건프로그램과 지역사회통합돌봄에 있어 중요한 창구로 작동하도록 기능을 재정립하고 있다(소예경, 2019). 2013년 서울특별시 북부병원에서 시작한 301네트워크 사업은 2015년부터 전국 국공립의료원에서도 시범사업으로 실시되어 공공보건의료 협력모델로 확대되고 있으며, 2020년 7월부터는 '서울케어-건강돌봄 네트워크'라는 명칭으로 변경되어 실시되고 있다.

이러한 돌봄네트워크는 보건, 의료, 복지가 한 번에 제공된다는 의미로 이용자 입장에서 편리할 뿐 아니라, 공공성 강화를 위해 조직들이 다학제로 접근하고 있다는 점에서 의미가 있다. 그러나 현재의 취약계층만을 대상으로 하는 서비스에서 보편적 서비스로 확대될 필요가 있고, 더 나아가 보건의료복지 통합서비스 제공의 관점에서 돌봄이 필요한 대상자에게 연속적인 돌봄을 제공하는데 중추적 역할을 수행할 수도 있을 것이다.

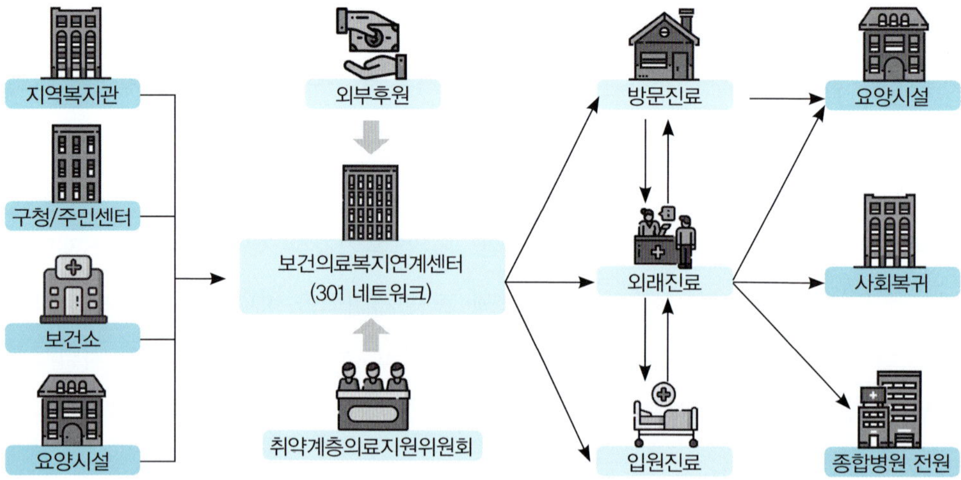

그림 11-1 301네트워크 사업(건강복지연계사업) 체계도

출처: 서울특별시 장애인치과병원 홈페이지(2022).

3) 공공보건의료에서 의료사회복지사의 역할

앞서 살펴본 공공보건의료 협력체계 구축을 위해 각 공공보건의료기관에서는 전담조직으로 '공공의료본부'를 설치해야 한다. 이 본부는 병원장 직속으로 필수보건의료 정부지정센터[03], 공공보건의료사업실(단), 사회복지팀 등 필요한 부서를 배치 연계하도록 하고 있고, 사업수행을 위한 전담인력으로 의사, 간호사, 의료사회복지사 등을 배치하도록 권고하고 있다. 협력체계 중 권역책임의료기관을 기준으로 살펴

03 권역, 지역 권역 및 지역응급의료센터, 권역외상센터, 권역심뇌혈관질환센터, 지역암센터, 고위험 산모 · 신생아 통합 치료센터, 신생아 집중치료 지역센터, 공공전문진료센터 등이 있다.

보면, 의료사회복지사는 공공보건의료 협의체를 운영 지원하고 다음과 같은 사업 운영을 위한 역할을 담당한다.

① 퇴원환자 케어 및 연계

- 비의학적 평가 · 상담(경제적 · 사회적 욕구 등), 퇴원환자별 맞춤형 케어플랜 수립 지원 상담 · 교육
- 지역사회 내 읍면동 맞춤형 복지팀, 시군구 희망복지지원단, 복지관 등에 퇴원환자 연계
- 환자 퇴원 이후 복지 · 돌봄 욕구 · 사회적 상태 모니터링 및 사례관리

② 중증 응급환자 병원 전단계 연계 모델 기획 및 개발

- 병원 전단계 중증 응급환자 정보 공유 및 진료 지도를 위한 네트워크 구축 및 연계 모델 개발
- 권역/지역 공공의료본부 간 협력 및 운영 지원

③ 감염 및 환자안전관리

- 중증 감염병 질환 환자 퇴원 후 지역사회 복귀를 위한 의료 · 복지 기관 연계
- 환자 퇴원 이후 복지 · 돌봄 욕구 · 사회적 상태 모니터링 및 사례관리

④ 협력 모델 기획 및 개발

- 권역 및 지역 공공의료 협력 모델 기획 및 개발 등 기능 수행

위에서 살펴본 것처럼 공공보건의료에서 요구되는 것은 미시적인 관점에서 환자에 대한 개입뿐 아니라 더 거시적인 관점에서 지역사회와 협력하고, 연계하며, 조정하고, 옹호하는 등의 활동이 필요하다. 즉, 병원 단독의 역할보다는 관련 기관이 함

께하는 공공의료 네트워크의 역할이 더 중요한 것이다. 공공보건의료 네트워크는 병원간 네트워크뿐 아니라 병원과 지역사회기관들과의 네트워크도 강조되고 있다. 공공보건의료에서 일차적 대상으로 삼고 있는 취약계층의 건강과 의료서비스 이용의 문제는 직접적인 의료서비스의 문제보다는 의료비, 간병, 퇴원후 이용할 지역사회자원, 행정절차에 대한 정보부족 등의 문제가 더 두드러지기 때문이다. 이를 해결하기 위해서는 외부 후원금이나 기금모금을 통한 환자 지원이 필요하고 각 기관의 역할분담과 협력과 조정이 필요하게 된다.

그럼에도 불구하고, 지금까지의 의료사회복지사의 역할은 공공보건의료기관에 국한되어 있다. 병원에 소속된 의료사회복지사뿐 아니라, 지역사회기관 소속의 사회복지사들에게도 의료적 관점이 필요하다. 그동안 환자에 대한 개입과 지원이 사회복지사 개인의 역량에 맡겨져 있었다면, 이제는 사회적 책임으로 전환되고 있는 것으로 볼 수 있다. 다만, 이는 그동안의 의료사회복지사의 역할과 공공보건의료에서 의료사회복지사의 역할이 다른 것이 아니라, 자원발굴과 연계, 네트워크의 비중이 더 커진 것이고, 개입이 연장되고 범위가 확장된 것으로 볼 수 있다.

그외에도, 공공보건의료에서 의료사회복지사는 코로나바이러스 감염증(COVID-19)과 같은 사회적 재난이나 정책적 변화와 같은 상황에서 적합한 활동을 할 수 있어야 하며, 의료자원의 지역적 격차와 의료 불평등에 대한 자각 등 거시적인 관점을 가질 필요가 있으며, 의료취약계층의 건강문해력(health literacy)[04] 등에 대한 옹호와 지원도 중요한 역할일 것이다.

04 건강문해력이란 개인이 좋은 건강상태를 유지하고 증진하기 위하여 정보를 얻고, 이해하고, 사용할 수 있는 개인의 동기와 능력을 결정하는 인지적, 사회적 기술(WHO, 1997)을 말하는데 예를 들어 의약품 복용지침의 이해, 글로 된 건강정보의 활용, 환자-의료인 의사소통, 건강 관련 지침 이해 등을 포함하는 능력이다.

2. 지역사회통합돌봄(커뮤니티케어)[05]

1) 추진배경과 현황

지역사회통합돌봄이란 돌봄이 필요한 주민(노인, 장애인, 정신장애인 등)들이 살던 곳(자기 집, 그룹홈 등)에서 개개인의 욕구에 맞는 서비스를 누리고, 지역사회와 함께 어울려 살아갈 수 있도록 주거, 보건의료, 요양, 돌봄, 일상생활의 지원이 통합적으로 확보되는 지역주도형 정책(보건복지부, 2018a)이다. 급속한 고령화, 1인가구 급증, 맞벌이가구 비율 증가 등 인구구조와 가족구조의 변화로 돌봄의 공백이 구조적으로 생겨나고 있으나, 돌봄 수요는 계속해서 증가할 것으로 예상된다. 치료가 필요한 상황이 아님에도 요양병원에 입원하는 '사회적 입원' 환자 비율이 늘어나면서 이 또한 해결해야 할 필요가 있다. 사망자의 75%가 병원이나 요양원 등 의료복지시설에서 생을 마감하며, 가정에서 생을 마감하는 비율은 15.3%(황정하, 2019)에 불과한 현실에서 노인들은 절반 이상(57.6%)이 거동이 불편해도 살던 곳에서 여생을 마치고 싶다고 응답하였다(보건복지부, 2018b). 여기에 급격한 노령화에 따라 진료비 및 사회보험 지출비용이 급격히 늘어나면서 사회서비스에 대한 공공의 책임성을 부여하고 기존 서비스 구조의 파편성과 비효율성을 극복해야 할 필요성도 제기되었다(김진석, 2021).

이에 대한 대안으로 제시된 것이 지역사회통합돌봄(커뮤니티케어)이다. 2018년 1월 '커뮤니티케어 추진'이 계획되고, 보건복지부 내 '커뮤니티케어 추진본부'가 구성되어 같은 해 6월 기본계획이 발표되었다. 이 계획에 따르면, 지역사회통합돌봄은

05 한국에서 지역사회중심의 돌봄서비스를 제도화하기 시작하면서 '커뮤니티케어'라는 용어를 사용하였다. 현재는 '지역사회통합돌봄'을 공식적인 명칭으로 사용하고 있다. 따라서 본서에서는 '지역사회통합돌봄'이라는 용어를 사용하되, 커뮤니티케어가 고유명사로 사용된 경우에는 그대로 사용하였다.

돌봄과 안전 등 사회서비스를 확충하고, 지역사회중심의 건강관리 체계를 강화하며, 돌봄이 필요한 사람의 지역사회 정착을 지원하고, 병원이나 시설의 합리적 이용을 유도하도록 제도를 개선하고, 지역사회통합돌봄 인프라 강화 및 책임성을 제공하는 과제를 안고 출범하였다. 2019년에는 더 구체화되어 지역사회통합돌봄 선도사업 추진계획이 발표되고 신규국정과제로 반영되었다.

이러한 지역사회통합돌봄을 안착시키기 위하여 일종의 시범사업이라고 할 수 있는 선도사업을 통해 대상자와 지역에 맞는 모델 개발을 추진하고 있다. 선도사업은 2019년 8개로 시작하여 2022년 16개 지자체에서 사업을 진행하고 있다. 특징적인 것은 시범사업이 아닌 선도사업인 이유인데, 이는 중앙정부의 계획을 그대로 지방정부에 이식하여 실시하는 것이 아니고 지방정부가 지역에서 당면한 돌봄의 문제에 대해 자율적으로 해결방안을 모색하고 실시하고 중앙정부는 지원만 하기 때문이다.

2) 지역사회통합돌봄 제도

(1) 지역사회통합돌봄의 개요

지역사회통합돌봄은 세 가지의 패러다임 전환을 제시한다. 첫 번째는 과거 병원이나 시설의 돌봄을 평소 살던 지역사회에서 돌본다는 것이다. 두 번째는 개별 사업 중심의 분절적 지원이 이용자를 중심으로 통합적으로 제공된다는 것이다. 세 번째는 과거 소득이나 재산 등을 기준으로 지원하던 것이 욕구를 기반으로 하는 보편적 지원으로의 전환이다.

이를 구체화한 것이 [그림 11-2]의 지역사회통합돌봄 개념도이다(보건복지부, 2018a). 이를 살펴보면, 의료기관이나 생활시설 등에서 돌봄이 필요한 사람이 지역사회로 복귀하면 읍면동이 돌봄의 통합창구가 되어 보건소, 지역의원이나 약국, 다양한 복지서비스 제공기관 등과 협력하여 의료, 정신건강, 돌봄, 주거, 사회서비스,

복지서비스 등을 제공하게 된다. 즉, 지역사회에서 이용가능한 복지자원 및 서비스에 대해 당사자 맞춤형 종합 안내가 될 수 있도록 하고 읍면동이 일원화된 창구가 되는 것이다.

지역사회통합돌봄의 대상은 저소득층에 한정되지 않는다. 모든 환자는 치료 후 지역사회로 복귀한다. 따라서 환자 개인의 관점에서 보면 병원과 지역사회로 옮겨감에 있어 서비스가 단절되거나 돌봄이 공백이 생기면 곤란해지는 경우가 있다. 따라서, 지역사회통합돌봄은 자산조사를 실시하지 않고 욕구에 기반하여 돌봄이 필요한 사람은 누구나 대상이 될 수 있는 보편적 제도를 지향한다.

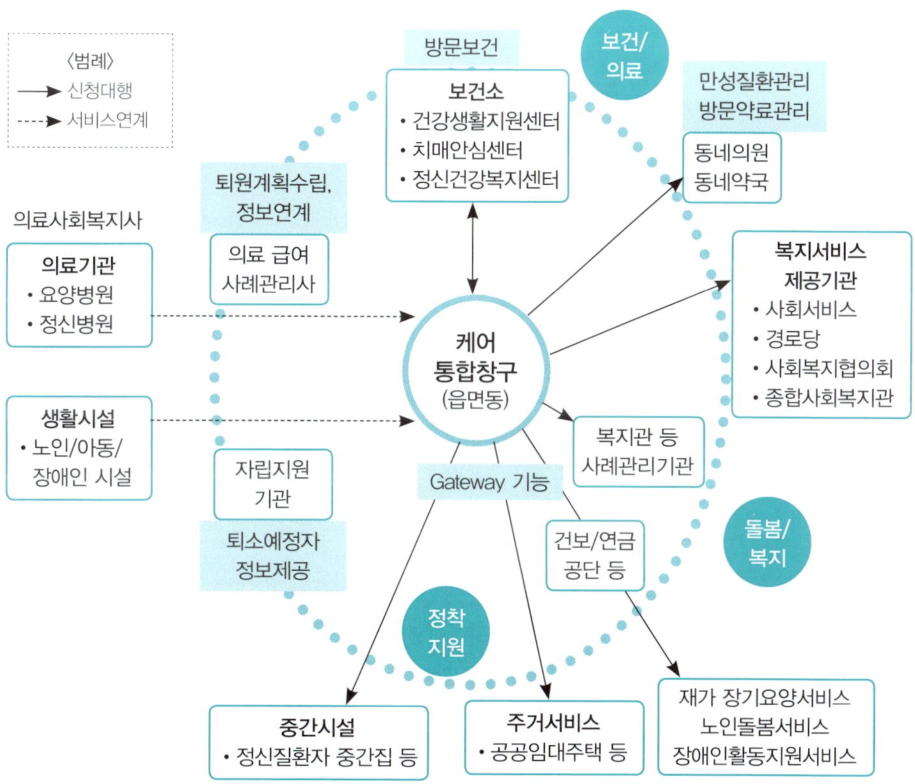

그림 11-2 **지역사회통합돌봄 개념도**

출처: 보건복지부 커뮤니티케어추진단(2018). 커뮤니티케어추진방향. p. 12.

(2) 대상자별 모형

지역사회통합돌봄은 지자체에 따라 노인, 장애인, 정신질환자, 노숙인 모형을 선택하여 사업을 운영한다. 유형별로 살펴보면 다음과 같다.

① 노인

노인 대상자는 살던 곳에서 가능한 오래 건강하게 살 수 있도록 지원하는 것을 목표로 한다. 병원에서 퇴원하거나 집에서 생활하더라도 거동이 불편해지면 시군구 단위의 지역케어회의를 통해 주거, 만성질환관리, 방문진료, 노인맞춤돌봄 등 필요한 서비스를 통합적으로 제공한다.

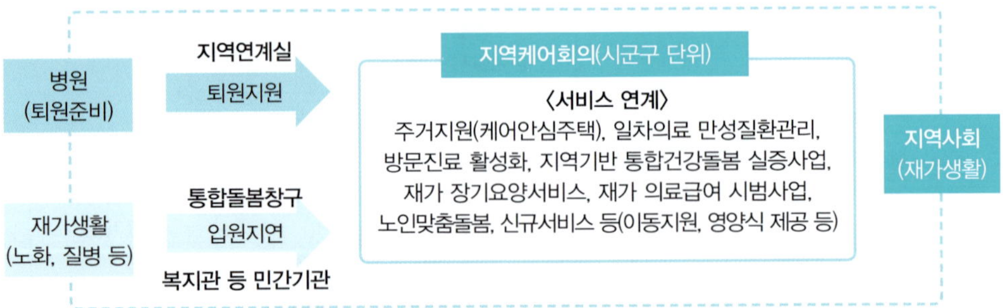

그림 11-3 노인대상 지역사회통합돌봄 모형

출처: 보건복지부(2020). 지역사회 통합돌봄 자체 추진 가이드북. p. 11.

② 장애인

장애인 대상자는 개인별통합돌봄계획을 수립하고 자립정착금, 기초생활보장급여, 장애인 건강주치의, 장애인 건강보건관리, 발달장애인 주간활동서비스, 활동지원 등을 통해 탈시설 및 자립생활을 지원한다.

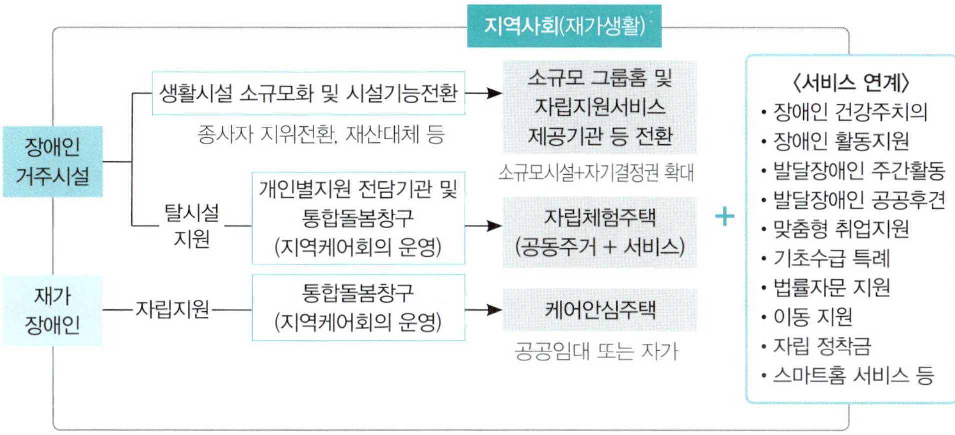

그림 11-4 장애인대상 지역사회통합돌봄 모형

출처: 보건복지부(2020). 지역사회 통합돌봄 자체 추진 가이드북. p. 12.

③ 정신질환자

정신질환 대상자는 지역복귀와 안정적으로 지역사회에 정착하도록 지원하는 것을 목표로 자립체험주택 운영, 종합케어서비스, 방문관리 및 동료상담가 등을 지원한다. 여기에는 직접적인 서비스 제공이나 연계뿐 아니라, 퇴원예정자 정보제공 동의율을 높이고, 외래치료 명령제도 등 제도를 개선하고, 정신재활시설을 확충하는 등 환경과 정책 마련도 동시에 추진되고 있다.

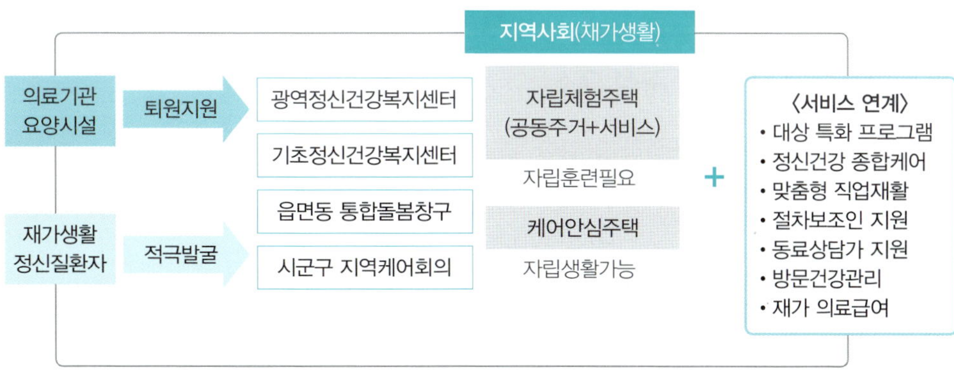

그림 11-5 정신질환자대상 지역사회통합돌봄 모형

출처: 보건복지부(2020). 지역사회 통합돌봄 자체 추진 가이드북. p. 12.

특징적인 것은 대상자 선정에 있어 자산조사를 실시하지 않고 보편적 서비스를 지향하지만 모든 노인, 모든 장애인, 모든 정신질환자가 대상이 되는 것은 아니다. 노인, 장애인, 정신질환자 중 지역사회 통합돌봄이 필요한 사람들을 선정하고 그 중에서 핵심대상자를 선정하여 집중적인 서비스를 제공한다. 예를 들어, 노인대상 모형에서 핵심대상자 설정 유형은 다음과 같다.

- 유형1. 요양병원 장기 입원 후 지역으로 복귀하는 대상자
- 유형2. 병의원에 6개월 이내 단기입원한 환자 중 지역으로 복귀한 대상자
- 유형3. 만 75세 도래자 및 건강 고위험군에 대한 선제개입이 필요한 대상자
- 유형4. 국민건강보험공단에서 통합돌봄이 필요하다고 판단하여 지자체에서 제공하는 '지역기반 통합건강돌봄모형 실증사업' 대상자
- 유형5. 기타 지자체에서 자체적으로 설정한 대상자

이렇게 지역사회통합돌봄이 필요한 사람을 선정하고 그에 맞는 서비스를 제공하기 위해서는 지역진단을 통해 통합돌봄의 정책 대상자를 누구로 우선할 것인지 결정하고, 그 대상자 군의 공통적이고 다수의 욕구를 파악하며, 그 욕구에 대응하는 통합돌봄프로그램을 제공해야 한다. 지역사회와 지자체의 역량이 중요한 지점이다.

(3) 지역사회 통합돌봄의 구성 요소

지역사회통합돌봄을 구성하기 위한 요소들은 다음 네 가지가 핵심적이다.

① 지역진단

지역사회통합돌봄은 시역진단으로부터 시작된다. 지역진단은 지역특성, 지자체 일반현황, 재정규모, 인구구조(돌봄대상자 규모 및 비율 등), 다직종 연계나 협업 방식

에 대한 분석 등을 실시하는 것이다.

② 공통기반구축

공통제공기반은 통합돌봄의 전달체계로 시군구의 본청이나 보건소의 통합돌봄추진단, 읍면동의 통합돌봄창구 설치, 민관협의체 구성과 운영, 지역케어회의 운영방안 등에 대한 규정을 마련하고 설치하고 운영하는 것이다. 또한, 여러 직종의 전문가가 대상자를 중심으로 문제해결을 위한 협의구조인 지역케어회의가 필요하다.

③ 통합돌봄대상자

지역진단을 통해 돌봄이 필요한 사람들의 욕구 및 현 서비스 제공현황을 확인하고, 돌봄대상자 유형과 핵심대상자를 도출한다.

④ 지역케어회의 운영

지역케어회의는 지자체에서 기존에 운영하던 민관협력체계를 확대하거나 개편하여 운영하며, 기존의 희망복지지원단이 융합서비스팀으로 전환되어 지역케어회의를 구성하고 운영할 수 있다. 여기서 중요한 것은 읍면동에서 의뢰된 복합욕구대상자에 대한 심층사례관리 및 서비스를 연계하는 것이다. 일종의 솔루션회의와 유사하게 진행될 수 있으며, 사례에 따라 협력기관의 범위가 보건의료기관이나 보건의료전문가까지 확대될 수 있다. 이 회의의 특징은 참석하는 전문가나 기관이 고정되지 않고, 사례와 사람을 중심으로 필요한 전문가나 기관이 참석하여 기능을 중심으로 운영된다는 점이다.

(4) 통합돌봄 자원과 프로그램

통합돌봄을 운영하기 위해서는 서비스와 프로그램이 마련되어야 한다. 통합돌봄은 다음과 같이 주거, 일상생활, 보건의료, 정신건강, 돌봄요양 등 5개 영역의 다양한 프로그램이 제공되고 있다.

- **주거**: 집수리 사업, 케어안심주택 운영, 자립체험주택, 자립정착금 지원
- **일상생활**: 가사지원, 영양음식지원, 이동지원서비스, 스마트홈 사업, 위기가정 긴급지원 등
- **보건의료**: 방문형 서비스(방문의료, 방문간호, 방문약료, 방문재활 등), 만성질환 관리, 검진비 지원 등
- **정신건강**: 정신질환자 위기대응, 집중사례관리, 심리검사 및 진단비 지원 등
- **돌봄요양**: 장기요양, 주야간 돌봄사업, 등급외자 가사지원사업, 스마트홈, 돌봄요양 비용지원 사업 등

3) 의료사회복지실천의 역할

지역사회통합돌봄 체계 내에서 의료사회복지 실천이 필요한 영역은 종합병원, 요양병원, 정신병원, 재활의료기관, 지역의료기관, 보건소, 정신건강복지센터 등이라고 할 수 있다. 이 기관들 중에는 의료사회복지사가 배치되어 있는 곳도 있고, 배치되지 않은 곳도 있지만, 광의의 의미의 의료사회복지서비스가 필요한 영역이다([그림 11-6]).

보건복지부 안내(2020)에 따르면, 지역사회 통합돌봄의 다양한 프로그램 중 핵심 프로그램은 '요양병원 퇴원환자의 지역사회 연계'이다. 이는 요양병원 환자지원팀이 환자의 의료 및 사회경제적 욕구를 포괄적으로 파악하여 욕구를 반영한 지역사회자원을 연계함으로써 퇴원 후 환자의 안정적 지역사회복귀를 지원하는 것이다. 국민건강보험공단이 배포한 요양병원 퇴원환자 지역사회 연계 업무 안내서(2019)에 따르

면, 환자지원팀은 의사, 간호사, 사회복지사로 구성되며, 환자 및 보호자와 상담을 통해 환자지원 심층평가를 실시하도록 되어 있다. 심층평가 항목은 환자의 경제심리 사회적 측면, 퇴원관련 사항, 활용가능 자원, 문제 사정, 개입계획 및 개입 수준을 포함한다.

이 업무는 기존의 의료사회복지사의 업무에서 퇴원계획과 지역사회자원연계가 강화된 것으로 봐도 무방하다. 그런데 이 두 가지 업무는 서로 긴밀하게 관련되어

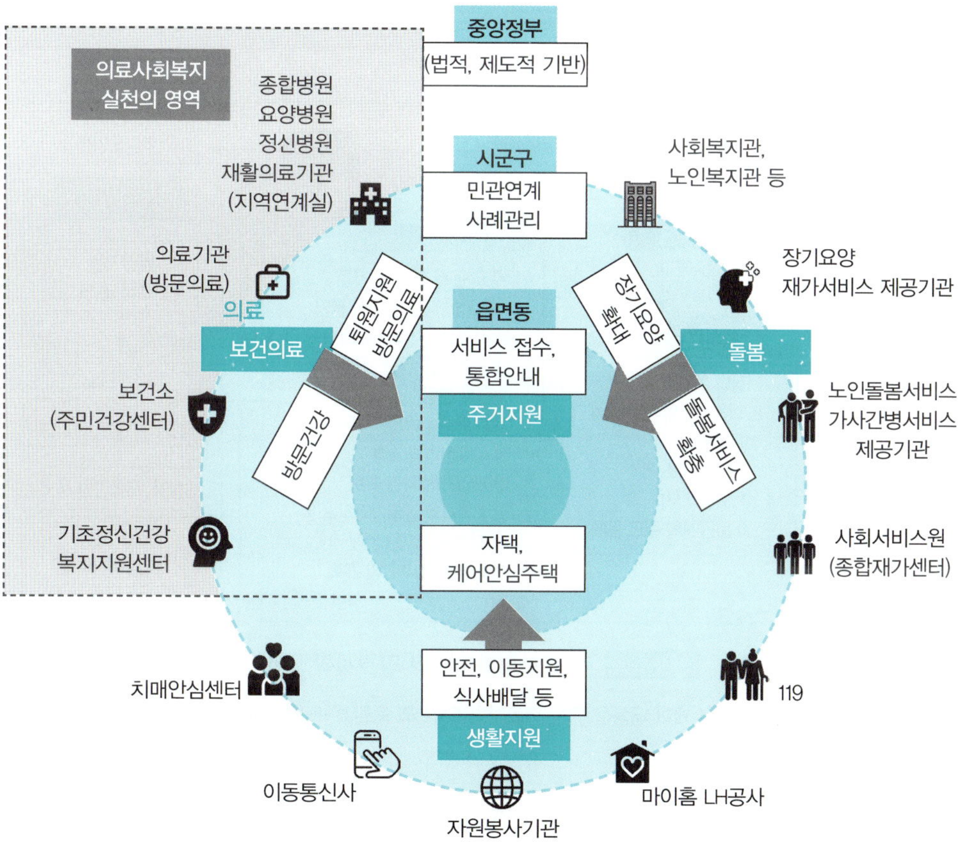

그림 11-6 **지역사회통합 흐름에서 의료사회복지실천이 필요한 영역**

출처: 보건복지부(2018a). 지역사회통합돌봄. p. 24.

있다. 지역사회의 기관으로 연계를 위해서는 퇴원할 환자의 정확한 욕구 사정과 퇴원계획이 세워져야 하기 때문이다. 임정원 등(2019)은 지역사회통합돌봄에 대응하기 위한 의료사회복지사의 퇴원계획 모델을 [그림 11-7]과 같이 제시한 바 있는데, 이 퇴원계획에는 퇴원 후 갈 곳이 없거나 보호자가 없는 환자, 경제적으로 어려움이 있거나 가족과 단절된 환자 등을 대상으로 병원 바깥에서 어려움이 예상되는 사람들을 대상으로 퇴원계획을 수립하도록 하고 있으며, 퇴원계획을 구성하는 업무에는 지역사회 전문가와의 소통, 자원연계 등이 포함되어 있다.

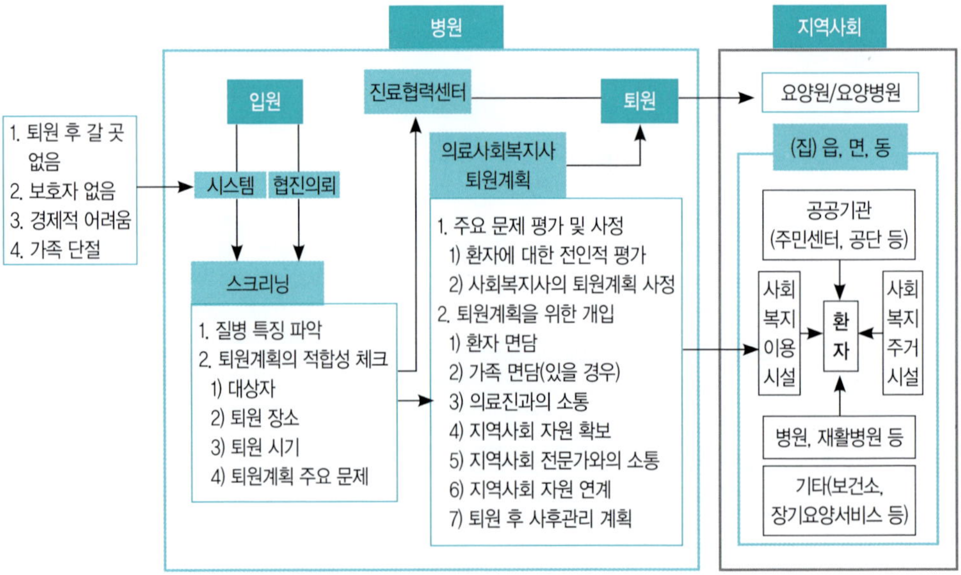

그림 11-7 **의료사회복지사의 퇴원계획 모델**

출처: 임정원 외(2019). 커뮤니티 케어 대응을 위한 의료사회복지사의 퇴원계획모델 개발. 한국사회복지학회 학술대회 자료집. p. 16.

퇴원 후 환자가 잘 지낼 수 있도록 하는 데에는 결국 필요한 자원이 적절하게 연결되어야 하는데 이를 위해서는 지역사회 내 활용가능 한 공적자원과 민간자원에 대한 정보가 축적되어 있어야 하고, 병원과 지역사회 기관이 서로 협력 네트워크를 구축해야 하며, 연계기관 간 신뢰와 책임성이 확보되어 있어야 한다.

이 외에도 지역사회통합돌봄은 의료모델에서 생활모델로 패러다임의 전환이 일어나는 것으로 의료관계자뿐 아니라 환자나 가족의 의식도 변화해야 한다. 또한, 포괄적 의미의 의료서비스가 병원 중심에서 지역 중심으로 전환되는 것으로 지역사회의 자원을 충분히 이용할 수 있어야 한다.

이러한 점에서 병원과 지역의 연결, 환자나 가족의 의식의 변화, 지역사회 자원 활용 등에 있어 의료사회복지사가 중요한 역할을 하게 된다. 그 외에도 환자와 가족에 대해 개별적인 지원과 자원 연결, 지역케어회의 등 네트워크 구축, 지역 내 잠재적 자원, 잠재적 어려움에 대한 제안 등의 역할이 요구된다.

PART 04

의료사회복지의 전문성과 과제

CHAPTER 12

의료사회복지사의 역량강화

학습목표

01 의료사회복지사로 진로를 모색할 경우 그 방법에 대한 구체적 정보를 습득한다.
02 의료사회복지사로서 전문적 소양을 향상시킬 수 있는 방법들을 이해한다.
03 의료사회복지사의 소진위험과 그 극복방안에 대해 이해한다.

1. 의료사회복지사의 길 찾기

이 장에서는 의료사회복지사로서 진로 선택을 돕는 내용을 다룬다. 이를 위하여 의료사회복지를 사회복지교육과정에서 다루는 이유를 점검해 보고, 의료사회복지사로서 진로를 설정할 때 사전에 알아야 할 사항들, 그리고 의료사회복지사로서 역량을 갖추기 위하여 예비사회복지사로서 기울여야 할 노력들을 제시할 것이다.

우선 사회복지학도로서 의료사회복지론을 배워야 하는 이유는 크게 두 가지라고 할 수 있다. 첫째는 의료사회복지가 무엇이며 의료사회복지사가 어떤 역할을 수행하는지에 대한 정보를 얻음으로써, 의료사회복지분야가 자신의 적성에 맞는지를 탐색해 보기 위한 것이다. 만약 이 분야로 자신의 진로를 잡고자 하는 경우라면 이 교과목을 통하여 의료사회복지사에게 필요한 전문적 지식을 습득하고 이와 관련된 직간접적인 경험을 해보는 의미가 있겠다. 둘째는 의료사회복지사로서의 길을 가지 않더라도 사회복지사라면 어느 분야에서든지 클라이언트의 건강과 관련된 욕구나 질병과 관련된 문제들을 다뤄야 하는 경우가 많기 때문에 이 교과목을 배우는 의미가 있을 것이다. 사회복지 현장에는 질병이나 건강 문제로 고통을 경험하며 의료 서비스를 필요로 하는 클라이언트들이 존재하기 마련이다. 따라서 사회복지사는 의료사회복지에 대한 기본적인 이해를 바탕으로 적절한 자원을 연결하거나 관련 정보를 제공할 수 있는 능력을 갖추는 것이 필요하다(임춘식 외, 2007).

그리고 만약 첫 번째와 같이 의료사회복지사로서의 진로를 모색하는 경우라면, 다음과 같은 사실들을 고려하여 자신을 점검해 보아야 한다. 보건의료 현장은 질병이나 수술, 때로는 죽음과 같이 삶과 직결된 무거운 문제들을 가까이에서 접하고 이를 다루는 곳이므로 이러한 문제를 접하고 다루는 것이 자신의 적성과 가치에 맞는지를 생각해 보아야 한다. 물론 사회복지사가 환자의 의료적 문제를 직접 진단하거나 치료하지는 않지만, 신체적, 또는 정신적 질병과 그로 인한 손상으로 고통 받는 환자 및 그 가족들과 가까이 있으면서 이들과 함께 일해야 한다는 점에서 자신이 이러한 부분을 감당할 수 있는지 여부를 잘 생각해 보아야 한다.

보건의료기관은 엄밀히 말해 사회복지기관이 아니며 사회복지사의 입장에서는 2차 세팅(secondary setting)에 해당된다. 특히 병원과 같은 의료조직에서 사회복지사는 다른 직군에 비해 소수(minority)로 존재하는 경우가 많다. 이러한 이유로 때로는 다수를 차지하는 직군들에 의해 사회복지사의 견해가 상대적으로 소홀하게 취급될 수도 있고 사회복지사의 역할에 대한 혼란이 있을 수도 있다. 따라서 만약 사회복지사로서 정체성이 불확실한 가운데 흰 가운, 깨끗한 병원환경과 같은 어떤 이미지에 매료되어 의료사회복지를 선택한 경우에는 이런 환상이 깨지면 쉽게 소진으로 이어질 수 있다. 그러므로 자신이 어떤 이유에서 의료사회복지사가 되고자 하는지 잘 생각해 보아야 하며 이때 사회복지사로서 정체성과 역할에 대한 확고한 인식이 우선되어야 한다. 아마도 우리 사회에 존재하는 조직 중 보건의료조직 만큼 다학문적 배경을 가진 전문가들과 함께 일하는 곳도 드물 것이다. 그런 점에서 자신이 다양한 차이를 인정하고 다른 관점과 지식을 갖춘 사람들과 조화를 이룰 수 있는 사람인지를 점검해야 한다. 즉, 나와 다른 배경을 가진 사람과도 소통하고 함께 일할 수 있는 마음

자세와 인간관계 능력이 요구된다.

그동안 우리 사회와 보건 현장에서 의료사회복지에 대한 인식이 많이 발전해 왔지만, 여전히 그 충분성 면에서는 만족할 만한 수준에 이르고 있지 못 하다. 따라서 사회복지사가 의료조직에서 어떤 역할을 하고 또 얼마나 적절히 해내는가 하는 부분은 사회복지사의 개인적 역량에 달린 경우가 많다. 그런 점에서 의료사회복지사는 보건의료현장에서 요구되는 행정 및 임상 부분의 실천 능력을 갖춰야 하며, 자신의 역할을 만들고 발전시켜 나가는 진취적인 태도를 필요로 한다.

그렇다면 의료사회복지사가 되기 위해서는 어떤 경로를 밟아야 할까? 여기서는 그 과정에서 구체적으로 어떤 준비가 필요한지에 대해 살펴보도록 하겠다.

1) 자원봉사활동으로 경험 쌓기

우선 의료사회복지사로서의 진로에 관심이 있다면 자원봉사를 해볼 것을 권한다. 병원의 각 영역에서 일반적으로 이뤄지는 자원봉사도 의료조직의 다양한 특성들을 이해하기에 좋겠지만, 병원 내 의료사회복지조직에서 하는 자원봉사는 사회복지사의 역할이나 업무 등을 직간접적으로 체험해 볼 수 있다는 점에서 도움이 된다. 물론 병원 외에도 다양한 보건 영역이 있을 수 있으므로, 보건소, 지역사회정신건강복지센터, 질병과 관련된 후원기관, 호스피스 기관 등에도 관심을 가져볼만 하다.

사회복지전공자로서 자원봉사활동을 경험하는 것은 크게 두 가지로 구분해 볼 수 있다. 우선은 일반 자원봉사자의 역할과 유사한 역할을 수행하면서 보건 및 의료환경을 이해하고 의료사회복지사의 역할도 간접적으로 경험하는 것이다. 두 번째는 좀 더 사회복지 전공을 살려서 자원봉사활동을 하는 경우이다. 여기에는 서류작업에서부터 사회복지사의 임상업무를 보조하거나 프로그램 공동 진행자로 참석하는 일까지 포함될 수 있다. 특히 집단 프로그램이나 교육, 캠프 활동들은 보다 구체적인 사회복지사의 활동을 경험할 수 있는 좋은 기회가 될 수 있다.

때때로 자원봉사를 하는 학생들 중에는 자원봉사를 통해 보다 전문적인 일을 경험하고 싶은데, 그런 기회가 없는 것을 아쉬워하는 경우가 있다. 그러나 조직의 입장에서는 검증되지 않은 사람에게 클라이언트를 대상으로 하는 전문적일 일을 맡기기 어렵다는 점을 사전에 인지하고 현실적인 기대를 가지는 것이 좋다. 특히, 자원봉사자와 클라이언트가 1:1로 만나게 되는 경험은 드문 것이 사실이다. 만약, 자원봉사자로서 클라이언트를 대면하게 되는 경우에는 성실한 준비와 자세로 조직의 방침과 지도에 따라야 한다.

2) 의료사회복지실습 하기

의료사회복지사가 되고자 한다면, 사회복지현장실습을 보건 및 의료현장에서 하는 방안을 추천한다. 현재 사회복지현장실습 과목은 사회복지사 자격증 취득을 위한 필수 과목으로 한국사회복지사협회에서 실습기관으로 승인한 사회복지기관에서 실시하는 것을 원칙으로 한다. 따라서 자신이 실습하고자 하는 의료기관 내 사회사업 조직이 실습지로 인정받은 곳인지를 확인하는 것이 필요하다. 의료영역에서의 실습을 위해서는 〈의료사회복지론〉을 수강하는 것이 필수적이며, 정신의료 영역의 실습을 하게 될 경우에는 〈정신건강론〉과 〈정신건강사회복지론〉을 수강하는 것이 좋다. 의료사회복지실습을 위해서는 사전에 자원봉사 등을 통해 실습 희망 기관과의 관계를 형성해 두는 것이 도움이 된다.

실습기관 선정을 위해서는 대한의료사회복지사협회 홈페이지의 실습생 모집 공고를 참조할 수 있다. 다음 [그림 12-1]은 협회 홈페이지의 실습 및 수련 병원 소개 화면이다. 의료영역에서 실습을 희망할 경우 이를 활용하거나 자신이 관심을 갖고 있는 병원이나 단체에 직접 문의를 해보는 것이 도움이 될 것이다.

그림 12-1 대한의료사회복지사협회 홈페이지 수련 및 실습지 찾기 화면

3) 수련을 통한 의료사회복지사 국가자격증 취득하기

2018년 11월 23일 개정된 「사회복지사업법」이 통과됨에 따라 사회복지영역에 전문사회복지사 제도가 도입되었다. 전문사회복지사 제도는 정신건강, 의료, 학교 분야에서 직무 영역별로 전문성을 지닌 사회복지사를 양성하는 자격제도로서 사회복지사 1급 자격증 취득 후 일련의 수련과정을 거쳐 자격시험에 통과해야 취득할 수 있는 국가자격증제도이다. 이 제도에 따라 2020년 10월부터 의료사회복지사 자격도 국가자격으로 전환되었다.

의료사회복지사 자격증 취득을 위해서는 보건복지부에서 의료사회복지사 수련기관으로 인증한 의료기관에서 수련을 받아야 한다. 의료사회복지사 수련기관은 의료사회복지 업무를 수행하는 담당 부서를 갖추고, 5년 이상의 의료사회복지사 실무경험이 있는 사람 1명 이상이 수련지도자로 상시 근무하는 「의료법」 제3조 제2항 제3호에 따른 병원급의 의료기관이어야 한다. 수련을 받을 수 있는 자격조건으로는 첫째, 4년제 대학의 사회복지학과 또는 사회복지관련 학과 졸업, 둘째, 사회복지사 1급 자격증 취득이 필요하다. 의료사회복지사 수련기관에 지원할 경우 지원 시점에서는 졸업예정자도 지원이 가능하지만 사회복지사 1급 자격시험에 불합격한 경우 수련생으로 선정되었다 하더라도 수련생 선발이 취소된다. 따라서 의료사회복지사 수련을 희망한다면 반드시 사회복지사 1급 자격증을 취득해야 한다. 수련은 일반적으로 매해 1~2월 사이에 시작되는데, 수련생 모집은 이전 해에 이루어지는 경우가 많다. 그러므로 의료사회복지사 수련에 관심이 있는 졸업 예정자라면 미리 사전에 대한의료사회복지사협회 홈페이지를 통해 수련생 모집에 대한 공지사항을 살펴보고 지원하는 것이 좋다. 수련지원은 해당 병원 및 의료기관에서 개별적으로 모집과 선발이 이루어지며, 보통 서류전형, 시험, 면접 등을 통해 수련생을 선발한다.

수련에 요청되는 수련시간은 주당 20시간 이상으로 1년간이며, 이론교육과 임상수련을 합하여 총 1,000시간으로 규정되어 있다. 이론교육과 임상실습은 법과 정책, 임상윤리, 이론 및 실제, 조사연구, 기획 및 행정영역으로 구분되어 있다. 사회복지사업법 시행규칙에 따른 각 영역별 수련 시간은 〈표 12-1〉에 제시하였다. 수련과정을 마친 뒤에는 자격시험이 있으며, 이에 합격할 경우 보건복지부에서 부여하는 국가자격증인 의료사회복지사 자격을 취득하게 된다. 수련기간 동안에는 준 직원으로서 활동하며, 일부 급여를 받기도 한다.

표 12-1 영역별 사회복지사 수련과정(제4조의2제2항 관련)

영역	의료사회복지사	
구분	과목	시간
	합계	1,000
이론	소계	150
	법과 정책 임상 윤리 이론 및 실제 조사 연구 기획 및 행정	15 15 85 15 20
실습	소 계	830
	법과 정책 임상 윤리 이론 및 실제 조사 연구 기획 및 행정	20 20 750 20 20
학술활동	-	20

4) 의료사회복지사로 취업하기

의료사회복지사 자격을 취득하였다면 보건의료 관련 분야에서 사회복지사로 취업할 수 있다. 의료사회복지사로서 취업하는 기회는 앞에서 살펴본 자원봉사, 실습, 그리고 수련과정을 통해 주어지는 경우가 많다. 또한 취업에 대한 정보 역시 대한의료사회복지사협회 홈페이지에 공시된 자료를 통해 얻는 것이 가장 폭이 넓으면서도 정확하다고 할 수 있다.

의료사회복지사로 활동할 수 있는 기관들로 제일 많이 생각하는 곳은 종합병원이나 대학병원이지만 이외에도 진료과별 개인병의원, 요양병원, 호스피스기관, 보건소, 각종 상담소 등을 비롯하여 의료비를 지원하는 NGO나 재단, 보건사업을 수행하는 복지기관까지 다양하다. 따라서 진로를 너무 한정짓기보다는 기본에 충실하면서 상황에 따라서 취업처를 모색하는 것이 바람직하다.

한편 보건 및 의료 사회복지 쪽 취업과 관련하여, 의료사회복지사가 되는 데에 학사졸업의 학력만으로 충분한지, 대학원 학력이 필요한 것은 아닌지에 대한 의문을 갖는 경우들이 있다. 이와 관련해서는, 일반적으로 사회복지계에서 의료 및 보건 현장의 사회복지사들의 학력수준이 상대적으로 높은 점을 고려해 볼 수 있다. 또한 장기적으로 의료현장에 근무할 것을 생각한다면, 타 전문직과의 관계나 전문성 향상을 위해 궁극적으로 대학원 진학이 도움이 될 수 있다. 그러나 현실적으로 대학원 학력이 의료사회복지사가 되기 위한 사전 조건이라기보다는 취업 후에 지속적인 자기계발 차원에서 이뤄지는 경우도 많으므로, 이는 개인의 선택에 관한 문제라고 하겠다.

2. 의료사회복지사로서의 자기계발

보건의료현장은 어느 장(場)이나 분야보다도 각 전문직의 전문성을 요구하며 여기에 의료사회복지사 역시 예외일 수 없다. 그 이유는 다음과 같다.

- 사람을 대상으로 한 직접적인 대인 서비스를 제공함
- 생과 사를 비롯한 삶의 중요한 결정을 다룸
- 가치와 윤리가 포함된 여러 가지 이슈를 다룸
- 조직에서 요구하는 각각의 역할에 따라 세분화되어 있음
- 다양한 타 분야 전문직들과 함께 협력하여 일함

특히, 사회복지사에게 보건 및 의료 현장은 대부분 사회복지사가 주(主)가 되기

보다는 의료서비스의 질을 높이고 조직과 서비스가 원활하게 돌아가도록 지원하는 2차 세팅으로 간주된다. 그런 측면에서 사회복지사가 고유의 독특한 영역과 전문성을 갖추지 못 한다면 굳이 이 현장에 존재해야 하는 이유를 찾을 수 없다고 해도 과언이 아니다. 또 한편으로는 그만큼 보건의료 현장에서 사회복지사의 지위는 불안정하고 소수자에 머물 가능성이 크다고도 할 수 있다. 따라서 사회복지사는 자신의 전문적 역량을 갖추는 동시에 소진의 위험으로부터 자신을 보호할 수 있어야 한다. 그러므로 여기에서는 보건 및 의료현장에서 활동하는 사회복지사가 갖춰야 할 전문적 역량과 역할을 정립하는 방법을 살펴보도록 하겠다.

1) 의료사회복지사의 전문적 역량

기존 문헌에서 사회복지사의 전문적 역량은 어떤 한 가지 개념으로 정의되기보다는 이를 구성하는 다양한 요소들을 통해 설명되고 있다. 일반적으로 알려져 있듯이 사회복지사의 전문적 기반으로는 지식, 기술, 가치를 들 수 있다. Cournoyer(2002)는 전문 사회복지사의 핵심 자질로 감정이입, 존중, 진실성을 제시하였고, 특히 사회복지사의 전문적 통합성(professional integrity)에는 정직성, 전문적 지식, 윤리적 의사결정, 평생학습, 비판적 사고, 자기 이해 및 자기 통제의 특성 등이 포함된다고 보았다.

최명민 등(2005)은 의료사회복지사들 스스로 자신의 전문적 역량을 무엇이라고 인식하는지에 관한 조사를 하였는데, 다음과 같은 4가지 요소로 도출되었다.

- **업무수행 능력:** 업무와 관련된 이론을 숙지하고 클라이언트와 가족의 필요한 변화를 이끌어내며 필요한 프로그램을 계획하여 시행할 수 있는 등 의료사회복지사로서 업무 수행에 필요한 기본적인 자질과 자신감

- **일에 대한 열정과 도전정신:** 질병과 관련된 여러 가지 어려움이나 의료사회복지에 대한 일반의 인식부족, 또는 전문직 간의 경쟁구도와 같은 도전을 극복하고 의료사회복지사로 역할을 다 하고자 하는 책임감과 의지
- **클라이언트와 좋은 관계:** 자신이 만나는 클라이언트를 잘 이해하고 공감하면서 도움을 줌으로써 보람과 긍지를 느낄 수 있는 긍정적 관계형성 능력
- **사회복지사로서의 정체성:** 여러 전문직들 사이에서 의료사회복지사의 존재 이유에 대한 확신을 갖고 전문직 정체성을 확고히 하여 타 전문직과의 관계에서 자기 역할을 정립할 수 있는 역량

이러한 요소들이 중요한 이유는 사회복지에 대한 대중의 이해와 의료보건환경의 특성 때문이다. 예전에 비해 사회복지사나 사회복지학에 대한 사회 전반의 인식이 많이 향상되었지만, 여전히 사회복지사의 역할에 대한 내부와 외부 인식 사이에 괴리가 존재하는 것이 사실이다. 특히 보건의료 영역에서 활동하는 사회복지사를 여전히 낯설게 바라보는 경우가 많다. 따라서 의료조직에서 사회복지사에게는 스스로 자신의 역할을 창출하고 개발할 뿐 아니라 이를 잘 소통할 수 있는 역량이 요구된다.

2) 조직 내에서 의료사회복지사로서 역할 정립하기

일반적으로 병원은 일반 조직과 차별화된 특성을 갖고 있다. 윤현숙 등(2011: 272-283)은 병원조직의 특성으로 분업화와 전문화 양상, 진료부문과 행정부문의 구분, 일부 의료전문직에게 집중된 권력, 영리추구에 대한 일반 통념과 현실 여건의 괴리, 독점적 기술, 환경에 대한 민감성 등을 들고 있다. 그러나 이런 일반적인 병원조직의 특성 외에도 각 병원마다 추구하는 이념이나 집중적으로 추진하는 사업, 특별히 관심을 갖는 환자군 등이 다양하다.

따라서 의료사회복지사는 이러한 병원조직의 특성과 이에 영향을 미치는 환경으로서 지역사회에 대한 이해가 있어야 한다. 그리고 일반적으로 알려져 있는 의료사회복지사의 역할을 무작정 따라가는 것보다는 각 병원이나 현장에서 요구되는 역할을 찾아서 발전시켜 가는 것이 필요하다. 예를 들어서 아동전문병원이라면 일반적인 성인 대상의 병원과 달리 아동과 그 부모들에게 초점을 맞춘 의료사회복지사로서 역할을 찾아야 하고, 화상전문병원이라면 화상 환자의 특성을 고려한 상담이나 프로그램을 수행하는 역할을 찾아야 한다. 또한 조직의 특성이나 요구에 따라서는 사회복지사에게 임상가로서의 역할보다 지역주민과의 소통을 위한 기획 사업이나 병원의 수익창출을 위한 역할을 요구할 수도 있다.

또한 병원의 이념이나 상황에 따라서 의료사회복지사에 대한 채용과 배치가 달라질 수 있다. 의료사회복지에 대해 이해하고 그 필요성에 공감하는 병원조직에서는 의료사회복지 부서를 별도로 배치하고 여러 명의 사회복지사를 채용하여 다양한 진료과 및 업무를 고루 수행할 수 있도록 하는 경우가 많다. 그러나 또 어떤 경우에는 법규에서 정한 한 명의 사회복지사만을 의무적으로 채용하여 특정 진료과나 원무부서, 또는 종교실 등 다른 부서 소속으로 배치하기도 한다. 이러한 상황에 놓이는 사회복지사는 훨씬 더 역할 혼란을 경험하거나 정체성에 도전을 받게 된다.

이렇듯 의료현장에서 사회복지사는 스스로 의료사회복지사로서 자신의 역할을 모색하고 정립해 가야 하는 경우가 많다. 이런 경우에는 다음과 같은 점들을 염두에 두도록 한다. 우선, 소속 기관에서 사회복지사에 대해 어떤 기대를 갖고 있는지를 파악한다. 그리고 이러한 기대와 의료사회복지사로서 정체성이 일치하는 부분을 찾아서 자신이 수행할 역할들을 정립한다. 만약 소속 기관의 구성원들이 의료사회복지사에 대한 이해가 부족하여 사전에 어떤 기대를 갖고 있지 않다면, 사회복지사 스스로 소속 기관에서 중점을 두고 있거나 비중을 두고 있는 사업이 무엇인지를 파악하여 이와 관련된 사회복지사의 역할을 모색한다.

우리 기관을 이용하는 클라이언트와 그 가족이 갖고 있는 욕구를 파악하여 기관에서 아직 관심을 갖고 있지 않지만 사회복지 서비스나 프로그램을 통해 조직과 클라이언트에게 혜택이 갈 수 있는 부분이 무엇인지 탐색하고 그 안에서 자기 역할을 찾는다. 또한 소속 기관이 위치하는 지역사회의 사회복지기관 및 자원들을 파악하고 거기서 활동하고 있는 사회복지사들과 연대하여 지역사회에 기여할 수 있는 영역을 탐색한다. 뿐만 아니라 다른 병원 등에 소속된 동료 의료사회복지사들과 정보를 교환하면서 자신이 소속된 기관 상황에 적용 또는 응용하여 발전시킬 수 있는 서비스나 프로그램이 있는지 살펴본다.

이와 같이 조직의 여건이나 상황에 따라서 의료사회복지사의 역할은 다양하게 전개될 수 있다. 그러므로 이러한 조건에 따라 융통성 있게 역할을 수행하면서도 사회복지사로서, 그리고 의료사회복지사로서 정체성과 사명을 잃어버리지 않도록 유념해야 한다. 또한 새로 모색하는 사회복지사의 역할에 대해서는 조직 구성원, 특히 의사결정자와 충분히 소통함으로써 접점을 찾아가도록 한다.

3) 의료사회복지사의 전문적 역량 계발하기

이러한 사회복지사의 전문적 역량을 개발하기 위해서는 학교에서 배웠던 내용만으로는 충분하지 않으면 지속적인 수퍼비전과 더불어 실무에 필요한 교육과 훈련을 받아야 한다(서울대 사회복지실천연구회 역, 1998; Amadeo & Fassler, 2001). 특히 의료사회복지사는 보건 영역에서 활동한다는 특수성이 있기 때문에 그 전문적 기반으로서 ‘지식과 기술적 체계’, ‘교육과 훈련체계’, 그리고 ‘사회적 승인’ 등이 중요하다(이광재, 2005: 87-109). 이를 더 구체화하면 지식과 기술적 체계는 ‘전문적 역량의 구성요소’에, 교육과 훈련체계는 ‘전문적 역량의 개발 및 관리 측면’에, 그리고 사회적 승인은 ‘전문적 역량의 인정요소’에 해당된다고 할 수 있다. 그리고 순서적으로는 역량개발과 관리를 통해 전문적 역량을 구성하는 요소를 갖추게 되면 이에 대한 인정을 받음으로써 의료사회복지사의 전문성을 개발해 갈 수 있다(최명민 외, 2005).

우리나라에서 의료사회복지 교육과 훈련체계로는 교육, 훈련, 실무재교육, 관련협회활동 등을 활용할 수 있다.

- **교육체계**: 의료사회복지 별도의 교육체계라기보다는 사회복지교육체계를 일컫는 것으로서, 그 안에 포함된 의료사회복지론 및 정신건강사회복지론 등을 통해 의료사회복지와 관련된 교육 및 지식체계를 습득할 수 있다.
- **훈련체계**: 의료 중에서도 정신건강 분야는 일찍이 정신건강전문요원 수련제도 하에서 정신건강사회복지사 수련과정을 운영해 왔다. 앞에서 살펴본 바와 같이 의료사회복지사도 전문 사회복지사제도에 의해 자격취득 과정을 체계화하여 해당 기관에서 수련 프로그램을 제공하고 있다.
- **실무 재교육**: 사회복지사의 재교육을 위해 2009년부터 보수교육이 법제화되어 시행되고 있으며 대한의료사회복지협회에서도 의료사회복지사의 특수성을 고려한 보수교육 프로그램을 제공하고 있다. 그 외에도 1981년부터는 연례적으로 워크숍 등을 통해 의료사회복지의 전문화를 위해 노력해 왔으며 1980년대부터는 각 병원 자체적으로 직무훈련을 실시해오고 있다.
- **관련 협회활동**: 의료사회복지사와 관련된 단체로는 한국사회복지사협회, 대한의료사회복지사협회, 한국정신건강사회복지학회, 한국정신건강사회복지사협회 등이 있다. 이들은 교육훈련, 권익옹호, 자격관리, 조사홍보, 대외협력 등의 활동을 통해 전문가로서의 자질과 지위확보에 주력하고 있다.

그렇다면 실제로 유능하다고 인정받는 의료사회복지사가 전문가로서 자기계발을 위해서는 어떤 노력을 기울일까? 주위 동료들로부터 유능성을 인정받고 있는 의료사회복지사를 대상으로 한 연구 결과, 이들의 전문적 역량을 계발하는 방법은 다음의 〈표 12-2〉와 같았다(최명민, 2006).

표 12-2 의료사회복지사의 전문적 역량계발 방법 및 내용

주요요인	하위요인	해당 개념
수퍼비전	교육적 수퍼비전	사례 수퍼비전을 받음, 수퍼비전을 통해 전문적 지식이나 궁금한 질문에 대한 답변을 얻음
	행정적 수퍼비전	수퍼바이저가 통제적 요인으로 작용함
	지지적 수퍼비전	지지를 통해 소진의 위기시 도움을 받음, 인정과 격려를 받음
	동료 수퍼비전	같은 분야의 사회복지사들과 교류함, 동료들끼리 서로 자문을 구함, 함께 문제해결방법을 의논함
스스로 하는 공부	일에 필요한 공부	업무수행에 부족한 능력(예: 상담능력, 통계)보충 위해 공부함, 새로운 문제나 욕구(예: 새로운 진단체계, 새로운 질명)에 부응하기 위해 공부함
	개인적 투자를 아끼지 않고 공부	업무 외 개인시간을 투자하여 공부함, 개인적인 사비를 들여서 공부함
	다양한 형태를 동원한 공부	혼자서 공부함, 동료나 학교와 연계하여 스터디 조직을 만들어 공부함
외부교육 및 연수	학회 및 세미나	학회나 학회에서 주관하는 월례회에 참석함
	워크숍 및 기타 프로그램 참석	현실치료, 해결중심단기가족치료 등 특정 이론이나 모델 중심의 워크숍에 참석함, 자아발견 등 자기성장 프로그램에 참석함
	연수기회 경험	해외연수를 다녀옴, 외부 트레이닝(training) 프로그램에 참석함
진학	학위과정	학위과정을 통해 힘, 긴장, 새로운 지식을 배울 기회, 새로운 돌파구 등을 얻음
	학위취득	학위취득으로 자신감을 얻음, 학위취득에 대한 목표의식을 갖고 일함
모델링	역할모델 발견과 의미 부여	역할 모델 존재 자체가 주는 의미를 느낌, 역할모델이 긍정적 영향을 미침
	본 받아 따라함	따라하게 됨, 본을 받음
다학문체제 활용	타직역 전문가들을 통한 성장	같이 일하는 전문영역이 다양함, 타전문가들과 정보를 교류함
	발전적인 경쟁자	타전문가들이 긍정적인 자극을 줌
자격증 취득	자격증 취득 노력	과정을 견딤, 오랜 시간이 걸림
	자격증 취득	자격증 취득으로 자신감, 자긍심, 성취감을 얻음

출처: 최명민(2006). 의료사회복지사의 전문적 역량계발 및 관리에 관한 연구. 정신보건과 사회사업, 22, 258-284.

이렇게 습득된 전문적 역량을 타 직군으로부터 인정받기 위해서는 의료사회복지사로서 수행하는 업무 과정과 그 결과를 소통하는 것이 필요하다. 의료사회복지사는 다양한 전문직과 협력하는 구도 속에서 업무를 진행해야 하므로 자신의 활동사항을 계속 알리는 작업도 잘 해내야 한다. 이 중 가장 기본적인 것은 '기록'이다. 정확하고 깔끔한 기록 작성과 이를 공유하려는 노력은 매우 중요하다. 다음은 '평가'이다. 아무리 열심히 클라이언트와 조직을 위해서 일해도 그 활동의 효과성을 평가해 내지 못 한다면 그 의미를 객관적으로 인정받기 힘들다. 따라서 사회복지사는 효과적인 개입활동 못지않게 이를 평가하고 검증하여 보여줄 수 있는 능력을 갖춰야 한다. 이를 위해서 적절한 평가도구와 방법을 선정하고, 그 결과를 분석해 낼 수 있는 지식이 요구된다. 그리고 이러한 평가를 '연구'로 연결할 수 있다면 더욱 좋을 것이다. 가능하다면 이러한 결과물을 각종 세미나나 학회 등에서 발표할 수 있다면 자신감 향상뿐 아니라 타전문직의 인식에도 긍정적인 영향을 미칠 수 있다.

3. 의료사회복지사의 소진예방과 스트레스 관리

사회복지사의 소진(burn-out)은 사회복지사가 일과 관련된 스트레스에 대해 반응하는 부정적인 심리적 경험이다(Acker, 1999: 113). 소진은 신체적, 심리적, 대인적 차원으로 구분되기도 하며, 그 구체적 구성요소로는 정서적 탈진, 개인적 성취감의 감소, 클라이언트에 대한 비인간화 등이 있다(Maslach & Jackson, 1981). 또한 의료사회복지사들은 소진을 '고갈되고 정체되어 일에 흥미를 못 느끼는 위기의 경험으로서 뭔가 변화를 모색하게 되는 힘든 상태'로 규정하기도 하였다(최명민 · 현진희, 2006).

의료사회복지현장은 어느 영역보다 요구되는 전문성이 높고 그만큼 자긍심과 보람이 큰 분야이지만 한편으로는 앞에서 살펴 본 바와 같이 복합적이고 만성적인 또는 급성적인 환자의 문제를 다루어야 하는 과업이 주는 압박감, 다양한 전문직군 안에서 생존하고 고루 관계를 잘 형성하고 유지하는 데서 오는 피로감, 2차 세팅이라는 특성으로 인한 정체성의 혼돈 등 다양한 소진 유발요인이 존재하는 곳이다. 그런데 소진이 지속되면, 신체적 증상, 에너지의 고갈, 자존감 저하, 대인관계의 어려움, 집중력 장애, 융통성 부족, 클라이언트에 대한 비난 경향 증가뿐 아니라 알코올 및 약물남용 등의 부작용을 가져올 수 있다는 점에서(Pines & Maslach, 1978; Cherniss, 1980), 개인뿐 아니라 전문직 차원의 관심이 필요한 부분이다. 따라서 여기서는 소진의 진행과정과 유발요인 및 보호요인들을 살펴보고, 소진을 가져오는 스트레스 관리 방법에 대해 살펴볼 것이다.

1) 소진 유발요인과 보호요인

소진은 대부분 점진적으로 진행되는 과정으로 이해되어 왔다. Cherniss(1980)는 소진을 헌신적이었던 전문가가 직무상의 스트레스와 고통에 대한 반응으로 직무로부터 거리를 두게 되는 과정으로 보았고 Edelwich와 Brodsky(1983: 27-30)는 그 과정을 '열성-침체-좌절-무관심'의 단계로 구분하였다. 그러나 소진은 조금씩 축적되기도 하지만 몇 가지 주요 사건에 의해 위기처럼 촉발되기도 한다(최명민 · 현진희, 2006).

이러한 소진을 유발하는 요인들에 대한 연구도 활발히 이뤄져왔다. 서구의 많은 연구들은 소진을 개인적 요인, 조직적 요인 및 사회적 요인 간의 상호작용으로 보았다. 개인적 요인에서는 낮은 자존감, 비현실적 목표 등과 더불어 연령, 결혼여부, 성차 등 인구학적 요소가 소진과 관련이 있는 것으로 보고되었으며(Farber, 1983;

Poulin & Walter, 1993), 조직적 요인에서는 자율성의 결여(Cherniss, 1980; Farber, 1983; Arches, 1991), 역할갈등(Harrison, 1980; Winnibust, 1993), 조직의 자원 부족(Poulin & Walter, 1993)이, 사회적 요인에서는 사회적 지지의 결여(Poulin & Walter, 1993; Winnibust, 1993; Acker, 1999)가 소진의 원인으로 밝혀져 왔다.

국내 연구의 결과들도 이와 크게 다르지 않다. 병원에 종사하는 사회복지사들을 대상으로 한 연구에서도 개인적 특성과 더불어 역할모호성, 타전문직과의 갈등, 재교육프로그램의 부재 등이 복합적으로 소진에 작용하는 것으로 나타났으며(한현미, 1993), 정신건강사회복지사를 대상으로 한 조사 결과에서는 업무량과 역할갈등이 소진의 주원인으로 나타났다(장은숙, 1995). 특히, 의료사회복지사들에게 소진을 유발하는 요인 중에는 조직환경 측면(처우에 대한 불만, 타전문직과의 스트레스, 사회복지조직 내 갈등, 기타 환경요인)이 가장 비중이 많았으며, 다음으로 과업측면(반복적 업무, 보호한 업무, 다양한 업무, 과다한 업부), 전문성 측면(전문성향상 기회제한, 전문가 위상문제, 역량부족, 가치혼란), 개인측면(가사와 직업병행, 체력적 한계, 개인적 스트레스)으로 나타났다(최명민 · 현진희, 2006).

이러한 소진 요인은 그 자체로서도 문제지만, 이를 극복할 방법이나 대안이 없을 때 더 문제가 된다. 소진은 단지 스트레스의 결과가 아니라 그 대응과정에 따라 결과가 달라지기 때문이다(Burisch, 1993, 이명신, 2004: 10에서 재인용). 따라서 이런 소진 위험으로부터 자신을 보호하고 이를 극복해 나가는 방법을 아는 것이 중요하다. 사회복지사들을 대상으로 한 질적 연구 결과, 의료사회복지사를 소진으로부터 보호하는 요인으로는 다음과 같은 요인들이 도출되었다(최명민 외, 2005).

- 업무에서 요구되는 '전문적 역량'
- 일을 통해 얻는 '성취와 보람'
- 자신이 수행하는 '일에 대한 확고한 가치와 신념'
- 타 전문가들과의 '좋은 팀워크'

- 병원조직의 '구조적 뒷받침'
- 성격이나 기질 등 '개인적 자질'
- 업무 수행에 대한 '가족의 인정과 지원'

이렇듯 의료현장에서 사회복지사들은 다양한 기제를 활용하여 소진의 위험을 감소시키고 소진을 극복하고 있다. 특히 전문적 역량을 갖추는 것이 소진보호에서도 가장 비중 있는 요인으로 나타나, 전문적 역량은 업무수행 차원에서뿐만 아니라 사회복지사 자신을 위해서도 필수요소라는 점을 기억해야 한다.

2) 스트레스 관리

스트레스는 소진과 관련된 개념이자 유사한 개념으로 여겨져 왔다. 소진은 스트레스 구성개념에 그 이론적 기초를 두고 있기 때문에 소진과 스트레스 간 경계는 명확하지 않다(Shea, 1990). 그러나 엄밀히 비교해 보면, 이 둘 사이에는 원인과 결과와 같은 관계가 존재한다. 즉, 스트레스는 개인의 지각에 따라 긍정적이거나 부정적으로 해석될 수 있는 중립적 용어이다. 이에 비해, 소진은 스트레스와는 달리 완충 및 지원체제의 부재로 인해 중재되지 못한 부정적 스트레스(distress)가 지속된 결과이며, 따라서 적절한 기회가 주어진다면 역전시킬 수도 있다는 것이다(Fraudenberger, 1983). 또한 스트레스가 좀 더 개인적인 차원에 초점이 맞춰져 있다면, 소진은 상대적으로 조직과의 관련성이 더 부각되는 차이도 있다(Soderfeldt et al., 1995).

중요한 사실은 스트레스 자체는 불가피한 것이지만, 스트레스에 따른 반응은 환경적 요구에 부합하는 전략적 학습을 통해 그 과정이 변화될 수 있다는 것이다. 특히 정신건강사회복지사를 대상으로 한 권구영 등(2003)의 연구에 따르면, 스트레스 수준이 높을 때 직무수행과 정신건강수준이 저하되고 음주와 같이 바람직하지 않은 방식으로 대처하는 경우도 증가한다. 따라서 소진을 예방하거나 대처하는 기제가 중요한데, 사회복지사의 스트레스 예방 및 관리에 대한 연구들을 살펴보면, 팀이나 동료의 지지, 적절한 수퍼비전(LLoyd et al., 2002; Huxley et al., 2005), 심리적 자원과 훈련(Stack, 2004), 그리고 휴가나 안식년, 스트레스관리 프로그램 및 상담(Storey & Billingham, 2001) 등이 소진의 보호요인으로 보고되고 있다.

국내에서 의료 및 정신보건 영역에서 활동하는 사회복지사들의 성공적인 스트레스 관리 전략을 조사한 연구에서는(최명민, 2006) 다음 〈표 12-3〉과 같은 내용이 제시되었다.

표 12-3 스트레스 관리 전략 및 내용

주요요인	하위요인	해당 개념
자기주장	원하는 것을 표현함	할 말은 함, 직접적으로 대응하여 표현함, 주장적이나 공격적이지는 않음, 원하는 것을 외부에 알림
	잘못된 것에 이의를 제기함	문제가 있으면 이의를 제기함, 따질 것은 따짐, 잘못된 것을 참지 않음, 세게 나갈 때는 세게 나감
취미생활	취미생활로 스트레스를 품	써클활동으로 스트레스를 잊음, 주말에는 하고 싶은 것을 해서 스트레스를 발산함, 스포츠활동으로 응어리를 풀음
	좋아하는 취미를 일과 조화시킴	취미생활로 배운 것을 업무 프로그램에 도입함, 취미가 별도의 부담이 되지 않게 병원 내 동아리 모임으로 만듦
적절한 자기기대	잘 할 수 있는 일을 함	큰 욕심을 부리지 않음, 자신이 해서 즐거운 일을 함, 기관의 여건과 자신의 역할을 맞춤
	스스로의 구속으로부터 벗어남	강박적인 것과 나를 옭아매는 걸 벗어버림, 자신과 타인을 피곤하게 하는 것을 버리려고 노력함
불가피한 상황 수용	때를 기다림	마음에 안 맞아도 때를 보며 기다림, 참고 기다림
	안 되는 것은 포기함	노력해도 소용없을 일은 포기함, 다 풀 수 없다고 생각하고 속으로 삼킴
자기동기 부여	새로운 다짐을 함	(초심을) 새로이 되새겨 봄, 지난 시간을 돌아보고 새로운 계획을 세움
	힘을 내려고 노력함	힘을 내보자고 함, 스스로 동기를 부여함, 자신에게 자극을 줌, 자기 컨디션을 객관적으로 관찰하며 에너지를 조절함

동료들과의 공유	동료들끼리 AA처럼 서로 경험을 나누며 치유 받음, 이해해 줄 사람이 있다는 것이 도움이 됨
업무량 조절	일과 직접 관련된 것에 집중함, 업무가 자신의 생활과 조화될 수 있도록 함
무시와 망각	근본적으로 해결되지 않아도 오래 간직하지 않음, 쌓아두지 않음
비교 삼가	남과 비교하지 않음, 경쟁해서 이기려는 생각을 자제함, 질투하지 않음

출처: 최명민(2006). 의료사회복지사의 전문적 역량계발 및 관리에 관한 연구. 정신보건과 사회사업, 22, 258-284.

마지막으로 이에 따른 스트레스 관리 전략을 제시하면 다음과 같다.

■ 스트레스 관리전략

- 꼭 할 말은 한다.
- 취미생활로 삶의 여백을 갖는다.
- 스스로 굴레를 만들어 자신을 얽매지 않는다.
- 당장 어쩔 수 없는 건 받아들이거나 기다린다.
- 자신의 에너지를 봐가며 스스로 동기를 부여한다.
- 상호 이해받을 수 있는 동료관계를 맺는다.
- 선택과 집중을 통해 업무량을 조절한다.
- 안 좋은 일을 오래 기억하거나 쌓아두지 않는다.
- 비교하거나 경쟁하기보다 나의 갈 길에 집중한다.

CHAPTER 13.

의료사회복지의 전망과 과제

학습목표

01 최근 사회변화 및 의료 환경의 변화를 기반으로 의료사회복지의 전망에 관해 이해한다.

02 의료사회복지가 전문직으로 더욱 성장하기 위해 나아가야하는 방향과 향후 과제를 이해한다.

1. 사회적 변화와 의료사회복지사 역할 유동성

의료사회복지사가 수행하는 주요 역할들은 고정불변의 것이 아니라 상황과 시대에 따라, 특히 사회적 변화에 따라 달라질 수 있다. 그동안 의료사회복지사는 대면 서비스를 근간으로 하여 병원을 중심으로 환자와 가족을 대상으로 심리사회적 문제 및 경제적 문제 해결과 재활이나 지역사회 복귀를 위해 필요한 지역자원 연계 등의 업무를 핵심 직무로 수행해 왔다. 그러나 2020년 1월 국내에서 첫 코로나바이러스 감염증(COVID-19) 환자가 발생하고, 코로나바이러스에 의한 감염이 전 세계적으로 뿐만 아니라 국내에서도 전 지역사회에 발생하는 팬데믹 상황에 직면하게 되면서 의료사회복지사의 활동과 서비스 제공 방식에도 변화가 초래되었다.

코로나바이러스 감염증으로 인한 사회적 거리두기, 모임인원 제한, 자가 격리 등과 같은 조치가 시작되면서 사회적으로도 심리사회적 스트레스의 증가, 감염에 대한 두려움과 불안의 증가, 자영업자들의 소득 감소 등이 주요 사회적 문제로 부각되었으며, '코로나 우울증'이라는 신조어가 등장할 정도로 모든 사람에게 미치는 영향력이 상당하였다. 이러한 사회적 변화 속에서 의료사회복지사의 역할은 환자의 경제적 위기 증가로 인한 경제적 문제해결 업무 확대, 기존에 실시되던 대면 집단상담 또는 가족상담, 각종 캠프, 자조모임 등의 전면 중단, 대면으로 진행되던 지역사회협의체 및 사례관리회의 등의 중단, 지역자원 연계의 어려움, 코로나와 관련된 병원 내 발열체크 및 긴급 병원 업무에 투입되는 등 행정업무 증가 등과 같은 변화를 경험하게 되었다(한상윤 외, 2021). 그러나 다른 한편으로 의료사회복지사들은 이러한 상황에서 대면 서비스의 축소를 대체할 수 있는 비대면 서비스를 개발하고 확대 실시하는 등 서비스 전달방식의 변화를 추구하였다.

그 결과 비대면 상담 서비스를 개발하여 실시하는 의료사회복지사들의 활동이 등장하게 되었는데, 청년 암환자, 남성 암환자, 유방암 환자, 소아암 환자, 화상환자, 결혼이주여성 환자 등을 대상으로 Zoom 등을 활용한 실시간 화상프로그램이나 SNS를 활용한 서비스 등이 선도적으로 제공되었다(장수미 외, 2021). 의료사회복지사들의 이러한 비대면 서비스 경험은 가보지 않은 길에 대한 도전으로 기존 방식을 바꾸는 것에 대한 어려움 속에서 비대면 서비스를 기획하고 이를 익숙하게 운영하기 위해 많은 노력이 필요한 과정이었다. 그러나 코로나 상황에서 많은 서비스들이 중단된 가운데 제공된 이러한 비대면 서비스는 참여하는 환자들에게 나눔과 공유의 힐링 타임을 제공하는 시간이 되었으며, 대면보다 높은 접근성으로 인해 오히려 높은 참석률을 보였으며, 고립되어 있던 환자들에게 사회적 연결을 제공한 의미 있는 시간이 된 것으로 보고되었다(장수미 외, 2021).

이와 같은 사례들은 어떤 상황에서도 환자의 심리사회적 문제 해결과 지지체계 구축을 통해 질병으로부터의 회복과 건강증진, 그리고 나아가서는 삶의 질 향상을 도모하고자 하는 의료사회복지사의 핵심 역할이 지속됨을 보여주는 것이다. 또한 이러한 변화는 의료사회복지사가 전문직으로서의 핵심역할을 수행하는 데 사회적 변화에 발맞추어 서비스 제공 방식 등에 유연성을 지니고 변화를 시도하는 것이 중요함을 시사해 준다. 향후에도 우리들의 삶에 큰 영향을 미치는 어떤 사회적 변화가 다시 초래될 수 있지만 어떤 환경과 상황 가운데서도 의료사회복지사는 변화 가운데서도 새로운 시도를 하며, 환자와 가족들을 지원하는 핵심역할을 지속해 갈 것이다.

2. 의료사회복지의 전망

의료사회복지의 전망은 최근 건강에 대한 사회적 기대 및 의미 변화와 더불어 생각해 볼 수 있다. 지금까지 건강은 질병의 상대적 개념으로 일컬어져왔으며, 의료서비스의 기능 역시 질병을 치료하는 일차적인 역할이 강조되어 왔다. 그러나 평균수명이 길어지고 노화에 대한 경계와 지연에 대한 욕구 증가, 치료 대상으로서의 질병이 아닌 예방과 관리 대상으로서의 건강에 대한 인식이 확대되면서 현대사회에서 건강은 질병이 없는 상태를 일컫는 의미 이상으로 '삶의 질', '생활의 안전', '행복하고 활기찬 생활'을 좌우하는 중요한 지표로 그 중요성과 의미가 확장되어가고 있다.

또 다른 한편으로 우리 사회는 인구학적으로 저출산 및 고령화, 사회적으로 빈부격차, 소득불평등, 고용불안정, 사회적 경쟁 심화 등 개인에게 미치는 심리사회적 스트레스 영향 요인의 증가 등으로 인해 노인성질환과 만성질환이 꾸준히 증가[01]하고 있으며, 심리사회적 요인에 의한 신체적 및 정신건강 문제가 점차 증가하고 있는 추세에 있다. 뿐만 아니라 자살률 또한 매우 높은 비율로 나타나 건강과 관련된 신체적, 심리적, 사회적 문제들이 해결을 요구하는 사회적 문제가 되고 있다. 이에 따라

01 고혈압의 경우 2006년 874천 명에서 2012년 1,094명, 당뇨는 356천 명에서 452천 명으로 약 1.3배 증가하였으며, 이에 따른 동일 기간의 진료비는 고혈압의 경우 108백만 원에서 481백만 원, 당뇨는 77백만 원에서 276백만 원으로 각각 4, 5배, 3.6배 증가하였다(국민건강보험공단, 2014; 박유미, 2015에서 재인용).

이제는 건강에 대한 이슈가 단지 병원 안에서의 치료를 요하는 의료적 문제만이 아닌 지역사회 단위에서 예방, 치료, 재활을 통합하는 접근이 중요하게 부각되고 있으며, 이를 위한 지역사회기반의 의료, 보건, 복지의 통합과 다학제적 차원의 협력이 요청되고 있다.

이러한 사회적 변화에 따라 의료사회복지에 요구되는 앞으로의 역할과 기능은 기존의 의료서비스를 지원하기 위한 이차적 역할에 머무는 것이 아니라 이제는 건강과 관련된 지역사회의 다양한 욕구를 모니터링하고, 그 욕구들이 충족되어 나갈 수 있도록 적극적인 대안을 마련하는 방향으로 확대되어 가는 것이다. 이를 위해서는 우선, 역할범위 측면에서 지역사회와 의료, 보건, 복지를 포괄하여 건강에 영향을 미치는 다양한 사회, 경제, 문화적 요인들에 대해 적극적으로 검토하고, 이러한 요인들 간의 상호작용이 인간의 건강에 긍정적인 영향을 미칠 수 있는 대안을 모색함으로써 거시적 측면에서 한국 상황에 적합한 의료사회복지정책과 시스템을 제시할 수 있어야 하겠다. 또한 의료사회복지사는 점차 다양해지는 건강관련 이슈들과 이러한 건강상의 문제나 관리가 필요한 여러 계층의 대상자들을 지원할 수 있는 의료사회복지 지식과 기술의 임상적 기반을 확장하고, 이를 수행할 수 있는 역량을 향상시켜 나가야 한다.

한편, 공간적 측면에서 의료사회복지는 지금까지 의료기관을 중심으로 그 역할을 수행해 왔으나 향후에는 역할과 기능의 확장에 적합한 다양한 현장으로의 진출이 필요하다. 즉, 보건소, 복지관 등 지역사회를 기반으로 건강 이슈를 갖고 있는 대상자들의 빈곤문제, 사회적 역할과 적응문제, 장애, 건강에 대한 다문화적 과제 등을 해결하기 위해 지역사회를 기반으로 한 의료사회복지사의 역할과 활동범위를 확대해 나가야 할 것이다. 이러한 지역사회 기반의 의료사회복지는 심리사회적이고 사회통합적인 관점으로 건강의 문제를 치료적으로뿐만 아니라 클라이언트의 생활 속에서 예방과 관리, 그리고 재활을 지원하는 접근을 수행해 나가야 한다. 또한 의료사회복지의 지역사회로의 확장은 지역사회 내 저소득층 인구집단이 직면한 건강과 질병의 문제에 대해 보다 전문성을 지니고 개입하는 것을 포함하는 것이다.

이와 같은 확장된 의료사회복지사의 활동과 관련하여 지역사회를 중심으로 한 보건영역에서의 활동이 향후 중요하게 요청되고 있다. 이에 관해 살펴보면 보건영역에서 활동하는 사회복지사는 지역사회를 대상으로 특정 질병에 대한 낙인과 치료서비스에 대한 장벽을 없애고, 진단과 치료에 있어서의 불평등을 감소시키는데 관심을 두며, 인구집단 수준에서 건강문제에 개입하는 방법이나 프로그램을 개발하고 실행하는 역할을 담당한다. 구체적으로 지역사회의 다양한 인구집단을 대상으로 건강증진과 질병예방을 목적으로 한 교육, 정책개발, 조사 등 여러 활동을 전개하는데 그 주요 활동 내용은 다음과 같다.

첫째, 보건영역에서 활동하는 사회복지사는 일차적 예방에 강조를 두고 모든 인구집단의 건강상태와 사회적 기능에 영향을 미치는 병의 원인과 관련된 사회적 문제를 규명하기 위한 활동을 수행한다. 이 영역에서 일하는 사회복지사는 개인, 가족, 그리고 집단의 생활양식에서 긍정적인 건강 행동을 증진하고 위험요인들을 파악하여 이를 예방하는데 초점을 둔 개입을 한다.

둘째, 보건영역에서 활동하는 사회복지사는 포괄적이고 질적이며, 비용적절성이 있는 의료 및 보건서비스가 모든 사람들에게 전달될 수 있도록 적극적인 노력을 기울이는 역할을 수행한다. 이는 심리사회적 건강 사정과 개입뿐만 아니라 일차적 및 이차적 예방을 포함한 서비스를 제공하는 것을 의미하며, 빈곤퇴치 프로그램, 환경적 건강 프로그램, 그리고 교육 등을 통해 국가의 건강을 향상시키는데 기여하는 공공정책을 펴기 위한 활동들을 포함하는 것이다(Schild & Sable, 2006: 100).

셋째, 보건영역의 사회복지사는 인구집단 수준에서 여러 정책을 형성하고 프로그램을 결정하는 일을 수행한다. 이들은 전 연령층의 인구집단을 대상으로 건강관련 프로그램을 개발하고, 수행하며, 평가하기 위하여 보건간호사, 의사, 역학자들(epidemiologist)과 함께 팀으로 일한다(Schild & Sable, 2006: 85). 예를 들면, 취약한 환경의 출산 고위험집단에 속한 임산부들을 대상으로 가정방문 프로그램을 실시하거나, 특정 인구집단을 대상으로 사례관리, 가정방문, 이민자 건강관리 서비스, HIV/AIDS 상담 및 검사, 고령자 혈압검사, 가족계획 등과 같은 직접적 서비스를 제공하기도 하고 이러한 서비스를 위한 프로그램을 개발하기도 한다.

넷째, 보건영역의 사회복지사는 가족과 파트너십을 갖고 옹호활동을 하며, 아동과 가족을 위한 건강서비스 향상, 지역사회생활 증진을 위한 가족중심, 지역사회 기반, 문화적 유능성에 기반을 둔 실천 활동을 수행한다. 또한 이들은 건강과 정신건강서비스 교육과 사회적 서비스 제공, 공적 및 사적 서비스 영역 연결, 그리고 지역사회를 기반으로 한 서비스 개발을 위해 다양한 연계활동을 촉진하는 데 핵심적 역할을 수행하기도 한다(Farel, 1997: Schild & Sable, 2006: 91).

지역사회 보건영역에서 이러한 활동들을 미시적, 중간적, 그리고 거시적 차원으로 단계를 나누어 살펴보면, 미시적 또는 직접적 실천 수준에서 사회복지사는 임상 사회복지기술을 사용하여 공중보건 개입을 수행하거나 공중보건 프로그램의 일부로서 사회복지서비스를 제공한다. 중간적 또는 간접적 실천 수준에서 사회복지사는 지역사회 내 건강 프로그램을 개발하고, 수행하고 감독하는 역할을 수행한다. 거시적 수준에서는 심리사회적, 문화적 이슈들에 대한 지식이 지역사회 내 보건 개입을 향상시키는 데 기여하도록 하는 역할을 한다. 또한 경제력이 낮고 취약한 인구집단을 위한 프로그램을 감독하고 평가하는 데 관여하며, 타 보건전문가들과 함께 정책개발에도 관여한다(Schild & Sable, 2006: 83).

이와 같은 사회복지사의 활동은 질병예방과 건강증진을 목표로 하는 지역사회 내 보건사업의 발전과 밀접한 관련성이 있는 것으로 향후 국내에서도 이러한 영역으로까지 의료사회복지사의 활동이 확대되어 의료사회복지의 개념이 일반 보건영역으로까지 더 확장되기를 기대해 본다.

3. 의료사회복지의 향후 과제

1) 지역사회통합돌봄체계에서 병원과 지역사회를 잇는 가교역할

지역사회통합돌봄(커뮤니티 케어) 제도는 돌봄을 필요로 하는 노인, 장애인 등이 지역사회 내 자택이나 그룹홈 등에 거주하면서 개인의 욕구에 따라 필요한 서비스를 받을 수 있도록 보건과 복지가 통합된 서비스를 제공하는 것이다. 이 제도의 도입에 따라 노인이나 만성질환자 등이 병원 치료 후 지역사회로 돌아가거나 지역에서 생활하던 노인이나 만성질환자들이 입원치료를 필요로 할 때 의료사회복지사는 병원과 지역사회를 잇는 가교 역할을 하는 전문가로서 중요한 역할을 담당하게 된다.

지역사회통합돌봄제도에 따르면 지역사회에서 생활하고 있는 돌봄이 필요한 모든 대상자가 서비스 제공 대상이 된다. 그러므로 의료사회복지사는 퇴원을 앞두고 있는 환자들에 대한 퇴원계획을 수립하고, 이들 가운데 의료적인 문제뿐만 아니라 이로 말미암아 발생하는 보건과 복지 차원의 다양한 서비스를 필요로 하는 대상자들을 발굴하여 이들이 필요한 서비스를 제공받을 수 있도록 지역사회와 의료현장을 연결하는 가교역할을 수행해야 한다. 이를 위해 의료사회복지사는 질병과 건강문제를 복지서비스와 연결하는 전문성을 지니고 지역사회 내에서 돌봄서비스의 통합적 창구 역할을 수행하는 읍면동의 사례관리자, 보건소의 실무자, 복지관 등의 사회복지사들과 원활한 소통체계를 갖추고 이들과 협업할 수 있는 역량을 증진시켜 나가야 한다.

2) 다양한 건강문제에 대한 사례관리 활성화

현대사회는 의학의 발달과 평균수명의 연장으로 많은 사람들이 다양한 종류의 질병, 장애, 만성질환 등을 지니고 지역사회에서 질병을 관리하면서 살아가고 있다. 그렇기 때문에 의료사회복지사는 다양한 질병을 지닌 사람들이 질병을 잘 관리하면서 지역에서 살아갈 수 있도록 의료현장에서 만나는 클라이언트에 대한 사례관리 업무를 책임감 있게 수행해야 한다. 현재까지는 의료사회복지사들이 담당했던 가장 중요한 업무 영역이 주로 입원환자 중심의 임상서비스 제공이었다면 앞으로는 지역사회에서 생활하는 만성질환자나 질병이 완치되지 못한 상태에서 퇴원하는 환자들에 대한 사례관리도 의료사회복지사들이 담당해야 하는 주요 업무가 될 수 있다.

이를 위해서 의료사회복지사는 각각의 다양한 질환별 특성과 병의 진행 경과, 예후 등에 관한 의학적 지식과 함께 사례관리를 위한 사회복지실천적 지식을 지니고 클라이언트의 다양하고 복합적인 욕구에 따른 맞춤형 서비스를 제공할 수 있는 실천 역량을 갖추어야 한다. 또한 사례관리를 위해서는 필요한 지역자원 연계와 활용이 중요하므로 다양한 지역자원을 활용할 수 있는 능력을 구비해야 한다. 이와 같은 능력은 의료사회복지사의 임상경험과 비례하여 증진될 수 있는 역량들이므로 현장에서 일하는 의료사회복지사는 사례관리 역량이 증진될 수 있도록 지속적인 노력을 기울여야 한다.

3) 건강불평등에 대한 이해와 해결 노력

건강불평등이란 한 사회집단 내의 구성원들 사이에 나타나는 건강상태의 격차로서 소득격차에 기인한 사회적 불평등에서 그 근본 원인을 찾을 수 있다. 일반적으로 소득수준이 높은 집단의 건강상태가 소득수준이 낮은 집단의 건강상태보다 좋게 나타나는데 그 이유는 소득수준이 높은 집단은 생활환경이나 업무환경이 보다 안정적이며, 건강검진과 운동 등을 통해 건강관리를 꾸준히 할 수 있는 여유가 있고, 건강문제 발생 시 조기에 병원을 찾아 치료를 받을 수 있기 때문이다. 반면 소득수준이 낮은 집단은 보다 위험한 환경에서 생활하거나 일하며, 건강검진이나 운동을 통한 건강관리를 할 삶의 여유가 없고, 경제적인 이유로 질병을 방치하다 질병이 악화된 말기단계에 이르러 병원을 찾게 될 가능성이 많기 때문이라고 할 수 있다.

의료사회복지사는 사회구조적 차원에서 발생하는 이러한 불평등과 이로 인해 발생하는 다양한 심리사회적 스트레스 요인들이 개인과 가족의 건강문제를 야기할 수 있다는 점을 인식하고 이러한 건강불평등의 문제를 해결해나갈 수 있는 사회제도적 장치 마련을 위한 노력에도 힘을 보태야 한다. 특히 사회경제적으로 취약한 집단, 사회적 소수자, 다문화적 배경을 지닌 자 등의 질병문제에 보다 관심을 갖고 이들이 필요 시 적절한 치료를 받고 건강을 유지 및 관리해 나갈 수 있도록 지원할 수 있어야 한다. 이를 위해서는 개별적인 서비스 제공 외에도 사회적 취약계층을 위한 의료정책이나 제도가 보완될 수 있도록 하는 노력, 의료서비스의 사각지대가 발생하지 않도록 하는 노력, 그리고 이들을 지원할 수 있는 기금 마련이나 자원개발을 위한 노력 등을 지속적으로 해나가야 할 것이다.

4) 의료사회복지사 국가자격증제도 내실화

그동안 대한의료사회복지사협회에서 민간자격증의 일환으로 부여하였던 의료사회복지사 자격증이 2020년 10월부터 국가자격증으로 전환되었다. 사회복지의 다양한 실천 분야 가운데 의료영역은 임상적 전문성이 요청되는 전문분야로서 오랫동안 자리매김해 왔다. 의료사회복지사 자격증의 국가 자격증화는 이러한 전문성에 대한 사회적 승인이라고 볼 수 있다. 그렇기 때문에 의료사회복지사에 대한 수련교육과 보수교육을 관리하고 담당하는 대한의료사회복지사협회의 앞으로의 역할이 매우 중요하다고 할 수 있다. 특히 양질의 수련교육과 보수교육이 이루어질 수 있도록 체계적인 교육 프로그램을 마련하고 이를 잘 운영해 나가는 역할이 더욱 요청된다.

아울러 의료사회복지사 수련기관에서 수련생들에게 슈퍼바이저 역할을 담당하는 실무자들이 수련과정을 더욱 내실화하여 운영하고 수련생들이 의료사회복지사로서 필요한 역량을 강화해 나갈 수 있도록 적절한 슈퍼비전을 제공할 수 있도록 지원하는 방안도 마련되어야 할 것이다. 이같이 의료사회복지사 양성을 위한 수련과정과 자격제도가 국가자격증에 부응하는 질적 체계를 갖추고 운영될 때 의료사회복지사의 전문성 또한 증진될 수 있으므로 자격제도의 운영과정을 내실화하는 노력이 향후에도 계속되어야 할 것이다.

5) 비대면 서비스 및 디지털 기반 프로그램 개발 및 활용

코로나바이러스 감염증(COVID-19) 사태로 인해 사회복지실천영역에서 비대면 서비스의 개발과 활용에 대한 이슈가 새롭게 등장하였다. 의료사회복지실천 영역에서도 이러한 사회적 변화에 따라 대면서비스를 대체할 수 있는 비대면 서비스가 개발되고 활용되기 시작하였다. 특히 실시간 화상 프로그램을 활용하여 집단상담이나 교육과 같은 방식으로 기존 대면 서비스를 대체하는 프로그램들이 개발되기 시작하였다. 이러한 프로그램들은 인터넷이나 디지털 기기 활용이 가능하다면 공간이나 지역에 구애받지 않고 프로그램에 참여할 수 있기 때문에 접근성이 뛰어난 장점을 지니고 있어 향후 새로운 서비스제공의 방식이 될 수 있다.

또한 최근에는 의료영역에서 정신건강의학과를 중심으로 환자의 심리사회적 문제를 해결하기 위한 방법으로 VR(Virtual Reality, 가상현실)을 활용한 치료방법도 개발되어 활용되고 있다. 예를 들면 공포증이나 트라우마에 대한 치료 시 이러한 프로그램을 활용하여 환자에 대한 치료를 실시하는 것인데 이와 같은 디지털 기반 치료적 접근이 새로운 치료방식으로 등장하고 있어 이에 대한 의료사회복지사들의 관심과 이를 활용할 수 있는 역량증진이 요청된다. 즉, 의료사회복지실천의 방식도 사회적 변화와 디지털 기기의 발전과 함께 이를 활용한 서비스를 개발하고 실천하는 방향으로 새로운 시도들이 다양한 형태로 이루어져야할 것이다.

6) 의료사회복지의 전문성 향상을 위한 지속적 노력

의료영역에서 이루어지는 의료사회복지사의 활동과 개입은 의료사회복지가 우리 사회에 도입된 이후 지속적인 발전을 이루고 있다. 그 결과 전국적 차원에서 종합병원이나 대학병원뿐만 아니라 중소규모의 병원이나 지역 병원 등에서도 의료사회복지사의 활동이 환자의 심리사회적 측면, 경제적 측면, 퇴원 이후 지역사회 적응 지원 측면 등 다양한 영역에서 활발하게 이루어지고 있다. 뿐만 아니라 의료사회복지사 자격이 전문사회복지사 제도의 한 부분을 담당하는 제도적 변화를 이루게 되었다.

이러한 흐름에 부응하여 향후에도 의료사회복지의 발전을 위해서는 전문성 향상을 위한 지속적인 노력이 필요하다. 특히 의료사회복지는 질병과 건강의 문제를 다루는데 있어 심리사회적 측면을 중시하고 이에 개입하는 전문분야이므로 심리학, 상담학, 정신의학, 사회복지학 등의 다양한 근거기반 이론들을 활용하여 질병의 문제를 지닌 클라이언트를 지원하는 전문성을 더욱 증진할 수 있어야 한다. 또한 최근 들어 병원 내에서 정신건강의학과, 재활의학과뿐만 아니라 내과, 신경과, 외과, 응급실 등 다양한 임상과에서 각 질병의 특성에 따른 의료사회복지사의 특화된 개입과 활동들이 더욱 전문성을 띠고 이루어지고 있는데 이러한 추세가 계속되도록 하는 노력이 필요하다. 그리고 지역사회에 거주하는 건강문제를 지닌 집단에 대한 개입, 사회적 취약계층에 대한 지원, 예방을 강조하는 보건 영역에서의 활동 등에서도 의료사회복지사들이 질병과 건강문제를 다루는 전문 사회복지사로서 역할이 더욱 정립되고 강화될 수 있도록 지속적인 노력이 필요하다.

supplement

부록

부록 1: 의료사회복지실천 기록양식
부록 2: 의료사회복지실천 사례 기록
부록 3: 의료사회복지 관련 책, 영화, 미술 작품 목록
부록 4: 의료사회복지 관련 단체 및 기관 목록

부록 1 의료사회복지실천 기록양식

NATIONAL CANCER CENTER

Medical Social Work Intake

환자명		생년월일	
주소		전화번호	
학력	□없음 □초졸 □중졸 □고졸 □대졸 □대학원졸 □상세불명	종교	□없음 □기독교 □천주교 □불교 □상세불명
결혼상태	□기혼 □미혼 □사별 □동거 □사실혼 □기타	장애여부	□유 (종류 : 등급:) □무
의료보장 형태	□건강보험 중증 □의료급여 1종 □의료급여 2종(차상위) □일반		
주치의		진료과	
진단명		정보 제공자	□본인 □배우자 □부 □모 □자녀 □형제 □친척

가족사항						
관계	이름	나이	학력	직업	동거여부	비고

가 계 도	의뢰경위 및 의료적 상황	
	의뢰경위	□의료진의뢰 □자발적내원 □지역사회의뢰 □사회복지사선별

1. Personal Data	
발병 전	
발병 후	

2. Family Data	
Main Care Giver	

3. social & economic Data			
주수입원		월소득	
주거형태		사보험	□ 없음 □ 실비 □ 암보험
부채		예금	
차량		기타사항	

4. Assessment

5. Intervention

6. Flow up plan

상담신청서

사회복지사는 질병과 관련된 여러 심리 · 사회 · 경제적 문제를 상담하는 전문가입니다.
상담에 앞서 아래의 내용을 확인하시고 동의 여부를 확인해주십시오.

1. 본인은 상담에 정직하게 임하겠으며, 허위 사실 보고로 인해 추후 불이익이 있을 수 있음에 동의합니다.
2. 사회복지사가 의료진, 후원 기관, 기타 지역사회 기관 등과 협력할 경우 상담 내용이 공유될 수 있음에 동의합니다.

201 년 월 일 ________________ (인)

※ 귀하는 어떤 경로를 통해 의료사회복지팀을 방문하게 되셨습니까?

- ㅁ 의료진의 소개로
- ㅁ 원내 의료사회복지팀 홍보물(포스터 등)을 통해
- ㅁ 주위의 소개로 (같은 병실 환자, 간병인 등)
- ㅁ 다른 기관의 소개로
- ㅁ 스스로 알아봐서
- ㅁ 기타 ______________________________

※ 귀하는 어떤 서비스를 원하십니까?

ㅁ 심리적 상담 ㅁ 경제적 지원 관련 상담 ㅁ 기타 문의 ______________________________

1. 기본 정보

<table>
<tr><td rowspan="2">환자 이름</td><td rowspan="2"></td><td>생년월일</td><td>년 월 일</td><td rowspan="2">전화번호</td><td>• 자택 :</td></tr>
<tr><td>성별/ 나이</td><td>남 · 여 / 세</td><td>• 핸드폰 :</td></tr>
<tr><td>환자 주소</td><td colspan="5"></td></tr>
<tr><td>환자 직업</td><td></td><td>종교</td><td></td><td>학력</td><td></td></tr>
<tr><td>결혼 상태</td><td colspan="5">ㅁ 미혼 ㅁ 기혼 ㅁ 별거 ㅁ 사별 ㅁ 이혼 ㅁ 기타 ( )</td></tr>
<tr><td rowspan="2">질병명</td><td rowspan="2"></td><td rowspan="2">병원
등록번호</td><td rowspan="2"></td><td>입원</td><td>과 병동</td></tr>
<tr><td>외래</td><td>과</td></tr>
<tr><td rowspan="2">치료 계획</td><td colspan="5">ㅁ 입원 치료 예정 (예정일 : 월 일)
ㅁ 수술 예정 (예정일 : 월 일 / 수술 내용 :)
ㅁ 고가의 외래 치료 예정 (예정일 : 월 일)
ㅁ 고가의 약물 치료 예정 (예정일 : 월 일)</td></tr>
<tr><td colspan="5">※ 예상 치료비 : ______________________ 원</td></tr>
<tr><td>방문자성명</td><td></td><td>관계</td><td></td><td>연락처</td><td></td></tr>
</table>

2. 가족 정보 : 환자의 가족에 대해 기록해주십시오.

관계	성명	나이	학력	종교	직업	동거유무	질병/장애/ 특이 사항

3. 경제적 상황 : 해당 사항에 V 표 해주세요.

<table>
<tr><td>소득</td><td colspan="2">□근로소득 : 월 평균 원
연봉 원
□정부보조금 : 원
□장애수당 : 원
□후원금 : 원
□기타 : 원</td><td>주택</td><td>□자택 : 평
(공시지가 : 원)
□전세 : 평 (보증금 : 원)
□월세 : 평 (보증금 : 원)
(월세 : 원)
□무료로 거주 □사택에 거주</td></tr>
<tr><td>장애</td><td>□무</td><td>□유 • 장애종류 :
• 장애등급 :</td><td>현금</td><td>• 저축금 : 원
• 기타 : 원</td></tr>
<tr><td rowspan="2">건강
보험</td><td colspan="2" rowspan="2">□건강보험 (보험료 : 원)
□의료급여1종 □의료급여2종
□차상위 본인부담경감 대상자
□외국인의료보험 □일반</td><td>빚</td><td>• 은행 등 : 원
• 개인에게 빌린 돈 : 원</td></tr>
<tr><td>자동차
(오토바이
포함)</td><td>□무
□유
(연식 : 종류 :)</td></tr>
<tr><td>사보험</td><td>□무</td><td>□유 : ___ 개
□보험상품명 :
□보장내용
(진단비 : 원
수술비 : 원
입원실비 : 원
입원료 : 원)</td><td>부동산</td><td>□무
□유
1) 토지 : 평 (공시지가 : 원)
2) 건물 : 평 (공시지가 : 원)
3) 기타 : ____________</td></tr>
</table>

<table>
<tr><td colspan="4">※ 그동안 지불한 치료비는 얼마입니까? 약 ____________ 원</td></tr>
<tr><td colspan="4">※ 과거 치료비 등을 지원받은 경험이 있으면 작성해 주세요.</td></tr>
<tr><td>지원 기관</td><td></td><td></td><td></td></tr>
<tr><td>지원 기간</td><td></td><td></td><td></td></tr>
<tr><td>지원 금액</td><td>원</td><td>원</td><td>원</td></tr>
</table>

201 년 월 일 시 분 접수자 :

부록 2 의료사회복지실천 사례 기록

재생불량성 환자에 대한 사례중심 기록

① 일반적 사항(Identification Data)[01]

이름	김OO	성별/나이	여/9세	의뢰과	소아청소년과 (혈액종양)
교육수준	초재	종교	카톨릭	의료보장	건강보험
직업	무직	SES	중하	주거형태	자택
의뢰일	2016-00-00	초기면담	2016-00-00	의뢰사유	경제적 지원
진단명	재생불량성 빈혈				
정보제공자	환자부, 환자모				

② 의뢰경위

의뢰일	의뢰자	의뢰경위
2000 00-00	소아청소년과 주치의	환아는 재생불량성 빈혈로 f/u중에 패혈성 쇼크로 중환자실 치료중이며, 국내에 골수 일치자 없어 현재 해외 공여자 골수 이식 준비 중에 있어 이에 대한 경제적 지원 위해 의뢰됨.

01 제시된 사례는 서울대병원 의료사회사복지팀에서 실제 개입한 사례로서 희귀난치성질환을 가진 환자에 대한 개입과 기록의 이해를 돕기 위해 제시하였다. 교육용으로 사례를 가공하여 제공해 주신 서울대병원 의료사회복지팀에 감사드리며, 익명성 보장을 위해 환자 및 가족의 나이, 구체적 상황, 개입 날짜, 일부 내용 등을 수정하였다.

③ 가족 및 사회 · 문화적 배경

■ 가계도(Genogram)

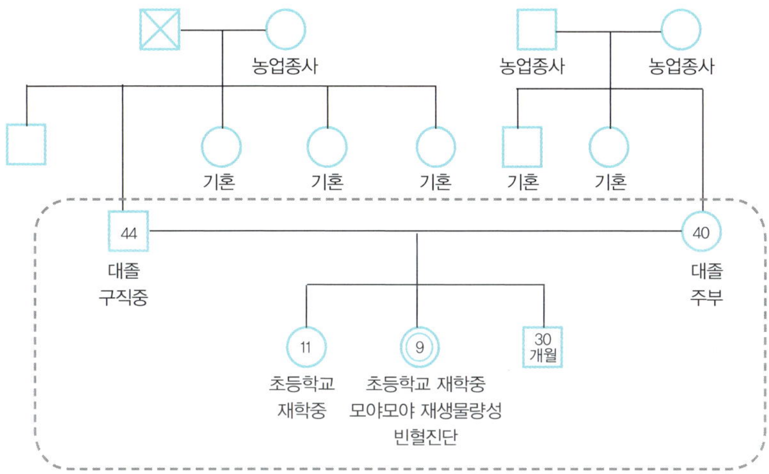

* 5인 가구

■ 개인력

- 태아기(임신~출산): 39wks. 2.3kg으로 출생함
- 영유아기: 생후 1개월에 고열 있어 00병원 입원하였고, 검사 결과 모두 정상 판정 받음. 그러나 계속해서 열 떨어지지 않아 000병원 입원하였고 백혈구 감소증 진단받아 000병원으로 전원됨. 이후 계속해서 병원 생활하였고, 3세에 재생불량성 빈혈과 모야모야병 진단받음. 모야모야병으로 2차례의 수술 있었음.
- 학령전기: 지속적으로 000병원 외래 진료 보았음.
- 아동기: 학교 잘 다니고 있었고, 조혈모 세포 이식 위해 휴학하였음.

■ 가족력

환아가족은 환아부모와 환아언니, 환아, 환아남동생으로 이루어진 5인 가구임.

- 환아부(40세): 대졸. 기혼. 무교. 구직중. 환아부는 비정규직으로 근무하였으나 2014년 6월 계약 만료로 퇴사하였음. 퇴사 후 환아 종아리 감염으로 입원하게 되어 환아부가 care 중임. 환아부는 환아의 질병에 대해서 받아들이고 부모로써 환아가 잘 치료받고 나을 수 있도록 도와주어야 한다고 생각하며 적극적으로 치료에 임하고 있음.

- 환아모(41세): 대졸. 기혼. 기독교. 주부. 환아모는 결혼 전 학원 강사로 경제활동하였으나 결혼 후에는 전업주부임. 환아모는 환아 임신 5개월 때에 입원하였고, 환아 출산 마지막 달에 신생아 평균 몸무게보다 적게 나가 큰 병원에서 출산 권유받아 거주지 인근 대학병원에서 출산함. 환아모는 환아 치료에 적극적인 태도로 임하고 있으며 예정되어 있는 이식에 대한 기대감 큼. 현재 환아모는 집에서 환아언니와 환아남동생 care 중으로 주말에 병문안 온다고 함.
- 환아언니(11세): 초등학교 재학중. 환아언니는 평소 환아와의 관계 매우 좋음.
- 환아(9세): 초등학교 재학중. 환아는 2.6kg으로 출생함. 생후 100일 경에 고열로 거주지 인근 대학병원에 내원하였고, 고열 지속되어 본원 입원함. 환아 32개월에 모야모야병 진단받았고, 그 당시 재생불량성 빈혈 같이 진단 받음. 이후 계속해서 수혈받으면서 생활하였고, 2주에 한 번씩 입원하였다고 함. 환아는 현재 종아리 감염으로 입원치료 받고 있으며 국내에 맞는 골수 없어 중국에서 해외골수이식 공여 답변 기다리고 있음.
- 환아남동생(20개월): 환아와의 관계 좋음. 병원 내원으로 환아가 집에 부재한 경우 많아 함께 지내기를 원하고 있음.
- 확대가족: 경제적 도움가능한 지지체계로서는 작용하지 않고 있음

■ 생태도(Ecomap)

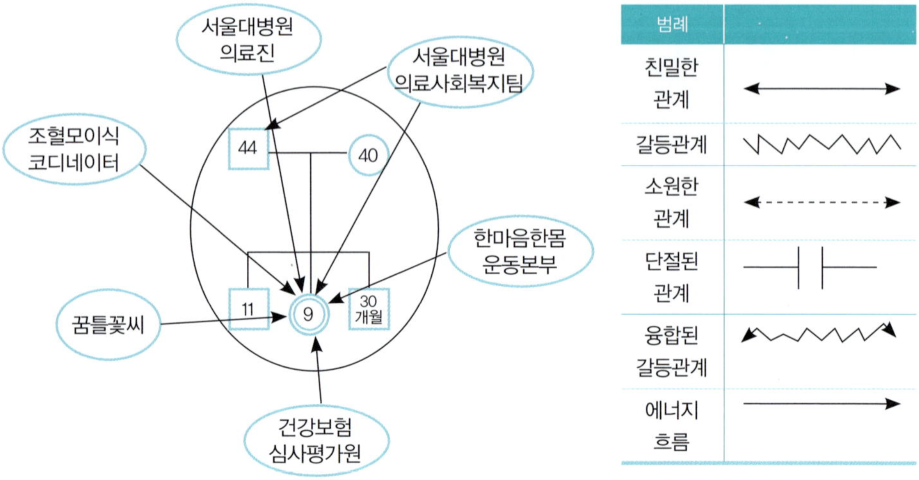

■ 병력 · 의료적 상황

일시	의료적 상황
2016-00	환아는 내원 2일 전부터 고열과 구토 증상 있었고, 경구섭취 어려워 본원 응급실 통해 입원하였음. 환아 패혈증 쇼크로 감염 조절 위해 소아중환자실 치료받음
2016-00	낮병동에서 항암치료 후 Neutropenic fever로 입원하였음
2016-00	히크만 카테터 삽입 위해 입원 시술하였음
2016-00	조혈모 세모 이식 후 2016년 12월 퇴원함. 이후 지속적인 f/u 위해 외래 진료 보고 있음

■ 질환정보 – 모야모야병

구분	내용
① 질병의 원인	병리학적으로는 동맥 안쪽의 막인 동맥내막이 점차 두꺼워지는 것이 특징이다. 모야모야병의 원인으로 후천성과 선천성에 관한 논란이 계속되고 있어 전반적인 정확한 발병 원리나 원인은 밝혀지지 않았다. 감염이 자가면역 반응를 유발하여 혈관염을 유발한다고 하는데 아직까지 정확한 증거는 없다. 또한 환경적 요인이 제시되고 있는데 역학적 조사 결과는 환경 요소보다는 유전적 요소를 뒷받침하고 있으며, 특히 일본에서의 조사 결과, 직업, 생활양식, 지역과는 무관하다는 결과가 나왔다.
② 증상	모야모야병의 증상은 발병시기에 따라 큰 차이가 있다. 소아의 경우에는 보통 24시간 이내, 흔히 1~2시간 이내에 혈관이 딱딱해져서 일시적으로 한쪽 팔다리에 마비 증상이 나타나고, 저리거나 운동기능이 마비되며, 발음에 장애가 생기고(발음부전) 시력이 저하되는 일과성 허혈발작이 나타난다. 또한, 뇌 속의 동맥고리인 윌리스환이 점차적으로 좁아져 뇌 혈류가 감소될 때 그에 따른 증상을 보이는데, 증상이 서서히 심해지므로 초기에 부모들이 자칫 병을 알아차리지 못하는 경우가 많다. 라면이나 국과 같이 뜨겁거나 매운 음식을 먹을 때, 풍선이나 악기를 부는 경우, 심하게 울 때에 과호흡으로 일시적으로 혈액 내의 이산화탄소 농도가 낮아지면서 뇌혈류가 감소하여 증상이 나타나는 경우가 많다. 심한 운동으로 탈수가 된 경우에도 증상이 유발될 수 있다. 대개 갑작스레 울고 난 후 몸에 힘이 빠지면서 몸 한쪽에 마비가 오거나 반신불수를 일으키고, 곧 회복되는 등의 일과성 허혈 증상이 반복되다가 뇌경색으로 나타나기도 한다. 간혹 심한 두통이나 간질성 경련을 보이기도 한다.
③ 치료	환자의 뇌허혈 증상이 반복적으로 나타나는 경우에는 수술적 치료가 우선적으로 고려되며, 수술적 치료는 뇌의 뇌혈류를 증가시키기 위하여 정상 혈관과 이어주는 것으로 직접 혈관 문합술과 간접 혈관 문합술, 병합 혈관 문합술이 있다. 직접 혈관 문합술은 주로 성인에게 사용되고 있는 수술이고, 측두동맥과 중대뇌동맥을 이어주는 수술이 대표적이다. 간접 혈관 문합술은 뇌-경막-혈관 성형술이 대표적이며, 주로 전두부와 양측 측두부의 간접 혈관 문합술을 시행하고 있으며 많은 어린 환자에게서 좋은 경과를 보이고 있다. 모야모야병은 대개 양쪽 혈관에 같이 발생하므로 1차 수술을 마친 후 2~4개월 경과를 관찰한 후 전반적인 뇌기능과 뇌혈관 검사를 다시 시행하여 반대편 뇌에 2차 수술을 시행한다.

■ 질환정보 – 재생불량성 빈혈

구분	내용
① 질병의 원인	선천성 재생불량성 빈혈은 비교적 드물며, 판코니 빈혈, 선천성 이상각화증(dyskeratosis congenital), 슈바치만 다이아몬드 증후군(Shwachman–Diamond syndrome) 등의 질환에 동반되어 나타날 수 있다. 후천성 재생불량성 원인으로는 방사선, 약제, 벤젠, 바이러스, 자가면역질환, 호산성근막염(eosinophilic fasciitis), 임신, 수혈과 관련된 이식편대숙주병(림프구가 이식되었을 때 환자의 몸 안에서 증식하여 상피세포 등 조직을 공격하는 질환, Graft–Versus–Host Disease: GVHD), 발작야간혈색뇨증(혈구 세포막의 결함으로 생기는 용혈질환, paroxysmal nocturnal hemoglobinuria) 등이 있지만 대부분은 원인이 밝혀지지 않는 특발성이다. 국내에서는 서구에 비해 발생 빈도가 높으며 상대적으로 젊은 층에서 많이 발생한다. 소아에서도 대부분의 경우 원인을 알 수 없었으며 선천성인 경우가 약 4.1%이었고, 극히 일부 환자에서 간염이나 투약과 연관되어 발생하였다.
② 증상	가장 흔한 증상은 빈혈에 의한 무기력, 피곤감, 두통, 활동 시 호흡곤란 및 혈소판 감소증에 의한 반상출혈(1~2cm 정도 크기의 피하 조직 내의 출혈), 코피, 생리과다, 잇몸출혈 등이다. 호중구 감소증의 정도가 심하면 감염에 의한 고열이 주 증상이 되기도 한다. 가장 흔한 진찰소견은 피부 및 안구결막의 창백함과 출혈소견(반상출혈, 점상출혈, 잇몸출혈) 등이다. 빈혈 정도가 심하면 맥박수가 90~100회 이상으로 증가한 빈맥과 함께 심잡음이 들릴 수 있다. 간이나 비장이 커져 있거나 림프절이 부어있는 징후는 관찰되지 않는다.
③ 치료	재생불량성 빈혈의 주된 치료방침은 면역조절치료 또는 형제 간 조혈모세포 이식이며 치료 과정 중의 지지요법(적혈구 및 혈소판 수혈요법, 감염에 대한 적극적인 항생제 치료 등)도 중요하다. 형제간 조직적합성항원(HLA)이 일치할 확률이 25~30%이며 최근에는 형제의 수가 감소하여 많은 수의 환자가 이식을 시행하지 못하고 면역조절치료를 받게 된다. 면역조절치료는 치료 관련 사망률이 낮은 반면 완치적 치료법은 아니며 30~40%에서 재발을 하며 10~20%에서 골수형성이상증후군 혹은 발작성 야간혈색뇨증(nocturnal hemoglobinuria, 야간 혈색소 요증)으로 진행될 수 있는 단점이 있다. 중증 혹은 초중증 재생 불량성빈혈인 경우 형제 간 공여자가 없을 경우 면역조절치료 시작과 동시에 조직적합성항원(HLA)이 일치하는 비혈연 간 공여자를 찾는 작업을 병행하고, 면역조절치료에 반응이 없거나 반응 후 재발하였을 경우 적합한 타인 간 공여자가 있다면 타인 간 골수이식을 실시한다

⑥ 사회 · 경제적 상황

목록	내용
월수입	무(6개월 전까지 약 200여만 원 소득 있었음)
주거	자택(공시지가 7,000만 원)
건강보험	유
사보험	유(2개) *조혈모세포 구득료에 대한 보장 안됨
차량	유(2003연식/000)
부채, 부동산, 장애, 금융자산	무

(3) 사정

① 강점사정

구분	내용
개인강점	① 긍정적인 마음가짐 –환아는 32개월부터 병원에서 입원 및 잦은 외래 진료 보고 있음에도 활발하고 씩씩한 성격으로 치료에 임하고 있음 ② 가족들에 대한 애정 –환아는 환아부모와 환아언니, 환아동생에 대한 애정 커 치료 종결하여 함께하고 놀러 다니고 싶어함. 이는 치료에 대한 동기로 환아의 강점으로 평가됨
가족강점	① 치료에 대한 환아가족들의 태도 –환아부모는 환아 치료에 있어서 의료진들과 신뢰 관계 좋으며 치료에 적극적 태도 가지고 있음 –환아언니와 환아남동생은 환아가 현재 많이 아프다는 사실 인지하고 있으며 환아를 챙겨주며, 환아부모가 환아 치료로 떨어져 있는 것에 대해 이해하고 있음
환경강점	① 의료진의 적극적인 치료 태도 –환아가 해외 골수 구득하여 과도한 치료비 예상하여 의료사회복지팀으로 의뢰 줌

② 문제사정을 위한 틀

Minnesota Hospital의 24가지 심리사회적 문제 목록에 근거: 총 24개 목록 중 3가지 문제가 사정되었음

문제목록	세부 내용
건강 문제, 장애, 상실의 적응	① 32개월부터의 투병 생활 –환아는 32개월에 모야모야병과 재생불량성 빈혈 진단 받음. 이로 인해 잦은 외래와 검사, 입원 · 수술 등으로 약 7년 간 투병 생활 중임 ② 국내 조혈모 세포 일치자의 부재 –환아는 재생불량성 빈혈 치료 위해 이식이 불가피한 상황임. 그러나 형제들과 국내에 조혈모 세포 일치자 없는 상태임. 이에 해외에서 세포 탐색하고 있음
교육 상의 문제	③ 환아 조혈모 세포 이식 준비로 학업 중단 예정 –환아는 초등학교 재학중이나 중국 공여자와 조혈모세포 일치하면 바로 이식술 예정으로 학업 중단하고 이식 준비 예정임
대인관계와 사회활동	④ 환아의 조혈모 세포 이식으로 놀이 및 취미활동 제한됨 –환아가 병원에 장기간 입원하게 될 시, 평소 하던 놀이 및 취미활동이 제한되어 우울한 마음 발생할 수 있음
재정적 문제	⑤ 해외 조혈모 세포 구득료에 대한 경제적 부담 –환아는 1차로 형제들의 조혈모 세포 일치 검사하였으나 맞지 않았고, 이에 국내 조혈모 세포 공여자 탐색함 그러나 국내에 일치자 없어 해외에서 조혈모 세포 탐색 중임. 만약 해외에서 해외 골수 구득하게 될 시 3,000만 원 이상의 구득료 발생할 예정으로 환아가구 자부담 어려운 상황임

(4) 개입계획의 이론적 근거

① 임파워먼트 모델

임파워먼트의 개념은 개인적 변화 수준, 지역사회변화 수준, 또는 조직적 변화 수준 등으로 다양하게 설명되고 있다. 개인적 변화를 강조하는 미시적 접근에서 임파워먼트란 기존의 치료 중심의 실천에서 클라이언트를 문제가 있는 사람으로 규정하는 것에서 벗어나, 클라이언트의 강점을 강조함으로써 클라이언트의 잠재역량 및 자원을 인정하고, 클라이언트가 삶을 결정할 수 있도록 역량을 부여하고자 하는 것이다.

② 본 사례에 이론을 적용하는 이유

환아는 모야모야병과 재생 불량성 빈혈로 32개월부터 입퇴원을 반복하고 있음. 그럼에도 학교 생활 열심히 하고 있으며, 어려운 수술에도 밝고 씩씩하게 이겨내고 있는 강점 있음. 또한, 환아부모도 태안에서 서울대병원까지 환아를 위해서 왕복하고 있으며, 환아형제자매들에 대한 애정과 care도 소홀하지 않으려고 노력하는 강점 있음. 서로에게 각자의 강점을 인지시켜 자신의 역량을 강화하여 치료과정에 심리적 소진이 되지 않도록 개입 예정임.

(5) 개입계획

① 심리사회적 측면

구분	내용
문제사정	ㅇ국내 조혈모 세포 일치자 없다는 사실에 대한 환아부모의 불안감 높음 －환아는 현재 형제들 간의 조혈모 세포 일치하지 않고, 국내에서도 조혈모 세포 일치자 부재한 상황임. 이에 현재 해외에서 탐색하고 있어 혹시나 환아와 일치자 없어 이식 불가한 상황 발생하지 않을 불안감 컸음 ▶ Minnesota Hospital의 심리사회적 문제목록에 근거: 건강문제, 장애, 상실의 적응
개입계획	▷ 환아부모에게 심리 정서적 지지
문제사정	ㅇ환아의 오랜 투병 생활로 심리적 소진의 위험성 큼 －환아는 현재 씩씩하게 치료에 임하고 있다고 하나 오랜 투병 생활로 심리적 소진 있을 수 있음 －또한, 이식으로 장시간의 입원하게 될 시 자신이 평소 해온던 놀이 및 취미활동 제한 되어 우울해질 수 있음 ▶ Minnesota Hospital의 심리사회적 문제목록에 근거: 건강문제, 장애, 상실의 적응 ▶ Minnesota Hospital의 심리사회적 문제목록에 근거: 대인관계와 사회활동

개입계획	▷ 환아에 대한 심리정서적 지지 ▷ 환아가 일반병동에 입원하고 있을 때에 소아암 환아 대상으로 진행하고 있는 놀이 프로그램인 꿈틀꽃씨 연계

② 경제적 측면

구분	내용
문제사정	ㅇ 해외 골수 구득하게 될 시 고액의 구득료로 자부담 어려움 –환아는 현재 해외에서 조혈모 세포 공여자 찾고 있는 중으로 일치자 있을 경우, 3,000만 원 이상의 고액의 구득료 발생할 예정임. 그러나 환아부모는 고액의 구득료 자부담 능력 부재한 상황임. 이에 조혈모 세포를 찾아도 이식하지 못할 상황 발생할 수 있음 ▶ Minnesota Hospital의 심리사회적 문제목록에 근거 – 재정적 문제
개입계획	▷ 해외 골수 일치할 시, 2013년 공모전 통해 건강보험심사평가원으로부터 지정기탁받은 3,000만 원의 기금 연계

③ 환경적 측면

구분	내용
문제사정	ㅇ 잦은 외래 및 입원치료로 다른 학생들과 비교하였을 때에 수업 일수 부족하며, 조혈모 세포 이식하게 될 시 학업 중단의 가능성 있음 –환아는 병원생활로 이미 다른 학생들과의 수업을 동일하게 듣지 못하고 있으며, 추후 조혈모 세포 이식 하게 될 시 학업이 일시 중단 될 예정임 ▷ Minnesota Hospital의 심리사회적 문제목록에 근거; 환경적 문제
개입계획	▷ 환아가 학업을 유지할 수 있도록 사이버학교에 대한 정보제공

(6) 개입내용 및 진행 과정

NO	날짜	정보 제공자	상담 내용
초기 접촉 및 문제 사정 단계			
1	2016 /07	환아부	ㅇ 상담을 위한 약속 위한 초기 접촉 –환아부에게 전화함. 현재 환아 주치의로부터 치료비 지원 요청 건으로 의료사회복지팀에 의뢰와 환아부에게 전화하였음을 설명. 현재 해외골수 구득료 기금 있는 상황으로 소득 및 자산 기준이 맞는지 확인 위해 Brief하게 경제적 상담 진행함 –환아부와 2016.08.07에 상담 약속 잡음

개입 계획 수행단계			
2	2016 /08	환아부	ㅇ 환아에 대한 intake 상담 –환아는 현재 초등학교 재학 중에 갑작스런 고열 발생으로 본원 내원하였고, 패혈증 쇼크로 중환자실 치료받고 있는 중임. 환아는 평소 밝고 쾌활한 성격임. 환아는 1남 2녀 중 둘째이며, 환아언니, 환아남동생과 관계 매우 좋다고 함 –환아부는 2016년 6월까지 계약직으로 근무하였으나 계약 만료되어 현재 무직임. 구직활동 하고 있으나 환아 입원으로 간병 위해 구직활동도 어려운 상황임. 환아모는 과거 학원 강사였으나 결혼 후 전업 주부이고, 환아부와 교대로 환아 간병하고 있음. 현재 환아가구 내 소득 부재한 상황이며, 조혈모세포 이식 계획하고 있으나 국내 일치자 없어 해외에서 골수 찾고 있음. 그러나 해외에서 일치자 찾더라도 3,000만 원 이상의 구득료에 대한 경제적 부담 큰 상태임 ▶해외골수 구득료 기금의 경제적 기준 충족하여 구득료 신청 위해 구비서류 안내하였음 ▶환아부는 구득료에 대한 부담 커 현재 해외골수구득에 대한 기금 있음을 이야기하며 안도 느끼게 하였고, 환아의 간병에 적극적으로 임하는 모습에 정서적 지지해 주었음
3	2016 /08	이식 코디네이터	ㅇ 중국에서 조혈모세포 일치자 찾음 –조혈모세포 이식 코디네이터에게 전화하여 환아 일치하였는지 문의 전화함. 현재 일치하여 환아 건강 컨디션 호전될 시 바로 이식 가능하다고 함
		환아부	ㅇ 서류 준비 독려함 –환아부는 서류 준비 어려움 느끼고 있어 이에 서류 준비 독려하였음. 또한, 환아 현재 중국에서 일치자 찾은 사실에 대해 알림
4	2016 /08	환아부	ㅇ 구비서류 제출 –서류검토
5	2016 /09	환아부모	ㅇ 환아모와 환아에게 심리 정서적 지지제공 –환아 응급실 내원하여 환아모에게 해결중심기법을 바탕으로 환아모에게 현재까지 그래도 잘 치료해온 것에 대한 지지 제공하였음
6	2016 /10	환아부	ㅇ 한국사회복지사협의회에 조혈모세포 구득료 담당자에게 추천서 발송 –환아 조혈모세포 이식을 11월 말 혹은 12월 초로 잡혀 있어 환아 추천서 작성하여 구비서류와 함께 한국사회복지사협의회에 등기발송함
7	2016 /10	한국사회복지사 협회의& 건강보험심사 평가원	ㅇ 해외 골수 구득료 3,000만 원 지원 결정됨 –환아부에게 지원 결정 사실 알렸고, 환아부는 구득료 지원 결정으로 경제적 부담 경감되었다고 하였음 –그러나 골수 구득 위해서는 바로 돈이 입금되어야 하는데 병원 행정 처리상 입금이 빨리 되지 않아 우선 환아부가 구득료 나눠서 지불하고 추후 영수증 제출 시 환아부 계좌로 입금해 주기로 함

8	2016/11	환아부	ㅇ 조혈모세포 이식 입원 전날로 환아부에게 정서적 지지제공하였음 –현재까지 환아는 어려운 치료들을 잘 견뎌내 주었고, 씩씩하게 치료 받고 있으니 금번 이식도 잘 될 수 있을 거라며 지지제공하였음 –환아는 입원 전 삭발할 때에 눈물 보여 환아부도 함께 삭발하였다고 함. 이에 환아를 향한 환아부의 행동에 대해 지지제공하였음
9	2016 /12	환아모	ㅇ 항균 용품 전달 –신한은행에서 소아암 환아들을 위한 항균 용품 후원하여 환아에게 전달하기 위해 병동 방문함. 환아는 조혈모세포 이식방에 들어가 있어 만나지 못하였고, 대신 환아모 만나 전달하였음
10	2016 /12	환아 환아부	ㅇ 이식방에서 일반병실로 전실하여 병동 방문함 –환아는 이식 후 일반병실로 전실하여 환아 만나기 위해 병실 방문하였음. 환아와의 라포 형성 전으로 아직 낯설어하였음. 환아가 가지고 놀고 있는 인형에 대해 궁금증 표시하며 약간의 대화 나누었음. 현재 환아모와 간병 교대하여 환아부가 간병 중이었고, 환아부는 금번 이식비에 대한 부담 느껴 한마음한몸운동본부에 대한 정보제공과 이식 신청하기로 함 ㅇ 한마음한몸운동본부에 금번 이식치료비 신청함 –환아 금번 이식비에 대해 추천서 작성하여 구비서류와 함께 등기 발송함. 그러나 현재 병동 간호사의 소견으로는 환아가 발열 없이 현재와 같은 컨디션으로 지낸다면 곧 퇴원 가능하다고 함. 이에 지원 결정 전에 퇴원할 수 있는 점 환아부에게 안내함 ㅇ 환아 사이버 학교에 대한 정보제공함 –환아가 이식방에서 나온 상황이고 추후 학교 갈 준비를 해야할 수 있기에 사이버학교에 대한 정보 제공함 ㅇ 소아암 환아 놀이 프로그램인 꿈틀꽃씨 안내 –환아는 장기간의 입원 치료로 지루해하고 있어 소아암 환아 놀이 프로그램인 꿈틀꽃씨에 대한 정보제공 함. 환아부와 환아는 이에 대한 욕구 있어 꿈틀꽃씨 담당자와 상의하여 환아에게 프로그램 연계 예정임
11	2016 /12	환아모	ㅇ 환아 병동 방문 및 꿈틀꽃씨 프로그램 연계됨 –환아병동 방문하였음. 환아는 꿈틀꽃씨 연계되어 미술 놀이 하였고, 이에 대한 만족도 높았다고 함. 환아가 이식 후 우울 증상 있었으나 프로그램 할 때에는 즐겁게 참여하고 있음 –환아모는 환아의 이식 결과 매우 좋다는 의료진의 소견이 있어 안도감 느끼고 있었음. 그러나 이식비에 대한 부담 있어 한마음한몸운동본부에 이식비 지원 신청한 사실에 대해 다시 상기시켜 주었음
12	2016 /12	환아부	–환아 금일 퇴원 예정이었으나 한마음한몸운동본부에서 지원 결정되지 않아 자부담 퇴원하기로 하였음 –추후 지원 결정 공문 도착 시, 납부한 금액 환아부 통장으로 입금시켜 주기로 함
13	2017 /01	한마음한몸운 동본부	ㅇ 한마음한몸운동본부 전달식

14	2017 /01	의료사회 복지팀	–치료비 자부담 한 부분에 대해 지출 결의서 올림
15	2017 /01	환아 환아모	ㅇ 환아 병문안 –환아는 월, 금마다 낮병동 입원하여 환아병문안함 –환아는 이식퇴원 후 잠깐 건강 좋지 않았지만 현재는 잘 회복하여 잘 지내고 있다고 함
16	2017 /01	의료사회 복지사	ㅇ 결과보고서 작성 –해외 조혈모세포 구득료 지원해 준 한국사회복지사협의회에 제출 위한 결과보고서 작성

(7) 종결 후 평가

본 사례는 희귀난치성질환으로 조혈모세포 이식을 받아야 하나 국내에서 일치하는 조혈모세포가 없어 해외에서 구득해야만 하는 환아 사례였다. 상담 시 환아부는 계약직 만료 구직활동하고 있는 상황이였고, 환아모는 환자형제들과 환아care로 경제활동 어려운 상태였다. 또한, 환아 치료를 위해서는 중국에서 조혈모세포 받아야 하나 가구 내 경제적 상황 열악하여 치료에 대해 환아부모는 부담 및 상실감 느끼고 있었다. 다행히 조혈모세포 구득료 지원금 있어 환아가 무사히 구득 받고 이식 받을 수 있었으며, 입원비에 대해서도 한마음한몸운동본부 신청하여 지원 결정되었다.

고액의 해외골수 구득료에 대한 경제적 부담	환아는 재생불량성 빈혈로 조혈모세포 이식이 불가피한 상황임. 환아는 국내에 일치자 없어 중국에서 일치하는 공여자 찾았고 3,000만 원 가량의 구득료 발생 예정이었음. 이에 공모전을 통해 건강보험심사평가원에서 해외골수 구득료 3,000만 원 기금 지원한 점은 긍정적으로 평가됨
환아가족에 대한 정서적 지지제공	환아부모는 환아 간병과 환아형제자매들의 양육을 교대로 하고 있는 점에 있어서 칭찬 및 정서적 지지제공하였음. 그러나 환아와의 라포가 많이 형성되지 못한 점은 아쉬움으로 남음
환아에게 사이버학교 및 꿈틀꽃씨 연계	환아는 장시간의 입원으로 학업 중단 및 자신의 놀이활동 중단되었음. 이에 환아가 우울한 마음 발생할 수 있어 사이버 학교와 소아암 환아들을 위한 꿈틀꽃씨 프로그램 연계한 점은 긍정적으로 평가됨

부록 3 의료사회복지 관련 책, 영화, 미술 작품 목록

의료사회복지는 질병이나 장애를 가진 사람들의 삶을 다루는 영역이다. 따라서 건강과 질병, 환자와 치료자, 삶과 죽음 등에 대한 다양한 인문학적 지식을 습득하고 관련된 예술작품들을 접하는 것은 의료사회복지사로서 기초체력을 다지는 데 도움이 될 것이다. 따라서 본 교재의 부록에서는 의료사회복지사로서 역량을 키워가는 과정에서 유익하게 활용할 수 있는 서적, 영화, 미술작품들을 참고용으로 제시하고자 한다. 이 자료들은 의료사회복지실천에 대해 생각할 거리를 풍부히 던져줄 것으로 기대된다. 이외에도 다양한 작품들이 있으니 이를 찾아보고 의료사회복지에 대한 견문을 넓혀보자.

1. 추천 서적

1) 국내작품

■ 박완서 〈여덟 개의 모자로 남은 당신〉 1994

남편의 죽음을 지켜본 작가의 경험을 토대로 쓴 자전적 소설이기에 그 절절함에 더욱 와 닿는 단편소설이다. 죽음은 살아있음을 다시 돌아보게 만들고, 흔한 일상을 흔하지 않게 만들며, 내가 잘 알던 나를 낯선 모습으로 만들기도 한다. 죽음 앞에 무력한, 그러나 너무도 인간적으로 변해가는 진솔한 모습이 잔잔한 감동으로 다가온다.

■ 정유정 〈내 심장을 쏴라〉 2009

이 소설은 정신병원에 사는 두 청년의 병원탈출기이다. 한 친구는 삶으로부터 도피해 평온한 병원생활에 적응한 모범환자 '수명'이고, 다른 한 친구는 늘 꿈을 꾸며 좌충우돌 날뛰는 시한폭탄 같은 '승민'이다. 여전히 우리에게 '비정상'이라고 낙인찍히는 정신병원 환자들, 그러나 우리의 내면, 우리의 욕망과 전혀 다르지 않은 이들의 이야기이다.

■ 김애란 〈두근두근 내 인생〉 2011

열일곱에 아이를 낳은 부모와 그 아이, 이제 열일곱이 된, 그러나 조로증 때문에 신체나이 여든 살로 거의 누워 지내는 '아름'이 이 소설의 주인공들이다. 비극적 상황 속에서 건져 올리는 생의 보석 같은 순간들이 곳곳에서 빛나고, 희극적인 장면들 사이로는 깊은 틈이 벌어져 삶을 통찰하게끔 한다. 슬픔과 기쁨이 공존하는 부모와 자식, 가족의 이야기가 흥미진진하다.

■ 박경철 〈시골의사의 아름다운 동행〉 2011

시골 외과의사가 근무하는 병원에서 만나게 된 다양한 환자와 그들의 삶을 에세이 형식으로 엮은 이 책은 총 62편의 에피소드를 1, 2권에 걸쳐 담고 있다. 사고와 질병으로 인하여 소설이나 영화보다 더 극적으로 펼쳐지는 우리 이웃들의 삶을 들여다 보다 보면 우리의 일상이 얼마나 소중한지를 경험하게 되며 치료자로서 겪게 되는 고민과 애환도 엿볼 수 있다.

■ 하근찬 〈수난 이대〉 2012

동병상련이라는 말의 직접적인 뜻을 생각해보면 자칫 잔인하게 느껴진다. 누군가의 아픔을 이해하기 위해서는 똑같은 아픔을 당해봐야 한다는 말이기 때문이다. 하지만 같은 아픔을 가진 사람들은 서로를 가엾게 여겨주기만 하는 건 아니다. 서로를 가엾게 여기지 '않아' 줄 수도 있다. 그까짓 거 얼마든지 감당할 수 있다고, 별 거 아니니 괜찮다고, 대수롭지 않게 만들어줄 수도 있다. 이 빛나는 단편은 그런 작품이다. 그래서 웃을 수 있지만 그러다가 결국은 찡-해온다.

■ 김경욱 〈천국의 문〉 2016

치매에 걸려 요양병원에서 죽음을 기다리는 아버지의 모습을 딸의 시선으로 바라본 단편 소설이다. 주제는 가족이나 죽어가는 아버지가 아니라 '죽음' 그 자체이다. 남자 요양 간호사의 시선을 통해 삶과 죽음의 사이, 그 중간쯤에서 바라본 죽음을 이야기하고 있으며, 사회적인 관점에서 노인의 죽음과 가족공동체의 해체 문제 또한 아우르고 있다.

2) 외국작품

■ Albert Camus 까뮈 〈La Peste 페스트〉 1947

알제리 해변의 한 도시 오랑에서는 어느 날부터인가 수천 마리의 쥐가 죽어서 길에 깔리게 되고 흑사병이 선포되면서 폐쇄조치가 내려진다. 의사, 신부, 신문기자, 공무원, 시민들이 그 도시 안에서 하루하루 살아간다. 사람들은 병에 걸리고, 서로 돌보고, 죽고, 탈출을 시도하고, 의심하고, 절망하고, 희망한다. 인간의 고통과 절망을 그대로 목격하는 가운데 결코 사라지지 않는 희망의 끈을 작품 속에서 확인할 수 있다.

■ Atul Gawande 아툴 가완디 〈나는 고백한다 현대의학을: 불완전한 과학에 대한 외과의사의 노트〉 2003

현대의학이 갖고 있는 불확실성을 다양하고 생생한 현장 사례들을 통해 보여주면서 사람들이 갖고 있는 현대의학에 대한 맹신에 경종을 울리는 책으로서 의학뿐 아니라 인간의 삶에 대해서도 진지하게 다시 한 번 돌아보게 한다.

■ 오쿠다 히데오 〈공중그네〉 2005

가볍고 유쾌한 목소리로 치유를 이야기하는 즐거운 소설이다. 문을 열면 엉뚱하고 엽기적인 의사 '이라부'와 핫팬츠 차림의 간호사 '마유미'가 맞아주는 정신과 병원, 그 곳을 찾아오는 사람들은 겉으로는 강하고 완벽해 보이지만 가장 약하고 우스꽝스럽고 부끄러운 면을 숨기고 있다. 이들이 한데 어울려 만들어 내는 발랄한 소동들은 우리가 제각기 꽁꽁 숨겨온 치부를 향해 괜찮다며 미소를 지어준다.

■ Elisabeth Kubler-Ross 엘리자베스 퀴블러 로스 〈안녕이라고 말하는 그 순간까지 진정으로 살아있어라〉 2007

시한부 환자들이 질병과 고통 속에서도 자신의 방식으로 담담히 죽음을 맞이하는 과정을 있는 그대로 보여준다. 삶과 죽음에 대한 글의 내용을 이미지로 보여주는 사진들이 있어서 이해를 돕는다. 호스피스의 역할을 이해하는 데에도 도움이 된다.

■ Mitch Albom 미치 앨봄 〈모리와 함께 한 화요일〉 2010

루게릭병으로 죽음을 앞둔 노교수와 그의 제자가 나눈 대화를 담은 책으로서 휴머니즘이 담긴 고전으로 인정받고 있다. 바쁜 일상 속에서 영혼의 결핍을 느끼던 저자는 루게릭병을 앓으며 죽음을 앞두고 있는 대학 시절 은사인 모리 교수와 재회하면서 세상, 가족, 죽음, 자기 연민, 사랑 등을 주제로 매주 화요일마다 인생을 이야기한다. 모리 교수가 들려주는 삶과 죽음에 관한 수업은 치열한 삶 속에서 잃어버린 것들을 찾으러 가는 과정이기도 하다.

■ Jack Andraka 잭 안드라카 〈Breakthrough 세상을 바꾼 십대〉 2015

주인공 소년은 평소 삼촌처럼 여기던 이웃 아저씨가 췌장암으로 목숨을 잃게 되는 경험을 하면서 왜 질병을 발견하는 것이 이렇게 어렵고 비용이 많이 드는지 고민한다. 그리고 인터넷을 통해 끈질기게 그 해답을 찾는 노력 끝에 빠르고 정확한 췌장암 검진법 '옴 미터'를 개발하게 된다. "왜?"라는 질문을 던지고 그 답을 찾아가는 끈질긴 자세, 그리고 사랑하는 사람을 위하는 마음이 세상을 더 낫게 만들 수 있다는 것을 알려주는 실화이다.

2. 추천 영화

1) 의료 행위의 의미, 윤리와 가치, 그리고 제도

■ Patch Adams 패치 아담스 (톰 섀디악 감독) 미국 1998

괴짜 의사 패치 아담스의 실패와 좌절, 그리고 다시 찾는 희망의 이야기를 담은 감동적인 영화다. 기능과 직업을 넘어 환자를 대하는 의사의 마음은 어떠해야 하는가를 묻고 있다. 패치 아담스의 노력과 시도는 어설프고 바보 같고 위험하지만 그래서 가치가 있다. 그 어떤 것도 흐트러지지 않게 세상에 잘 맞춰 들어가는 사람은 결코 세상을 변화시킬 수 없기 때문이다. 패치아담스와 같은 엉뚱한 바보들에게 박수를!

■ Sicko 식코 (마이클 무어 감독) 미국 2007

미국의 의료 민영화가 불러온 비인간적이고 비도덕적인 의료현실을 그대로 폭로한 다큐멘터리 영화. 노동자, 저소득층, 노약자들은 물론, 웬만한 일반인들은 살인적인 보험료 때문에 병원치료를 받지 못하고 치료를 거부당해 죽기도 하지만, 보험회사와 병원은 서로 결탁하여 이익 챙기기에만 급급하다. 그들은 영리를 목적으로 하는 기업이며 수익이라는 목표 앞에 인간의 생명은 한낱 휴지조각일 뿐이다. 이토록 심각한 사안을 재기발랄하고 위트 넘치게 구성한 감독의 연출력이 돋보이는 작품이다.

■ In a better world 인 어 베러 월드 (수잔 비에르 감독) 덴마크 2010

의사 안톤은 아내와 별거 중이고, 종종 아프리카에서 의료봉사를 한다. 열 살짜리 아들 엘리아스는 학교에서 상습적인 따돌림과 폭력을 당하고 있는데, 어느 날 전학 온 크리스티안의 도움을 받게 되면서 둘은 빠르게 친해진다. 얼마 전 암으로 엄마를 잃은 탓에 가족과 세상에 대한 분노와 복수심으로 가득 찬 크리스티안은 온순하기만 한 엘리아스를 서서히 폭력의 세계로 인도한다. 한편, 안톤은 죄 없는 난민을 학살한 반군지도자의 부상을 치료하게 되자 의사로서 도덕적 책무와 양심 사이에서 번민하게 된다. 영화는 어른과 아이의 입장을 동시에 보여주면서 폭력적이고 잔인한 현실 앞에서 마주하게 되는 선택, 용서와 응징의 두 갈래 길을 제시한다.

■ Hysteria 히스테리아 (타니아 웩슬러 감독) 영국 2011

매우 심각한 병도 어쩌면 처음에는 아주 단순한 욕구불만에서 생겨난 것인지도 모른다. 상류사회 여성들을 중심으로 히스테리아가 만연하던 19세기 빅토리아 시대 런던을 배경으로 하고 있는 이 로맨틱 코미디 영화를 보면 더욱 그런 생각이 든다. 항상 새로운 치료법 연구에 매진하던 혈기왕성한 젊은 의사 '모티머'가 히스테리아 전문 병원에 취직하면서 벌어지는 이야기와 바이브레이터의 탄생 배경을 흥미롭게 풀어냈다.

- Me Before You 미비포유 (테아 샤록 감독) 미국 2016

6년 동안이나 일하던 카페가 문을 닫는 바람에 백수가 된 루이자는 새 직장을 찾던 중 촉망받던 젊은 사업가였던 전신마비 환자 윌의 6개월 임시 간병인이 된다. 루이자의 우스꽝스러운 옷, 썰렁한 농담들, 속마음을 그대로 드러내는 얼굴 표정이 신경 쓰이는 윌. 말만 하면 멍청이 보듯 두 살짜리처럼 취급하고 개망나니처럼 구는 윌이 치사하기만 한 루이자. 그렇게 둘은 서로의 인생을 향해 차츰 걸어 들어간다. 척수손상으로 전신마비 장애인이 된 사람의 고귀한 삶과 죽음의 결정 사이를 둘의 관계 안에서 다양하게 조명하였다.

2) 병과 삶의 공존과 극복

- 메디컬 다큐-7요일 EBS

2019년까지 방영된 다큐멘터리를 통해 루게릭병, 퇴행성 관절염, 폐암, 근이영양증 등 다양한 질환을 겪는 환자와 가족의 모습을 생생하게 볼 수 있다.

https://home.ebs.co.kr/sevendays/main

- 50/50 (조나단 레빈 감독) 미국 2011

영화의 제목은 생존확률과 죽음의 확률을 뜻한다. 암을 선고받았을 때 드는 생각은 죽음이지만 사실 나머지 반은 삶이라는 것을 우리는 잊고 있지는 않은지? 희귀한 척추암에 걸린 27살의 남자주인공이 그 반반의 삶과 죽음을 겪는 매우 현실적인 이야기이다. 암환자들이 겪는다는 4단계, 충격, 부정, 저항, 수용이 그에게도 나타나지만 그것 또한 일상적이다. 암환자에 대한 신선한 시각이 돋보이는 보석 같은 작품이다.

- Dallas Buyers Club 달라스 바이어스 클럽 (장 마크 발레 감독) 미국 2013

방탕한 생활을 하며 로데오를 즐기는 전기 기술자 '론'은 어느 날 어이없이 쓰러지고 에이즈 선고를 받는다. 죽기까지 그에게 남은 시간은 단 30일. 론은 죽음을 거부하며 미국 내에서 금지된 약물을 외국에서 밀수한다. 병원에서 알게 된 게이 에이즈 환자 '레이언'과 함께 '달라스 바이어스 클럽'을 만들고, 회원제로 에이즈 환자들에게 밀수한 치료 약물을 판매하기 시작한다. 오로지 자신의 목숨을 연장하기 위해 고군분투하던 그는 주위사람들을 통해 자기도 모르게 삶의 다른 차원을 경험하게 된다.

■ Contagion 컨테이젼 (스티븐 소더버그 감독) 미국 2011

홍콩 출장에서 돌아온 베스는 갑자기 발작을 일으키며 사망하고 그녀의 남편 미치가 채 원인을 알기 전에 아들마저 죽음을 당한다. 얼마 지나지 않아 세계의 많은 사람들이 불가사의한 증상을 보이며 죽어간다. 마른 기침, 고열, 발작, 뇌출혈, 그리고 결국 사망…. 그 숫자는 국경을 넘어 수백, 수천 명에 이르고 일상의 접촉으로 전염되며 변이를 거듭하는 병원균의 정체를 파악하기 위해 질병통제센터 연구자들이 총동원된다. 전세계가 끊임없는 전염병 공포에 직면한 지금, 놀랍도록 현실적인 이 영화를 통해 전염병 시국의 상황을 복합적으로 바라볼 수 있다.

■ Decoding Annie Parker 애니를 위하여 (스티븐 번스타인 감독) 미국 2013

애니는 아내로서, 또 엄마로서 행복한 삶을 산다. 타고난 유머감각과 낙천적인 성격으로 늘 밝아 보이는 그녀. 그러나 그녀의 마음 속 깊은 곳엔 건드리기조차 무서운 깊은 두려움이 자리잡고 있다. 그것은 엄마와 이모, 그리고 이젠 언니에게까지 닥쳐온 유방암이라는 병마가 결국은 자신을 공격하리라는 공포감이다. 한편, 유방암의 유전적 소인을 믿고 있는 저명한 유전학자 메리 클레어 킹 박사는 학계의 냉소에도 불구하고 원인유전자를 찾기 위한 자신의 연구를 계속해 나가다가 우연히 애니와 만나게 된다. 이 만남이 낳게 될 결실은 과연 무엇일까. 실화를 바탕으로 한 영화.

■ MA ma 내일의 안녕 (훌리오 메뎀 감독) 스페인, 프랑스 2017

"가슴은 사라져도 내 심장은 뛰고 있으니까." 남편과의 별거 중 느닷없이 마그다에게 찾아온 유방암 진단과 시한부의 삶. 그러나 불행의 시간에 허덕이기보다는 홀로 남게 될 아들과 주위 사람들의 아픈 가슴을 보듬어줌과 동시에 여성으로서의 의미 있는 삶을 택하는데...마침내 찾아온 새 생명에 대한 설렘 속에서 불행을 행복으로 바꾸어 내는 마그다의 이야기

■ The Fault in Our Stars 안녕 헤이즐 (조쉬 분 감독) 미국 2014

둘이 합쳐 폐는 1.5개, 다리는 3개뿐인 커플, 암환자 소녀와 골육종으로 다리를 절단한 소년이 함께 암스테르담으로 여행을 떠난다. 불치병에 걸린 남녀의 비극적인 사랑으로 눈물샘을 자극하는 뻔한 이야기는 아니다. 병을 지니고 산다는 것에 대한 여러 겹의 괴로움과 고민들이 잔잔한 공감을 일으키고, 사랑인지 우정인지 혹은 연민인지 모를 애매한 관계의 두 사람이 만나 예기치 않게 이루어내는 일들이 흥미롭다.

■ You're Not You 유아낫유 (조지 C. 울프 감독) 미국 2014

일로나 가정적으로나 무엇 하나 부족함이 없는 완벽한 삶을 누리고 있는 피아니스트 '케이트'

는 한 순간 루게릭 병에 걸려 누군가의 도움 없이는 화장실도 갈 수 없고, 옷도 입을 수 없고, 자리에서 일어나기도 힘든 고통 속으로 빠져든다. 점점 모든 것을 잃어가는 케이트 곁에 빈털터리에다 허술하기 짝이 없는 가수 지망생 '벡'이 간병인으로 함께 한다. 환자와 간병인을 넘어 인간 대 인간으로 마주한 두 사람은 따뜻한 우정 속에서 각자가 지켜내고 싶은 삶의 소중함을 깨달아간다.

- The Theory of Everything 사랑에 대한 모든 것(제임스 마쉬 감독) 영국 2014

촉망받는 물리학도 스티븐 호킹은 신년파티에서 매력적이고 당찬 여인 제인 와일드와 마주치고 이미 정해진 운명이었던 것처럼 두 사람은 첫 만남에 서로에게 빠져든다. 그러나 영원히 행복할 것 같았던 두 사람 앞에 모든 것을 바꿀 사건이 일어난다. 루게릭병으로 불리는 근위축성 측색경화증 진단과 시한부 인생, 2년. 스티븐은 점점 신발 끈을 묶는 게 어려워지고, 발음은 흐릿해지고, 지팡이 없이는 걷는 것조차 힘들어져 간다. 모든 것이 불가능한 상황에서 스티븐 호킹은 어려운 삶을 살아간다.

- Soul Surfer 소울 서퍼 (숀 맥나마라 감독) 미국 2011

하와이 카우아이에서 태어난 베서니는 서핑을 즐기는 부모의 영향으로 매일 바다에서 놀고, 바다에서 배우며 성장해 간다. 그녀에게 서핑은 최고의 스포츠이자 친구였으며, 프로서퍼가 되는 것은 그녀의 꿈이었다. 그러나 그녀는 친한 친구의 가족과 함께 서핑을 나갔다가 상어의 공격으로 한쪽 팔을 잃는 사고를 당한다. 어린 나이에 한쪽 팔을 잃게 된 한 소녀가 꿈을 잃지 않고 역경을 극복해 가는 과정을 볼 수 있는 영화

- Walk ride rodeo 로데오 어게인 (코너 알린 감독) 미국 2019

실화를 바탕으로 한 영화이다. 주인공 앰벌리는 사고 후 병원에서 재활을 할 때 척추를 다쳐 하반신이 마비된 상태에서도, 자신의 목표를 walk, ride, rodeo라고 이야기한다. 이것은 걷는 것도 어려운 그녀에게 이루지 못할 희망사항이지만 그녀는 가족과 함께 세상으로 나아가는 삶을 선택한다. 중증장애인의 좌절과, 희망, 가족의 모습에 대해 많은 것을 생각할 수 있는 영화

- Stronger 스트롱거 (데이빗 고든 그린 감독) 미국 2017

여자친구를 응원하기 위해 마라톤의 결승점에서 기다리던 제프는 폭발음과 함께 정신을 잃는다. 병원에서 가까스로 깨어나 목소리뿐 아니라 전신을 움직일 수 없는 그는 종이에 여자친구 에린의 안부를 묻는다. 천만다행 아무 이상 없는 그녀는 제프가 자기를 보러 왔기 때문에 벌어진 일이라고 자책하며 그의 곁을 지킨다. 테러로 두 다리를 잃은 주인공의 재활과정을 볼 수 있

는 영화

■ Midnight Sun 미드나잇선 (스콧 스피어 감독) 미국 2017

XP(색소성건피증)라는 희귀병으로 태양을 피해야만 하는 케이티. 오직 밤에만 외출이 허락된 그녀에게는 어머니가 남겨준 기타와 창문 너머로 10년째 짝사랑해온 찰리가 세상의 빛이다. 어느 날 작은 기차역에서 한밤의 버스킹을 하던 케이티 앞에 찰리가 나타나고, 두 사람은 매일 밤마다 모두가 부러워하는 완벽한 데이트를 이어간다. 처음으로 함께 여행을 떠난 날, 꿈 같은 시간을 보내던 케이티는 그만 지켜야만 하는 규칙을 어기게 되고 결국 피할 수 없는 선택을 해야만 하는데… 희귀병에 걸린 여주인공과 남주인공의 사랑, 가족의 존재에 대해 생각해 볼 수 있는 영화

3) 가족 안의 질병과 죽음

■ Lorenzo's Oil 로렌조 오일 (조지 밀러 감독) 미국 1992

실제 인물과 사실을 영화화하였기에 더 진한 감동을 주는 작품이다. 오도네 부부는 아들 로렌조가 ALD(부신 대뇌백질 위축증)이라는 불치병에 걸려 앞을 보지도, 듣지도 못하고 언어 장애와 전신마비를 일으키다 결국은 죽게된다는 사실을 알게 된다. 그러나 부부는 포기하지 않고 병에 관련된 모든 서적을 닥치는 대로 탐독하며 결국 치료법을 찾아내고 그 치료약인 오일의 이름을 '로렌조 오일'이라 칭한다. 부모의 사랑이 얼마나 위대한가를 새삼 느끼게 하는 영화.

■ What's Eating Gilbert Grape 길버트 그레이프 (라세 할스트롬 감독) 미국 1993

식료품 가게의 점원으로 일하는 길버트 그레이프는 집안의 가장으로서의 역할과 가족들로부터의 탈출에 대한 욕망 속에서 살아가고 있다. 그에게는 남편이 목매달아 자살한 이후의 충격으로 몸무게가 500파운드나 나가는 거구인 어머니와 지적장애인 동생, 그리고 직장에서 잘린 누나와 한창 사춘기의 여동생이 있다. 너무 가까워서, 또 너무 사랑해서 너무 쉽게 상처를 주지만 그렇다고 쉽게 떠날 수도 없는 가족의 모습과 그 속에서 성장해 가는 인간에 대한 이야기이다.

■ My Sister's Keeper 마이 시스터즈 키퍼 (닉 카사베츠 감독) 미국 2009

이 영화는 영원히 풀지 못할 딜레마 같은 문제를 던져준다. 오로지 언니의 백혈병을 치료할 목적으로 태어난 유전자 맞춤형 인간인 '안나'는 제대혈, 백혈구, 줄기세포, 골수 등 모든 것을 언니에게 주다가 자기 몸의 권리를 찾겠다며 부모를 고소한다. 케이트는 죽어가고 있는 자기 때문에 가족들이 당하는 고통으로 이중의 고통을 받으며 죄책감에 시달린다. 엄마는 자신이 비윤

리적 선택을 했다는 걸 알지만 딸을 살리기 위해 어쩔 수 없었으며 이젠 안나의 고소에 대응해 재판을 준비해야만 한다. 누구의 편을 들 것인가.

■ Descendant 디센던트 (알렉산더 페인 감독) 미국 2011

일 년 내내 파라다이스일 것만 같은 섬, 하와이에 사는 한 가족의 이야기이다. 아름다운 하와이에 사는 그들에게도 짊어져야 하는 삶의 무게는 여느 가족과 다르지 않다. 보트사고로 갑자기 엄마가 뇌사상태에 빠지자 감춰져 있던 환부들이 하나 둘씩 드러난다. 식물인간이 된 엄마에게 죽음이 예고되고 아빠와 두 딸들은 그 죽음을 준비하며 서로의 낯선 모습들을 발견한다. 죽음은 슬프기보단 당황스럽고 잔인하지만 새로운 출발이 되어주기도 한다. 그리고 가족이 가족이라는 사실은 어쩔 수가 없다.

■ Still Alice 스틸앨리스 (리처드 글랫저, 워시 웨스트모어랜드 감독) 미국 2014

영화의 제목은 "앨리스는 여전히 앨리스"라고 풀이된다. 마음이 심장에 있지 않고 뇌에 있다는 이치로 생각해본다면 기억을 잃는다는 건 감정과 마음까지 잃는다는 뜻이다. 그런데도 치매를 앓기 전 앨리스와 치매환자인 앨리스가 같은 앨리스라고 할 수 있을까. '그렇다'고 말하는 이 영화는 치매의 끔찍한 고통을 다소 미화시킨 면이 없지 않은 것 같다. 그러나 저항할 수 없이 자신을 잃어가면서도 상실의 기술을 배우고 고난 중에도 앞으로 나아가는 앨리스의 모습은 분명 감동적이다.

■ The Father 더 파더 (플로리앙 젤러 감독) 영국, 프랑스 2020

안소니는 자신의 아파트에서 여생을 즐기고 있는 노인이다. 하지만 함께 사는 딸 앤은 아버지가 자꾸 물건을 잊어버리는데다 간병인을 괴팍하게 굴며 내쫓는 것 때문에 힘들어한다. 그러던 앤이 갑작스럽게 런던을 떠난다고 말한다. 안소니는 그 순간부터 앤이 내 딸이 아닌 것처럼 느껴졌다. 도대체 앤이 내 딸이 맞기는 한 걸까? 치매를 앓고 있는 인물의 혼란스러운 내면과 심리에 대해 주인공의 시점으로 볼 수 있는 영화

4) 죽음에 대하여

■ the Sea Inside 씨인사이드 (알레한드로 아메나바르 감독) 스페인 2004

26년 전, 수심을 알 수 없는 바다에서 다이빙을 하다 전신마비가 된 주인공은 무기력하게 삶을 연명하는 존재이기보다는 존엄성을 가진 이성적인 인간으로서 죽을 수 있는 권리를 주장한다. 가족들의 헌신적인 보살핌 속에 침대에 누워서 오로지 입으로 펜을 잡고 글을 써왔던 그

의 소망은 오로지 안락사로 세상을 떠나는 것이다. 미디어를 통해 알려진 그의 사연을 듣고 그를 찾아왔다가 친구가 된 한 여성은 주인공을 사랑하게 되고 삶을 포기하지 말라고 설득하지만 그의 의지에는 변함이 없다. 안락사에 대한 현실적인 고뇌를 다룬 작품이다.

- Amour 아무르 (미카엘 하네케 감독) 프랑스 2012

천천히 죽어가는 늙은 아내를 늙은 남편이 돌본다. 남편 역시 돌봄을 받아야 할 노쇠하고 불편한 몸임에도 불구하고 아내의 손발이 되어준다. 영화는 지루하게 죽어가는 과정, 그 자체의 속도를 철저하게 따라가기만 한다. 누구에게나 닥쳐올 수 있는 당연한 일상이지만 그 과정을 지켜보는 일은 일상적이지 않다. 마지막 남편의 선택이 최선일지 최악일지 판단하는 것은 보는 이의 몫이다.

- Still Life 스틸 라이프 (우베르토 파솔리니 감독) 영국 2013

고독사한 사람들의 장례를 치러주는 이색적인 직업을 가진 존 메이. 런던 케닝턴 구청 소속 22년차 공무원인 그는 초라한 유품을 단서로 고인의 삶을 상상해보며 정성스럽게 추도문을 작성하고, 어렵게 찾아낸 지인들에게 연락하여 장례식에 초대하지만 대부분 혼자 장례를 치르곤 한다. 예산을 낭비했다는 이유로 해고통보를 받은 날 그에게 맡은 마지막 고독사의 주인공은 바로 자신의 맞은 편 아파트에 살던 '빌리 스토크'다. 알지 못했던 그의 삶을 하나씩 열어갈 때 멈춰있던 존 메이의 삶이 깨어난다. "한 사회의 품격은 죽은 이들을 대하는 방식에서 드러난다"는 감독의 말이 인상적이다.

- 임종을 둔 마지막 하루 The Hospice 2014

죽음을 앞둔 어머니와 어머니를 보내는 가족들의 마지막 모습을 담은 영상
https://www.youtube.com/watch?v=4kAwRpGrUF0

5) 질병에 대한 사회적 편견

- Philadelphia 필라델피아 (조나단 드미 감독) 미국 1993

잘 나가던 변호사 앤드류 배킷은 동성애자이자 에이즈 환자임을 숨기고 중대한 사건을 맡는다. 그러나 그의 질병에 거부감을 가진 회사에서는 비열한 방식으로 앤드류를 해고하고 앤드류는 이에 맞서 법정 투쟁에 들어간다. 결국 라이벌 관계에 있던 변호사 조 밀러의 도움으로 그가 해고당한 이유는 능력 때문이 아니라 에이즈 때문이라는 것을 밝혀내고 질병으로 인한 해고는 차별이고 위법임을 인정받는다. 질병으로 인한 낙인과 부당한 처우, 그리고 이에 저항하는

주인공의 휴먼스토리가 감동적이다.

■ 다시 봄 (이현승, 유승조 감독) 한국 2015

중증건선환자의 이야기를 담아낸 소셜 다큐. 건선은 면역체계의 이상으로 발생하는 대표적인 만성 염증성 자가면역질환으로 완치가 어렵고, 전염성 피부병으로 오해 받아 정상적인 경제 활동도 어려우며, 값비싼 치료제 때문에 받는 고통도 크다. 다큐는 대학등록금 마련을 위해 3년 전 사라진 아버지를 찾아 나선 딸 미영이 아버지를 찾는 과정을 보여주면서 중증건선으로 인해 사회에서 차별 받고, 소외되어온 환자의 모습을 증언한다.

6) 정신질환과 중독 관련

■ Leaving Las Vegas 라스베가스를 떠나며 (마이클 피기스 감독) 미국 1995

병은 악(惡)으로 간주된다. 그래서 치유하고 제거해야 한다고 생각한다. 그러나 세상에 악이 엄연히 존재하는 것처럼 병도 늘 존재하며 삶과 더불어 살아있다. 병을 가치판단 없이 있는 그대로 본다는 것은 얼마나 힘든 일인가. 하루라도 빨리 죽기 위해 술을 마셔대는 알코올 중독자 '벤'과 거리의 여자 '세라'는 함께 지내기 위해 서로 용납할 수 없는 상대의 모습을 그대로 용납하기로 약속한다. 사랑이라는 이름으로 절망을 향해 치닫는 이들의 질주가 너무도 처절하여 아름답다.

■ Girl, Interrupted 처음 만나는 자유 (제임스 맨골드 감독) 미국 1999

삶의 의미를 찾지 못하고 자살을 시도한 19세 소녀 '수잔'은 부모에 의해 고급 정신병원에 갇힌다. 그곳에서 수잔은 정신병동의 다른 환자들을 보며 처음에는 경멸하고 두려워하지만 차츰 그들과의 유대를 경험하게 된다. 특히 걸핏하면 병원을 탈출했다 잡혀오는 반항적인 '리사'에게 매력을 느끼며 그녀에게 많은 영향을 받고 특별한 우정을 쌓아가게 된다. 실제로 작가가 정신병동에 수감되었던 실화를 영화화한 작품이다.

■ Requiem for a Dream 레퀴엠 (대런 아로노프스키 감독) 미국 2000

'꿈을 위한 진혼곡'이라는 원제는 영화의 주제를 극명하게 드러낸다. 암울한 현실 속의 엄마와 아들, 그의 친구와 여자친구, 이 모두는 꿈을 향해 가지만 곧 가로막히고 어쩔 수 없이 환상을 만들어내기 위해 약물중독으로 스스로를 파멸시킨다. 마약중독에 대해 이보다 더 강렬한 영화가 있을 수 있을까 싶다. 중독과 환각, 강박증을 표현하는 강렬하고도 실험적인 영상들, 마약이 작용하는 순간 동공을 확대하여 잡아낸 영상은 마치 내가 직접 백색의 가루를 들이킨 것 같은 느낌을 준다.

■ Wandering Home 술이 깨면 집에 가자 (히가시 요이치 감독) 일본 2010

다음 주에는 술에 취하지 않은 모습으로 가족을 만나리라. 꼭... 이라고 백만 번 결심하지만 만취한 채 길바닥에 쓰러져 있기 일쑤인 사고뭉치 아빠 츠카하라. 술 때문에 아내 유키에게도 버림받은 그는 이제 알코올 의존증 생활을 청산하고 가족이 있는 집으로 돌아가고 싶은 귀소본능에 몸부림치며 자진해서 알코올 병동에 입원한다! 소란스럽고 정신 없는 병동 사람들과의 생활에도 점차 익숙해지고 하루하루 상태가 호전되는 가운데 과연 츠카하라는 지긋지긋한 알코올 의존증에서 벗어나 사랑하는 가족의 품으로 돌아갈 수 있을까!?

3. 미술작품[02]

■ Edvard Munch 뭉크 〈병든 아이〉

뭉크는 〈병든 아이〉라는 제목의 그림을 여섯 개나 완성했는데 모두 같은 형태지만 조금씩 다르다. 유화는 침상에 누운 병든 소녀 곁에 간호하는 이가 오열하듯 침대위로 몸을 기댄 모습으로 병으로 싸우는 가족의 아픈 마음을 색채나 구도로 잘 나타내고 있다. 한 석판화 작품은 병든 소녀보다 곁에서 간호하는 이를 새까맣게 타버린 모습으로 묘사하여 오히려 그녀가 더 심한 병자거나 거의 죽음에 이른 듯하다. 병자를 지켜보는 사람의 마음이 얼마나 썩어 들어가는가를 보여주고 있다. 또 다른 석판화에서는 병든 누이 곁에 아무도 없고 다만 밝은 빛만이 떠도는 빈 화면을 두어 더욱 공허하고 가슴 아픈 느낌을 전해 준다.

■ Francisco Goya 고야 〈고야와 의사 아리에타〉

환자인 고야가 의사에게 부축되어 약을 먹으려는 모습에서 사경을 헤매는 듯한 모습을 실감나게 그린 그림이다. 그림 아래쪽에는 "나이 7세였던 1819년 말에 위험한 급성질병을 앓고 있는 동안 뛰어난 의술과 열정으로 나의 생명을 구해준 나의 벗 아리에타에게 감사하며 1820년 고야가 그린 그림"이라는 설명이 기재되어 있다. 고야는 어린 시절 받았던 따뜻한 보살핌의 기억을 어른이 되어서까지도 간직했던가보다. 또한 어른으로서 겪는 아픔과 고독감을 오래전 유년기의 기억으로 치유 받고 있는 것이 아닌가 싶다.

02 저작권 상의 이유로 그림은 직접 싣지 않았습니다. 인터넷이나 화집 등을 통해 검색해 보시기 바랍니다.

■ Jean-Antoine Watteau 와토 〈의학동업자 단체 회원들〉

프랑스의 희극작가 몰리에르는 "의술의 치료를 견뎌내기 위해서는 건강해야 한다"는 농담을 했다. 어떤 이들에게 의술은 섣부른 지식으로 병을 더 악화시키는 쓸데없는 허영으로 치부되기도 한다. 그만큼 의학은 많은 오해와 실패와 모험을 해가며 발전해왔다. 와토의 동판화에는 의사들이 피를 뽑아내기 위해 환자를 괴롭게 하고 관장용 주사기로 거의 공격하듯 달려드는 모습이 그려져 있다. 의학이 인류에게 준 혜택만큼이나 해악을 끼친 점에 대해서도 인정해야 한다.

■ Eugène Carrière 카리에르 〈아픈 아이〉

어두운 근심으로 둘러싸인 화면, 그 가운데 슬픔을 꾹 참은 의연한 어머니의 얼굴과 그녀에게 안긴 작은 아이가 있다. 눈에 띄는 것은 아직 철모르는 어린 아이의 손이 어머니의 얼굴에 닿아 있는 모습이다. 작은 몸으로 병마와 싸우면서도 어머니의 얼굴을 어루만지는 그 가녀린 손이 말하고 있는 것은 무엇일까. 자기보다 더 힘들 어머니의 마음을 알고 있다는 듯 위로하는 것만 같다. 애틋하고 안타까워서 더 창백하게 빛나는 모자의 정이 전해오는 그림이다.

■ Marie-Francois Firmin-Girard 지라르 〈회복기의 환자들〉

파리 병원들이 대규모 재건축을 시행하기 전, 시립병원으로 보이는 건물 마당에 열다섯 명의 환자들이 똑같은 흰색의 면 모자에 똑같은 회색의 두꺼운 병원 가운을 걸치고 있다. 땅에 길게 드리운 그림자는 하루가 저무는 무렵임을 알려주고 새로운 가지들이 돋아나는 나무들과 가운을 여미지 않은 사람들의 모습에서 겨울이 끝나가는 시기임을 알 수 있다. 길고 혹독했던 겨울이 끝나고 봄으로 바뀌는 계절의 변화를 화면 전체에 고루 퍼진 빛으로 표현하고 있다. 환자들의 모습엔 아직 생기가 없지만 미세한 회복의 희망이 어른거리고 있다. 보이지 않는 희망을 그려내기 위해 무채색에 가까운 색조를 사용한 실험적인 표현방법은 당시 비평가들에겐 혹평을 들었으나 그는 자신이 믿고 있는 예술적 힘을 포기하지 않았다.

■ Jan Havicksz Steen 스텐 〈아픈 여인〉

병자의 고통과 아픔을 표현한 다른 작품들과 달리 이 그림 속 아픈 여인은 그다지 심각해 보이지 않는다. 여인은 분명 손으로 배를 문지르며 '아파 죽겠다'고 호소하고 있는 것 같으나 아무리 봐도 꾀병 같아 보인다. 곁에서 뭔가 거창해 보이는 도구를 든 채 하소연을 들어주는 할머니의 표정도 역시 심각하지 않다. 여인은 배가 아니라 마음이 아픈 것 같다. 외로운 마음이 허전한 눈빛에 맺혀 그렁그렁하다. 여인의 배를 따뜻하게 어루만져줄 손길만 있다면 금방 나을 병이 틀림없다. 마음이 몸을 치유한다는 건 진실이다.

■ Kusama Yayoi 쿠사마 야요이

〈점〉〈그물〉〈거대한 호박〉〈끝없는 거울의 방-영혼의 번쩍이는 빛〉〈물방울 집착〉 등

쿠사마는 부모의 몰이해와 학대, 억압으로 받은 깊은 상처를 치유 받지 못한 채 성장했다. 10살 때 그린 어머니의 초상화는 온통 점으로 가득했는데 어머니를 사라지게 하고 싶은 원망의 표현이었다. 꽃이 말을 걸어오고 사물이 사람처럼 다가오는 착란증을 경험하기도 하고, 한번 본 무늬의 잔상이 남아 모든 사물이 물방울 무늬(dot)와 그물(net)로 변형돼 계속해서 따라붙기도 한다. 물방울과 그물은 결국 그녀의 주요한 예술의 소재가 된다. 강박신경증, 편집증, 불안신경증을 가진 그녀는 정신병을 예술로 승화시켰다. 그녀는 고백한다. "내가 그림을 그리는 것은 예술가가 되고자 한 것이 아니었다. 곤혹스러운 병, 불안신경증, 강박증과 편집증이 원인이다. 똑같은 영상이 자꾸 밀려오는 공포, 어둠 속에서 언제나 반복하면서 하나의 벽면을 타고 뻗으며 증식하는 하얀 좁쌀 같은 것이 보이면 넋이 둥둥 내 몸에서 빠져 나간다. 귀신에게 빼앗길 듯싶은 넋은 스케치북 위에 조금씩 가라앉으면서 잠깐 낮잠을 잔다. 아, 이것으로 오늘까지 나는 살아있다"

■ Frida Kahlo 프리다 칼로

〈꿈〉〈희망의 나무 〉〈가슴 아픈 기억〉〈몇 개의 작은 상처들〉 등

모든 예술가 중에 가장 심한 육체적 고통을 겪은 사람으로 프리다 칼로를 능가할 사람은 아마도 없을 것 같다. 그녀의 육체는 그녀를 한시도 고통에서 해방시키지 않았으며, 남편인 리베라 디에고와의 불화는 그녀에게 심적 고통까지 더해주었다. 그녀의 숱한 작품들은 모두 아픔과 상처를 드러내고 있다. 그러나 프리다 칼로의 예술세계가 고통에만 머물러 있지는 않다. 〈꿈〉에는 고통과 감미로움이 혼재하며 〈희망의 나무〉에서는 어디에도 보이지 않는 희망의 나무가 굳건하게 존재하고 있다고 역설한다. 〈몇 개의 작은 상처들〉는 결코 작지 않은 처참한 상처들을 보여주면서 작다고 표현함으로써 의연한 삶의 의지를 보여주기도 한다.

■ Egon Schiele 에곤 실레

〈포옹〉〈가족〉〈자화상〉〈죽음과 여인〉〈사투〉〈누드 자화상〉 등

최근 영화로도 상영된 에곤 실레는 '죽음에 대한 공포와 내밀한 관능적 욕망, 인간의 실존을 둘러싼 고통스러운 투쟁에 관심을 기울이며, 의심과 불안에 싸인 인간의 육체를 왜곡되고 뒤틀린 형태로 거칠게 묘사했다'는 평을 받고 있다. 하지만 어쩌면 그는 육체 그 자체에 집중했는지도 모른다. 비틀리도록 강렬한 육체의 열망과 또 그만큼의 초라함, 피어나는 동시에 쇠락하는 운명, 미(美)와 추(醜)가 혼재하며 맞물리는 육체의 운명을 적나라하게 그려냈다.

부록 4 의료사회복지 관련 단체 및 기관 목록

의료사회복지와 관련된 여러 단체 및 기관 목록을 제시한다.

1. 의료사회복지사 관련 단체

- 대한의료사회복지사협회 http://www.kamsw.or.kr
- 한국정신건강사회복지사협회 http://www.kamhsw.or.kr
- 한국정신건강사회복지학회 https://kamhsw.org

2. 의료비지원 기관

- 다정한사람들 http://www.dajunghan.or.kr
  : 결핵환자 지원사업, 의료비 지원사업
- 밀알복지재단 http://www.miral.org
  : 장애아동 의료재활사업
- 세이브더칠드런 http://www.sc.or.kr
  : 53개 협력병원의 아동환자 검사 · 외래 · 입원 · 수술비 지원
- 하트하트재단 http://www.heart-heart.org
  : 안질환, 화상환아, 미숙아, 휘귀난치성환아 의료비 지원
- 한국소아암재단 http://www.angelc.or.kr
  : 수술비, 치료비 지원 및 헌혈증 사업
- 한국백혈병어린이재단 https://www.kclf.org
  : 이식비, 치료비, 재활치료비, 간접치료비 지원
- 한국심장재단 http://www.heart.or.kr
  : 경제적으로 어려운 환자의 심장병 및 장기이식 진료비지원
- 현대차 정몽구 재단 https://www.hyundai-cmkfoundation.org/com/cmkIndex.do
  : 협력병원을 통해 외국인 근로자, 다문화가정, 난민 등 의료소외계층 진료 지원

- 한국혈우재단 http://www.kohem.org
  : 희귀난치성질환자, 중증난치질환, 비급여의료비 등 지원
- 스마일재단 http://www.smilefund.org/main.html
  : 장애인, 저소득아동 및 청소년 치과진료비 지원
- 아이들과미래재단 https://www.kidsfuture.or.kr/index.php
  : 아동 의료비 지원

3. 질환별 환자 권익옹호를 위한 단체

- 한국간이식인협회 http://www.ltkorea.or.kr
- 한국백혈병환우회 https://www.leukemia.kr
- 한국백혈병소아암협회 http://soaam.or.kr
- 한국소아당뇨인협회 http://www.iddm.kr
- 한국정신장애인연대 http://www.kami.ne.kr
- 한국희귀난치성질환연합회 http://www.kord.or.kr
- 한국선천성대사질환협회 http://www.kcmd.or.kr

4. 기타 보건의료 관련 단체

- 한국만성질환관리협회 http://www.acdm.or.kr
- 한국에이즈퇴치연맹 http://www.kaids.or.kr
- 한국유방건강재단 http://www.kbcf.or.kr/index.do
- 호스피스코리아 http://www.hospicekorea.com

참고문헌

Reference

가톨릭대학교인천성모병원권역호스피스센터 (2020). 호스피스완화의료 사회복지사를 위한 사회복지정보 가이드북. 인천: 가톨릭대학교.

강민희 (2015). 신장장애인의 질환 이후 생애경험에 대한 현상학적 연구. 한국장애인복지학, 30, 145-169.

강흥구 (2004). 의료사회복지실천론. 서울: 학현사.

______ (2007). 의료사회복지실천론. 서울: 학현사.

국립중앙의료원 공공보건의료지원센터 (2021). 2021년 공공보건의료계획 수립 및 2020년 의료계획 시행결과 평가지침 설명회 자료집.

국민건강보험공단 (2020). 2021 사업장업무편람. 원주: 국민건강보험공단.

권구영, 서정화, 홍지영 (2003). 정신보건사회복지사의 직무 스트레스와 행동 및 심리적 결과 간의 관계에 관한 연구. 정신건강과 사회복지, 16, 29-65.

권진숙, 김정진, 전석균, 성준모 (2014). 정신보건사회복지론. 서울: 공동체.

권진숙, 박지영 (2008). 사례관리의 이론과 실제. 서울: 학지사.

기화, 정남운 (2004). 만성질환 아동을 둔 가족의 심리적 적응에 관한 가족 탄력성 모형의 검증. 한국심리학회지: 건강, 9(1), 1-24.

김경미, 김민정 (2010). HIV/AIDS 감염인의 감염 이후 삶의 긍정적 경험: 추락하는 것에는 날개가 있다. 사회복지연구, 41(1), 251-279.

김경희 (2009). 근친성학대 피해 자녀 어머니의 생존경험에 관한 연구. 이화여자대학교 대학원 박사학위논문.

김귀영, 김현이, 민병옥, 송애랑, 신종연, 이정애, 임복희, 임윤수, 조현, 조혜영, 홍명선, 함순예, 김원 (2006). 의학용어. 서울: 수문사.

김규수 (1999). 의료사회복지실천론. 서울: 형설출판사.

______ (2004). 의료사회복지실천론. 서울: 형설출판사.

김기덕 (2002). 사회복지윤리학. 서울: 나눔의 집.

김기태 (2012). 대한민국 건강불평등 보고서. 서울: 나눔의 집.

김기환, 서진환, 최선희 (1997). 의료사회사업가의 직무표준화를 위한 연구. 한국사회복지학, 33, 1-28.

김덕준 외 (1970). **신사회사업개론**. 서울: 한국사회복지연구소.

김동민, 서소라, 김경아 (2002). **척수손상: 대한의료사회복지사협회 임상시리즈**. 서울: 나눔의 집.

김민혁, 홍기정, 이수정, 송신희, 권세원, 김홍규 (2016). **응급실 기반 자살시도자 사후관리사업 매뉴얼 개발**. 원주: 보건복지부 · 연세대학교 원주산학협력단.

김범석 (2008). **진료실에서 못다한 항암치료 이야기**. 서울: 아카데미북.

김상균, 오정수, 유채영 (2002). **사회복지 윤리와 철학**. 서울: 나남출판.

김선현, 안소연 (2009). 주간보호시설이용 치매노인의 집단미술치료 효과성 연구–우울감, 삶의 질, 미술자기표현을 중심으로. **임상미술치료학연구**, 4(1), 25–31.

김성완, 김선영, 김재민, 서동우, 신일선, 김석재, 나기회, 김세현, 윤진상 (2008). 자살에 대한 태도 및 자살행동 연구. **생물치료정신의학**, 14(1), 43–48.

김소선 (1992). 뇌졸중 환자를 돌보는 가족의 경험에 관한 연구. 연세대학교 간호학과 박사학위 논문.

김승섭 (2017). **아픔이 길이 되려면**. 서울: 도서출판 동아시아.

김연수 (2005). 정신장애인 보호제공 가족원의 돌봄경험 평가와 심리적 안녕감에 관한 연구. 이화여자대학교 대학원 박사학위논문.

김연수, 서민경, 권자영, 성준모, 전혜성, 최지은 (2002). **낮병원: 대한의료사회사업가협회 임상시리즈**. 서울: 나눔의 집.

김영란, 정재원 (2014). 스트레스 취약성 및 스트레스 대처 모델을 적용한 임신 중 우울 관련요인. **여성건강간호학회지**, 20(1), 38–47.

김원석, 강은경, 신형익, 방문석, 신지철, 박지웅 (2008). 급성기 후 재활병원에 입원한 척수손상 환자의 재활서비스 욕구. **대한재활의학회지**. 32(2), 169–174.

김이영 (1997). 지역사회 정신보건의 역사적 배경. **대한의사협회지**, 40, 158–163.

김이영, 배성우 (2005). 가족교육 프로그램이 정신장애인의 임상적 · 기능적 · 주관적 경험영역에 미치는 효과. **정신보건과 사회사업**, 19, 180–212.

김정범 (2001). 당뇨병과 연관된 심리사회적 문제들. **생물치료정신의학**, 7(2), 288–295.

김종성 (2005). 뇌졸중 후 발생하는 감정장애; 우울, 불안, 감정조절장애, 분노조절장애, 그리고피로. **대한신경과학회지**, 23, 1–8.

김종흔, 유은승, 조달님 (2012). **암환자를 위한 스트레스 관리**. 서울: 이담북스.

김진석 (2021). 지역사회 통합돌봄 전달체계 현황과 과제. **2021년 제1회 통합돌봄 2025비전포럼 자료집**.

김진숙 (1997). 당뇨아동 가족의 아버지 역할 수행에 관한 연구. 서울대학교 대학원 석사학위 논문.

김철권 (1997). 우리나라 지역사회 정신보건의 현황과 미래방향. **대한의사협회지** 40, 179–185.

김혜련, 김윤신 (2003). 만성질환 유병의 사회계층별 차이분석. **한국보건정보통계학회지**, 28(2), 56–66.

당뇨병학회 (2003). 당뇨캠프에서의 당뇨병 관리. **당뇨병(JKD)**, 4(3), 169–174.

대한소아혈액종양학회 (2007). 소아 · 청소년암환자 관리. 서울: 이퍼블릭코리아.

미국정신의학회 (1995). 정신장애의 진단 및 통계편람 제4판(DSM-Ⅳ). 서울: 하나의학사.

박순아, 성경미 (2016). Lazarus와 Folkman의 스트레스 평가-대처 모델에 근거한 입원 스트레스 관리 프로그램이 조현병 환자의 스트레스, 문제해결능력 및 삶의 질에 미치는 영향. 대한간호과학회지, 46(4), 583-597.

박유미 (2015). 서울시 만성질환관리사업. 대한의료사회복지사협회 제15차 추계심포지움 주제발표.

박지영 (2010). 자살로 가족을 잃은 유가족의 생존경험에 관한 해석학적 현상학 사례연구. 정신보건과 사회사업. 36, 203-231.

박지용 (2013). 빈곤과 건강보험법-한국 의료보장법과 의료체계를 중심으로. 사회보장법학. 2(1), 71-101.

박현선 (1995). 의료사회사업 QA프로그램 개발을 위한 제언. 의료사회사업활동의 질관리, 95년 대한의료사회사업가협회 총회 및 임상세미나자료집. 1~25.

박효미, 윤영미 (2005). 화상환자의 삶의 질 영향요인. 성인간호학회지, 17(1), 100-108.

배상수 (2020) 건강증진의 이론과 접근방법. 서울: 계축문화사.

보건복지부 (2005). 제2차 국민건강증진 종합계획. 세종: 보건복지부.

________ (2018a). 지역사회통합돌봄 기본계획. 세종: 보건복지부.

________ (2018b). 커뮤니티케어 현장전문가 정책포럼 자료. 세종: 보건복지부.

________ (2021). 공공보건의료 협력체계 구축사업 안내.세종: 보건복지부.

________ (2022a). 긴급복지지원사업 안내. 세종: 보건복지부.

________ (2022b). 암환자 의료비지원 사업안내. 세종: 보건복지부.

보건복지부 커뮤니티케어추진단 (2018). 지역사회중심 복지구현을 위한 커뮤니티케어 추진방향. 세종: 보건복지부

보건복지부 한국건강증진개발원. (2021). 2021년 지역사회 통합건강증진사업 안내.

보건복지부, 의료기관평가인증원 (2021). 4주기 급성기병원 인증기준. 세종: 보건복지부.

사례관리학회(편). (2014). 사례관리론. 서울: 학지사.

삼성서울병원 당뇨교육실 (2002). 당뇨병과 함께 즐거운 인생을. 서울: 고려의학.

삼성의료원 사회사업팀 (2012). 사회사업팀 활동보고서, 17: 2012 의료사회사업 연간보고서. 서울: 삼성의료원.

서해정, 박종유, 김소영, 이경민 (2017). 척수장애인재활지원센터의 기능과 역할정립 연구. 서울: 한국장애인개발원.

세브란스 (2018). 2018 세브란스 사회사업 심포지엄: 의료사회사업 60년, 새로운 도전과 미래 자료집

소예경 (2019). 서울시 301네트워크의 새로운 도약. HIRA 정책동향, 13(5).

손정태, 이은주, 김선화 (2009). 선호 음악감상이 화상환자의 통증, 불안 및 활력 징후에 미치는 효과. 한국음악치료학회지, 11(1), 124-141.

송미순, 김선호 (2011). 범이론모형(Transtheoretical Model) 기반의 운동행위 강화 프로그램이 고혈압 노인의 혈압 및 신체활동량에 미치는 효과. **한국콘텐츠학회논문지, 11**(12), 364–377.

송미영, 최경구 (2007). 치매노인 주부양자의 부양부담에 영향을 미치는 요인. **노인복지연구, 37**, 131–160.

송자경 (1997). **의료사회사업활동보고서 제1집**. 원주: 연세대학교 원주의과대학 원주기독병원 사회사업과.

신미자 (1994). 장기혈액투석 수혜자들의 생활경험에 관한 연구. 중앙대학교 대학원 박사학위논문.

안효섭, 김순기 (2005). **소아암: 환자와 가족을 위한 정보**. 서울대학교병원 교육자료.

양옥경, 김연수 (2003). 가족탄력성 증진을 위한 부모역할 프로그램 개발연구. **사회과학연구논총, 11**, 115–147.

엄명용, 노충래, 김용석 (2015). **사회복지 실천기술의 이해(3판)**. 서울: 학지사

오승길, 최건식 (2013). 신장장애인의 삶의 질에 영향을 미치는 사회적 환경요인. **21세기 사회복지연구, 10**, 247–263.

오영훈, 최율, 임양빈, 임종훈, 유철종 (2013). JCI 인증 규정과 국내 종합병원의 시설관리. **한국의료복지시설, 4**(1), 25–28.

오정수, 유채영, 김기덕, 홍백의, 황보람 (2022). **사회복지윤리와 철학**. 서울: 학지사.

오혜경 (2005). **장애인복지론**. 서울: 창지사.

유성희 (2003). 뇌졸중 환자 가족의 입원 및 퇴원시 교육요구도. 연세대학교 간호학과 석사학위 논문.

유수현, 천덕희, 이효순, 성준모, 이종하, 박귀서 (2010). **정신건강론**. 서울: 양서원.

유승흠, 박은철 (2010). **의료보장론**. 서울: 신광출판사.

윤현숙, 김기환 외 (2001). **사회복지실천기술론**. 서울: 동인.

윤현숙, 김연옥, 황숙연 (2003). **의료사회사업론**. 서울: 나남.

________________ (2011). **의료사회복지실천론**. 서울: 나남.

이광재 (2005). **의료사회사업원론(2판)**. 서울: 인간과 복지.

이명신 (2004). 사회복지사의 소진과정 모델: 직업스트레스요인, 직무스트레스와 전문직 효능성에 의한 소진 경로분석. **한국사회복지학, 56**(4), 5–34.

이영미, 성규탁 (1991). 우리나라 사회사업가들의 소진(burnout)에 관한 연구. **한국사회복지학, 18**, 25–60.

이영숙 (2013). 한국 호스피스완화의료: 사회복지의 과거, 현재, 그리고 미래 전략. **한국 호스피스완화의료학회지, 16**(2), 65–73.

이영숙, 김진숙, 손지현, 이인정 (2002). **암: 대한의료사회복지사협회 임상시리즈**. 서울: 나눔의 집.

이유미, 조하나, 최은지, 최귀선, 임중연, 박찬영, 박현영 (2017). 2016년 한국여성의 생애주기별 건강인식 조사 결과. **주간 건강과 질병, 10**(43), 1138–1147.

이인정, 이영선 (2013). HIV/AIDS 감염인의 지각된 낙인이 삶의 질에 미치는 영향: 사회적 지지의

조절효과 중심으로. **사회복지연구**, 44(3), 347-369.

이주연, 최경애, 김경아, 김민영, 조진희, 이주경, 김린아, 차문경 (2002). **뇌졸중: 대한의료사회복지사협회 임상시리즈**. 서울: 나눔의 집.

이준상, 박애선 (2008). 치매노인 가족보호제공자의 부양부담에 영향을 미치는 요인에 관한 연구: 노인복지센터와 노인요양시설 이용노인 가족을 중심으로. **노인복지연구**, 40, 225-248.

이채원 (2004). 아동의 만성질환관리에 영향을 미치는 가족요인. **한국아동복지학**, 18, 217-242.

_____ (2021). 건강행위이론과 모델. **2021년 대한의료사회복지사협회 의료사회복지자격특례과정 자료집**.

이현주, 이주원, 이준영 (2015). 치매노인 가족부양자의 부양부담 연구. **사회과학연구**, 26(1), 345-367.

이혜자 (2006). 재가 치매노인 주부양자의 부양부담 실태 및 영향요인. **대한케어복지학**. 2(1), 33-60.

이희진, 이방현, 이방원, 양옥경 (2012). 개화기(1876-1910) 의료복지활동에 관한 연구사적 분석. **사회복지실천과 연구**, 9, 91-126.

임성권 (2014). **뇌졸중을 알아야 재활이 쉽다**. 서울: 좋은 땅.

임정원, 장수미, 유조안, 김민영 (2019). 커뮤니티 케어 대응을 위한 의료사회복지사의 퇴원계획모델 개발. **한국사회복지학회 학술대회 자료집**, 259-275.

임준, 나백주, 주영수, 유원섭, 박웅섭 (2013). **생애주기별 지역사회 건강증진사업 추진전략개발연구**. 가천대학교 · 한국건강증진재단.

임춘식, 강원돈, 강호성, 고수현, 김기덕 (2007). **사회복지학개론**. 고양: 공동체.

장수미 (1999). 당뇨환자의 자기관리에 영향을 미치는 가족기능에 관한 연구. **한국가족복지학**, 4, 243-263.

장수미, 임정원, 이인정, 이영선, 최경애 (2021). 코로나 19 상황에서 의료사회복지사의 비대면 서비스 경험. **한국사회복지행정학**, 23(3), 81-111.

장은숙 (1995). 정신의료사회사업가의 소진(burnout)과 업무환경에 관한 연구. 숭실대학교 사회복지학과 석사학위논문.

장혜경 (2012). 중년의 건강관련 삶의 질에 영향을 미치는 요인. **성인간호학회지**, 24(4), 339-347.

전석균 (2014). **정신건강론**. 고양: 공동체.

전영준 (2017). 병원운영체계 및 수련지원체계. **2019년 수련환경평가 설명회 자료집**.

전진아, 최지희 (2017). 생애주기별 정신건강 수준과 정신건강 지원 현황. **보건복지포럼**. 243, 75-85.

정선 (2010). Suicide Postvention. **2010년 자살예방전문가 워크샵 자료집**. 서울시자살예방센터.

정순둘, 김경, 박선영, 박형언, 최혜지, 이현아 (2007). **사회복지와 임파워먼트**. 서울: 학지사.

정순둘 (2005). **사례관리실천의 이해**. 서울: 학지사.

정향미 (2009). 당뇨병 교육을 위한 정보광장: 당뇨병환자의 survival skills. **당뇨병(JKD)**, 10(1), 41-44.

조두영 (2001). **행동과학: 의사와 환자**. 서울: 일조각.

조현찬 (1997). **의료의 질향상 활동**. 서울: 강동성심병원 적정진료보장위원회.

질병관리본부 국립보건연구원 생명의과학센터 심혈관, 희귀질환팀 (2009). 희귀난치성질환 보건의료정책 최근 이슈. **주간 건강과 질병**, 2(11), 165-181.

최경희 (2008). 사회경제적 사망 불평등에 대한 사망 원인별 기여도: 우리나라에서의 현황과 추이. 울산대학교 대학원 박사학위논문.

최명민 (2000). 정신과 입원환자의 퇴원계획 프로그램이 퇴원 후 서비스 이용에 미치는 영향요인 연구. **정신건강과 사회복지**, 9, 177-196.

______ (2005). 정신건강사회복지사의 윤리적 민감성 훈련프로그램 개발 및 평가. **정신건강과 사회복지**, 20, 182-215.

______ (2006). 의료사회복지사의 전문적 역량계발 및 관리에 관한 연구. **정신건강과 사회복지**, 22, 258-284.

______ (2008). 사회복지사 윤리적 민감성 검사도구(SWEST) 개발 및 활용에 관한 연구. **한국사회복지학**, 60(2), 5-28.

______ (2015). Foucault의 계보학을 활용한 사례관리에 대한 비판적 고찰. **한국사회복지학**, 67(4), 301-324.

최희경 (2013). 호스피스완화의료 사회복지사의 역할과 역량에 관한 연구. **사회과학연구**, 29(4), 225-248.

최명민, 김경아, 김도관, 나덕렬, 이미경, 정경아, 황문숙 (1999). **치매환자와 더불어: 치매환자를 위한 가족지침서**. 서울: 도서출판 한진.

최명민, 이기영, 김정진, 최현미 (2015). **다문화사회복지론**. 서울: 학지사.

최명민, 현진희, 전혜성 (2005). 의료사회복지사를 소진으로부터 보호하는 요인은 무엇인가? **한국사회복지학**. 57(4), 343-370.

최명민, 현진희 (2006). 의료사회복지사의 소진에 관한 질적 연구: 소진위험요인을 중심으로. **한국사회복지행정학**, 8(1), 1-38.

최영옥 (2001). 중년기 당뇨병 환자의 가족지지, 자기간호행위, 삶의 질에 관한 연구. 이화여자대학교 석사학위 논문.

한강성심병원화상센터 (2007). **화상환자와 가족을 위한 지침서**. 서울: 도서출판 소화.

____________________ (2011). 소아암 어린이 형제캠프 10주년 기념 사업보고서. 서울: 한국백혈병어린이재단.

한상윤, 신지민, 박은영, 남석인 (2021). 감염병 상황에서 의료사회복지사의 역할 변화: 코로나바이러스감염증-19를 중심으로. **한국사회복지행정학**, 23(2), 191-223.

한인영, 구혜완, 문현주 (2014). 아동성폭력 피해자 가족치료 개입경험 분석: 어려움과 긍정적 경험을 중심으로. **학교사회복지**, 29, 399-431.

한인영, 최현미 (2000). **의료사회사업론**. 서울: 학무사.

한인영, 최현미, 장수미 (2006). **의료사회복지실천론**. 서울: 학지사.

한인영, 최현미, 장수미, 임정원, 이인정, 이영선 (2013). **의료현장과 사회복지실천**. 서울: 학지사.

한현미 (1993). 의료기관에 종사하는 사회복지사의 Burnout에 관한 연구. 이화여자대학교 사회복지학과 석사학위논문.

허춘웅 (2009). **3시간 놓치면 죽을때까지 고생하는 뇌졸중**. 서울: 국일미디어.

황숙연 (1994). 만성질환자에 대한 의료사회사업가의 퇴원계획과정에 관한 연구. 서울대학교 대학원 박사학위논문.

황정하 (2019). 한국형 커뮤니티케어 정책의 현황과 과제. **2019 한국사회복지학회 춘계학술대회 자료집**.

Acker, G. M. (1999). The Impact of Clients' Mental Illness on Social Worker's Job Satisfaction and Burnout. *Health & Social Work*, 24(2), 112–119.

Adkins, E. A. (1994). Use of PIE in a medical social work setting. In Karls, J. M. & Wandrei, K. E.(Eds). *Person-in-environment system*. NASW Press.

Ahmad, W. I. U. (2000). *Ethnicity, Disability and Chronic Illness*. Philadelpia PA: Open University Press.

Amadeo, M. & Fassler, I. (2001). Training Helps Social Workers with Substance-abusing Clients. *The Brown University Digest of Addiction Theory & Application*, *20*(3), 3–4.

American Psychiatirc Association (2015). **정신질환의 진단 및 통계편람(5판)**. 권준수, 김재진, 남궁기, 박원명, 신민섭, 유범희, 윤진상, 이상익, 이승환, 이영식, 이헌정, 임효덕 공역. 서울: 학지사.

Arches, J. (1991). Social Structure, Burnout, and Job Satisfaction. *Social Work*, 36, 193–272.

Atkinson, P. (1988). Discourse, Descriptions and Diagnoses: Reproducing Normal Medicine. In Lick, M. & Gordon D. (eds). *Biomedicine Examined*. London: Kleuwer Academic Publishers.

Auslander, G. K. & Cohen, M. E. (1992). The Role of Computerized Information Systems in Quality Assurance in Hospital Social Work Departments. *Social Work in Health Care*, 18(1), 71–92.

Bebeau, M. J., Rest, J. R., & Yammor, C. M. (1985). Measuring dental students' ethical sensitivity. *Journal of Dental Education*, *49*, 225–235.

Berkman, L. F., & Kawachi, I.(Eds.) (2000). *Social epidemiology*. New York: Oxford University Press.

Bland, R. (1998). Understanding grief and guilt as common themes in family response to mental illness: Implications for social work practice. *Australian Social Work*, *54*(4),

27–37.

Blumenfield, S., & Rosenberg, G. (1988). Towards a Network of Social Health Services: Redefining Discharge Planning and Expanding the Social Work Domain. *Social Work in Health Care, 13*(4), 24–38.

Bonanno, G. A. (2004). Loss, Trauma, and Human Resilience: Have We Underestimated the Human Capacity to Thrive After Extremely Aversive Events? *American Psychologist, 59*(1), 20 - 28.

Bosworth, H. B., Bastian, L. A., Kuchibhatla, M. N., Steffens, D. C., McBride, C. M., & Skinner, C. S. et al. (2001). Depressive symptoms, menopausal status, and climacteric symptoms in women at midlife. *Psychosomatic Medicine, 63*(4), 603–608.

Brady, C. F., Goldman, C. R., & Wandersman, A. (1994). Similarities and differences in caregiver adaptation: Focus on mental illness and brain injury. *Psychosocial Rehabilitation Journal, 18*, 35–48.

Bulger, M. W., Wandersman, A., & Goldman, C. R. (1993). Burdens and gratifications of caregiving: Appraisal of parental care of adults with schizophrenia. *American Journal of Orthopsychiatry, 63*, 255–265.

Bull, M. J. (1990). Factors influencing family caregiver burden and health. *Western Journal of Nursing, 12*, 756–776.

Cabot, R. C. (1912). Humanizing the hospitals. In S. Breckenridge(Ed.). *The child in the city*. (pp.41–52). Chicago: Chicago School of Civics and Philanthropy.

Cannon, I. M. (1952). *On the social frontier of medicine*. Cambridge, MA: Harverd University Press.

Carlton, T. O. (1984). *Clinical social work in health settings*. New York: Springer.

Carpenter, J., Ring, C., Sangster, A., Cambridge, P., & Hadzidimitriadou, E. (2000). From the asylum to the community: a longitudinal study of staff involved in the transition from Tone Vale Hospital to community based services. *Journal of Mental Health, 9*, 211–230.

Cherniss, C. (1980). Staff Burnout: *Job Stress in the Human Services*. Berverly Hills, CA: Sage Publications.

Choi, M. M., Choi, H. M., & Kim, J. J. (2009). Roles of Social Workers as a Factor of Successful Teamwork in Korean Mental Health Practice. *Korean Journal of Social Welfare Research, 20*, 85–107.

Clarkeburn, H. (2002a). A Test for Ethical Sensitivity in Science. *Journal of Moral Education, 31*(4), (pp.439–453).

______________ (2002b). The Aim and Practice of Ethics Education in an Undergraduate Curriculum: Reasons for Choosing a Skills Approach. *Journal of Further and Higher Education*, *26*(4), 307–315.

Cohen, N., Gantt, A. B., & Sainz, A. (1997). Influences on Fit between Psychiatric Patients' Psycho-social Needs and Their Hospital Discharge Plan. *Psychiatric Service*, *48*(4), 518–523.

Collier, J. A. B., Longmore, J. M., & Harvey, J. H. (1991). *Oxford Handbook of Medical Specialties*(3rd edn). Oxford University Press, Oxford.

Congress, E. (2000). What social workers should know about ethics: *Understanding and resolving practice dilemmas. Advances in Social Work*, *1*(1), 1–25.

Coughlan, D. (2004). *Guidelines on Management of Suspected Child Abuse/Neglect and Child Welfare Concerns*.

Cournoyer, B. (2002). 사회복지실천기술연습. 김인숙, 김용석 공역. 서울: 나남출판.

Cowles, L. A. F. (2000). *Social work in health field*: A care perspective. The Haworth Press.

Cummings, S. M. (1999). Adequacy of Discharge Plans and Rehospitalization among Hospitalized Dementia Patients. *Health & Social work*, *24*(4), 249–259.

Deblinger, E., Hathaway, C. R., Lippmann, J., & Steer, R. (1993). Psychosocial characteristics and correlates of symptom distress in nonoffending mothers of sexually abused children. *Journal of Interpersonal Violence*, *8*(2), 155–168.

Dhooper, S. S. (1997). *Social Work in Health Care in the 21st Century*. Thousand Oaks: SAGE Publications.

DiClemente, R. J., Salazar, L. F., & R. A., Crosby, (2019). *Health Behavior Theory for Public Health: Principles, Foundations, and Applications*. (2nd ed.). Jones & Bartlett Publishers.

Diller, J. V. (2007). *Cultural Dicersity: A Primer for the Human Service*. Belmont, CA: Brooks/Cole.

Dobrof, J. (1991). DRG'S and the social worker's role in the discharge planning, *Social Work in Health Care*, 16(2), 37–54.

Edelwich, J., & Brodsky, A., (1983). *Burnout: Stages of Disillusionment in the Helping Professions*. New York: Pergamon Press.

Ersoy, N., & Gündoğmus, Ü. N. (2003). A Study of The Ethical Sensitivity of Physicians in Turkey. *Nursing Ethics*, *10*(5), 472–484.

Evans, T. (2002). Perceived Competencies of social Workers in Adolescent Practice. *Journal of Human Behavior in The Social Environment*, *6*(3), 35–47.

Farber, B. (1983). Introduction: A Critical Perspective on Burnout, In B. A. Farber(Ed.), *Stress burnout in the Human Service Professions*. New York: Pergamon Press.

Farel, A. M. (1997). Children with special care needs. In J. B. Kotch(Ed.), *Maternal and child health*. (pp. 281–303). Gaithersburg, MD: Aspen.

Freudenberger, H. J. (1983). Burnout: Contemporary Issues, Trends and Concerns In B. A. Farber(Ed.) *Stress and Burnout in the Human Service Professions*. New York: Pergamon Press.

Gehlert, S. (2006). The conceptual underpinnings of social work in health care. In A. Gehlert, S., & Browne, T. A.(Eds). *Handbook of health social work*. (pp. 3–22). John Wiley & Sons, Inc.

Germain, C. B. (1984). *Social Work Practice in Health Care: An Ecological Approach*. New York: The Free Press.

Glanz, K., Rimer, B. K., & Viswanath, K. (2015). *Health Behavior: Theory, Research, and Practice*(5th Ed). John Wiley & Sons.

Grapsa, E., Panteliasa, K., Ntentaa, E., Pipili, C., & Kiousia, E. (2014). Caregivers' Experience in Patients With Chronic Diseases. *Social Work in Health Car*, 53, 670–678.

Green, J. W. (1999). *Cultural Awareness in the Human Service: A Multi–ethnic Approach*. Boston: Allyn & Bacon.

Greenspan, R. (1992). Supervision of Experienced Agency Workers. *The Clinical Supervisor*, *9*(2), 31–45.

Hatfield, A. B., & Lefley, H. P. (1993). *Surviving Mental Illness: Stress, Coping and Adaptation*. New York: Guilford Press.

Holmes, T. H., & Rahe, R. H. (1967). The Social Readjustment Rating Scale. *Journal of Psychosomatic Research*, *11*(2), 213–218.

Huxley, P., Evans, S., Gately, C., Webber, M., Mear, A., Pajak, S., Kendall, T., Medina, J., & Katona, C. (2005). Stress and Pressures in Mental Health Social Work: The Worker Speaks. *British Journal of Social Work*, *35*, 1063–1079.

Institute of Medicine Committee for the Study of the Future of Public Health. (1988). *The future of public health*. *Washington*, DC: National Academy Press.

James, C. S. (1987). An Ecological to Defining Discharge Planning and Decision Making. *Social Work in Health care*, *12*(4), 47–59.

Johnson, L. C. (1992). *Social Work Practice*(3rd ed). Massachusetts: Allyn and Bacon.

Jones, T. M. (1991). Ethical Decision Making by Individuals in Organizations: An Issue

Contingent Model. *Academy of Management Review*. 160.

Kelly, A., Watson, D., Raboud, J., & Bilsker, D. (1998). Factors in Delays in Discharge from Acute-Care Psychiatry. *Canadian Journal of Psychiatry*, *43*(5), 496-501.

Kendall-Tackett, K. A., Williams, L. M., & Finkelhor, D. (1993). Impact of sexual abuse on children: A review and synthesis of recent empirical studies. *Psychological Bulletin*, *113*(1), 164-180.

Kirst-Ashman, K. K., & Hull, H. (1993). *Understanding Generalist Practice*. Chicago: Nelson-Hall Inc. Publisher.

Lazarus, R., & Folkman, S. (1984). *Stress, Appraisal, and Coping*. New York: Springer.

Lee, D. (1995). Team Approach to Mental Health: Different Roles and Effectiveness. *Korean Social Welfare*, 101-122.

Lee, I. Y. (2001). *Try to find a plan for establishing rehabilitation service system*. National Rehabilitation Center.

Lloyd, C. E., Matthews, K. A., Wing, R. R., & Orehard, T. J. (1992). Psychosocial factors and complications of IDDM. *Diabetes Care*, *15*, 166-172.

LLoyd, C., King, R., & Chenoweth, L. (2002). Social Work, Stress and Burnout: A Review. *Journal of Mental Health*, *11*(3), 255-265.

Loustaunau, M. O. (2002). **건강질병의료의 문화분석**. 김정선 역. 서울: 한울아카데미.

Lowenberg, M. F., & Dolgoff, L. R. (1996). **사회복지실천윤리**. 서미경, 김영란, 박미은 공역. 서울: 양서원.

Luthar, S. S. (1991). Vulnerability and resilience: A study of high risk adolescents. *Child Development*, *62*, 600-616.

Luthar, S. S., Cicchetti, D., & Becker, B. (2000). The construct of resilience: A critical evaluation and guidelines for future work. *Child Development*, *71*(3), 543-562.

Malekoff, A. (1997). *Group Work with Adolescents: Principles and Practice*. New York: The Guilford Press.

Marmot, M. (2017). **건강격차**. 김승진 역. 서울: 도서출판 동녘.

Maslach, C., & Jackson, S. E. (1981). The Measurement of Experienced Burnout. *Journal of Occupational Behavior*. *2*, 99-113.

Mattison, M. (2000). Ethical Decision Making: The Persons in the Process. *Social Work*. *45*(3), 201-221.

Munn, J. C., & Adorno, G. (2008). By invitation only: social work involvement at the end of life in long-term care. *Journal of Social Work in End-of-Life & Palliative Care*. *4*(4), 333-357.

Oktay, J. S. (1995). Primary health care. In Edwards R. L. (Ed.), *The encyclopedia of social work*(19th ed.). NASW Press.

Payne, M. (1997). *Modern social work theory*(Second edition). Chicago: Lyceum Books, Inc.

_________ (2004). Social work practice identities: an agency study of a hospice practice. *Quarterly Journal of Social Workers, 16*(1), 5–15.

Pines, A., & Maslach, C. (1978). Characteristics of Staff Burnout in Mental Health Settings. *Hospital and Community Psychiatry, 29*, 233–237.

Plummer, C. A. (2006). Non–abusive mothers of sexually abused children: The role of rumination in maternal outcomes. *Journal of Child Sexual Abuse, 15*(2), 103–122.

Polan, E. U., & Taylor, D. R. (2021) **인간성장과 발달: 생애주기에 따른 인간의 이해.** 정연, 정선영, 최나영, 정소영 공역. 서울: 현문사.

Polusny, M. A., & Follette, V. M. (1995). Long–term correlates of child sexual abuse: Theory and review of the empirical literature. *Applied and Preventive Psychology, 4*, 143–166.

Poulin, J., & C. Walter. (1993). Social Workers Burnout: A Longitudinal Study. *Social Work Research & Abstracts, 29*(4), 5–11.

Prochaska, J. O. (1979). *Systems of psychotherapy: A transtheoretical analysis*. Dorsey.

Prochaska, J. O., & DiClemente, C. C. (1983). Stages and processes of self–change of smoking: Toward an integrative model of change. *Journal of Consulting and Clinical Psychology, 51*(3), 390 – 395.

Prochaska, J. O., Redding, C. A., & Evers, K. E. (2019). The Transtheoretical Model and Stages of Change, in Glanz. K. Rimer. B. K. and Viswanath. K. (ed). *Health Behavior: Theory, Research, and Practice*(5th Ed). John Wiley & Sons.

Proctor, E., Morrow–Howell, N., Kitchen, A., & Wang, Y. T. (1995). Pediatric Discharge Planning: Complications, Efficiency, and Adequacy. *Social Work in Health care, 22*(1), 1–18.

Rabouin, E. M. (1996). Walking the Talk: Transforming Law Students into Ethical Transactional Lawyers; A) Engerndering moral sensitivity. *DePaul Business Law Journal 1(Fall/Winter)*. 33–35.

Reamer, G. F. (1999). *Social Work Values and Ethics*. New York: Colombia University Press.

Regehr, C. (1990). Parental responses to extrafamilial child sexual assault. *Child Abuse and Neglect. 14*(1), 113–120.

Rest, J. R. (1983). Morality (pp.556–629). *in Handbook of child psychology*. edited by P. H. Mussen. Vol.3. Cognitive Development. New York: Wiley.

Rolland, J. S. (1994). *Families, Illness, and Disability: An Integrative Treatment Model*. NewYork: Basic Books.

Romanofsky, P. (1976). Infant mortality: Dr. Henry Dwight Chapin and the Speedwell Society 1890–1920. *Journal of Medical Society of New Jersey, 73*, 33–38.

Sallis, J. F., Owen. N., & Fisher, E. B. (2008) Ecological Models of Health Behavior, In Glanz. K. Rimer. B. K. and Viswanath. K. (ed). *Health Behavior: Theory, Research, and Practice(4th Ed)*. Jossey–Bass.

Sallis, J. F., & Owen, N. (2015). Ecological Models of Health Behavior, in Glanz., Rimer. & Viswanath, K. (ed). *Health Behavior: Theory, Research, and Practice*(5th Ed). John Wiley & Sons.

Sands, R., & Angell, B. (2002). Social Workers as Collaborators on Interagency and Interdisciplinary Teams. in K. Bentley(Eds.). *Social Work Practice in Mental Health*(pp. 254–280), Grove: Brooks/Cole.

Schild, D. R., & Sable, M. R. (2006). Public health and social work. In A. Gehlert, S. & Browne T. A.(Eds.), *Handbook of health social work*. (pp.70–122). John Wiley & Sons, Inc.

Schneider, M. J. (2000). *Introduction to public health*. Gaithersburg, MD: Aspen.

Schwartz, C., & Gidron, R. (2002). Parents of mentally ill adult children living at home: rewards of care giving. *Health & Social Work, 27*(2), 145–154.

Shea, C. A. (1990). The Emotional Exhaustion Aspect of Burnout and Stressors In Resorces LD Teachers. *ERIC ED, 322*, 117.

Sheafor, W. B., Horejsi, R. C., & Horejsi, A. G. (1998). **사회복지실천 기법과 지침**. 서울대사회복지실천연구회 역. 서울: 나남출판.

Skinner, C. S., Tiro, J., & Champion, V. L. (2015) The health Belief Model. in Glanz. K., Rimer. B. K. and Viswanath, K.(ed). *Health Behavior: Theory, Research, and Practice*(5th ed). John Wiley & Sons.

Smith, S. B. (2009). Social Work and Physical Helth Issues of Immigrants. in Congress. E. P. & Chang–Muy, F. (Eds.), *Social Work with Immigrants and Refugees: Legal Issues, Clinical Skills and Advocacy(pp.* 103–104).

Soderfeldt, M., Soderfeldt, B., & Warg, L. (1995). Burnout in Social Work. *Social Work, 40*(5), 638–646.

Stack, S. (2004). Suicide Among Social Workers: A research Note. *Archives of Suicide Reseach, 8*, 379–388.

Storey, J., & Billingham, J. (2001). Occupational Stress and social Work. *Social Work*

Education, *20*(6), 559–670.

Swift, C., & Levin, G. (1987). Empowerment: An emerging mental health technology. *Journal of Primary Prevention*, *8*(1/2), 71–94.

Taylor, R. J., Smith, B. H., & Teijlingen, E. R. (2003). Health and illness in the community. *from Oxford Handbook of Clinical Medicine*. Oxford university press.

Taylor, S. E., Peplau, L. A., & Sears, D. O. (2006). *Social Psychology*. New Jersey: Pearson Prentice Hall.

Thompson, E. H., & Doll, W. (1982). The burden of families coping with the mentally ill: An invisible crisis. *Family Relation*, *31*, 379–388.

Walsh, F. (1998). *Strengthening Family Resilience*. New York: The Guilford Press.

Walsh, F. (2012). *Family Resilience: Strengths Forged Through Adversity. Normal Family Processes*(4th ed). New York: Gildford.

Watkins, E. L. (1985). The conceptual base for public health social work. In A. Gitterman, R. B. Black, & F. Stein(Eds.), *Public health social work in maternal and child health: A forward plan*(pp.17–33). Proceeding of the Working Conference of the Public Health Social Work Advisory Committee for the Bureau of Health Care Delivery and Assistance. Rockville, MD: Division of Maternal and Child Health.

Wethington, E., Glanz, K., & Schwartz, M. D. (2015) Stress, Coping, and Health Behavior, In Glanz. K. Rimer. B. K. and Viswanath. K. (ed). *Health Behavior: Theory, Research, and Practice*(5th ed). John Wiley & Sons.

Wilkinson, D. S., Rounds, K. A., & Copeland, V. C. (2002). Infusing public heath content into foundation and advanced social work courses. *Journal of Teaching in Social Work*, *22*(3/4), 139–154.

Wilkinson, R. G. (2008). **평등해야 건강하다.** 김홍수영 역. 서울: 후마니타스.

Wilson, G., Hamilton, B., Britton, F., Campbell, J., Hughes, P., & Manktelow, R. (2005). Approved Social Work Training in Northern Ireland: Using Research to Examine Competence–based Learning and Influence Policy Change. *Social Work Education*, *24*(7), 721–736.

Winnibust, J. (1993). Organizational Structure, Social Support and Burnout. In W. B. Schaufeli, C. Maslach, & T. Marek (Eds.), *Professional Burnout: Recent Developments in Theory and Research* (pp. 151–162). New York: Taylor & Francis.

Wittmer, P. D. (2000). Ethical Sensitivity in Management Decision: Developing and Testing a Perceptual Measure Among Management and Professional Student Group. *Teaching Business Ethics*, *4*, 181–205.

Yank, G., Barger, J. Hargrove, D., & Whitt, P. (1992). The Mental Health Treatment Team as a Work Group: Team Dynamics and the Role of the Leader. *Psychiatry*, *55*, 2250-2264.

곽성순 (2021. 3. 29.). 응급실 기반 자살시도자 사후관리, 판 더 키운다. 청년의사. http://www.docdocdoc.co.kr/news/articleView.html?idxno=2009085

노현, 박윤균 (2021. 5. 19.). 소아암 · 희귀질환에 매년 600명 사망. 매일경제 https://www.mk.co.kr/news/it/view/2021/05/483781

유근상 (2014. 6. 17.). 용인시 보건소 만성질환 예방관리에 만전. 일간경기. http://www.1gan.co.kr/news/articleView.html?idxno=5967

이슬기 (2019. 4. 23.). 최중증 척수장애인 척수손상환자의 든든한 서포터. 에이블뉴스. http://m.ablenews.co.kr/News/NewsContent.aspx?CategoryCode=0033&NewsCode=003320190423091825508475

조탁만 (2014. 8. 10.). 알레르기 질환 올바른 이해 필요, 진해서부보건지소, 건강나누리캠프 운영 경남도민신문. http://www.gndomin.com/news/articleView.html?idxno=65116

국가법령정보센터 (2022. 5. 10 인출). https://www.law.go.kr/lsSc.do?section=&menuId=1&subMenuId=15&tabMenuId=81&eventGubun=060101&query=%EC%9D%98%EB%A3%8C%EA%B8%89%EC%97%AC%EB%B2%95#undefined

국립암센터 (2022. 5. 10 인출). https://www.ncc.re.kr/main.ncc?uri=manage01_5

국민건강보험공단 (2022. 5. 10 인출). https://www.nhis.or.kr/_custom/nhis/_common/board/index/730.do?mode=view&articleNo=10807029&title=2021%EB%85%84%EB%8F%84%84+%EC%97%85%EB%AC%B4%ED%8E%B8%EB%9E%8C

대한암협회 (2022. 5. 10 인출). http://www.kcscancer.org/bbs/board.php?bo_table=info1

대한의료사회복지사협회 (2022. 5. 10 인출). http://www.kamsw.or.kr/

대한척수학회 (2022. 5. 10 인출). http://www.koscos.kr/sub/sub0401.php

보건복지부 (2021). 2021년 정신건강실태조사 결과 발표. 보도자료. http://www.mohw.go.kr/react/al/sal0301vw.jsp?PAR_MENU_ID=04&MENU_ID=0403&CONT_SEQ=369088

삼성서울병원 사회복지팀 (2022. 5. 10 인출). http://www.samsunghospital.com/dept/main/index.do?DP_CODE=SWK).

서울아산병원 질환백과 (2022. 5. 10 인출). https://www.amc.seoul.kr/asan/healthinfo/disease/diseaseSubmain.do

서울특별시 장애인치과병원 (2022. 5. 10 인출). https://www.sdh.go.kr/publicHealth/network/_/svcNotiOne.do

위키백과(안락사) (2022. 5. 10 인출). https://ko.wikipedia.org/wiki/%EC%95%88%EB%9D%BD%EC%82%AC

의료기관평가인증원 (2022. 5. 10 인출). https://www.koiha.or.kr/web/kr/assessment/accStandard.do

질병관리본부 장기이식관리센터 (2022. 5. 10 인출). https://www.konos.go.kr/konosis/common/bizlogic.jsp

한국희귀난치성질환연합회 (2022. 5. 10 인출). https://www.kord.or.kr

희귀난치성질환헬프라인 (2022. 5. 10 인출). https://helpline.kdca.go.kr

Joint Commission International website, accessed 10 May (2022).

Merriam-Webster. Dictionary - Health, accessed 21 April (2011).

WHO website. accessed 10 May (2022). http://www.who.int

찾아보기

Index

[국문]

ㄱ

ㅅ

ㅇ

ㅈ

[영문]

[기타]

저자약력

김연수는 백석대학교 사회복지학부 교수로 재직 중이다. 이화여자대학교에서 사회복지학으로 학사, 석사, 박사를 취득하였고 연세대 강남세브란스병원 사회사업팀에 근무한 경력을 갖고 있다. 주요 관심 분야는 의료 및 정신건강사회복지, 사례관리, 가족 등 사회복지실천 분야이다.

김경희는 가톨릭꽃동네대학교 사회복지학과 교수로 재직 중이다. 이화여자대학교에서 사회복지학으로 학사, 석사, 박사를 취득하였고 서울대학교병원 의료사회복지팀에서 근무한 경력을 갖고 있다. 주요 관심 분야는 의료 및 정신건강사회복지, 사례관리, 아동학대 등이다.

김진숙은 한양사이버대학교 사회복지학과 교수로 재직 중이다. 이화여자대학교에서 사회복지학으로 학사학위를 취득하고, 서울대학교에서 사회복지학 석사 및 박사학위를 취득하였으며, 한국백혈병어린이재단에서 근무한 바 있다. 주요 관심 분야는 아동복지와 사례관리를 비롯한 사회복지실천 전반이다.

최명민은 백석대학교 사회복지학부 교수로 재직 중이다. 이화여자대학교에서 사회복지학으로 학사, 석사, 박사를 취득하였고 삼성서울병원 의료사회사업실에 근무한 경력을 갖고 있다. 주요 관심 분야는 사회복지실천 전반과 정신건강사회복지 및 자살예방 등이다.

의료사회복지론

초판발행 2022년 9월 1일 **1판 1쇄 발행** | 2024년 3월 10일 **1판 2쇄 발행**

지은이 김연수 김경희 김진숙 최명민
펴낸이 최용구 | **펴낸곳 도서출판 신정**
주소 (04316) 서울시 용산구 원효로 89길 19 (원효로1가)
전화 02)3211-4782, 0266(영업부), 3211-4783(편집부), 3211-4784(팩스)
이메일 shinjeong72@naver.com | **홈페이지** www.sjbook.co.kr
등록 2001년 5월 11일 제13-702호
기획마케팅 최용구 장만동 최충구 송대용 | **책임편집** 석기은 황가연

ISBN 978-89-5912-816-7 93330
정가 23,000원